沙健孙

沙健孙，1934年2月生，江苏宜兴人，教授。中共中央党史研究室原副主任，北京大学原副校长。曾任第十三届、第十四届中央候补委员，第九届全国政协委员。现任国家哲学社会科学研究中共党史、党建学科规划组(评审组)组长，马克思主义理论研究和建设工程重点教材《中国近现代史纲要》课题组、《马克思主义史学经典著作导读》课题组首席专家。

撰有《中国新民主主义革命概论》、《毛泽东与新中国建设》、《二十世纪中国的历史道路》、《中国共产党历史若干重大问题研究》等专著，主编《中国共产党史稿》(五卷本)、《毛泽东思想概论》、《中国共产党与资本主义、资产阶级》等著作，在报刊上发表学术论文100余篇，散文、杂文、短论数十篇。

自　　序

我首先要感谢学习出版社约我编辑这部自选集。

自选集分为四辑。第一、第二、第三辑收录的是学术论文，第四辑收录的是杂文、短论。这些文章，全部是我自20世纪80年代以来写的。

第一辑收录了《五四时期的思想解放运动与马克思主义》等有关中国革命史和中国共产党历史的9篇论文，主要论述近现代中国的历史道路。

第二辑收录了《毛泽东和中国革命的新道路》等有关毛泽东思想若干问题研究的6篇论文，主要论述毛泽东、毛泽东思想及其历史地位。

第三辑收录了有关理论研究和若干理论热点问题的论文5篇，主要论述马克思主义的指导与理论创新。

在自选集中，这三辑是主体部分。为了节省篇幅，我对其中的一些论文做了一点压缩，并删去了一部分注释。

第四辑是“关于人生感言、思想杂谈、读史随笔”，共分四组，收录杂文、短论 16 篇。其中第一组 3 篇，论及理想信念、爱国情怀和人格风范等；第二组 7 篇，谈治学的心得体会；第三组 2 篇，谈有关干群关系的感想；第四组 4 篇，主要是读史、读报札记及相关评论。

我所从事的主要是中国革命史、中国共产党历史和毛泽东思想方面的教学与研究工作。这些领域极其开阔，内容无比丰富，有关资料更是卷帙浩繁。我所做的工作是极其有限的。尽管在文章中，我力求运用经过审查的事实，真诚地讲述自己对有关问题的认识和思考，但是其中还是难免会有错漏和偏颇。

最后，我要真诚地感谢学习出版社的领导和责任编辑同志为本书的编辑、出版所付出的辛劳。

沙健孙

2012 年 6 月

目　录

第一辑
近现代中国的历史道路

第二辑
毛泽东、毛泽东思想及其历史地位

第三辑
马克思主义指导与理论创新

第四辑
人生感言、思想杂谈、读史随笔

第一辑
近现代中国的历史道路

DI – YI JI

JINXIANDAI ZHONGGUO DE

LISHI DAOLU

五四时期的思想解放运动与马克思主义*

一

五四新文化运动是近代中国历史上的一次伟大的思想解放运动。这个运动的兴起，是以陈独秀在1915年创办《新青年》杂志为标志的[①]。这正是辛亥革命流产之后不久，北洋军阀统治中国的黑暗时期。

辛亥革命这一场资产阶级民主主义性质的革命，结束了在中国延续两千多年之久的君主专制制度，具有重大的历史意义。但是它并没有达成自己的目的。它的结果，正

---

* 本文发表于《中共党史研究》1989年第3期。

① 五四新文化运动，以1915年《新青年》（当时名《青年杂志》）创刊为起点；“以民国十年（1921年）社会主义问题的论战和民国十二年（1923年）人生观之论战，为一个终点”。（张闻天：《中国现代革命运动史》，1936年）这个运动，在五四以前和五四以后，构成了两个不同的阶段。（毛泽东：《新民主主义论》，1940年1月）

如它的领导者孙中山所痛切地指出的那样，“去一满洲之专制，转生出无数强暴之专制，其为毒之烈，较前尤甚”。而在这无数强暴之专制的后面，站着帝国主义。日本等国对华侵略的加紧，更使中国面临着新的严重的民族危机。与此同时，在这次革命之后，中国的民族资本主义得到了进一步的发展，中国反帝反封建的民主革命由此也就出现了一个壮大了的阵营，这就是由工人阶级、学生群众和新兴的民族资产阶级所组成的营垒。压迫的加重和反压迫力量的成长，这两方面的情况表明，中国正酝酿着一场新的更深刻的人民大革命。在这种历史条件下发生的新文化运动，虽然在形式上只是在进行思想文化问题的探讨，从本质上说，它所提出的却是怎样才能拯救中国的危亡这样一个带根本性的问题。这个运动，不是辛亥革命在思想文化领域中的简单的延续，也不是对于这个革命的失败所投下的消极的抗议；它根源于那个时期新的社会力量的生长，是即将到来的革命风暴的预兆和前奏。

新文化运动一开始就是一场思想启蒙运动。启蒙思想家们是从救亡的需要出发，提出启蒙的任务的。他们对戊戌维新的失败、辛亥革命的流产进行过深深的思考，痛感以往少数先觉者的救国斗争之所以成效甚少，中国国民对之“若观对岸之火，熟视而无所容心”，是根本的原因。只是他们没有看到维新派和革命派自身所具有的脱离群众的弱点，而是认定中国国民的性质与行为的堕落，乃是“亡国灭种之病根”。他们认为，中国“以积重难返之势，处竞争剧烈之秋”，境况极为严峻，因此，“欲图根本之救亡，所需乎国民性质行为之改善，视所需乎为国献身之烈士，其量尤广，其势尤迫”。尽管《新青年》公开宣言，“批评时政，非其旨也”，但这决不意味着他们漠视政治。他们多次申明，在政治斗争中，他们并非旁观者，因为政治问题，往往关于国家民族根本的存亡，怎应该装聋推哑呢？他们之所以把主要的注意力倾注于清除旧思想方面，是由于他们认定“伦理问题不解决，则政治学术，皆枝叶问题”。即便一时舍旧谋新，也必旋踵而仍复旧观。唯有改造国民的思想，才是拔本塞源之计，根本救亡之道。否则，“不但共和政治不能进行，就是这块共和招牌，也是挂不住的”。

基于以上的认识，还在五四以前，中国的启蒙思想家们就提出了“破除迷信”的口号，号召人们去“冲决过去历史之网罗，破坏陈腐学说之囹圄”，以求得“思想的解放”。他们意识到，精神上的镣铐不解除，国民性的改造是不可能的。为此，他们以《新青年》为主要阵地，用犀利的饱含感情的笔，去抨击“往圣前贤”，去刺破旧中国的脸，去揭穿旧道德旧教条的丑态。他们宣称，“凡是无用而受人尊重的，都是废物，都算是偶像，都应该破坏”；人们要懂得，那“社会上多数古人模模糊糊传下来的道理，实在无理可讲”，所以要敢于蔑视它的权威，以便确立自己“真实合理的信仰”。由于孔学被历代封建统治者抬到了吓人的高度，以致出现了人们咸“以孔子之是非为是非”这种不正常的现象，由于辛亥革命以后中国的封建军阀仍然把孔子的一套当作宗教教条一样强迫人民去信奉，启蒙思想家们也就把攻击的矛头首先集中地指向了孔学。他们向几千年来神圣不可侵犯的封建礼教进行了自觉的挑战。他们大声疾呼："儒教不革命，儒学不转轮，吾国遂无新思想，新学说，何以造新国民？悠悠万事，惟此为大已！"如果说，戊戌的维新分子还是披着孔学的外衣、假借孔子的名义去干那离经叛道的事业[①]，如果说辛亥的革命家也没有去触动封建礼教的思想统制[②]，而缺少一个广泛的民主主义的思想运动正是这个革命的一大弱点，那么，团结在《新青年》周围的启蒙思想家确是反封建礼教的第一批不妥协的光荣战士。通过批判孔学，他们在中国社会中掀起了一股思想解放的潮流。这个潮流是生气勃勃的，前进的，革命的。

毋庸讳言，启蒙思想家们的认识也有自身的局限性。把改造国民性置于最优先的地位，以为离开改造产生封建思想的社会环境的革命实践，仅仅依靠少数人的呐喊，依靠有限的宣传手段，就可以根本改造由这种社会环境所产生的思想、所造成的国民性，这显然是一种天真的、不切实际的想法。辛亥时期的革命家章太炎在驳斥保皇派关于中国人没有做共和国民的资格这种论调时就说过，革命乃是"启迪民智、除旧布新"的"补泻兼备之良药"。"今

① 如康有为为了给改革提供历史根据，曾著《孔子改制考》等。

② 当时，就连激进的革命派也不免如此。如邹容在《革命军》中就说："中国之有孔子，无人不尊为大圣人也"。"生民未有神圣不可侵犯之孔子之乡，使神州四万万众无教化，而等伦于野蛮"。陈天华在《猛回头》中也没有从正面攻击"忠孝"；在《绝命书》中则主张"如谓宗教必不可无，则毋宁仍尊孔教"。

日之民智，不必恃佗事而但恃革命以开之”。对于这个方面，即救亡的实践可以促进启蒙，救亡的实践本身正是一种有力的启蒙，启蒙思想家们是认识不足的。他们用进化论的思想来否定孔学在当代的权威地位，但是还没有能够揭示孔学的社会根源，进而揭示中国基本社会制度的不合理；他们以个性解放的思想来否定三纲五常这类伦理原则，但是还没有对中国广大劳动人民的深广而久远的痛苦表示最深切的同情，对他们的革命发动表示应有的期待。这是五四以前的启蒙运动的一个弱点。当然，这个弱点并不足以掩盖这个运动的巨大的历史功绩。由于孔学是为中国社会的封建旧秩序所进行的理论论证，是这种秩序借以欺骗和辩护的一般根据，所以，反对孔学的斗争，间接地也就是反对由它为之辩护的那种社会制度的斗争。对孔学的批判，摘去了装饰在枷锁上的虚幻的花朵，使人们有勇气去冲破思想的牢笼，进行独立思考，从而为人们获取“真实合理的信仰”提供了现实的可能性。事实上，禁锢思想的闸门一旦被打开，各种新思潮的涌入就不仅不可避免，而且也是无法遏制的了。

诚然，解放思想，并不是为了让思想到广漠的荒原上去作漫无目的的遨游。人们的思想一旦挣脱某种旧的羁绊，同时也就意味着进入某种新的轨道。那么，当时的启蒙思想家是站在什么基地上去进行反孔学斗争的；通过鼓吹解放思想，他们又企图把人们引向何方呢？这只要分析一下启蒙运动的两个基本口号即“民主”与“科学”的内涵，就清楚了。

首先揭橥民主和科学这两面旗帜的，是五四以前新文化运动的思想领袖陈独秀。在陈独秀看来，所谓民主，这就是人权①，就是“西洋式之新国家”即资产阶级民主国家，就是“西洋式社会国家之基础，所谓平等人权之新信仰”②；关于科学，他指出，这“有广狭二义：狭义的是指自然科学，广义是指社会科学而言”。而“凡是用自然科学的方法，用在一切社会人事的学问上”，就是社会科学。他赞成杜威的说法，认为美国詹姆士的实用主义、法国柏格森的创造进化论“把哲学建设在心理学上面”，英国罗素的新唯实主义“把哲学建设在数学上面”，这些唯心主义的思想体系都是“采用科学方法的”③，即都是他心目中具有代表性的社会科学。由此可见，民主和科学并非两个空泛的概念，它们是有着确定的社会历史内容的。陈独秀主张在中国“建设西洋式之新国家，组织西洋式之新社会”，即建设西方资产阶级的国家制度和资本主义的社会制度，“以求适今世之生存”。他所以提倡民主和科学，正是为了实现这个目标。

陈独秀认为，孔子之所提倡、垂示、主张的，是“封建时代之道德、礼教、生活、政治”，“与多数国民之幸福无与”，与现代生活状态不合。根据“道与世更”的

① 1915年9月，陈独秀首先倡言国人“当以科学与人权并重”（《敬告青年》）。1919年1月，他提出“拥护那德谟克拉西（民主）和赛因斯（科学）两位先生”的口号（《“新青年”罪案之答辩书》）。由此可见，他是把民主和人权看做一回事的。

② 陈独秀：《宪法与孔教》，1916年11月1日。

③ 陈独秀：《新文化运动是什么?》，1920年4月1日。

原则，必须破坏孔子的偶像，摧毁礼教的权威。他指出：封建礼教与民主政治不可两立。要确立西洋式之新社会、新国家、新信仰，“对于此新社会新国家新信仰不可相容之礼教，不可不有彻底之觉悟，勇猛之决心”；封建礼教扼杀个性自由，使得“为人子为人妻者，既失个人独立之人格，复无个人独立之财产”，而后者更是个人独立主义之“根本”，为了自由地置产兴业，不能不予以坚决的反对；“学尚一尊，百家废黜”违反思想自由的原则，使“我族聪明，因之痼蔽”，为了输入平等人权之新信仰，必须与之作无情的斗争。陈独秀对于孔学所作的这种批判，表达了当时一般启蒙思想家的共同认识。对于他们来说，鼓吹非孔、排孔，就是为了引导人们确立民主主义的信念，推动中国走上资本主义的发展道路。

无疑地，当封建主义还在社会生活中居于支配地位的时候，对于资产阶级民主主义的提倡，在客观上仍然具有振聋发聩的作用，其历史的进步意义是不容否定也不能被抹杀的。我们没有理由因为启蒙思想家们曾经猛烈地攻击中国封建主义的思想文化、全力地鼓吹西方资本主义的思想文化就责备他们偏激。既然封建主义的正统思想已经不适于现代生活，为什么不应当把它们从根本上加以否定呢？何况，他们所集中攻击的主要是孔学，对于其他学派，他们并没有采取全盘否定的态度[①]；即使对于孔学，

① 易白沙在《孔子平议》（1919年2月、9月）中说过；“孔子之学只能谓为儒家一家之学，必不可称以中国一国之学。盖孔学与国学绝然不同，非孔学之小，实国学范围之大也。”

他们也是着重地指明其“施于今日社会为不适于生存”，并没有否定它的历史作用①。同样，如果资本主义确实切合中国的需要，又为什么不应当对它热心提倡呢？何况，他们于提倡资本主义的同时，也并不是对它的弊端没有进行过丝毫揭露的。事实上，当时中国面临的任务，并不是要人们在封建主义和资本主义之间去求得一种折中的方案，并不是要人们把这两者加以中和。问题的要点在于，对资本主义的提倡，能不能把人们引向思想解放之路，能不能为中国指明救亡的切实可行的途径？

“解放就是压制底反面，也就是自由底别名。”② 解放思想，就是让思想获得自由；而自由，按照马克思主义的观点，乃是对于必然的认识和对于客观世界的改造。由于在帝国主义时代，国际资本不容许中国走独立发展资本主义的道路；半殖民地中国的民族资产阶级由于自身的弱点，也不能领导人民做到这一点，所以，资产阶级的共和国，外国有过的，中国不能有。正因为如此，提倡资本主义，并不能为人们提供一种思想武器去认识中国的必然，去有效地对中国社会进行革命的改造，也就是说，并不能

① 李大钊在《自然的伦理观与孔子》（1917 年 2 月）一文中，一方面指出“孔子为数千年前之残骸枯骨”，“为历代帝王专制之护符”；一方面又指出“孔子于其生存时代之社会，确足为其社会之中枢，确足为其时代之圣哲，其说亦确足以代表其社会其时代之道德”。陈独秀在《古文与孔教》一文中，于批评孔学的思想统制时，甚至说过“孔学优点，仆未尝不服膺”这样的话。在《孔教》（1917 年 3 月）一文中，他又说，“记者非谓孔教一无可取，惟以其根本的伦理道德，适与欧化背道而驰，势难并行不悖”。

② 陈独秀：《解放》，1920 年 1 月 1 日。

使人们的思想获得真正的自由和解放。为了做到这一点，人们不仅需要去进一步摧毁封建主义的思想统制，而且有必要去突破资本主义的建国方案和思维模式的局限性。事实上，还在五四以前，一些具有远见卓识的思想家在提倡欧化的同时，就已经开始对西方资产阶级的民主政治和文化思想采取某种怀疑和保留态度了。

如果说，18 世纪西方伟大的启蒙学者曾经自豪地宣告，他们所约许的理性的王国将是永恒的真理、正义、平等、人权在人间的实现；那么，他们的学生，20 世纪初期中国的启蒙学者却从它的实践中开始朦胧地感觉到，这个理性的王国不过是资产阶级理想化了的王国。陈独秀在 1915 年创办《新青年》的时候就已经指出："自竞争人权之说兴，机械资本之用广，其害遂演而日深。政治之不平等，一变而为社会之不平等；君主贵族之专制，一变而为资本家之压制，此近世文明之缺点，无庸讳言者也。"① 第一次帝国主义大战的爆发，进一步暴露了资本主义制度本身固有的矛盾，表明了这个制度并非即是永恒的真理和正义的象征。李大钊在 1918 年 7 月所写的文章中就征引过日本《东亚之光》上的一段话，指出"此次战争，使欧洲文明之权威大生疑念。欧人自己亦对于其文明之真价，不得不加以反省"②。尤其是，中国人学习西方资本主义的实践，更极大地增强了他们对于资本主义建国方案

① 陈独秀：《法兰西人与近世文明》，1915 年 9 月 15 日。

② 李大钊：《东西文明根本之异点》，1918 年 7 月 1 日。

的可行性的怀疑，因为这种学习的结果，在政治上，正如鲁迅所说，不过是以“千百无赖之尤”的残暴统治来代替“独夫”的专制；在经济上，正如瞿秋白所说，中国“虽已和西方物质文明接触了五六十年，实际上已遵殖民地化的经济原则而成了一变态的经济现象”。基于以上的认识，陈独秀1915年9月在热烈歌颂法兰西文明时，就曾把社会主义当作法兰西人对于近代文明的三大贡献之一，认为它正是“反对近世文明之欧罗巴最近文明”[①]，虽然他还不懂得科学社会主义与其他社会主义流派的界限；李大钊在1916年5月说过，“代议政治虽今犹在试验之中，其良其否，难以确知，其存其易，亦未可测”[②]，虽然他还不可能指明新的政治制度应当是怎样的；毛泽东在1917年8月也说过，东方思想固不切于实际生活，西方思想亦未必尽是，几多之部分应与东方思想同时改造也[③]，虽然他也还无法对中国人所需要的新思想作出具体的阐明。应当着重指出的是，这些新文化运动左翼人士的思想中的怀疑论成分，在近代中国的思想史上具有极大的价值。正如列宁在纪念赫尔岑时所说的：“怀疑论是从‘超阶级的’资产阶级民主主义幻想到无产阶级严峻的、不屈不挠的、不可战胜的阶级斗争的转化形式。”[④] 这种怀疑论推动人们去探索挽救中国危亡的新途径，为尔后人

① 陈独秀：《法兰西人与近世文明》，1915年9月15日。
② 李大钊：《民彝与政治》，1916年5月15日。
③ 毛泽东致黎锦熙，1917年8月。
④ 《纪念赫尔岑》，1912年4月。

们接受马克思主义准备了合宜的土壤。当时这一批对西方资本主义文明持某种保留态度的启蒙思想家及其追随者，往后成了中国的最早一批马克思主义者，成了中国共产主义运动的先驱，完全是合乎逻辑的。

二

中国的先进分子走上马克思主义的道路，经过了长期的摸索和艰难的选择。

从19世纪40年代末《共产党宣言》问世直至20世纪初五四运动发生的前夜，在将近70年的时间里，中国人对马克思主义并不曾有过什么真切的了解。1899年，英国传教士在中国办的刊物《万国公报》上第一次提到马克思及其学说。他们把社会主义作为一种救世学说加以介绍，只不过是为了给基督教的教义涂上一层油彩而已。1902年以来，梁启超在《新民丛报》上介绍过马克思及其学说。但他对马克思主义既不了解，也不准备加以实行。他进行这种鼓吹，“只不过是为了向清廷施加压力，假社会主义之名，逼迫清廷行君主立宪政体之实”①。孙中山等也对马克思及其学说进行过介绍。他们是为了预防资本主义的流弊而提倡社会主义的。这种社会主义带有浓厚的主观主义色彩，并且在实践中被还原成了十足的资本

① 高军：《五四运动前马克思主义在中国的介绍和传播》，湖南人民出版社1989年版，第5页。

主义路线。事实上，当时的中国，并不具备传播马克思主义的社会条件，因为作为产生社会主义的物质前提的资本主义，发展还很微弱，作为社会主义的物质武器的工人阶级，力量还很幼小；同时，也不具备传播马克思主义的思想条件，因为人们认为，“社会主义，理想甚高，学派亦甚复杂。惟是说之兴，中国似可缓于欧洲。因产业未兴，兼并未盛行也”①。所以，马克思主义既没有得到正确的阐释和广泛的传介，更没有形成实际的运动。这种情况到了十月社会主义革命和五四运动之后，才开始得到根本的改变。

十月革命以前，中国人的面前只有两种可供选择的思想武器：封建主义和资本主义。中国封建王朝对于外国侵略者的屈服，宣告了封建主义的破产，宣告了封建社会的正统思想不可能成为中国人团结御侮的有效武器；中国先进分子学习西方的努力之屡遭失败，也宣告了资本主义此路不通，宣告了资本主义的方案不可能把中国引向独立和富强的境地。十月革命为中国人提供了新的、在封建主义和资本主义之外的第三种选择，即社会主义。这个革命由于发生在情况和中国相同（封建压迫严重）或近似（经济文化落后）的俄国而对中国人具有特殊的吸引力。它证明，“物质文明不高，不足阻社会主义之进行”②。不仅发达国家，就是不发达国家，也是可以用社会主义思想来

① 陈独秀：《答褚葆衡（社会主义）》，1917 年 1 月 1 日。

② 彭璜（荫柏）1921 年 1 月语，《新民学会会务报告》第 2 号。

指示自己的解放之路的。它确实使陷于彷徨和苦闷之中的中国人看到了民族解放的新希望。用“山重水复疑无路，柳暗花明又一村”这两个诗句来形容当时中国先进分子的心情，是很贴切的[①]。青年毛泽东就兴奋地宣布：“俄式系诸路皆走不通了新发明的一条路，只此方法较之别的方法所含可能的性质为多。”[②] 彭荫柏对此作了论证。他说：“中国国情，如社会组织，工业状况，人民性质，皆与俄国相近，故俄之过激主义可以行于中国。亦不必抄袭过激主义，惟需有同类的精神，即使用革命的社会主义也。”[③] 林修梅也认为：“我国政治经济状况，完全和俄国一样，同是农业立国。十年以前，同是压服在君主专制之下。他们的社会主义，两年来已强半成功了，我们只要抱定这种决心，谋社会主义的实行，也是一定可以在短时期内成功。”[④] 李达也说过：“俄国是农业国，中国也是农业国，将来中国的革命运动，或者有采用劳农主义的直接行动的可能性。”[⑤] 李大钊还从另一角度对此作了论证。他认为，俄罗斯“文明之要素，实兼欧亚之特质而并有之”，“俄罗斯之精神，实具有调和东西文明之资格”。

---

① 《毛泽东给蔡和森肖旭东并在法诸会友的信》，1920 年 12 月 1 日。毛泽东就曾引用这个诗句来形容过自己的心情。他说：“我看俄国式的革命，是无可如何的山穷水尽诸路皆走不通了的一个变计。并不是有更好的方法弃而不采，单要采这个恐怖的方法。”

② 《毛泽东给蔡和森肖旭东并在法诸会友的信》，1920 年 12 月 1 日。

③ 《新民学会会务报告》第 2 号。

④ 《林修梅遗著》，1921 年。

⑤ 李达：《讨论社会主义并质梁任公》，1921 年 4 月 8 日。

“世界中将来能创造一兼东西文明特质、欧亚民族天才之世界的新文明者，盖舍俄罗斯人莫属”。“吾人对于俄罗斯今日之事变，惟有翘首以迎其世界新文明之曙光”。[①]

十月革命之所以推动先进的中国人去接受马克思主义，也是同这个革命发出的反对帝国主义的号召、同在这个革命的基础上诞生的新俄国对殖民地半殖民地人民所采取的新的平等的态度分不开的。李大钊指出，近百年来饱受帝国主义列强践踏摧凌的中国人民，“忽然听到十月革命喊出的‘颠覆世界的资本主义’、‘颠覆世界的帝国主义’的呼声。这种声音在我们的耳鼓里，格外沉痛，格外严重，格外有意义”[②]。这个情况，有力地推动了中国的先进分子倾向于社会主义。十月革命以后在中国发生的五四运动，首先是反帝国主义的爱国运动。这个运动的发生和发展，更进一步推动了他们的这种思想倾斜的过程。对此，瞿秋白曾作过说明。他指出，对于五四爱国运动的意义，“绝不能望文生义的去解释他。中国民族几十年来受剥削，到今日才感受殖民地化的况味。帝国主义压迫的切骨的痛苦，触醒了空泛的民主主义的噩梦。学生运动的引子，山东问题，本来就包括在里边。工业先进国的现代问题是资本主义，在殖民地上就是帝国主义，所以学生运动倏然一变而倾向于社会主义，就是这个原因”。[③]

十月革命中俄国工人、农民和士兵群众在马克思主义

① 李大钊：《法俄革命比较观》，1918 年 7 月 1 日。
② 李大钊：《十月革命与中国人民》，1922 年 11 月 7 日。
③ 瞿秋白：《饿乡纪程》，1920 年。

的旗帜下所进行的广泛发动及其所赢得的历史性胜利，也给予了中国人以新的革命方法的启示。五四运动就是在十月革命的这种影响之下发生的。因为自从十月革命以后，“中国人也受了两个教训：一是无论南北，凡军阀都不应当存在；一是人民有直接行动的希望。五四运动遂应运而生”。“五四运动特有的精神”之一，就是人民的“直接行动”①。这种直接行动是辛亥革命中所不曾有过的。五四运动的发生和发展，证明了十月革命所提供的革命方法在中国的有效性。这样，十月革命和五四运动也就成了中国的先进分子倾向于马克思主义的重要的推动力量。对此，老同盟会会员董必武曾作过具体的说明。他回忆说，“我们过去和孙中山一起搞革命，孙的路子不对头，总是靠军阀。革命发展了，孙中山掌握不住，结果叫别人搞去了。于是我们就开始研究俄国的方式。”我们“从俄国革命中见到了搞群众运动”，“又见五四运动是群众运动”，所以“五四运动后，我们（就开始）想俄国与中国问题，开始谈马克思主义”②。另一老同盟会会员吴玉章也谈过自己类似的思想经历。他说，他从辛亥革命以来的实践中认识到“从前的一套革命老办法非改变不可”，但不知道这新办法应是怎样；“通过十月革命和五四运动的教育，必须依靠下层人民，必须走俄国人的路”这种思想也就

① 陈独秀：《五四运动的精神是什么?》，1920 年 4 月 21 日。

② 《董必武谈中国共产党第一次全国代表大会和湖北共产主义小组》，1971 年 8 月 4 日。

"日益强烈、日益明确"起来①。蔡和森则从另一个角度论述了这个问题。他指出:"受十月革命影响的学生和知识分子,渐知工人阶级势力比学生大了,恰恰此时工人阶级又起来了势力。五四运动中,工人阶级力量表现给他们看了,故反映到先进分子方面都赶速地使他们倾向社会主义、共产主义和俄国了。"②

就这样,在五四运动以后,中国的一批先进分子开始把自己的目光从西方转向东方,从欧美转向俄国,从资产阶级的民主主义转向无产阶级的社会主义。还在五四运动前夜,李大钊就率先在中国大地上举起了马克思主义的旗帜。五四运动以后,被誉为这个运动"总司令"的陈独秀也宣布自己站到马克思主义的旗帜之下。新文化运动的主要阵地《新青年》在1919年6卷5期出了马克思研究专号,从1920年9月起更成了中国共产党早期组织的机关刊物。新文化运动的另一主要阵地、五四爱国运动的发祥地北京大学在1920年成立了马克思学说研究会,一批爱国斗争的积极参加者成了中国北方早期共产主义运动的主要骨干。五四时期的许多进步社团中的激进分子也先后走上了马克思主义的道路。如长沙新民学会在1921年新年会辩论改造中国与世界须采用什么方法时,经表决,"赞成波尔失委克主义者十二人","赞成德谟克拉西者二人","赞成温和方法的共产主义者一人","未决定者三

① 吴玉章:《回忆"五四"前后我的思想转变》,1959年5月。
② 蔡和森:《中国共产党史的发展(提纲)》,1926年。

人”，由此使“方法问题大体解决”①。又如湖北利群书社社员于1921年夏在黄冈开会，经过三天讨论，与会者一致赞成走俄国人的路，“赞成组织新式的党——布尔什维克党，并提议把要组织的团体叫做波社（波尔什维克）”。会议并“决议组织共存社”②。类似的情况在其他一些进步社团中也发生了。随着这些新文化运动的左翼之转向马克思主义，马克思主义也就开始在中国得到了相当广泛的传播。据《五四运动前马克思主义在中国的介绍与传播》一书所附资料索引，从1918年7月李大钊在《言治季刊》上发表《法俄革命比较观》以来，至1922年年底，《新青年》、《每周评论》、《晨报副刊》、《民国日报副刊》、《少年中国》、《曙光》、《劳动界》、《共产党》、《广东群报》、《先驱》等报刊上发表的介绍马克思主义的文章即有237篇，其中1919年5月以后发表的为223篇。在1920年至1922年期间，马克思、恩格斯的基本著作《共产党宣言》、《科学的社会主义》、《工钱劳动与资本》、《价值价格与利润》，列宁的论著《过渡时代的经济》、《民族自决》、《俄罗斯的新问题》、《国家与革命》（部分）、《劳农俄国的建设事业》，以及解释马克思主义的作品如考茨基的《马克思〈资本论〉解说》、《阶级争斗》和河上肇的《马克思的唯物史观》等，也都有了中文译本。

---

① 《新民学会会务报告》第2号。

② 廖焕星：《利群书社始末》，1953年。

需要指出的是，中国早期的马克思主义者都曾经是热忱的民主主义战士。他们抛弃资产阶级民主主义的信念，转向马克思主义的立场，并非屈从于任何压力，也不是追逐时髦。这是他们对于各种学说、各种救国方案进行反复的比较和缜密的思考之后所作出的抉择。他们认为，“相信一种主义，不应该空空洞洞的盲从，必定要知道他的精髓所在”。所以，“当本己之自信心，周览世界之学术，必切实证明为真理，而后从而信之”。他们认为，学说并非装饰品。“一种学说有没有输入我们社会底价值，应该看我们的社会有没有用他来救济弊害的需要”，而不是看它是不是时髦。比如，前面提到的新民学会1921年新年会在讨论改造中国与世界须采用什么方法时，就曾列举世界解决社会问题的五种方法，即社会政策、社会民主主义、激烈方法的共产主义（列宁的主义）、温和方法的共产主义（罗素的主义）和无政府主义，供大家考虑。陈独秀在论述我们“应讲何种社会主义”这个问题时，也曾对社会主义的五种流派，即无政府主义、共产主义、国家社会主义、工团主义、行会社会主义等进行过比较研究①。在当时流行的众多学说中，他们之所以选择马克思主义，只是因为它作为严密的科学理论比之其他任何一种学说都更加具有说服力，“只是因为他能够圆满解决我们底问题，能于我们有益处；决不是趋时髦，也不是为彻底”。

---

① 陈独秀：《社会主义批评》，1921年1月19日。

中国先进分子之接受马克思主义，马克思主义之在中国得到广泛的传播，这是五四以后新文化运动的显著特点，是这个运动的最大收获，也是思想解放运动的深入发展。如果说，在这之前，当人们冲破封建思想的牢笼之后，曾经在资本主义的死胡同里徘徊过；那么，如今这个死胡同的墙壁是被推倒了，人们这才真正进入了一个广阔的新天地，并且第一次看到了自己光明的未来。由于掌握了认识中国社会这个“必然”的科学武器，人们这才有了使自己的思想获得“自由”的可能性。所以，“这时，也只是在这时，中国人从思想到生活，才出现了一个崭新的时期”①。

三

能不能认为，马克思主义引爆了中国的革命因而压制和中断了中国的启蒙呢？我以为，不能。

如果具体地考察一下五四以来的历史情况，我们就会看到，中国的马克思主义者自来就不曾抛弃过前期新文化运动举起的科学和民主的旗帜。相反，他们继承了五四运动的科学和民主的精神，并且在马克思主义的基础上对它们进行改造，从而赋予了它们以新的涵义，使它们在更高的层次上得到了进一步的发扬。首倡拥护德、赛两先生的陈独秀在开始向社会主义的方向转变时，即意识到民主不

① 毛泽东：《论人民民主专政》，1949年6月30日。

是抽象的概念，而是有着具体的历史内容的。他指出，“十八世纪以来的‘德谟克拉西’是那被征服的新兴财产工商阶级，因为自身的共同利害，对于征服阶级的帝王贵族要求权利的旗帜”。而“如今二十世纪的‘德谟克拉西’，乃是被征服的新兴无产劳动阶级，因为自身的共同利害，对于征服阶级的财产工商界要求权利的旗帜”。[①]在表示信仰马克思主义之后，他更明确地指出，“民主主义只能够代表资产阶级意”[②]。“共和政治为少数资本阶级所把持”，“要用他来造成多数幸福，简直是妄想”[③]。多数人要享有民主权利，必须铲除少数人的阶级特权，改变“大多数的无产劳动者困苦不自由”这种“不合乎‘德谟克拉西’”的状况[④]。这样，他就把少数人的民主与多数人的民主、资产阶级的民主与劳动阶级的民主区分了开来。显然，这种多数人的民主、劳动阶级的民主才是更高的民主，才是民主的真谛。至于科学，除自然科学外，就社会科学来说，这时在他看来，已经主要地不是指詹姆士、柏格森等的学说，而是指马克思主义了。他指出，我们应当“用科学的方法从客观上潜心研究人事物质底分析”，不应当“天天用冥想的方法从主观上来解决宇宙人生问题”。他认为，马克思所说的经济学或社会学，都是以这种科学归纳法作根据，所以都可相信的，都有根据的，

① 陈独秀：《告北京劳动界》，1919 年 12 月 1 日。
② 陈独秀：《民主党与共产党》，1920 年 12 月 1 日。
③ 陈独秀：《国庆纪念底价值》，1920 年 10 月 10 日。
④ 陈独秀：《答柯庆施（劳动专政）》，1920 年 11 月 1 日。

所以“现代的人都称马克思的学说为科学的社会学”，“为科学的社会主义”[①]。不待说，马克思主义所主张的多数人的民主，同封建主义的专制统治、等级制度以及纲常名教等，是尖锐对立的；马克思主义的科学的批判精神，更是同封建社会的正统思想、同人们的迷信盲从观念水火不相容的。既然如此，提倡马克思主义又怎么可能妨碍、中断反封建的思想启蒙呢？

实际上，当中国的马克思主义者运用唯物史观的武器向封建的思想文化开火的时候，他们在很大程度上克服了以往启蒙思想家的弱点，从而把启蒙运动有力地推向前进了。首先，他们“由经济上解释中国近代思想变动的原因”，指出孔子学说所以能支配中国人心 2000 余年，“因他是适应中国二千余年来未曾变动的农业经济组织反映出来的产物，因他是中国大家族制度上的表层构造，因为经济上有他的基础”。这种学说由于“不能适应中国现代的生活，现代的社会”，它的崩颓粉碎也就是必然的，不可避免的[②]。这样，他们就揭示了孔子学说的社会根源，从根本上否定了它在现代社会生活中的权威性和指导地位。由此出发，他们也就把反对封建思想的斗争扩展成为反对滋生这种思想的封建主义的社会经济制度和政治制度的斗争。他们认为，宣传教育手段固然极端重要，但绝不是万能的；在中国的旧制度下，也不可能施行真正的普及教育，

① 陈独秀：《马克思的两大精神》，1922 年 5 月 5 日。

② 李大钊：《由经济上解释中国近代思想变动的原因》，1920 年 1 月 1 日。

因为教育手段主要掌握在少数有产者手里。他们强调，“社会差不多是个人底模型，个人在社会里，方圆大小都随着模型变”。所以，要改造国民性，必须改革社会。而“要改革社会，非从社会一般制度上着想不可”。少数人的呐喊尽管会促使一部分人的觉醒，不过，“增加一两个善良的分子，并不能够使社会变为善良，除去一两个恶的分子，也不能够使社会不恶”①。这样，他们也就把反对封建主义斗争的立足点和出发点，从仅仅争取个人的个性解放，上升到了争取人民群众的社会解放的高度；把反对封建主义斗争的方式，从由少数人进行的思想的批判，发展到了主要由人民群众进行的武器的批判。

不应当低估反封建的革命实践对于封建思想的冲击力，尤其不应当把它看做是对于反封建思想斗争的阻断、挤压和排斥。事实上，在一个很长的时间里，中国革命主要是在农村区域进行的。农民的主要攻击目标是封建地主，同时旁及各种封建宗法的思想和制度。封建的政权、族权、神权、夫权，代表了封建宗法的思想和制度的全部，其中政权又是一切权力的基干。革命既然集中地打击了封建政权，它也就使族权、神权、夫权也跟着动摇起来。正是在革命过程中，亿万被压迫的奴隶懂得了自己的尊严，意识到了自己的力量，并且作为真正的人，挺直腰杆，站立了起来。读一读毛泽东的《湖南农民运动考察报告》，就可以看到革命对封建宗法的思想和制度的攻击

① 陈独秀：《新教育是什么?》，1921 年 1 月 2 日。

是怎样的有力和不可阻挡，就不难了解革命本身是多么伟大的启蒙了。中国革命的主要组织形式是军队。军队，一般说来，这是最少民主精神、最多等级观念和奴隶主义的地方。恰恰是在这里，中国的马克思主义者也把民主精神、反对等级制度和盲目服从的思想灌输了进去。他们明确指出：中国不但人民需要民主主义，军队也需要民主主义。他们在人民军队内部推广了民主生活，建立了民主主义制度，清除了封建雇佣军队的影响。广大士兵由此意识到了自己在革命、在军队中的主体地位，并且在精神上得到了极大的解放。这种情况，在中国历史上也是破天荒的。

就是在思想文化战线上，中国的马克思主义者也做了许多卓有成效的工作。正是在五四以后，中国产生了以马克思主义为指导的崭新的文化生力军。这支生力军与革命同步，在斗争中成长。他们在社会科学领域和文学艺术领域中，都取得了重大的成就。这个文化新军的锋芒所向，从思想到形式（文字等），无不起了极大的革命。其声势之浩大，威力之猛烈，简直是所向无敌的。其动员之广大，超过中国任何历史时代。

中国人民在反对封建主义的思想文化、建设新的民主主义的思想文化方面所取得的这种伟大的历史性的进步，仅仅依靠少数人的呐喊、依靠有限的宣传教育手段、依靠“三五文人的笔墨运动”，是不可想象的。历史的事实表明，马克思主义的传播，救亡斗争的兴起和发展，既没有中断、更没有取消启蒙的工作；在一定的意义上，我们倒是应当说，不是别的，正是马克思主义指导下的革命实践，促使启蒙运动在量上得到了空前的扩大，在质上得到了根本的提高。马克思主义并没有束缚人们的思想，相反地，正是由于学习和运用了马克思主义，中国人的思想才在更广大的范围内和更深刻的程度上获得了解放。

当然，正如批判的武器不能代替武器的批判一样，武器的批判也不能代替批判的武器。革命摧毁了封建的地主政权和土地所有制，固然为清除封建主义的思想文化创造了社会条件，但是它并不能自动地消除封建主义思想文化的一切影响。封建主义的思想文化既然植根于中国传统的农业经济，既然它一经产生就具有相对的独立性，既然它由于经过2000年的发展而渗入了亿万中国人的思想和生活，那么，要彻底清除它的影响，也就不能不经历漫长的过程和进行艰苦的工作。在五四后期，曾经有过一种舆论："文化运动已经有两三年了，国家实在还是仍旧无希望，文化运动又要失败了。"对于这种说法，曾经是启蒙运动思想领袖的陈独秀所作的答复是："创造文化，本是一民族重大的责任，艰难的事业，必须有不断的努力，决不是短时间可以得着效果的事。这几年不过极少数的人在那里摇旗呐喊，想造成文化运动底空气罢了，实际的文化运动还不及九牛一毛，那责备文化运动底人和以文化运动自居底人，都未免把文化太看轻了。"[①] 这话是有道理的。我们不能把中国今天之所以仍然面临着清除封建遗毒的任

① 陈独秀：《文化运动与社会运动》，1921年5月1日。

务，归结为五四以后的革命压制了五四以前的启蒙（尽管在革命过程中，人们对于从理论上清算封建主义思想文化影响的严重意义还估计不足，工作做得还不够深入和系统）；正如我们不能把某些西方国家今天之所以仍然崇尚王权、仍然有爵位等级、仍然讲究绅士风度等等，归结为 17 世纪、18 世纪这些国家发生的革命中断了文艺复兴以来的启蒙运动一样。

四

马克思主义在中国的传播并没有阻碍五四时期思想解放运动的进程。把马克思主义这个科学理论同中国实际结合起来，这正是人们争取思想解放所应当遵循的道路。

对于中国的先进分子来说，马克思主义是一种完整的科学的世界观，是他们可以用来正确地观察国家命运的认识工具。尽管在五四时期，即中国马克思主义思想运动的初期，人们对于马克思主义的了解还很不深入，但他们确实一开始就曾对这个学说的各个组成部分及其相互关联进行过全面的研究，并且获得了基本正确的理解。李大钊的《我的马克思主义观》（1919 年 5 月）、杨匏安的《马克思主义（一称科学的社会主义）》（1919 年 11 月至 12 月）、陈独秀的《马克思学说》（1922 年 7 月）等文，就都对马克思主义的唯物史观、剩余价值学说、阶级斗争和无产阶级专政的理论进行过全面的论述。李大钊指出，马克思主义是他的历史论、经济论和政策论，即唯物史观、经济学说和社会主义理论的统一。杨匏安指出："马氏以唯物史观为经，以革命思想为纬，加之在英美观察经济状况之所得，遂构成一种以经济的内容为主的世界观，此其所以称科学的社会主义也。"蔡和森也指出："马克思的学理由三点出发：在历史上发明他的唯物史观，在经济上发明他的资本论，在政治上发明他的阶级战争说。三者一以贯之，遂成为革命的马克思主义。"如果说，在以前，马克思及其学说只是在资产阶级的改良派或革命派的论著中得到过片断的、由于经过他们思维的过滤而有所变形的反映；那么，这时，它在马克思主义者的论著中，已经具有相当完整的形态，并且得到了比较确切的阐明。说当时中国的马克思主义者只是了解列宁而并不了解马克思；说他们所接受的不是完整的马克思主义，而只是它的个别部分即唯物史观和阶级斗争理论，这不符合事实。

尽管当时中国的先进分子之中没有一个人写出过堪与普列汉诺夫的《论一元论历史观的发展》和列宁的《怎么办》相并列的理论著作，他们对于马克思主义的理解甚至还有若干不确切的地方；可贵之处在于，他们从来就是把这个理论作为生气勃勃的、创造性的、革命的科学，而不是作为凝固的、僵死的、万古不变的宗教教条来看待的。他们强调，运用这个理论，必须从中国的实际出发，并且同人民群众的革命实践相结合。这是中国的马克思主义思想运动一开始就具有的一个显著的特点和优点。

中国的第一个马克思主义者李大钊在他所写的第一篇系统阐述马克思主义基本原理的著作中明确指出，马克思主义“为世界改造原动的学说”，从而肯定了它所具有的普遍的意义；但他并没有因此认为这个学说已经是完成形态的终极的真理。他在介绍唯物史观时说过，它也可能有偏蔽或疏漏，只是“小小的瑕疵，不能掩盖他那莫大的功绩”；它也可以被补充，只是不能以为由此即可“推翻马氏唯物史观的全体”。他强调，“我们批评或采用一个人的学说，不要忘了他的时代环境和我们的时代环境”。对于马克思主义也应当这样。“马氏的学说，实在是一个时代的产物”。所以，不可“就那样整个拿来，应用于我们生存的社会”[①]。五四以后，为了遏制马克思主义的思想潮流，胡适提出了“多研究些问题，少谈些主义”的口号，他所持的一个主要的论点就是，“一切主义都是某时某地的有心人对于那时那地的社会需要的救济方法”。他企图以这个论点来否定马克思主义的普遍意义。李大钊在答复这种责难时首先指出，马克思主义是我们时代的伟大真理。正如在资本主义国家，人们“可以用社会主义作工具去打倒资本阶级”一样，我们也“可以用他作工具去驱除一班不劳而生的官僚强盗”；同时，他又指出，“宣传理想的主义”和“研究实际的问题”，这是“交相为用”、“并行不悖”的。因为“一个社会主义者，为使他的主义在世界上发生一些影响，必须要研究怎么可以把他的理想尽量应用于环绕着他的实境。所以现代的社会主义，包含着许多把他的精神变作实际的形式使合于现在需

① 李大钊；《我的马克思主义观》，1919年5月。

要的企图”。他认为，“我们只要把这个那个的主义，拿来作工具，用以为实际的运动，他会因时、因所、因事的性质情形生一种适应环境的变化”的。他告诫人们，不要“偏于纸上的空谈”，而应“瞽向实际的方面去作”[①]。这样，他也就初步地阐述了马克思主义应当和中国实际相结合这一极其重要的思想原则。其后，陈独秀也著文指出，“马克思的学说和行为有两大精神”，这就是实际研究的精神和实际活动的精神。他认为，应当“以马克思实际研究的精神研究社会上各种情形，最重要的是现社会的政治及经济状况，不要单单研究马克思的学理”；应当“发挥马克思实际活动的精神，把马克思学说当作社会革命的原动力”，“实际去活动，干社会的革命”，而不要把它当作消遣品。在这里，他表达了与李大钊相似的思想[②]。他们这样说了，也就开始这样做。这从各地共产主义小组的活动中可以看得很清楚。当然，真正做到这一点很不容易。稍后一些时候，蔡和森曾明确地指出过：“马克思主义列宁主义是世界各国共产党是一致的，但当应用到各国去，应用到实际上去才行的。要在自己的争斗中把列宁主义形成自己的理论的武器，即以马克思主义列宁主义的精神来定出适合客观情形的策略和组织才行。”正因为如此，“党的革命理论是要经过长期间的各种争斗才能

① 李大钊：《再论问题与主义》，1919年8月17日。

② 陈独秀：《马克思的两大精神》，1922年5月5日。可惜，在实践中，他并没有能够把这个正确的原则切实地贯彻到底。这正是他后来犯错误的重要原因。

形成的。”[1] 不过，既然坚冰已经打破，航线已经开通，道路已经指明，这个问题的解决毕竟不是可望而不可及的了。

五四以后，中国的马克思主义思想运动在其发展中也曾经发生过偏向，一部分人一度离开过上述正确的思想路线。他们不懂得，马克思主义是发展的学说，是随着时代前进而前进的科学，而不是一个封闭的体系，一种需要死记硬背和机械复述的教条；他们以为，只要引用马克思列宁书本上的现成结论，只要照抄俄国革命的公式，就可以解决中国面临的一切问题。这是一种新的教条主义，新的蒙昧主义。这种倾向，一方面是五四运动的积极因素的反动，一方面是五四运动的消极因素的继承、继续或发展。针对这种情况，中国的马克思主义者不得不重新发动一场启蒙运动，即延安整风运动。这场新的启蒙运动所针对的，不是马克思主义本身，而是对于马克思主义的教条主义态度；它的目的，不是为了摆脱马克思主义，而是为了摆脱教条主义的束缚，使马克思主义的生动活泼的革命精神和创造精神得到进一步的发扬。如果说，五四时期思想解放运动的最大成果，是先进的中国人选择了马克思主义；那么，新启蒙运动的最大成果，就是中国的马克思主义者学会了正确地对待马克思主义，自觉地把握了马克思主义与中国实际相结合的方向。马克思主义及其在与中国

① 蔡和森：《中国共产党史的发展（提纲）》，1926 年。这是一条很重要的史料。在这里，他已经相当明确地表达了马克思主义的普遍真理必须与中国的实际相结合并且“形成自己的理论武器”的思想。

实际结合中的不断发展，这确实是五四以来科学与民主精神的主流。

五四运动提出的革命目标是反帝反封建。中国人民在马克思主义的旗帜下，才推翻了帝国主义、封建主义的统治，赢得了自身的解放。革命的实践无可辩驳地证明，五四时期先进的中国人所作出的历史性的选择，是完全正确的。

周恩来论中国共产党在大革命时期的历史经验*

在抗日战争时期党的整风运动中，主要是1943年至1944年间，为了系统地总结党的历史经验，增强全党对于领导中国民主革命的自觉性，毛泽东倡议并组织党的高级干部展开了对于党的历史问题的讨论。在这期间，周恩来曾经在自己所作的报告和所写的文章中，多次对党在大革命、十年内战和抗日战争三个时期的历史经验进行过论述。这些论述在当时对于统一全党的思想起过重要的作用，并且其中的一些内容已经被1945年党的六届七中全会通过的《关于若干历史问题的决议》所吸取；今天，当我们重读这些论述时，也仍然被它那细密的分析和精辟的见解所深深吸引，并从中获得极大的教益。

大革命时期，周恩来曾任党的两广区委员会及其军事

---

* 本文发表于《北京大学学报》1981年第4期。《中国社会科学》1981年第3期转载。

委员会的书记，并曾任黄埔军校政治部主任；之后在党中央组织部工作；继又任党的江浙区军事委员会书记和中央军事委员会书记。这就是说，无论在大革命的广州时期还是武汉时期，他都是处在斗争第一线的负责工作岗位上的。在《关于一九二四至二六年党对国民党的关系（一九四三年春）》、《关于党的“六大”的研究（一九四四年三月三日、四日）》以及《论统一战线（一九四五年四月三十日）》等文章中，他结合自己的切身经历和感受，对大革命时期的许多重大问题和有关的经验教训进行了深刻的论述。这些论述与毛泽东的有关论述在原则上是完全一致的，而在一些方面则作了更为具体的发挥。这些论述总结了党在大革命时期的历史经验，是党的宝贵财富。

二

轰轰烈烈的大革命是以失败而告结束的。周恩来指出：“在革命失败之后，必然有许多失败的情绪，引起许多争论的问题。”“中国大革命失败后，亦是如此。”①

的确，在革命遭受严重挫折之后，往往容易从失败情绪出发，产生否定一切的倾向。这就势必要导致党内意见的分歧。周恩来认为，总结历史经验，必须尊重历史事实，“先说事实，事实是对的，就说对，不对的，就说不对，结论放在后面”。不能因为革命失败了，就以为一切

① 《周恩来选集》上卷，人民出版社1980年版，第45页。

全错，把本来正确的也说成错的，把应当肯定的也予以否定。

大革命是在国共合作的条件下进行的。大革命失败以后，怎样估计共产党同国民党合作、共产党员加入国民党的政策，是当时的主要争论之一。1929 年年底，陈独秀等 81 人发表的《我们的政治意见书》就把革命失败的原因归结为共产党员加入国民党和长期留在国民党内工作的政策，认为共产党的这种做法“根本已毁坏其独立使不能执行其独立政策”，而“步步投降资产阶级”“乃必然的逻辑”。数十年后，张国焘在《我的回忆》中也还坚持说：“加入国民党的政策本身，是一切毛病的根源。”

应当怎样看待这个问题呢？周恩来明确地肯定，“主张参加，这是对的”[①]。

我们知道，统一战线从来就是无产阶级政党克敌制胜的主要武器之一。对于中国的无产阶级政党来说，正确地运用这个武器，尤其有着重要的意义。中国共产党是中国工人运动和马克思列宁主义相结合的产物。在建党初期，党首先并着重地领导了中国的工人运动，从而扩大了党在全国政治生活中的影响，巩固了党在工人阶级中的组织基础，为领导全国人民的大革命作了重要的准备。但是，在半殖民地半封建的中国，工人阶级虽然有坚强的革命性，它的人数毕竟比较少，如果不能团结一切可能团结的力量，组成广泛的统一战线，党就不可能把中国革命引向胜

① 《周恩来选集》上卷，人民出版社 1980 年版，第 159 页。

利。中国共产党与国民党合作的问题，正是从这种情况出发提出来的。

国民党的前身是1905年成立的同盟会。这是当时资产阶级、小资产阶级和一部分反清士绅的联合阵线的组织，它曾经领导过中国的旧民主主义革命。党在1922年6月发表的对于时局的主张就明确地指出，“中国现存的各政党，只有国民党比较是革命的民主派，比较是真的民主派”；只是他们党内那种“动摇不定的政策，实有改变的必要”①。因此，党在准备建立民主的联合战线时，首先考虑到与国民党的合作，这是很自然的事。

关于建立民主的联合战线的方式，1922年7月党的二大提出的设想是：先行邀请国民党开代表会议，经协商后，在全国各城市集合各革新团体组织“民主主义大同盟”②。这也就是实行所谓的“党外合作”。共产党员、青年团员以个人身份加入国民党，把国民党改造成为各革命阶级的联盟，也就是实行所谓的“党内合作”，这个主张是共产国际驻华代表马林倡议并得到共产国际赞同的。这一年的8月，党中央的一些领导人在杭州开会，会上马林提议：中国同志应以个人资格加入国民党，使民主的联合战线更进一步。“起初，大多数人都反对加入国民党”，可是国际代表“说服了与会的人”，于是会议“决定劝说全体党员加入国民党”③。1923年1月，共产国际执委会

---

① 《中共中央第一次对于时局的主张（一九二二年六月十五日）》。

② 《关于“民主的联合战线”的议决案（一九二二年七月）》。

③ 陈独秀代表中共中央向第三次党代表大会的报告，俄文译稿。

通过了《关于国共合作的决议》。这样，1923 年 6 月召开的党的三大，就对于国共合作的方针和办法作出了正式的决定。而 1924 年 1 月召开的有共产党人出席并参加领导的国民党一大，则标志着国共合作的正式形成。

党关于国共合作的方针和办法是否正确，主要应根据它对于中国革命所起的实际作用来判定。实践证明，党的国共合作的政策不仅没有阻滞中国革命的发展，而且是把中国革命的步伐极大地加快了。因为第一，共产党员加入国民党之后，党就有可能从内部来影响国民党的政策，真正“改组国民党为左翼的政党”，以便更好地联合它所联系的资产阶级，并推动在它影响下的小资产阶级群众走向革命。第二，由于国民党在群众中有相当的影响，由于它在许多地区具有某种合法的地位，共产党员加入国民党以后，党也就有可能在自己“不能公开活动的地方，扩大国民党”，以便通过国民党的组织去发动工农群众。事实上，正是在国共合作之后，1924 年，工人运动开始走向了复兴；1925 年，以五卅运动为起点，掀起了全国范围的大革命风暴；在这个基础上，举行了胜利的广东战争和北伐战争，形成了中国历史上空前广大的人民解放运动。而在这个过程中，党自身的队伍也得到了迅速的扩大。1923 年 6 月党的三大时，党员总数为 420 人；1927 年四五月党的五大时，党员总数已经达到 57,967 人了。如果不是国共合作，中国革命要在这样短促的时间内取得这样巨大的进展是不可能的。

把共产党员加入国民党说成是党后来犯机会主义错误

的根源，这是一种诡辩。因为这两件事情之间，不存在必然的联系。事实上，党的三大在作出共产党员加入国民党这个决定的同时，就作出了党必须保持独立性的明确规定。三大的决议和宣言指出：第一，“我们在国民党中，必须注意下列各事：一是在政府的宣传上，保存我们不和任何帝国主义者任何军阀妥协之真面目。二是阻止国民党集全力于军事行动，而忽视对于民众之政治宣传，并阻止国民党在政治运动上妥协的倾向，在劳动运动上改良的倾向。三是共产党党员及青年团团员在国民党中言语行动都须团结一致。四是须努力使国民党与苏俄接近，时时警惕国民党，勿为贪而狡的列强所愚。”第二，“我们加入国民党，但仍旧保存我们的组织，并须努力从各工人团体中，从国民党左派中，吸收真正有阶级觉悟的革命分子，渐渐扩大我们的组织，谨严我们的纪律，以立强大的群众共产党之基础。”第三，“拥护工人农民的自身利益是我们不能一刻忽忘的；对于工人农民之宣传与组织是我们特殊的责任；引导工人农民参加国民革命更是我们的中心工作。”共产党员在这样的前提下加入国民党，怎么会必然导致党对国民党的投降呢?

问题的关键并不在于共产党员能否加入国民党，而是在于怎样加入，加入之后是去作客帮忙还是当家做主。

本来，联合战线中既然存在着无产阶级和资产阶级等不同的阶级力量，那么它们在为争取某种共同目标而实行联合时，也必然会由于阶级利害的不一致而发生斗争。斗争的焦点，就是对于联合战线领导权的争夺。因为正是这个领导权问题，决定着革命的方向、规模和前途。正如周恩来指出的那样，“因为一个队伍有两个司令官，就要打架，两个中间总要下去一个”①。大革命时期，由于国民党成了联合战线的组织，无产阶级和资产阶级争夺联合战线领导权的斗争也就不可避免地会在对于国民党自身的领导权的争夺上表现出来。

以党的力量在当时还比较弱小为理由，来否定党争取掌握国民党的领导权的可能性，这种论点是不能成立的。因为当时的国民党是一个十分松懈的组织，它的党员“自辛亥革命以后，热心消灭，奋斗之精神逐渐丧失”。孙中山为重振革命队伍，另行组织中华革命党，但它所集合的人员寥寥无几，而且这些人也很快就“不肯继续革命”了。正是在这种情况下，孙中山才有联俄容共之议，他希望由此输入新鲜血液，以便求得国民党的新生。周恩来指出：“当时，国民党不但思想上依靠我们，复活和发展他的三民主义，而且组织上也依靠我们，在各省普遍建立党部，发展组织。”“当时各省国民党的主要负责人大都是我们的同志”，“是我们党把革命青年吸引到国民党中，是我们党使国民党与工农发生关系。国民党左派在各地的国民党组织中都占优势。国民党组织得到最大发展的地方，就是左派最占优势的地方，也是共产党员最多的地方。”② 这就表明，当时党要“在国民党中改造国民党，争

① 《周恩来选集》上卷，人民出版社1980年版，第216页。

② 《周恩来选集》上卷，人民出版社1980年版，第112—113页。

取领导权”的条件是具备的。

为了“在国民党中改造国民党，争取领导权”，重要的是必须尽力扩大国民党中以共产党员为核心的左派力量。因为只有在国民党内有足够的依靠力量，党才能引导国民党沿着革命的路线前进。张国焘不懂得这个道理。开始，他反对共产党员加入国民党；之后，他又主张担任党的各级领导工作或其职务与国民党无关的党员“不必加入国民党”，而且认为党也“并无义务在工人群众中为国民党发展组织”，否则“将使独立的职工运动成为国民党领导的职工运动”。对此，周恩来指出，张国焘的错误就在于“他不了解广大工农群众参加进去，可以改造国民党，争取领导权”①。事情很明显，如果像张国焘所说的那样，只有少数党员而不是全体党员加入国民党，也不动员工农去加入，那么，党在国民党内也就不可能具有左右全局的力量，也就不能不是在里面给人家抬轿子了。

应该承认，党在确定国共合作的方针时，许多人对“改造国民党”这一点虽是明确的，对于“争取领导权”这一点却并不是很明确的。共产国际代表马林在当时写给共产国际执行局的报告中就说，中国“并没有我们所想象的工人运动”，“农民群众之中差别不大，政治上不具有什么意义”。因此，他认为，“只要共产党不同国民党从组织上联合起来，他们这个小组织（指中共）进行宣传工作的前景就将是暗淡的”。从这种思想出发，他在党

① 《周恩来选集》上卷，人民出版社1980年版，第159页。

的三大上就提出了“一切工作归国民党”这种错误的主张。1923 年 1 月共产国际关于国共合作的决议也对中国工人阶级的革命力量估计不足，认为它“尚未充分分化成为完全独立的社会力量”。同年 5 月，共产国际给三大的指示虽然提出了“领导权必须属于工人阶级的政党”和必须开展“一个农民反封建残余的土地革命”等正确思想，但也还只是一种原则性的规定，并没有提出具体贯彻执行的措施。而且，这个指示传达到中共中央时，三大已经结束，这个精神未能在三大文件中反映出来。毋庸讳言，共产国际及其代表的指导思想的消极方面是被陈独秀片面地发展了。他在三大的报告中，认为中国工人阶级不是独立的革命势力，对于中国工人阶级的力量表示了不信任的态度。从这种思想出发，他“赞成工人加入国民党，并主张经国民党去工作，已有轻视独立自主领导权的萌芽”①。在会上，当场就曾有人“发了言，指出他的报告非常悲观”②。他在会上也成为“一切工作归国民党”这个错误口号的鼓吹者，这绝不是偶然的。他甚至认为，等打下北京后再亮出共产党的旗帜也还不迟。对此，周恩来指出，“认为参加进去只是帮忙，又是错的”③。事情很明显，如果像马林、陈独秀所主张的那样，把党的旗帜暂时藏匿起来，一切工作都拿到国民党里去做，那么党的工作也就不能超出国民党所允许的范围，联合也就成了混合，

① 王若飞：《大革命时期的中国共产党》。

② 陈独秀代表中共中央向第三次党代表大会的报告附言，俄文译稿。

③ 《周恩来选集》上卷，人民出版社 1980 年版，第 159 页。

共产党也就降低到了国民党。其结果就只能是让共产党员到国民党里去给资产阶级抬轿子，而犯投降主义的错误才真正成为不可避免的了。

总体来说，周恩来在这个问题上的基本观点就是：要从实际出发评价当时的国共合作问题，不能采取否定一切的态度。不能因为我们在国共合作中犯了错误，就连这种合作也加以否定。按照当时的情况，共产党员加入国民党是对的；党的正确方针应该是在国民党中改造国民党，争取领导权；反对全体参加或主张至少产业工人留在外面是不对的，因为这限制和缩小了党在国民党中改造国民党、争取领导权的力量；主张参加但认为参加进去只是帮忙也是错的，因为这取消了党在国民党中改造国民党、争取领导权的任务。这些论断完全符合当时历史的实际情况，因而是正确的。

有一个历史情况也可以作为这些论断的佐证：抗日战争时期，中共曾向蒋介石提议，“可以像大革命时期第一次国共合作一样”，“我们进到国民党里面去”，同时“保持我们共产党的独立的组织”。但蒋介石不赞成。“他说，党外不能有党”。在蒋介石看来，“这是中共第二次大规模渗透本党的阴谋”，所以他坚决不干。由此可见，共产党员加入国民党，只要有正确的方针作指导，是完全可以收到有利于革命的积极效果的。如果像陈独秀、张国焘所说的，这样做必然会犯投降主义错误，我们在有了大革命的教训之后又怎么会重提这种办法，而蒋介石又为什么要坚决加以拒绝呢？

二

中国共产党要把中国革命引向胜利，必须正确地认识中国革命的性质、动力和对象，制定一条马克思列宁主义的路线。

在大革命最终遭到失败的情况下，如何评价党在这个时期的路线？党的路线是全部正确，还是全部错误，还是部分错误？这些错误是贯穿于大革命的始终，还是集中于某一阶段？这就需要区分革命实践中的正确与错误，需要对具体问题进行具体分析，需要全面、历史地看待问题，需要马克思主义的科学态度。只有这样，才能对革命的进程作出中肯的估价，并从所犯的错误中正确地吸取教训。

五四运动以后，我国进入了新民主主义革命的时期。这个革命的领导者是无产阶级；这个革命的参加者是包括民族资产阶级在内的人民大众，而以工农为主体；这个革命的对象只能是也必须是帝国主义和封建主义。毛泽东后来曾把它科学地概括为“无产阶级领导之下的人民大众的反帝反封建的革命”。这个革命的目的是要建立一个人民共和国，从而为走向社会主义创造前提。

党提出新民主主义革命的这些基本思想，曾经经历了一个摸索的过程，一个在集体奋斗的基础上积累经验的过程。周恩来指出：“什么叫革命性质？革命性质是以什么来决定的？这些在当时都是问题。”① 事实确是如此。

① 《周恩来选集》上卷，人民出版社 1980 年版，第 158 页。

1921年7月党的一大通过的纲领，只是提出了“推翻资本家阶级的政权”、“承认无产阶级专政”、“消灭资本家私有制”以及最终消灭“社会的阶级区分”等各国党的纲领中共同具有的最一般的原则，并没有指明当前中国革命的民主主义性质。这说明，党在当时还没有把民主主义和社会主义两个革命阶段划分清楚。1922年7月党的二大根据列宁关于民族殖民地问题的理论和远东各国共产党及民族革命团体第一次代表大会的精神，指明了当前中国革命的任务是进行以“推翻国际帝国主义的压迫”、“打倒军阀”、统一中国“为真正民主共和国”为目标的民主革命；并决定为此而“使工人和贫民与小资产阶级建立民主主义的联合战线”。但也还没有明确提出无产阶级在民主革命中的领导权问题，而只是笼统地说，随着革命运动“发展无已的结果，（工人）将会变成推倒在中国的世界资本帝国主义的革命领袖军”；并且认为党在目前只是“引导工人们帮助民主主义的革命运动”，民主主义革命成功了，“无产阶级不过得着一些自由与权利”。这说明，党在当时也还没有弄清楚新旧民主主义革命的界限。1925年1月党的四大根据原中共旅莫支部负责人彭述之归国时带回的共产国际有关的指示精神，总结了建党3年来特别是国共合作一年来的经验，明确地指出，在中国的民主革命中，无产阶级应“取得领导的地位”；这个革命需要有“工人、农民及城市中小资产阶级之普遍的参加”，其中农民是这个革命的“重要成分”，它“天然是工人阶级之同盟者”；而这个革命的基本内容则是“反对国际帝国主义”、“反对封建的经济关系”和“反对封建的军阀政治”。这说明，到四大时，党已经把中国新民主主义革命的基本思想的要点提示出来了。在三大召开时，李大钊曾经提出过“过去和将来国民运动的领导因素都是无产阶级”的思想。在四大召开的前夕，邓中夏在《我们的力量》一文中，论述了无产阶级应当成为中国民主革命的领袖的思想；在四大召开以后，毛泽东、瞿秋白、李大钊、周恩来、恽代英等都曾著文对中国民主革命的基本理论问题进行过阐述和发挥。毛泽东的《中国社会各阶级的分析》、《国民党右派分离的原因及其对革命前途的影响》等文，对中国社会各阶级，特别是农民和资产阶级作了系统的分析，对于中国新民主主义革命的基本思想作了初步的概括，并且指明了这个革命的目的不是要建立资产阶级统治，而是为了“建设一个革命民众合作统治的国家”①。党的四大文件的制定和毛泽东等的有关著作的发表，表明党在总结经验的基础上逐步形成了关于中国新民主主义革命的正确路线。这是党在这个时期马克思主义中国化方面取得的重要成果。

党在 1928 年 6 月召开六大时，当时任共产国际书记处书记的布哈林在大会上作报告，对中国党在大革命时期的机会主义的错误曾指出以下三点：一是中共在与国民党合作中没有保持自己的独立性；二是对同盟者不敢作正面的批评；三是动员群众的力量不够。周恩来认为，这个分

① 子任:《国民党右派分离的原因及其对革命前途的影响（一九二六年一月）》。

析是不中肯的，因为“当时的情况也并不完全如此”。他指出：“从整个大革命的过程来看，特别是一九二五年到一九二六年中，党的两次中央扩大会议都强调了我们组织上的独立性；对国民党的批评是有的，甚至有些批评是不恰当的；群众是动员起来了，在一九二七年初，我们就组织了二百万以上的农民协会会员，以后更多，工人有工会及纠察队的组织”。“当时是群众革命运动的高潮，是历史上空前的，就是在抗战期间也没有过”①。如果党不是在基本上执行了正确的路线，积极领导了大革命，又怎么能设想会有这种空前规模的群众动员呢？所以，周恩来认为，对大革命时期党的领导应分阶段进行具体的分析，笼统地说当时党的领导完全错误是不对的。他说：“从整个过程来看，党的领导在大革命初期对的多，错的少；中期有对的，也有错的，有些还是原则的错误，如对中山舰事件及北伐等问题；到大革命的后期，机会主义路线形成。”② 这也就是说，我们党到 1925 年四大时，已经逐步形成了一条新民主主义革命的正确路线，大革命初期和中期的胜利，就是在这条路线指导下取得的。大革命后期，正确路线被机会主义路线所代替，导致革命的失败。周恩来认为，机会主义路线错误，主要表现在大革命关键时刻放弃了党对革命的领导权。出现这样的错误不是偶然的，而是由于当时党的领导人长期不懂得党对革命的领导权需

① 《周恩来选集》上卷，人民出版社 1980 年版，第 168—169 页。

② 《周恩来选集》上卷，人民出版社 1980 年版，第 171 页。

要用力量去争取造成的。

如前所述，党的二大已经承认了中国革命的资产阶级民主主义性质。而陈独秀却由此认定，既然是资产阶级革命，那就应该由资产阶级来领导，“无产阶级不是领导而是帮助资产阶级，是替资产阶级抬轿子的，无产阶级在资产阶级革命中不要争取领导权；认为帮助资产阶级革命成功，无产阶级可以得到自由、八小时工作制，以后再搞自己的无产阶级革命”。周恩来指出，陈独秀的“这种观点实质上是旧民主主义的，是十八、十九世纪的西欧资产阶级革命的观点。用这种观点来看中国革命，领导权问题就很久得不到解决”[①]。到党的四大时，无产阶级领导权的问题被提出来了，但如何实现这个领导权的问题也仍然没有得到解决。在四大召开的前夕，彭述之写了《谁是中国革命之领导者?》一文。在这篇文章中，他肯定了无产阶级应当领导中国革命，但是又认为“各种阶级，如除开游民无产阶级外，差不多（都）是与工人阶级接近的，容易受工人阶级的暗示与领导的”，所以这个领导权是“天然”地落到了无产阶级的身上，用不着去争取。周恩来指出，彭述之的错误，就在于他不懂得“无产阶级也不是天然的司令官，不是从农民一直到大资产阶级都公推你、公认你为司令官”；在于他“没有看到资产阶级在争领导权”[②]。

① 《周恩来选集》上卷，人民出版社 1980 年版，第 158—159 页。
② 《周恩来选集》上卷，人民出版社 1980 年版，第 216、第 159 页。

“领导权是有人和无产阶级争，和共产党争的”，这是一个客观的事实。“不但大资产阶级争，自由资产阶级也争，小资产阶级也争”，而大资产阶级则是“我们斗争的主要对象”[①]。本来，中国的大资产阶级带有买办性，它从来不是中国革命的动力；但由于国民党曾经采取联合某些帝国主义反对另一些帝国主义、联合某些军阀反对另一些军阀的策略，一部分大资产阶级为自身的利益而资助过孙中山，因而在国民党内有着传统的影响。他们的政治代表就是国民党右派。

国民党右派有新旧之分。他们虽然都在进行着反对共产党、争夺领导权的活动，但他们活动的手法有所不同。以邹鲁、张继、谢持等为代表的老右派公开反对国民党执行联俄、联共、扶助农工的政策，他们的反动面目是暴露的；以蒋介石为代表的新右派则隐藏在革命队伍内部玩弄着反革命的两面政策，即一面联共，一面以限共、溶共的形式反共，他们的反动面目是隐蔽的。党对老右派的认识比较清楚，因而一开始就同他们进行了坚决的斗争；对新右派则认识不足，因而对他们一再妥协退让，终于造成了极其严重的后果。

周恩来在总结这一教训的时候，对国民党新右派的首领蒋介石其人进行了十分透彻的分析。周恩来揭露了蒋介石作为反革命的野心家和大资产阶级的代理人的本质，指出“他的军阀思想和投机思想”是“与他‘参加’革命相

① 《周恩来选集》上卷，人民出版社1980年版，第216页。

随而来”的，指出“他在大革命时主要是买办资产阶级的思想”，虽然也并“不否认他有一点民族资产阶级的思想”[①]。

作为“军阀、交易所老板和流氓头子的结合”，蒋介石在骨子里是反共的。但当他看到孙中山决心联俄容共时，出于投机思想，他又表示拥护，而在广东，他也曾反对广东的英国买办。这样，他在大革命初期，就“起了一些一般资产阶级代表人物的作用”，“在当时特定的条件下，在一个短时期内，他算是国民党的中派”[②]。他之所以表面上与共产党合作，赞成革命，是因为他企图取北洋军阀的地位而代之；而为了达到这个目的，不利用共产党及其领导下的工农的力量是不行的。因此，“当他在革命队伍时，他还是挂革命招牌，利用人民以增大自己的力量和影响”。他之联俄，也出于同一个目的。比如，他曾经咒骂苏俄是“凯撒之帝国主义”，可是当得到苏俄的军火时，他又高叫第三国际是世界革命的大本营，中国应该服从第三国际的指挥了。当然，在实质上，他“对孙中山的三大政策，从未真正承认，也从未真正实行过”[③]。由于害怕共产党领导的人民力量的发展将妨碍他达成取代北洋军阀这个目的，他即使在与共产党合作时，也“并不是真心和我们合作，而是随时提防和限制共产党的”，

① 《周恩来选集》上卷，人民出版社 1980 年版，第 151、第 165 页。
② 《周恩来选集》上卷，人民出版社 1980 年版，第 150、第 208、第 114 页。
③ 《周恩来选集》上卷，人民出版社 1980 年版，第 152、第 151 页。

他并且还“是右派势力的保护者和组织者”[①]。这就是说，他在一个时期内所执行的是既联共又限共的两面政策。这样，由于联共，他可以利用人民的力量来增大自己的实力和影响以便达成自己的目的；由于限共，他就可以使得人民的力量不能独立地得到充分的发展，一旦公开反共，也不致受到有力的回击。这是一种极其阴险的策略。五卅运动和省港大罢工之后，革命群众运动的高潮在全国掀起。“群众起来，他便反共”。1926 年 3 月 20 日，他制造了中山舰事件，以打击共产党和工农的力量，并由此夺取了第一军的军权。而从这时起，他的立场就转到了“大地主大资产阶级方面，变为新右派”[②]；然而在表面上，他还以民族资产阶级改良主义进行欺骗。由于他当时的羽毛尚未丰满，“没有力量北伐”，还想“叫我们帮助他，叫苏联帮助他”，所以，在制造中山舰事件之后，他又声称此系“个人问题”，不得因而“牵动全局”；声称“革命战线，非联合共产分子，实为国民革命之缺点”；甚至还假惺惺地“自悔”本人对此事件“处置之失当”。但这绝不是意味着他真心悔过，从此将追随于无产阶级之后。他的这些言辞“是靠不住的，因为他表面上受你领导，实际上他准备和你分裂”[③]。

周恩来说：“在阶级关系的分析上，过去我们的缺点，一是公式化，一是定型化。”也就是说，不懂得“各

① 《周恩来选集》上卷，人民出版社 1980 年版，第 114 页。
② 《周恩来选集》上卷，人民出版社 1980 年版，第 165—166 页。
③ 《周恩来选集》上卷，人民出版社 1980 年版，第 217 页。

阶级的代表人物更不是固定不变的”。“代表性改变了，本来不是敌人也可以变成敌人”。这种情况，“常常使我们搞不清楚”①。在对待蒋介石的问题上，正是犯了这样的错误。当蒋介石已经变成大资产阶级的代表时，许多人却仍然把他当作民族资产阶级的代表，不敢同他进行坚决的斗争，害怕这样做会导致党与民族资产阶级关系的破裂。陈独秀甚至把革命比作“好象撑破船般于大海巨浪之中”，把蒋比作船上的“桅舵”，认为如此而欲倒蒋，那就是“自毁桅舵”，就是“助长反动势力”，就是“反革命”②。

正因为当时的党还缺乏争取领导权的明确观念，而对蒋介石的阶级本质又缺乏清醒的认识，因此在北伐的准备阶段和北伐的进行过程中，党在陈独秀的领导下，在若干重大问题上采取了机会主义的让步政策，犯了原则性的错误。

周恩来明确指出，在北伐的准备阶段，这种机会主义的让步主要有三次。第一次，是政治上的大让步。在国民党召开二大时，广东的同志主张采取打击右派、孤立中派、扩大左派的政策，并计划给蒋介石以回击。当时国民党二大的代表中，“左派占了绝对优势，实现上述计划是完全有保证的”。但党中央不同意。结果右派不仅没有得到应有的打击，反而在国民党中执委、中监委的选举中占

① 《周恩来选集》上卷，人民出版社 1980 年版，第 167、第 208 页。

② 陈独秀：《给蒋介石的一封信（一九二六年六月四日）》。

了多数。第二次，是军事上的大让步。在中山舰事件发生后，当时第一军以外的各军都想同蒋介石干一下，而蒋介石由于还没有足够的力量也不敢立即公开分裂。“如果这时党中央的政策是给蒋介石以有力的回击，毫无问题，事情是有办法的”。但陈独秀主张再次向蒋介石作无原则的妥协。第三次，是党务上的大让步。整理党务案提出时，蒋介石的兵力仍占少数，所有民众运动都在共产党和国民党左派的领导之下，只要有正确的政策，他的进攻还是“不难打垮的”①。但党中央仍然采取机会主义的退让政策。这样，以蒋介石为代表的新右派的反共活动不仅没有受到应有的制裁，而且他们还由此夺取了很大一部分国民党的党权和国民革命军的军权。

在北伐的过程中，陈独秀继续犯了极大的错误。在这方面，周恩来讲述了一个不大为人们熟悉的重要情况。他说，北伐出师以前，苏联顾问加伦曾请我转问中央，在北伐中是帮助蒋介石呢，还是削弱蒋介石，这一政治问题如何解决？我到上海请示中央。陈独秀说你们开个会商量好了。开会时，又是张国焘代理主席，也没有真正讨论，只由他说了两句话，说北伐中我们的方针就是：是反对蒋介石，也是不反对蒋介石。“所以在北伐战争中，一直到国民党三中全会前，对蒋介石的方针是不明确的，结果就是客观上帮助了蒋介石，而助成了蒋介石地位的提高”。本来，在北伐出师前，蒋的直系还只有 6 个师。总共 8 个军

① 《周恩来选集》上卷，人民出版社 1980 年版，第 119、第 121—122 页。

中，他只占一个军。因此，周恩来认为“只要我们善于反击，蒋介石右派的力量还是可以压下去的”[①]。但是，在北伐时，由于我们党步步退让，使蒋介石得以乘机竭尽全力扩展自己的实力。国民革命军从8个军发展到40多个军，其中大部分是蒋介石收编的军阀部队。这些军阀在被蒋介石收买，获得国民革命军的军长、师长等类的头衔之后，即甘心为其所用。在这种情况下，再要想把蒋介石右派力量压下去，就非得经过艰苦的努力、付出高昂的代价不可了。所以，陈独秀步步退让的结果，是使领导权逐渐落到了蒋介石的手中，最后终于导致了大革命的失败。

通过周恩来上述一系列分析可以看出，尽管党在1925年就已开始形成了新民主主义革命的正确路线，但是只有经过了大革命的实践，总结了成功和失败的经验教训，才使全党懂得了实行这条正确路线的关键就在于坚持党对革命的领导权。丧失了领导权，革命就不可能有成功的指望。

三

如前所述，在大革命的初期和中期，尽管党犯过这样那样的错误，但基本的指导路线还是正确的。党犯机会主义的路线错误，是在大革命的后期。周恩来在总结大革命后期的路线错误时认为，仅仅一般地、笼统地指出这一路

---

① 《周恩来选集》上卷，人民出版社1980年版，第123—124页。

线错误是没有大力夺取党对革命的领导权还不够，只有深入认识产生这一错误的指导思想及其在各个方面的具体表现，才能总结出带有规律性的经验和教训。

革命有来潮、退潮，斗争有胜利、挫折。一个在政治上成熟的党，应当在形势要求进攻时，坚决站在斗争的最前列，引导人民去进行革命的冲击；而在形势不利时，又应当善于有秩序地、毫不慌乱地组织退却，以便保存和积蓄力量，为发动新的进攻切实做好准备。但是，处在幼年时期的中国共产党，当时还没有学会掌握这种斗争的艺术。周恩来指出，在武汉时期，即大革命的后期，“中国党在策略的运用上所犯的错误是：在革命处于高潮应当进攻的时候，不善于进攻”[①]。这在实际上也就是屈服于资产阶级的压力，实行无原则的退让，从而自动放弃对于革命的领导权。

本来，1926年年底1927年年初，中国革命已经进入了紧急时期。一方面，北伐战争的胜利发展，已使北洋军阀的主力基本上归于消灭；工农运动的猛烈高涨，更从根本上动摇了帝国主义、封建主义在中国的反动统治。革命正处于高潮之中。另一方面，帝国主义在加紧干涉中国革命，竭力分化统一战线；地主买办阶级在向工农运动猖狂反攻，民族资产阶级发生严重的动摇；而国民党右派则在积极准备发动反革命政变。革命正面临着深刻的危机。在这种情况下，是坚决依靠工农群众来推进反帝反封建的斗

① 《周恩来选集》上卷，人民出版社1980年版，第175页。

争，并克服民族资产阶级的动摇，准备对付大资产阶级可能的叛变呢？还是屈服于资产阶级的压力，压制工农运动，使自己处于孤立无援的地位和无戒备的状态？这就是党必须回答的问题。正是在这个重要的转变关头，1926年12月，在汉口中央特别会议上，陈独秀等却认为党犯了“左”倾错误，主张压制工农运动，并幻想建立以汪精卫为领袖的文人政府，以谋求同右派的妥协。这一错误思想为会议所接受。这样，党竟然采取了后一种路线。

陈独秀的右倾机会主义是一种软弱无能的腐朽的违背马克思列宁主义的思想。它不相信和依靠人民，对右派充满了不切实际的幻想。当蒋介石“一天天地走向反动，很清楚的是要走到敌人方面去”时，“象陈独秀这样的人，还主张继续和蒋介石合作”[①]。四一二以后，蒋介石公开叛变了，他又把希望寄托于刚从国外归来的汪精卫身上。在他们的头脑中，反击右派、争取领导权的明确观点是没有的。

周恩来指出，直到1927年四五月党召开五大时，“才承认了领导权要争，批评了天然领导权的说法”[②]。会上，几乎“所有说话的同志都同声一气地指出，中央在革命性质和对中国民族资产阶级的关系上，都采取了完全错误的路线”[③]；大会的决议也肯定了若干正确的原则。不过，周恩来认为，对五大是不宜作过高的估计的。因为当时所

① 《周恩来选集》上卷，人民出版社1980年版，第209页。
② 《周恩来选集》上卷，人民出版社1980年版，第159页。
③ 米夫：《紧急时期的中国共产党》，1928年6月。

谓争领导权的“方法是到处贴标语，喊口号，说要争领导权。这只是空的，没有实际意义”①。他强调，对于领导权的争取，应落到实处。在革命的紧要关头，尤应如此。具体地说，也就是应“在国民党、政府、军队中争取领导权，搞土地革命，以武装斗争为中心”②。五大和五大以后的中央恰恰没有指明这一点。

在着重指出大革命后期党在这个关系革命成败的领导权问题上所犯的根本性错误之后，周恩来又进一步对这个错误在各方面的表现作了具体的分析。

首先，关于土地问题。周恩来指出，当时“必须使农民运动深入发展到解决农民的土地要求”，这样，才能巩固革命的基础。从这种观点出发，他高度评价毛泽东的《湖南农民运动考察报告》，认为它“说明了这个真理，拥护农民提出的办法，并加以发挥，不但有理论，而且有实践的办法”③。但是陈独秀等人被当时的反动潮流所吓倒，不愿意接受毛泽东等的正确意见。五大时，许多人对中央的土地政策提出了尖锐的批评，陈独秀却仍然坚持认为：“无论如何在目前没收一切地主的土地也是太革命了的。”他说：“我们目前是加深农民革命呢？还是等待北伐底进展，等待农民运动扩大以后，再来加深农民革命呢？我以为后面的一个意见，比较可靠些。”对此，周恩来一针见血地揭露说：“在农民问题上，陈独秀连减租减

① 《周恩来选集》上卷，人民出版社1980年版，第159页。
② 《周恩来选集》上卷，人民出版社1980年版，第169页。
③ 《周恩来选集》上卷，人民出版社1980年版，第335页。

息都不赞成，更谈不到解决土地问题了。”① 由于存在着严重的分歧，五大关于土地问题的决议实际上是妥协的产物。决议虽然肯定了“无代价的没收地主租与农民的土地”这一原则，但立即作了两项限制：“属于小地主的土地不没收”，“革命军人现时已有的土地可不没收”。这样，土地问题还是不可能得到解决。这种情况，极大地妨碍了农民运动的深入发展，“一九二七年春夏国民党之所以敢于叛变，发动‘清党运动’和反人民的战争，主要就是乘了共产党的这个弱点”②。

其次，关于武装问题。周恩来指出，“武装是一个中心问题”③。当时在国民政府辖区内，实际上存在着“两种武装力量”。一种是党直接领导的武装力量，其中包括一部分正规军队（如叶挺的二十四师）和广大工农群众的武装（如工人纠察队、农民自卫军）；一种是大地主大资产阶级的武装力量（如唐生智、冯玉祥的军队）。他强调说，“那时候我们党的政策，不是面向自己的力量，而是面向大地主大资产阶级的力量”④，这是一个严重的错误。有一个事例很可以说明这个问题。1927 年春，“我们本想建立一支完全由我党所掌握的军队。因此决定把共产党员连某所指挥的一个营扩充为一个师。人员、粮饷、军械都已经筹划好了”，但陈独秀到达武汉之后，“说什么计

① 《周恩来选集》上卷，人民出版社 1980 年版，第 218 页。
② 《毛泽东选集》第一卷，人民出版社 1991 年版，第 12 页。
③ 《周恩来选集》上卷，人民出版社 1980 年版，第 213 页。
④ 《周恩来选集》上卷，人民出版社 1980 年版，第 213 页。

划中配备的枪械比别的军队都好，怕引人妒忌；他又说自己建立军队，太引人注目等等。就这样前怕狼、后怕虎，这一师军队始终没有建立起来”①。四一二政变后，武汉地区外部被敌人严密地封锁，内部又发生严重的动摇。在这危急的时刻，党中央竟“把最后的希望押在冯玉祥身上”。郑州打下以后，什么人都去会冯玉祥，苏联顾问鲍罗廷、加伦也去了，张国焘也去了。后来，“冯玉祥在徐州和蒋介石会面，来了一个大反动，把所有的武汉的人都出卖了，于是武汉全面落空了。这就是依靠大地主大资产阶级武装力量不依靠自己武装力量的恶果”②。

再次，关于政府问题。周恩来指出，当时应当“建立工农领导的政府”。有人说，当时就要组织苏维埃，把工会变成政权，推翻武汉政府。周恩来认为，这种看法也是不对的。因为“这是把俄国二月革命到十月革命的经验搬到中国来”了③，并不适合当时中国的情况。正确的做法应是，“把改变武汉政府为工农小资产阶级联盟当作努力的方向”，争取其中的领导权；同时把农民协会变为乡村政权，以巩固这个政权的基础。但是陈独秀等人既不赞成改造武汉政府，又没有组织工农准备与武汉政府破裂。其后，身任农政部长的谭平山并且以“不能纳农运入正轨”而辞职，他不但不主张把农民协会变为乡村政权，反而希望国民党去整顿、改革下层政权。这样一来，

① 吴玉章：《第一次大革命的回忆》。

② 《周恩来选集》上卷，人民出版社1980年版，第170、第213页。

③ 《周恩来选集》上卷，人民出版社1980年版，第159页。

在这个问题上，就把共产党置于无所作为的境地，根本谈不上进行争取政权的斗争了。

最后，关于国民党问题。前面已经说过，共产党应在国民党中改造国民党，争取领导权，为此，就必须发展以共产党员为骨干的左派核心。但是，“陈独秀主张不分左中右，怕人家说我们分化他们。大地主大资产阶级不喜欢我们分左中右，陈独秀就作了大地主大资产阶级的应声虫”[①]。本来，左派应“是工农和小资产阶级，包括我们党”，机会主义者“却把我们从左派划出来，叫共产派”，说什么共产派不应包办国民党的工作等等。这样，以共产党员为骨干的左派核心也就无法形成，“结果左派就要跑到中间，最后跟右派跑了”[②]。

在这里，有必要谈一谈周恩来对共产国际执委会第八次全体会议关于中国问题的决议，即著名的“五月指示”的评价。在这些评价中，周恩来并没有因为共产国际在对大革命的指导上曾经犯过错误，而否定“五月指示”中的正确意见。他以实事求是的科学态度，分析形势，比较得失，清醒地估计了党在当时进行武装反击的可能性。

“五月指示”包括四个要点：改造国民党使工农分子大批参加进去，这就是争取党权；把农民协会变成乡村政权，这就是争取政权；组织七万军队，其中要包括二万共产党员，这就是争取军权；再就是要没收地主土地，搞土

---

① 《周恩来选集》上卷，人民出版社 1980 年版，第 214 页。

② 《周恩来选集》上卷，人民出版社 1980 年版，第 165、第 214 页。

地革命。应该说，这个指示的确是把当时挽救时局的几个关键问题都提出来了。不过，中央在讨论这个指示时，认为这些任务“不是即时都能实现的”，并且有人认为这个指示“是太迟了：是在‘放马后炮’，为推卸共产国际的责任预留余地”。

无疑地，共产国际在对中国大革命的指导上是犯过错误的。比如，1926 年 10 月，共产国际曾指示中国党，“在占领上海以前，暂时不应当加强土地运动”。对于这个错误，斯大林是公开承认过的。不过，同年 11 月共产国际第七次扩大执委会通过的关于中国问题的决议就已经指出，“土地问题开始紧急起来，成为现在局面的中心问题”；无产阶级只有抓住并解决这个问题，才能成为革命的领袖。当然，就是这个决议，也还没有明确指出党应当直接掌握军队（斯大林在会上所作的演说，在提出中国革命的特点和优点之一是“武装的革命反对武装的反革命”这一著名论断的同时，也只是指出党应加强军队中的政治工作，指出包括共产党人在内的中国革命者应逐步争取在军队中占据某些领导职位）；没有明确指出党应在国民党和国民政府中争取领导权，而是认为“应形成左派，而与之亲密合作，并不应企图以共产党分子代替左派之领导工作”。这些问题，是在“五月指示”中才全面地以十分明确的语言予以指明的。虽然如此，周恩来认为，“五月指示”仍然具有重要的意义。当时党“如果按照共产国际的指示努力去做，还不失时机”。因为“这时离国共分裂还有两个月”，局面还“不是不可以挽救的”。以军队问题为例。他说："我们当时已经有一个军、两个师和武汉的警卫团，以当时的军队做骨干，再加上湖南、湖北的工农武装和武汉的工人纠察队，组织五万到七万军队是有可能的。还有朱德同志在江西有一个军官教育团，他兼南昌市公安局长。有这些条件不去运用，是不对的。"①当然，说局面还可以挽救，绝不是说，中国革命在当时就可以轻易取胜；而是说，采取了上述几项果断措施之后，党将有可能更有力地同汪精卫集团作斗争，一旦发生突然事变，党也将有可能在戒备的状态中给予有力的反击，从而避免受到后来受到的那种惨重的损失。

由于党在应该进攻时没有进攻，在应该准备反击时没有准备反击，而是"一切都退让"（它的极端表现就是1927年6月30日提出的国共合作十一条。这是一种"投降式的让步"），"结果使大革命失败了"②。

当然，机会主义并不是个别人物的罪孽、疏忽或叛变。大革命的失败，不能简单地归因于陈独秀个人。党之所以犯机会主义的错误，是由于这时的党毕竟还处在幼年时期。它还缺乏经验，缺乏深刻的革命认识，还不善于将马克思列宁主义的理论和中国革命的实践结合起来，所以在大革命的后期，陈独秀的机会主义才能够在党内起作用。

应当怎样认识党犯错误这个事实呢？

---

① 《周恩来选集》上卷，人民出版社1980年版，第169页。
② 《周恩来选集》上卷，人民出版社1980年版，第171、第219页。

周恩来在回顾党的历史道路时曾说："不错，我们党内曾经有过不少的错误，有过不少犯错误的分子，但是我们党正是在反对和克服这些错误的斗争中成长起来，党的思想才趋于一致，党的组织才趋于巩固。"[①] 事实难道不正是这样吗？中国共产党从大革命的失败中吸取了惨痛的教训，坚决地唾弃了陈独秀的右倾机会主义，终于独立地举起了武装斗争的旗帜，把中国革命推向了土地革命战争的新时期，并且经过艰难曲折的斗争，使自己在政治上达到了高度的成熟。实际上，任何一种新生事物的诞生，都必然是一个曲折的前进过程。周恩来这些闪烁着唯物辩证法精神的总结告诉我们：党善于从自己所犯的错误中学习并在同这种错误作斗争中求得进步，这一情况，表明了党是在严肃地对待自己对于无产阶级和广大群众所承担的责任，表明了党自身的坚强有力和不可战胜！

① 《周恩来选集》上卷，人民出版社1980年版，第140页。

略论中共五大的历史作用*

中国共产党的第五次全国代表大会于 1927 年 4 月 27 日至 5 月 9 日在武汉召开。当时，中国革命正处于紧急时期。在这之前不久，发生了四一二政变，国民党蒋介石集团在其控制的东南地区开始实行反革命的“清党”运动，革命遭到严重的挫折和局部的失败。在武汉政府控制的以两湖为中心的地区，虽然工农运动还在继续发展，但资产阶级及其政治代表国民党汪精卫集团也开始发生严重的动摇，革命有遭到全面失败的危险。党的这次代表大会的任务，就是要对当时的局势作出恰当的估计，并据此制定出挽救革命的切实办法。

在党的五大召开之前几个月，1926 年 12 月，共产国际执行委员会举行了第七次扩大全会，通过了《关于中国形势问题的决议》。五大是在共产国际的这个决议的精神指导下召开的。大会确认，共产国际决议“对于中国革

---

* 本文发表于《中共党史研究》1988 年第 3 期。

命前途的指示及革命策略的规定，都适合于现在革命阶段中之客观的环境”，因而表示完全接受，并要求全党“按照决议案所指示的，努力工作”①。

长时期以来，人们对五大的看法就不很一致。一些人从肯定国际路线的立场出发，对五大的历史作用作了高度的评价。比如，米夫在《紧急时期的中国共产党》（1928年）中说：“第五次大会曾经根据共产国际第七次扩大会议底决议，使党走上了布尔什维克化的道路。”“中国党自接到（共产国际）这个有历史意义的文件以后，就好似小孩偶然提高了许多一样。”蔡和森在《党的机会主义史》（1927年）中甚至说：“五次大会一切决议案的精神都是根据国际决议的，所以五次大会本身是正确的。如不承认五次大会的本身是正确的，便是不承认国际决议是正确的。”也有一些人认为，不能对五大的历史作用估计过高。比如，李立三在《党史报告》（1930年）中说过，五次大会“虽然表面上接受国际决议，但在实际策略上完全是尾巴”。在这里，他看到了五大存在着缺点，不过他把这种缺点之所以发生归结为人们对国际路线的认识不够明确，贯彻不够坚决，而对国际路线本身则没有能够作出批判性的分析。这类思维方法，使我们清晰地看到了20世纪20年代末、30年代初在中国党内流行的那种把共产国际决议神圣化的错误倾向的痕迹。

1945年4月党的六届七中全会所作的《关于若干历史

① 《中国共产党第二次至第六次全国代表大会文件汇编》，人民出版社1981年版，第143页。以下凡引有关五大决议的内容，均出自此书。

问题的决议》主要是总结中国党自身的经验教训，没有涉及共产国际和中国党的关系问题，因而也就没有具体地对五大作出正面的评价；而只是一般地说，1927 年上半年，右倾机会主义在党的领导机关占了统治地位。新中国成立以来，党史界一般对五大的评价不高，认为五大虽然通过了斥责机会主义和实行土地改革的决议，但仍然选举实际上坚持机会主义观点的陈独秀为总书记，因而这次大会在事实上没有解决任何问题。不过，持这种观点的论者，一般也没有从正面对国际决议本身作出批判性的分析。近年来，有的党史工作者对这种看法提出疑问。他们认为，在党成立后的 6 年中所召开的会议，五大对中国革命问题的探索和论述“更全面、更集中、更系统”。它冲破了陈独秀家长式统治，对右倾机会主义作了较系统的批判，从而为最终结束右倾统治奠定了一定的思想基础。因此，必须承认五大对于我党的发展有着重大的历史功绩。不过，这种观点也没有得到所有党史工作者的赞同。有的论者在肯定国际决议有某种积极作用的同时，又着重指出，“由于国际决议的局限性和罗易错误的影响”，五大“在实际上没有解决任何问题”。应当肯定，这些不同意见的争论，对于人们深入思考五大的问题，是一种推动。

究竟应当怎样评价党的五大呢？我认为，为了实事求是地回答这个问题，我们必须把五大放到当时的历史环境中去考察，看它是否把握住了挽救时局的关键，为党指明了走出危机的道路。具体地说，我们必须考察以下几个方面的情况：第一，它是否恰当地分析了当时的政治形势和阶级关系，并据此制定出了正确的政治路线和革命策略；第二，它是否为挽救革命而决定采取若干必要的和切实的步骤；第三，它是否产生了一个足以在紧急时期领导全党为挽救革命而斗争的坚强的中央领导核心。

一

既然中共五大是在国际执委七次会议决议的精神指导下召开的，那么，为了判明五大的历史作用，我们首先就有必要依据大革命的实践经验，重新审查国际决议本身，并对它作出应有的评价。

国际决议是以什么样的基本观点来观察中国革命、估计中国时局的呢？它认为：中国革命将经历三个发展阶段。在第一阶段，民族资产阶级和资产阶级知识分子是最重要的动力之一；在第二阶段，工人阶级作为首要的政治因素出现在中国舞台上；“目前，运动处于向第三阶段过渡的时期，处于阶级力量重新改组的前夜”。这个阶段的特点就是，革命的深入将使资产阶级脱离革命或企图反对革命。在这种形势下，中国革命的动力就只是“无产阶级、农民和小资产阶级的革命联盟”，而不包括资产阶级在内了。中国共产党的任务就是“应该竭尽全力争取最终实现过渡到非资本主义发展轨道这种革命前途”而斗争①。

① 《共产国际有关中国革命的文献资料》第1辑，中国社会科学出版社1980年版，第277—278页。

国际的这个关于中国革命发展三阶段的理论，是整个决议立论的基本依据。这个理论为中共五大全盘接受，并且成了它检讨过去、估量时局和制定方针的基本指导思想。

由于国际作出上述决议时，蒋介石集团的叛变尚未成为事实，决议对资产阶级所作的估计还是留有余地的。它在强调第三阶段的革命将“把大部分大资产阶级排除在外”这个论点的同时，还说过，“这并不意味着要把整个资产阶级排除在民族解放斗争的舞台之外。除了中、小资产阶级，甚至大资产阶级的某些力量，也还能在一定时间内成为革命的同路人”[①]。五大召开时，由于已经发生四一二政变，于是人们就按照上述决议的思路，认定资产阶级已经退出革命，革命的第三阶段已经开始。国际代表罗易在会上说：“资产阶级已经跑到反革命那边去了。”留在革命阵线内的是无产阶级、农民和小资产阶级这三种社会力量。“这些阶级在不同程度上都遭受资本主义的压迫，因此，他们都希望资本主义灭亡。”这样，“革命的发展已建立了一个客观上具有民主专政性质的政府，无产阶级及其政党都要负责切实运用这个革命政权机构，为加强非资本主义发展和实现社会主义而斗争。”他认为，这时，不仅无产阶级，而且农民和小资产阶级，都“已成了为社会主义斗争的力量”[②]。党的总书记陈独秀在向五大所作的政治和组织的报告的基调也是如此。他认为，四

① 《共产国际有关中国革命的文献资料》第1辑，中国社会科学出版社1980年版，第279页。

② 《罗易赴华使命》，中国人民大学出版社1981年版，第211、第228、第225页。

一二以后，“百分之九十九的资产阶级脱离了革命，无产阶级本身应当坚决争取小资产阶级和农民来进行革命”①。对于这个基本估计，在五大上是没有争论的。五大通过的决议指出：蒋介石及其部下的行动“乃是代表了一个阶级——民族资产阶级”。这表明，“中国资产阶级已经背叛了”。“中国的国民革命已经冲破了资产阶级式的民权主义之限制”。“现在革命阶段的特质，是需要建立一个工农小资产阶级的民权独裁制。只有这个政权，以无产阶级作领导，才能解决现在革命中的重要问题，并引导革命向非资本主义之发展方面进行。”

中国共产党的政治路线的一个重要部分，就是同资产阶级联合又同它斗争的政治路线。党能否正确地认识和对待资产阶级，这直接关系到中国革命的前进或后退、胜利或失败。共产国际决议和五大决议都着重地论述了资产阶级的问题。而它们的主要错误，恰恰是没有对资产阶级作出正确的分析和制定出适当的政策。而这个错误又导致了党在与之相关的其他问题上也犯了一系列的错误。

在资产阶级的问题上，国际和五大的决议有哪些错误呢?

第一，国际和五大的决议认为，随着革命的深入，资产阶级命定地要实行叛变，这是一种机械论的观点。应当承认，当革命深入发展时，资产阶级确实表现了严重的动摇。对资产阶级可能的叛变保持高度的警惕和作好相应的

① 《中共党史资料》1982年第3辑，第44页。

准备是必要的。但是，能不能认为资产阶级的叛变是命定了的，党对于这个阶级完全是无能为力的呢？不能。因为中国革命后来的经验告诉我们：对资产阶级的动摇和不彻底性的克服，依靠群众的力量和正确的政策。如果党把群众的力量动员到足够的程度，如果党对资产阶级采取了恰当的政策，那么，党就有可能去制止它的动摇；而一旦它公然叛变，党也就可以有力量去对付它。把随着革命的深入，资产阶级将退出革命当作定律，这是把俄国的经验机械地套用到中国来了，并不符合中国革命的实际。全国解放战争时期，革命是极大地深入了，党同资产阶级的统一战线关系不仅没有破裂，而且日趋巩固，就证明了这一点。承认这是个定律，那就等于承认：党在处理与资产阶级的关系这个问题上只能采取无所作为的立场，由此也就把克服资产阶级动摇性的任务、把同资产阶级争夺革命领导权的任务在实际上取消了。

第二，国际代表和党的五大把蒋介石发动四一二政变当作整个资产阶级至少是资产阶级绝大部分的叛变，这也不符合当时中国革命的实际。有一部分民族资产阶级附和了蒋介石的反动，这是事实；但在武汉政府辖区内，民族资产阶级还没有叛变，这也是事实。在一个时期内，蒋介石确曾起过一般资产阶级代表人物的作用，但在四一二政变时，他已经站在大地主大资产阶级方面，成了反革命。继续把他看做一般资产阶级的代表，认为他的叛变就是整个资产阶级的叛变，这就是在判断政治人物的阶级属性时犯了公式化、定型化的错误了。

第三，国际代表和党的五大从资产阶级已经叛变这种认识出发，直接提出党要“为加强非资本主义发展和实现社会主义而斗争”，这更是不合时宜。诚然，作为长远的目标，党应当为争取中国革命的非资本主义前途而斗争；但是把它作为当前的行动纲领，这就意味着否定中国民主革命的长期性，混淆民主革命和社会主义革命的界限。照此做去，只能是转移斗争方向，放松对于主要敌人帝国主义、封建势力的斗争，把本来应当争取的力量——资产阶级作为主要的打击对象，从而使革命陷入孤立的境地。

五大既然在资产阶级及与之相关的问题上作出了上述错误的论断，它在制定党的政治策略时犯原则性的错误也就是难以避免的了。这种错误主要表现在两个方面：

一方面，由于认定整个资产阶级已经叛变、民主革命将在反资产阶级的斗争中进行并将很快地转变到社会主义的轨道上去，这样，党在处理同资产阶级的关系问题时就采取了过“左”的政策。本来，在五大以前，在武汉政府辖区内的工人运动中，就已经开始发生过火行为。当时，“湖北总工会已有五十万工人的组织，湖南也有十余万。工人的问题和工人斗争完全由工会处置，工会成为政权机关。武汉工人斗争非常发展，并且武汉工人确得着许多实际利益，逼得资本家没有办法，就来怠工关店，反对工人罢工，反对革命”①。“工人自行趋向工会专政，苦力店

---

① 李立三：《党史报告》，《中共党史报告选编》，中共中央党校出版社 1982 年版，第 247 页。

员起来推翻劳资关系”[①]，这在两湖地区已经成为相当普遍的现象。这种情况，不能不使资产阶级更加动摇起来。党的五大不仅没有纠正这种“左”的错误倾向和幼稚行为，反而正式决定采取“坚决的抛弃资产阶级”和“完全与资产阶级决裂的政策”。大会认为，“共产党要很坚决的为提高工人生活程度而奋斗”，因为“只有提高工人的经济要求，才能兴奋工人政治斗争的勇气”。为此，“要极力从政治上经济上向资产阶级勇猛的进攻，一直到要求没收一切银行、矿山、铁路、轮船、大企业、大工厂等归国有的实现”；“要求（工人）参加国有产业的生产管理，监督生产”；“要求政府实行高度劳工政策”等。“必须如此才可以保障非资本主义的经济发展”。这样，工人运动中的这类“左”的错误倾向在五大以后的一段时间内就变得更加严重了。刘少奇在1937年2月致洛甫的信中曾列举过有关的一些表现。比如，“提出使企业倒闭的要求，工资加到骇人的程度，自动缩短工时到每日四小时以上（名义上或还有十小时以上），随便逮捕人，组织法庭监狱，检查轮船火车，随便断绝交通，没收分配工厂店铺，这些事在当时是较平常而且极普遍的。工会是第一个政府，而且是最有力量、命令最能通行的政府”。他认为，“这等事在小城市如汀州干起来问题还小，在武汉那样的城市，那样多人干起来，问题真有点骇人”。其结果，

① 蔡和森：《党的机会主义史》，《中共党史报告选编》，中共中央党校出版社1982年版，第96页。

不可避免地“在社会上、政治上、经济上、人心上要发生严重的影响”。由于工人运动是由共产党领导的，因此，“这一切非难，就都加到共产党身上，人们并不责备工人，而责备这是出于共产党的指示，这就影响共产党与各方面的关系”。这种把主要的斗争矛头直接指向资产阶级的做法，不利于集中力量反对国民党右派，不利于争取一切可以团结的力量，而只能使自己陷于孤立。这是一个明显的失策。

另一方面，由于认定整个资产阶级已经叛变，于是就把在实际上主要代表着资产阶级利益的武汉国民党看成是小资产阶级的政党，把资产阶级代表人物汪精卫等看成是小资产阶级的代表人物。比如，罗易就认为，汪精卫是国民党领导机关中的“小资产阶级代表”。陈独秀在会上说，“国民党是各阶级的党”，“其中最主要的是小资产阶级”①。随着资产阶级动摇的加剧，武汉国民党及其领袖也跟着越发动摇起来，而党却不敢同他们进行必要的斗争，而采取一味退让的政策。因为这时的党把这些资产阶级代表看成是小资产阶级代表；而按照马克思主义的策略原则，小资产阶级是革命的基本群众，是必须巩固地加以联合的力量，党所采取的政策必须照顾到他们的利益，必须以他们可能接受为条件。对此，陈独秀在向大会所作的报告中说过：在国民革命中，我们是需要小资产阶级的。因此，我们对付他们，必须给予相当的让步。这样，党在

① 《中共党史资料》1982 年第 3 辑。

处理同武汉国民党及其领袖的关系问题时，犯右倾错误也就是不可避免的了。在大革命的最后阶段，陈独秀等人之所以企图以实行投降式的让步来稳定汪精卫集团，也是同党对于武汉国民党的阶级性质所作的这种错误估量分不开的。

二

党的五大肯定当前阶段中国革命的领导权属于无产阶级，批评了那种认为领导权可以“天然”地拥有而不须去争取的观点，批评了中央“忽略了与资产阶级争取领导权的斗争”的错误。这是党对于领导权问题的认识上的一个进步。不过，在当时，主要的问题已经不在于党是否在一般原则上肯定了无产阶级的领导权需要去争取，而是在于党是否在实际上提出了争取无产阶级领导权的切实办法。

无产阶级在民主革命中的领导权，首先和主要的，是应当体现在对于农民、特别是革命武装的领导上。联系到当时的局势来看，对于党来说，最重要的也正是要进一步发动农民和掌握革命的武装。因为只有获得农民群众的支持并有革命武装作后盾，党才有力量去克服武汉地区资产阶级的动摇，并对付它的可能的叛变，而避免在它发动突然袭击时使革命力量遭受严重的损失。恰恰是在这两个关键性的问题上，党的五大并没有提出明确而坚定的方针，从而在革命的危急关头实际上把党置于无所作为的境地。

首先是武装问题。在国际执委七次会议上，斯大林指明了武装斗争在中国革命中的特殊重要性。他说：“在中国，是武装的革命反对武装的反革命。这是中国革命的特点之一和优点之一。中国军队的特殊意义正在这里。”由此，他强调指出，“中国共产党人应当特别注意军队工作”。应当说，这是一个具有重大意义的论点。毛泽东在后来论述武装斗争的重要性问题时，曾一再地引证过这个论断。不过，斯大林在当时也还没有提出建立由共产党领导的革命军队的任务。他只是说：“中国革命者，其中包括共产党人，应当学会军事，以便逐渐前进并在军队中担任某些领导职务。”召开五大时，建立革命武装的问题已被斗争本身提到议事日程上来了。可是五大的决议，并没有提出这方面的任务。诚然，陈独秀在报告中曾讲到，“我们应当进一步加强我们在军队中的工作”；还讲到，我们应当“改组军队”，因为“大部分军队的将领出身于地主”，军队中的流氓无产阶级分子和地主分子的数量太大。不过，他并不是主张共产党要去直接掌握军队的。他明确地说过，改组军队，这并“不是把大多数左派和共产党员派到军队里去”，而是要动员和组织工农去加入军队，这样，“军队就会实现革命化，军官也不会从地主阶级中选择”①。这个思想为五大所接受。五大的决议说：“现在的军队，多半是游民无产阶级分子，很难使他革命化，所以我们要使军队革命化和建立真正的革命军队，必

① 《中共党史资料》1982 年第 3 辑。

须有多数的工人去当兵。”显然，这是一种天真的想法。历来反动军队的主要成分都是劳动者，而这并没有妨碍它成为反动军队。仅仅增加军队的工农成分，而不由共产党员去直接掌握军队，仍然是无济于事的。这不过是为他人作嫁衣裳罢了。

是不是出于策略上的考虑，党才没有在大会上提出建立和发展党所领导的革命武装的问题呢？不是。周恩来说过：那时候我们党的政策，不是面向自己的力量，而是面向大地主大资产阶级的力量，唐生智的军队，冯玉祥的军队[①]。从这种思想出发，又怎么可能正确地解决武装问题呢？

其次是土地问题。国际执委七次会议的决议指出：土地问题“是目前形势的中心问题。对于这个基本问题持坚决态度并能给予彻底回答的那个阶级，将成为革命的领导者。”这是讲得很对的。不过，它并没有提出彻底的土地革命的纲领。它要求在国民革命军势力所及的地区实行的，还仅仅限于减租、保证佃农对土地的租佃权、没收反革命分子的土地等。由于国际决议没有提出彻底的土地革命纲领，党的五大在讨论这个问题时也就引起了严重的争论。主要有三种观点：第一种主张是陈独秀提出的，这就是实行“土地的政治没收”，即只没收反动军官和公开反革命的劣绅的土地和财产。他在大会上说：“尽管我觉得过去我们在这个问题上的策略太右了，但是，目前就没收

① 《周恩来选集》上卷，人民出版社1980年版，第213页。

一切地主的土地，毕竟是太激进了。在相当时期内，或许是在很短期间内，我们必须保持中间路线。”第二种主张是，提出没收土地的口号，但须将小地主和革命军官的土地除外。第三种主张是，没收一切土地，不加以任何限制。湖南代表团持这种主张，并得到瞿秋白的支持，但遭到陈独秀的反对。“在特别委员会以及后来在大会中，都通过了第二个观点。”① 五大在党的历史上首次以大会决议的形式肯定了“无代价的没收地主租与农民的土地，经过土地委员会，将此等土地交诸耕种的农民”这一革命原则，这无疑是正确的，而且有着重大的历史价值。但是，决议对于此项革命原则的实施作了两项限制，即：“属于小地主的土地不没收”；“革命军人现有的土地可不没收”。所以要作这种限制，决定性的理由是，“不能太早分裂国民革命军底力量，不能在后方造成反革命”。他们不懂得，只有采取坚定的土地政策，才能广泛发动农民，从而使后方真正地得到巩固；另一个理由是，小地主是小资产阶级，而对小资产阶级必须实行让步。他们不懂得，这种不考察某个社会集团在生产关系体系中所处的地位而仅仅以其占有财产的多寡作为划分阶级的标准的观点，并不是马克思主义的。

那么，按照五大的决议，到底哪些人的土地要加以没收呢？据斯诺的记载，毛泽东说过，“大会给地主下了个

① 米夫：《紧急时期的中国共产党》，1928 年 6 月。

定义，使‘占有五百亩以上土地’的人，才是地主”①。在当时革命发展的主要地区南方，小地主比较多，拥有五百亩以上土地的大地主是绝少的；而且这类大地主为了维护自身的利益往往让自己的子弟混迹于国民革命军中，而按照决议，军属的土地是不没收的。这样一来，可供没收以便分配给农民的土地，就很有限了。另据李立三的回忆：土地决议案“是根据国民党未公布的土地政纲。肥田五十亩，坏田一百亩以上才没收”②。由于在南方，大部分地主是小地主，只拥有几十亩土地，所以，即使按照这个标准，可供没收的地主土地仍很有限，仍不可能满足广大农民的土地要求。

应当承认，在当时的中国，在人民群众并没有掌握政权的情况下，任何土地革命的纲领都是不可能付诸实行的。五大的决议就说过：“不但取得土地，就是实行减租，也非有农民自己的武装和政权不可。”不过，如果党有一个彻底的土地革命纲领，这毕竟是一面旗帜，它有助于把农民吸引到自己方面来。问题在于，当农民运动本身已经向着解决土地问题的方向发展的时候，当有的地区的农民已经开始自动起来没收地主土地的时候，党没有能够站到农民的前头去领导他们前进，而是落到他们要求的后边去了。这种土地问题决议案又怎么能够成为把广大农民

---

① 《毛泽东一九三六年同斯诺的谈话》。有的同志认为，斯诺的记载可能不确。孙希正：《对“500亩之说”的质疑》，《文献与研究》第50期。

② 李立三：《党史报告》，《中共党史报告选编》，中共中央党校出版社1982年版，第251页。

吸引到自己周围来的一面旗帜呢？

总之，党的五大并没有抓住挽救时局的关键，没有在关键问题上采取坚决有效的措施，因此，它也就不可能在紧急时期为全党指明挽救革命的正确道路。

三

为了能够团结全党，带领革命的人民群众，去控制正在逆转的时局，挽救处于危机中的革命，党不仅需要有一条正确的政治路线，而且需要有一个政治上坚定、组织上健全的坚强的中央领导核心。

五大以前，在政治上，以陈独秀为代表的右倾投降主义已经在党中央领导机关中占据了统治地位；在组织上，中央委员会“只有两个委员，有时是有三个委员工作，至于在大多数情形之下，却只有一个中央委员工作而已”①。这个委员就是陈独秀。这就是说，许多事情都是由陈独秀一个人说了算。

中央领导核心的这种状况，经过五大，是否从根本上改观了呢？

的确，大会曾经严肃地批评了中央在政治上的右倾错误。会上，“所有说话的同志，都同声一气地指出，中央在革命性质和对中国民族资产阶级的关系上，都采取了完全错误的路线”，因为这个路线“是和共产国际底决议和

① 米夫：《紧急时期的中国共产党》，1928 年 6 月。

指示不符的”[①]。而我们在前面已经说明，国际对于中国革命性质和中国民族资产阶级的认识本身并不正确，以此立论来批评陈独秀，是不可能从根本上解决问题的。

在大会选出的中央委员会中，确有许多优秀的、政治上坚定、有群众威信的党员干部，但仍然让陈独秀担任党的总书记职务。固然，陈独秀在会上“并没有坚持自己底观点和错误，并没有提出自己的决议”[②]。在这种情况下，从全党团结的大局出发，把他选进中央委员会是可以而且应当的；问题在于，由他来担任总书记，主持中央的工作，以便采取坚定的政治路线，使党从危机中走出来，这个任务却不是他的能力之所及的了。值得注意的是，尽管许多人对陈独秀的右倾不满，在选举时“却没有一个起来反对陈独秀”[③]。在人们的心目中，似乎由一大以来就担任主要领导职务的陈独秀来继续主持中央的工作，乃是天经地义的事情。在这里，确实“表现出相当的族长制度的传统，因为一般说来，这种传统在中国还有很大的影响，因此这种传统在年青的中国共产党中，也这样或那样的保存着”[④]。这一事实说明，由于缺乏革命经验，处于幼年时期的中国共产党还不善于冲破这种传统观念的束缚，而去正确地选择自己的领袖。

五大的决议虽然规定“中央应该强毅地实行集体的

① 米夫:《紧急时期的中国共产党》，1928 年 6 月。
② 米夫:《紧急时期的中国共产党》，1928 年 6 月。
③ 米夫:《紧急时期的中国共产党》，1928 年 6 月。
④ 米夫:《紧急时期的中国共产党》，1928 年 6 月。

领导”，但是并没有规定必要的制度和采取相应的措施来保证集体领导这个原则的实施。在实际上，中央委员会的工作制度仍然是不健全的。“当大会刚完了以后，政治局的许多委员都不能不分往各地，而不能参加中央委员会底工作”，因此党还是处于陈独秀“一个人底领导”的状况[①]。这样，他还是可以运用自己的权力，去推行机会主义的政策。而且，即使一些委员也参与中央的领导，由于思想一致的问题没有得到解决，以致“在组织上中央成为各种意见的总和”[②]，中央开会可以争论几天得不到结论。在这种情况下，中央又怎么能够在紧急时期成为全党团结的坚强核心呢？

五大在组织方面存在的问题，向来是人们所公认的。就是对五大采取根本肯定态度的蔡和森也说：“五次大会就没有缺点吗？有缺点：没有执行政治纪律，没有解决党的组织问题，没有征服机会主义首领的基本观念和思想。因此让机会主义继续其生命与发展。”[③]

综上所述，党的五大虽然对中国革命的某些问题在认识上有所前进，把应当争取无产阶级的领导权、需要没收地主的土地分配给农民、党应当实行集体领导等正确原则以决议的形式肯定了下来；但是，它没有能够对时局作出

① 米夫：《紧急时期的中国共产党》，1928 年 6 月。

② 李立三：《党史报告》，《中共党史报告选编》，中共中央党校出版社 1982 年版，第 251 页。

③ 蔡和森：《党的机会主义史》，《中共党史报告选编》，中共中央党校出版社 1982 年版，第 98 页。

科学的分析，没有制定出挽救革命的正确路线并采取相应的政策、措施，也没有建立起足以领导党度过危急时期的坚强核心，因此，从根本上说，它没有解决当时迫切需要解决的问题，这是事实。此外，还应当注意到，五大提出的“中国的国民革命已经冲破资产阶级式的民权主义之限制”这类混淆民主革命与社会主义革命性质的论断，不仅在当时造成了消极影响，而且成了土地革命战争时期一些人鼓吹“左”倾路线的重要的理论依据。所以，我认为，不对五大作过高的评价，是恰当的。

中国共产党:抗日战争的中流砥柱*

抗日战争是近代以来中国人民第一次赢得完全胜利的民族解放战争。

中国的全国性抗战，是从 1937 年 7 月 7 日卢沟桥事变中国守军奋起抵抗日军进攻开始的，到 1945 年 9 月 2 日日本政府代表在投降书上签字，历时整整 8 年。实际上，在 1931 年 9 月 18 日日本侵略中国东北的九一八事变之后，到 1937 年 7 月 7 日卢沟桥事变之前，中国局部地区的抗日战争，主要是东北人民的抗日武装斗争，已经进行了 6 年多的时间。所以，总起来说，中国人民的抗日战争前后持续了 14 年之久。

自 1840 年英国发动侵略中国的鸦片战争以来，在一个相当长的时间里，世界上的帝国主义国家，不论大小，几乎都曾经欺负过中国；而近代中国的反侵略战争，也无不是以中国失败、被迫接受丧权辱国的条约而结束。“其

---

* 本文发表于《中共党史研究》2005 年第 5 期。

原因，一是社会制度的腐败，二是经济技术的落后”[①]。应当承认，在抗日战争时期，与外国侵略者相比，中国的经济技术仍然是落后的；在中国最广大的地区，占统治地位的仍然是腐败的半殖民地半封建的社会制度。这就是说，以往导致中国失败的原因，这时也仍然存在，并没有从根本上被改变。那么，究竟是什么原因，使得抗日战争的结局能与以往反侵略战争的结局不同，而终于赢得胜利的呢？

抗日战争时期，尽管中国社会的半殖民地半封建性质和经济技术落后的状况还没有得到根本的改变，但是，中国已经具有了新的以往所不具备的进步因素。主要是，有了资产阶级和无产阶级，有了已经或正在觉悟的广大人民，有了中国共产党（它已经积累了两次革命的胜利和失败的经验，在政治上达到了成熟），有了政治上进步的军队即共产党领导的人民军队，有了局部的人民政权即共产党领导的解放区政权。总之，腐败的社会制度已经局部地被废除，中国已经处于历史上进步的时代。这就是足以战胜日本的主要根据[②]。

由于处在这个历史上进步的时代，中国共产党成了抗日战争的中流砥柱，抗日战争才得以坚持并取得最后胜利。这是抗日战争成为中国人民反侵略斗争史上的崭新篇章的决定性条件。

---

① 《毛泽东著作选读》下册，人民出版社 1986 年版，第 848 页。

② 《毛泽东选集》第二卷，人民出版社 1991 年版，第 447—448 页。

一、率先举起抗日民族解放战争的旗帜

1931 年 9 月，日本军国主义势力发动九一八事变，开始了变中国为其独占殖民地的阶段。

日本是当时东方的头号强国，也是世界上少数几个帝国主义强国之一。它发动侵略中国的战争，是蓄谋已久，并且经过了长期的准备的。灭亡中国，是它的既定方针和国策。要不要武装反抗日本的侵略，这是中国必须回答的首要问题。

在中华民族处于生死存亡的危急关头，中国共产党率先举起了武装抗日的旗帜，号召中国人民动员和组织起来，投入保卫祖国的抗日民族解放战争。在九一八事变之后的第三天，中共中央即在《为日本帝国主义强暴占领东三省宣言》中，愤怒揭露日本帝国主义“显明的目的显然是要掠夺中国，压迫中国工农革命，使中国完全变成它的殖民地”。之后，中共中央更在一系列的文告中，号召“工农武装起来，反对日本帝国主义”，“同日本帝国主义举行民族的革命战争，争取中国的独立统一”。尽管当时的中央受到“左”倾教条主义的统治，一度提出过“武装保卫苏联”、“打倒一切帝国主义”的错误口号，但是中国共产党主张武装抗日，则是坚定明确、始终一贯的，这与当时国民党政权采取的“不抵抗主义”形成了鲜明的对照。

中国共产党不仅参加并积极推动了各地抗日救亡运动

的发展，而且直接领导了东北人民的抗日武装斗争。中共满洲省委根据中央的指示，派大批党员、干部到抗日义勇军中工作，同时更突出地提出了建立党直接领导的抗日游击武装的任务。1933 年年初，党领导的抗日游击队先后在南满、东满、北满、吉东等地崛起。在此基础上，成立了东北人民革命军，后改组建制为东北抗日联军。在极其艰苦的环境中，他们在白山黑水之间，同日本侵略者进行了殊死的搏斗。

值得注意的是，还在全国性的抗日战争爆发之前，中国共产党即开始了同部分国民党人进行武装抗日的合作，首先，是九一八事变后同留存在东北的以原部分东北军为主体的抗日义勇军的合作。其著名领导人李杜成了共产党的亲密战友，后来还加入了共产党。1933 年，又与原西北军领导人冯玉祥合作，建立察哈尔抗日同盟军，其爱国将领吉鸿昌翌年加入共产党（后被国民党杀害）。同年，还与奉命开往福建“剿共”的十九路军合作抗日反蒋。十九路军失败后，其领导人李济深、蔡廷锴等继续与中共保持联系。党曾派宣侠父去香港，帮助他们建立中华民族革命联盟，呼吁成立“联合阵线，武装抗日”。

当时，国民党统治着全国绝大部分地区，没有国民党的参加，全国性抗战的局面是难以形成的。针对 1935 年华北事变以后民族危机进一步加深、蒋介石集团对日态度有可能发生变化的新情况，中共中央提出，“应当停止内战，以便集中一切国力（人力、物力、财力）去为抗日救国的神圣事业而奋斗”。1936 年 5 月，毛泽东、朱德发出要求南京政府“停战议和”、“一致抗日”的通电。9月，中共中央放弃“反蒋”的口号，提出“逼蒋抗日”的方针。12月12日，爱国将领张学良、杨虎城发动西安事变，为推动抗日对蒋介石实行“兵谏”。中共中央从民族大义出发，促成了西安事变的和平解决，为建立第二次国共合作、进行全国性的抗日战争创造了必要的前提。

中国共产党关于武装抗日的政治主张和促进全国团结抗日的实际行动，对于推动以蒋介石集团为主体的国民党政权走上抗日的道路起到了积极的作用。因为在这种情况下，“蒋氏如欲在抗日问题上徘徊”，“则全国人民的革命浪潮势将席卷蒋氏而去”①。

1937年7月7日，发生卢沟桥事变。日本发动了全面的侵华战争。中国守军奋起抵抗日军的进攻。7月8日，中国共产党发出通电，强调“只有全民族实行抗战，才是我们的出路”，号召“全中国同胞，政府，与军队，团结起来，筑成民族统一战线的坚固长城，抵抗日寇的侵掠”。7月9日，红军全体指挥员、战斗员致电国民政府，要求改编为国民革命军并请授命为抗日前驱。7月14日，中共中央军委下达关于红军改编为国民革命军并听候出动的命令。7月15日，中共代表将《中共中央为公布国共合作宣言》交国民党。9月22日，该宣言由国民党中央通讯社公开发表；次日，蒋介石发表《对中国共产党宣言的谈话》。这标志着以抗日为共同目标的第二次国共合

① 《毛泽东选集》第一卷，人民出版社1991年版，第247页。

作的正式形成。

正是在中国共产党的积极推动下，国共两党的统一战线得以宣告成立。这是一个重大的历史性事件。在这个基础上，全国性的抗日战争终于发动了。毛泽东在当时就指出："这在中国革命史上开辟了一个新纪元。这将给予中国革命以广大的深刻的影响，将对于打倒日本帝国主义发生决定的作用。"①

二、制定全面的全民族抗战的路线即人民战争的路线

抗日战争发动以后，中国面临的最中心的任务，就是如何坚持抗战和争取抗战胜利的问题。

当时的日本虽然是一个帝国主义的强国，但同时又是一个小国；中国虽然是一个半殖民地的弱国，但同时又是一个大国。作为小国的日本之所以敢于对作为大国的中国进行武装侵略，不仅是依仗其自身军力、经济力的强大，而且是利用了"中国民众的无组织状态"这个弱点。这是日本敢于欺负我们的"主要的原因"②。正因为如此，把处于无组织状态的中国民众动员和组织起来，使已经发动的抗战"发展为全面的全民族的抗战"，这就是"争取抗战胜利的中心关键"③。对于这个关键问题，中国共产党

① 《毛泽东选集》第二卷，人民出版社1991年版，第364页。
② 《毛泽东选集》第二卷，人民出版社1991年版，第511页。
③ 《中共中央文件选集》第11册，中共中央党校出版社1991年版，第325页。

是在抗战刚刚开始时就指明了的。中国共产党人确信，“战争的伟力之最深厚的根源，存在于民众之中”。只要把中国民众组织起来了，我们就有了克敌制胜的基本条件，“就把日本侵略者置于我们几万万站起来了的人民之前，使它像一匹野牛冲入火阵，我们一声唤也要把它吓一大跳，这匹野牛就非烧死不可”。在这种情况下，“个把日本帝国主义是不够打的”①。

应当说，面对日本的侵略，中国所有前线的军队都进行了英勇的抗战，表现了中华民族的英雄气概。“从一九三七年七月七日卢沟桥事变到一九三八年十月武汉失守这一时期内，国民党政府的对日作战是比较努力的。在这个时期内，日本侵略者的大举进攻和全国人民民族义愤的高涨，使得国民党政府政策的重点还放在反对日本侵略者身上，这样就比较顺利地形成了全国军民抗日战争的高潮，一时出现了生气勃勃的新气象。”② 但是，由于国民党统治集团害怕人民的广泛动员有可能危及地主买办阶级的政权，国民党所实行的是一条只要政府和军队抗战、不要人民抗战的片面抗战的路线。实行这种路线，抗战是不可能长期坚持并取得最后胜利的。在战争进入相持阶段之后，由于日本侵略者暂时停止了对正面战场的战略进攻，对国民党开始采取以军事打击为辅、以政治诱降为主的方针，国民党便开始采取消极抗日、积极反共的路线。而这条路

① 《毛泽东选集》第二卷，人民出版社1991年版，第512页。
② 《毛泽东选集》第三卷，人民出版社1991年版，第1037页。

线，更是只能把抗战引向失败。正因为如此，毛泽东指出：“两条路线：国民党政府压迫中国人民实行消极抗战的路线和中国人民觉醒起来团结起来实行人民战争的路线”，“这就是一切中国问题的关键所在”①。

中国共产党是人民战争路线的积极倡导者，更是它的坚决执行者。1937 年 8 月，党的洛川会议制定了抗日救国十大纲领，主张实行“全国军事的总动员”，“全国人民的总动员”，“在国共两党合作的基础上，建立各党各派各界各军的抗日民族统一战线”，精诚团结，共赴国难。党的七大所概括的党的政治路线，即“放手发动群众，壮大人民力量，在我党的领导下，打败日本侵略者，解放全国人民，建立一个新民主主义的中国”，实际上也就是党在整个抗日战争时期的政治路线。

在中国，农民占全国人口的 80% 以上，他们是人民群众的主体部分。进行人民战争，首先和主要的，就是要发动和组织广大的农民。中国共产党派遣自己的党员、干部和人民军队的指战员深入敌后农村，开展游击战争和群众工作，创建抗日民主政权，逐步地把落后的农村建设成了先进的革命阵地。为了减少地主对于抗日的阻力，党暂时停止执行没收地主土地的政策；为了调动农民的抗日积极性，党坚决赞助农民解决民主民生问题，认真实行减租减息的政策。正是在党的领导下，广大农民积极参加农会、妇女救国会、民兵及其他地方武装组织。他们踊跃参

① 《毛泽东选集》第三卷，人民出版社 1991 年版，第 1034 页。

军参战，支援前线，到处呈现出“母亲送儿子打东洋，妻子送郎上战场”的动人情景。在民族解放战争的历史条件下，党继续带领人民走农村包围城市、武装夺取政权的革命道路。日本侵略者占领的土地日益缩小，他们所能控制的只是少数城市和交通线。他们确实陷入了以农民为主体的人民战争的包围之中。

为了实行全国人民的总动员，中国共产党主张抗日的政治动员应当成为经常的运动；主张开放爱国运动，武装民众实行自卫，并配合军队作战；主张改革政治机构，实行民主政治；主张改善民生，实行改良人民生活的政策，党坚决赞助人民群众解决民主民生问题，以便推动各阶层人民积极地投身于抗日斗争，形成“工农兵学商，一起来救亡”的伟大局面。由于抗日战争是全国各族人民的共同事业，党主张“动员蒙民、回民以及其他少数民族，在民族自决和自治的原则下，共同抗日”。党还在知识界、工商界以及海内外华侨、侨眷中积极开展工作。中国共产党坚信，只要“动员了全国的老百姓，就造成了陷敌于灭顶之灾的汪洋大海，造成了弥补武器等等缺陷的补救条件，造成了克服一切战争困难的前提”①。

为了实行全国军队的总动员，中国共产党主张按照坚决抗战的总方针，立即出动军队开到国防线上；实行正规战争与游击战争的配合；改造军队的政治工作，使官兵一致、军民一致。党直接领导的八路军、新四军和其他革命

① 《毛泽东选集》第二卷，人民出版社1991年版，第355、第480页。

武装，是人民的子弟兵，是抗日的模范队伍，这个队伍，坚持了党的绝对领导，完善了党对军队的领导制度；开展了强有力的政治工作，努力把进步的精神贯注于军队之中，有效地密切了官兵关系、军民关系、军政关系；除担负作战任务外，还从事群众工作和参加生产运动；实行主力兵团、地方兵团和民兵三结合的革命武装斗争体制；等等。正因为如此，这个队伍得到了人民尤其是农民的真心拥护和全力支持。毛泽东说过："军队须和民众打成一片，使军队在民众眼睛中看成是自己的军队，这个军队便无敌于天下。"[①] 这支与人民打成一片的党领导的抗日武装，从抗战开始时的不足 5 万人，迅速发展到中期的 15 万、几十万人，后期的 120 万人，成了坚持抗战、争取抗战胜利的中坚力量，"成了中国抗日战争的主力军"[②]。

历史表明，中国共产党倡导和实行的人民战争路线，确实是战胜民族敌人所必须遵循的唯一正确的路线。

三、提出持久战的战略方针，开展独立自主的敌后游击战争

在抗日战争中，中国应当采取何种战略方针呢？这是一个必须面对并加以回答的重大问题。

---

① 《毛泽东选集》第二卷，人民出版社 1991 年版，第 512 页。

② 《毛泽东选集》第三卷，人民出版社 1991 年版，第 1039 页。

还在全国性抗战爆发的前夜，1935 年 12 月，毛泽东就指出，“要打倒敌人必须作持久战”。1938 年 5 月，他总结抗战 8 个月的经验，作了《论持久战》的讲演。他指出，中日战争“乃是半殖民地半封建的中国和帝国主义的日本之间在二十世纪三十年代进行的一个决死的战争”。“日本的长处是其战争力量之强，而其短处则是其战争本质的退步性、野蛮性，在其人力、物力之不足，在其国际形势之寡助。”“中国的短处是战争力量之弱，而其长处则在其战争本质的进步性、正义性，在其是一个大国家，在其国际形势之多助。”在这里，强国弱国的对比，决定了这场战争只能是持久战；而大国小国、进步退步、多助寡助的对比，决定了这场战争的最后胜利只能是属于中国的。据此，他强调，中国必须实行持久战的战略方针，以便在长期斗争中逐步削弱敌人、壮大自己，争取最后的胜利。他预言，中国在这场战争中将经历战略防御、战略相持、战略反攻三个阶段。他并且对这三个阶段中中国军队作战的主要形式、正规战（阵地战、运动战）与游击战的战略地位与作用的转换等作出了科学的判断。

中国的抗战是在国共合作的条件下进行的。国民党的政府军担负正面战场的作战任务，主要进行的是正规战。共产党领导的人民军队担负敌后战场的作战任务，主要进行的是游击战。两个战场实行的是战略上的配合，即从全局来看，是共同进行反对日本侵略的作战，但并不是在每一场具体的战役战斗中实行直接的配合。共产党领导的敌后游击战争，是独立自主地进行的。

游击战，一般地说，它历来是弱小的军队抵抗强大的军队、弱国对抗强国的有效的作战形式。不过，在通常的情况下，游击战往往只是一种辅助性的作战形式，在战役、战斗中对于正规战起着配合的作用。在抗日战争的初期和中期，游击战曾经被提到了战略的地位，即具有了全局性的意义，它成为人民军队作战的主要形式，在打击日本侵略者的战斗中显示过神威。

抗日战争开始以后，中国共产党所采取的作战形式，是基本的游击战，不放松有利条件下的运动战（正规战的一种）。共产党领导的八路军进行的平型关战役，打的是运动战。此役歼灭日军千余人，打破了日军不可战胜的神话。人民军队在1940年8月至12月进行的百团大战也是运动战。此役共毙、伤日、伪军2.5万余人，攻克敌据点3000个，破坏铁路474公里、公路1502公里，并有大量缴获。但是，在大部分时间里，人民军队主要进行的是游击战争。中国共产党之所以要求人民军队这样做，一方面是由于，当时的敌人是强大的日本侵略者，友军则是昨天的敌人、当时仍对人民军队怀有敌意的国民党政府军，在这种情况下，集中兵力打运动战对于保存人民革命力量是不利的。稍有不慎，就有被敌人全歼的危险。如果这样，抗战的坚持和胜利都将成为严重的问题。另一方面，更重要的是，把人民军队分散开来打游击，可以充分地把敌后广大的人民群众发动和组织起来，并且依靠群众创造各种办法，最有效地打击日本侵略者。抗战刚开始时，人民军队包括八路军、新四军在内，总数不过5万人，以这点数量不大的兵力去打正规战争，其作用是很有限的；但是用它去打游击，这5万人就成了5万个火种，散播到敌后广大的土地上，可以组织起千百万群众、点燃起燎原的烈火来，其作用的巨大就是难以估量的了。

事实上，在反侵略战争的各个阶段上，敌后游击战争都具有重大的战略作用。

在战略防御阶段，从战争的全局看，国民党正面战场的正规战是主要的，敌后的游击战是辅助的。但是，游击战在敌后的广泛开展和敌后抗日根据地的开辟，却使得敌人不能保持对占领区的牢固控制。这样，就迫使敌人不得不把用于进攻的兵力抽调回来保守其占领区。所以，敌后游击战争的发展，对于停止敌人的进攻、使战争转入相持阶段，起了关键性的作用。

在战略相持阶段，游击战上升到主要的地位。1938年10月日军占领武汉以后，开始停止对国民党正面战场的战略进攻，逐步将主要兵力用于打击敌后战场的人民军队，以保持和巩固其占领地。在1939年和1940年两年间，华北地区的日军出动千人以上对敌后抗日根据地的大“扫荡”就有109次，使用的总兵力达50万以上。由此，中国共产党担负起了抗击日本侵略军的主要责任，人民军队所进行的游击战也就成为抗日战争的主要作战形式。这个阶段是抗战时期最艰难的也是最重要的。削弱敌人、壮大自己，逐步改变敌强我弱的态势、为实行战略反攻准备条件，这个任务，主要是在这个时期由人民军队进行的游击战来完成的。到1940年年底，人民抗日武装部队已经发展到50万人，还建立了大量的地方武装和民兵；在华北、华中、华南创建了16块根据地（晋察冀、晋冀豫、晋绥、冀鲁豫、豫鄂边、山东、皖东北、皖东、皖南、皖中、苏南、苏中、苏北、豫皖苏、东江、琼崖），加上中共中央所在的陕甘宁边区，共产党领导的抗日根据地已经拥有1亿人口。1944年春季，敌后战场的人民军队转入攻势作战。他们已经抗击着全部侵华日军的64%。在全民族抗战中，中国共产党领导的敌后战场成了抗日的主战场，对于坚持抗战、削弱敌人、准备反攻起到了无可替代的关键性作用。

游击战还为人民军队进行战略反攻准备了条件。在战略反攻阶段，游击战不再是主要的作战形式，因为只有进行正规战争才能达到驱逐日本侵略者出中国的目的，仅仅靠游击战是做不到这一点的。但是，这个阶段人民军队进行的正规战争是由游击战上升起来的，后者在相持阶段就担负了在反攻阶段向正规战主要是运动战发展的战略任务。正因为如此，在1945年8月反攻阶段到来时，人民军队已经发展到了120万人、民兵220万人，抗日根据地达到了19块。敌后军民的大反攻，就是在此基础上胜利展开的。

在八年抗战中，中国共产党领导的八路军、新四军和其他抗日武装对敌作战12.5万余次，消灭日、伪军171.4万余人，其中日军52.7万余人。他们为坚持抗战、夺取抗战的最后胜利做出了伟大的彪炳史册的贡献。

四、组织和推动国民党统治区的抗日民主运动

在抗日战争时期，中国存在着三种地区，即：日本占领区（敌占区，或称沦陷区）、国民党统治区（一般也称作“大后方”）和中国共产党领导的解放区（除陕甘宁边区外，主要是敌后的抗日根据地）。解放区基本上是党领导的人民武装在日本占领区即敌人后方逐步开辟出来的。解放区的扩大，就是日本占领区的缩小。因此，领导敌后军民，通过开展游击战争，直接打击日本侵略者，创建、巩固和扩大解放区即敌后抗日根据地，这是党在抗日时期工作的主要方面。与此同时，党还努力开展国民党统治区和沦陷区的工作。在国民党统治区，党的任务不是直接进行武装斗争，而主要是开展群众工作，组织和推动抗日民主运动。这也是为动员全国人民实现全面的全民族抗战路线的一个重要方面。

在抗战初期，中国共产党对国民党统治区工作的具体领导，先是主要通过中共中央长江局（1937 年 12 月成立），以后主要通过中共中央南方局（1939 年 1 月成立，周恩来为书记）来实现的。其主要任务是，动员和组织群众的抗日救亡斗争；坚持国共合作，巩固和发展统一战线；团结各民主党派、无党派民主人士和各阶层人民，开展民主运动，推动大后方各方面的进步和抗日文化工作的发展；发展、巩固党的组织，积蓄革命力量，等等。考虑到斗争环境的复杂性，中共中央规定，党“在敌占区和

国民党统治区的政策，是一方面尽量地发展统一战线的工作，一方面采取隐蔽精干的政策；是在组织方式和斗争方式上采取隐蔽精干、长期埋伏、积蓄力量、以待时机的政策"[①]。据此，南方局要求党员做到"三勤"（勤学、勤业、勤交友）和"三化"（职业化、社会化、合法化），以便熟悉社会、深入社会，做好群众工作和加强在上层社会的活动。

抗战初期，抗日民主运动是以推动国民党坚决抗战和进行民主改革、争取各抗日党派的合法地位和活动自由为主要内容的。鉴于国民党以"训政"名义坚持独裁统治引起各界群众的严重不满，经过中共和民主党派参政员的共同努力，国民参政会于1939年9月通过了《请政府定期召集国民大会制定宪法实行宪政案》。会后并掀起了反对国民党一党专政的第一次民主宪政运动。这个运动提高了大后方人民的民主意识，促进了民主党派的团结。其重要的收获即是第三党等6个党派联合起来于同年11月成立了统一建国同志会。该会经过改组，于次年3月成立了中国民主政团同盟（1944年9月，为便于吸收更多无党派民主人士参加组织，改称中国民主同盟）。民盟的创建，对于大后方民主运动的发展是一个有力的推动。中共中央南方局对民主党派的联合起了积极的促进作用。随后，在周恩来等的领导下，1941年夏，中国民族大众同盟（一年后改称中国民主革命同盟，简称"民革"）宣告

---

① 《毛泽东选集》第二卷，人民出版社1991年版，第763页。

成立，其任务是在国民党上层开展统一战线工作。同时，国民党内的一些民主人士也开始联合，后来成立了三民主义同志联合会（简称“民联”），其主要活动也是在国民党上层开展工作。

由于国民党当局实行高压政策，1940 年 9 月以后的一段时间里，大后方的民主运动曾经一度趋向沉寂。在此情况下，中共中央南方局进一步抓紧积蓄革命力量的工作和加强对中间力量的团结和争取工作。其后，国民党当局表示将在战后一年结束“训政”，实行宪政。在这种情况下，经过南方局和各民主党派的共同努力，1944 年上半年，第二次民主宪政运动又在大后方许多城市兴起。在这次民主宪政运动中，针对国民党的一党专政和官僚资本的恶性膨胀等情况，各界人士纷纷要求国民党“一新政策”、“与民更始”，开放民主、保障人民的民主权利。

1944 年 4 至 5 月，日本侵略军发动打通中越大陆线的战略行动。国民党政府军的若干部队虽也进行过英勇的抵抗，但整个说来，它在为阻击日军而进行的豫湘桂战役中实行了全面的大溃退。大后方人民对此感到极大的愤懑。他们把这种军事上的失败归因于国民党统治的黑暗和腐朽，要求民主的呼声由此变得更为强烈起来。1944 年 9 月，中共代表林伯渠按照中共中央的指示，在国民参政会上提出“国民党立即结束一党统治的局面”，“组织各抗日党派联合政府”的主张。10 月，周恩来强调，为挽救目前危机，应即“开紧急国是会议，取消一党专政，成立联合政府”。这个主张反映了各界民众的共同要求，在社会上引起了强烈的反响。它为大后方正在掀起的民主运动指明了一个中心的斗争目标，有力地推动了这个运动的深入和发展。在运动中，由党领导或影响的进步群众团体民主青年同盟、民主青年协会、新民主主义者联盟、新民主主义青年社等纷纷成立。它们作为党的助手，在团结青年学生、工人及妇女群众积极参加抗日民主运动方面做了许多工作。

1945 年 1 月，南方局根据中共中央的指示，动员党的骨干、进步人士及知识青年到基层特别是到农村去，“大力进行下层的群众工作”。一些革命的知识分子响应党的号召，继承和发扬五四、一二九精神，走上了与工农相结合的道路。

国民党统治区的抗日民主运动的发展，对于激发大后方人民的爱国民主意识、坚持国共合作团结抗战、支援抗战前线、积蓄革命力量等，都直接发挥了重要的作用；而且它也为抗战胜利以后形成人民解放斗争的“第二条战线”奠定了初步的基础。

五、坚持、巩固和发展抗日民族统一战线

抗日战争是在全国各党各界各军结成抗日民族统一战线的条件下进行的。中国共产党把坚持、巩固、扩大这个统一战线，视为抗日战争坚持和胜利的一个基本条件，并以之作为自己的重大责任。还在抗战前夜，毛泽东就强调，“共产党和红军不但在现在充当着抗日民族统一战线

的发起人，而且在未来的抗日政府和抗日军队中必然要成为坚强的台柱子”[①]。

“统一战线的中心力量是国共两党，中心问题也是两党问题。”[②] 两党都主张抗日，因而有联合的基础；两党又代表不同阶级的利益，实行不同的抗战路线，因而又存在深刻的矛盾。而且，国民党控制着中央政权，在名义上，根据地政府和人民军队是隶属于它的，而它一开始就企图利用这种情况，竭力限制和削弱人民革命力量。正因为如此，处理同国民党的关系，这是一个十分重要同时又是极为复杂的问题。

中国共产党认定，在中日民族矛盾占主要地位的条件下，必须坚定不移地坚持联合抗日的原则；同时必须认清阶级斗争仍然存在这一客观事实，在统一战线中自觉地坚持独立自主的原则，始终保持自己在思想上、政治上、组织上的独立性。坚持独立自主原则的目的，“一方面是在保持自己已经取得的阵地”。因为“这是我们的战略出发地，丧失了这个阵地就一切无从谈起了。但是主要的目的还在另一方面，这就是为了发展阵地，为了实现‘动员千百万群众进入抗日民族统一战线，打倒日本帝国主义’这个积极的目的”[③]。

正是遵循着独立自主的原则，党在统一战线中采取了

---

① 《毛泽东选集》第一卷，人民出版社 1991 年版，第 157 页。

② 《中共中央文件选集》第 11 册，中共中央党校出版社 1991 年版，第 600—601 页。

③ 《毛泽东选集》第二卷，人民出版社 1991 年版，第 394 页。

发展进步势力、争取中间势力、孤立顽固势力的策略总方针。

进步势力是指工人、农民和城市小资产阶级。他们是统一战线的基础，抗日的主要依靠力量。对于党内在抗战初期发生过的那种“对于国民党反人民政策让步，信任国民党超过信任人民群众，不敢放手发动群众斗争”的右的错误倾向，中共中央进行了明确的批判和坚决的纠正。为了发展进步势力，中国共产党决定冲破国民党的限制，放开手脚，广泛地去发动人民群众主要是农民群众，发展革命武装和开辟、扩大抗日根据地。这样，就为坚持抗战、争取胜利奠定了基础，也为阻止时局逆转、阻止投降和分裂创造了条件。

中间势力主要是指民族资产阶级、开明绅士和地方实力派。1940 年 7 月，中共中央在一个文件中进一步把七种人视为中间势力，这就是：国民党中的多数党员，中央军中的多数军官，多数的杂牌军，中等资产阶级，中小地主及开明绅士，上层小资产阶级，各抗日小党派。他们都是争取的对象。实际上，被作为中间势力加以争取的，也并不限于这七种人，他们还包括少数民族上层人士、宗教界上层人士以及爱国侨领等。这表明，党要争取的对象是相当广泛的，只要有可能争取的力量，党都是注意尽力争取的。为了争取中间势力，毛泽东指出，需要三个条件：第一，“我们有充足的力量”。第二，“尊重他们的利益”（如保护私人工商业、实行“公私兼顾、劳资两利”的政策，在根据地实行“三三制”政权、使参加政权的人员中中间派占 1/3 等）。第三，“我们对顽固派作坚决的斗争，并能一步一步地取得胜利”①。党的争取中间势力的主张和政策取得了很大的成功。正是在抗日时期，工商界、民主党派、无党派人士和其他中间势力中，越来越多的人与中国共产党发生了比较密切的联系，并且在政治上日益向党靠拢。

顽固势力是指大资产阶级的抗日派。他们采取的是两面政策，即既主张团结抗日，又限共、溶共、反共并摧残进步势力。据此，中国共产党是以革命的两面政策即既联合又斗争的政策来对待它的。具体说来就是：“统一不忘斗争，斗争不忘统一，二者不可偏废，而以统一为主。”②“要有软有硬，有退让有进攻。但以防卫为主要形式。软到不要丧失立场，硬到不破坏统一。注意软硬的‘分寸’。只有这种斗争可以打破一切‘防共’的阴谋。”③

在抗战进入相持阶段以后，针对国民党采取的消极抗日、积极反共反人民的方针和妥协倾向，为了坚持抗战，坚持持久战，坚持抗日民族统一战线，中国共产党提出了“坚持抗战、反对投降，坚持团结、反对分裂，坚持进步、反对倒退”的口号。在同顽固派作斗争时，党采取有理、有利、有节的原则、即自卫的原则，胜利的原则和局部的原则。中共中央指出，“击敌和友是目前军事行动的总方针”。即使是友军中最反动最顽固者，“在彼等没有

① 《毛泽东选集》第二卷，人民出版社 1991 年版，第 747—748 页。
② 《中共中央文件选集》第 12 册，中共中央党校出版社 1991 年版，第 115 页。
③ 《中共中央文件选集》第 11 册，中共中央党校出版社 1991 年版，第 627 页。

向我进攻或其进攻已为我击破时，均应采取缓和态度”。对某些部分，只要可能，应与之订立和解协定，就地解决原有争议[①]。对于顽固派可能发动的突然袭击，则必须做好思想上和行动上的准备。按照这样的原则进行必要的斗争，不仅不会破裂统一战线，而且可以使对方有所顾忌、畏惧而不敢过分压迫进步力量，不敢轻易破裂。这是巩固国共合作的行之有效的方法。尽管在抗战进入相持阶段期间，顽固派曾经发动过三次反共高潮，其中每一次都有导致全面内战和国共关系破裂的危险，但由于中国共产党根据防御性的原则进行了坚决的斗争，又注意斗争的局部性和暂时性，其结果是不仅有效地打退了这几次反共高潮，而且继续保持了国共合作、共同抗日的局面。这个事实，生动有力地说明了党的策略方针的正确性。

从历史上看，中国共产党曾经两次同国民党合作。第一次国共合作对于推动大革命高潮的兴起和北伐战争的胜利起到了巨大的作用。但是，共产党在当时还处于幼年时期，犯了右倾机会主义的错误，没有采取又联合、又斗争的方针，自动放弃对于革命的领导权，以致在代表大资产阶级利益的国民党右派发动突然袭击时未能组织有效的抵抗和反击，革命遭到严重的失败，国共关系也宣告破裂。第二次国共合作对于全国性的抗日战争的发动、坚持和胜利起到了巨大的作用。但是，与第一次国共合作不同，这时的共产党在政治上已经达到了高度的成熟。由于党在统

① 《中共中央文件选集》第12集。中共中央党校出版社1991年版，第488页。

一战线中坚持了独立自主的原则，放手发动群众、壮大人民力量，并对国民党采取又团结又斗争、以斗争求团结的方针，在极端复杂的政治环境中把握了革命的正确航向，面对国民党统治集团的两面政策和很多次的武装袭击，统一战线不仅没有破裂而且还得到了巩固和发展，人民革命力量不仅没有受到严重损失而且还得到了巨大的发展。这就不仅保证了党能够成为坚持抗战、争取抗战胜利的中流砥柱，而且保证了在日本投降以后顽固派破裂国共关系、把内战强加给人民时，党能够顺利地不受损失地转变到以革命战争反对反革命战争的轨道上，并且在短时期内取得了伟大的胜利。

抗日战争的历史生动有力地证明：中国共产党人不仅是坚定的国际主义者，而且首先是最热烈、最忠诚、最彻底的爱国主义者。在日本帝国主义发动灭亡中国的侵略战争、中华民族面临生死存亡的危急关头，中国共产党人率先举起武装抗日的战斗旗帜，始终站在抗日民族解放战争的最前线。它制定的人民战争路线为坚持抗战和争取胜利指明了方向。它领导的敌后战场发挥了伟大的战略作用，以至成了抗日的主战场。它是抗日民族统一战线的倡导者和坚强支柱。很明显，没有中国共产党做中流砥柱，抗日战争的坚持和胜利是不可想象的。

正因为抗日战争的历史充分地展示了中国共产党是中华民族和中国人民利益的最坚强有力的捍卫者，所以经过抗日战争，中国共产党领导的人民革命力量不仅有了空前的壮大，党在人民中的政治威信也得到了极大的提高。越来越多的中国人把实现民族独立、人民民主和国家富强的希望，寄托在了中国共产党的身上。周恩来在当时就说过："1944 年，不仅小资产阶级，连民族资产阶级也靠拢了我们。"[①] 这似乎令人难以理解，但却是历史的事实。当时美国驻华使馆的"中国通"谢伟思、戴维斯写给美国国务院的报告中也曾经公正地指出：国民党统治集团"为了自私的目的而在牺牲着中国的利益"；而"共产党的政府和军队，是中国近代史上第一次受到有积极的广大人民支持的政府和军队"。据此，他们断言，"中国之命运不属于蒋（介石）而属于他们"，"共产党人将成为最强有力的和最有建设性的统一中国的力量"[②]。

毫无疑问，所有抗日的党派（包括国民党、各民主党派、各人民团体），所有抗日的阶级、阶层（包括工人、农民、小资产阶级、民族资产阶级以及地主阶级和大资产阶级的抗日派），都对抗日战争作出了自己的贡献。而中国共产党则是抗日战争的中流砥柱。这是一个不容置疑的历史事实，一个符合实际的科学结论。

---

① 《砥柱中流》，中共党史出版社 1995 年版，第 463 页。

② 美国国务院：《美国与中国的关系》（白皮书）第五章，1949 年。

抗日战争胜利后中国共产党对苏联的政策和策略*

如何对待苏联，这是中国共产党和中国人民在抗日战争胜利后必须妥善解决的重大问题之一。

一、苏联的对华政策及其对中国革命的影响

苏联是社会主义国家。战后的苏联政府对中国革命采取了矛盾的态度：一方面，不准中国革命；一方面，又给予中国革命力量以某种形式、某种程度的支持。

关于苏联及其领导人斯大林不准中国革命的问题，毛泽东曾讲过多次。1956 年 4 月，他在《论十大关系》一文中说："解放战争时期，先是不准革命，说是如果打内战，中华民族有毁灭的危险。"① 在这之前，1956 年 3 月

* 本文发表于《思想理论教育导刊》2009 年第 2 期。

① 《毛泽东著作选读》下册，人民出版社 1986 年版，第 741 页。

31 日，他在同苏联大使尤金谈话时，就指出过这一点。他并且讲到，“1947 年正当解放战争如火如荼，解放军节节胜利之时，斯大林又坚持要求同蒋介石签订和约，因为他对中国革命力量是有怀疑”①。1958 年 7 月 22 日，他再次对尤金说：“斯大林在最紧要的关头，不让我们革命，反对我们革命。在这一点上，他犯了很大的错误，与季诺维也夫是一样的。”②

为什么苏联及其领导人斯大林在战后会在中国问题上采取不准革命的方针呢？这是因为：

第一，从大国主义、民族利己主义的立场出发，为了维护美苏之间划分势力范围的雅尔塔协定所确定的国际政治格局。

在雅尔塔会议上，苏、美两大国把中国的主权当做筹码来进行交易。按照雅尔塔协定的有关中国问题的条款，苏联承认中国是美国的势力范围，中国应当在蒋介石领导下实现统一；美国承认，苏联在中国东北享有特殊的权益。苏联方面曾经希望，以承认蒋介石统一中国和不支持中国革命为条件，换取蒋介石政权在美、苏之间保持某种程度的中立，以便使中国成为苏联在东方的缓冲地带，如同芬兰在西方所起的作用一样。只是由于蒋介石的基本倾

---

① 《毛泽东谈斯大林和共产国际的中国政策——摘自原苏联驻华大使尤金的笔记（1956 年 3 月 31 日）》，俄罗斯《远东问题》1994 年第 5 期，中译文见《国外理论动态》1995 年第 9 期。

② 《毛泽东外交文选》，中央文献出版社、世界知识出版社 1994 年版，第 324 页。季诺维也夫在十月革命前夕担任俄国社会民主工党（布）中央政治局委员，因反对举行武装起义并泄露起义的计划而受到列宁的严厉批评。

向是倒向美国一边，苏联的上述愿望后来并没有得到实现。

1956年9月，毛泽东在同南共联盟代表团谈话时讲到过这个问题。他说：第二次世界大战结束前，“斯大林和罗斯福、丘吉尔开会，决定把中国全部都给美国，给蒋介石。当时从物质和道义上，尤其是道义上，斯大林都没有支持我们共产党，而是支持蒋介石的。决定是在雅尔塔会议上作出的。斯大林把这件事告诉了铁托。在铁托自传中有这段话。”所以，他指出，我们中国是吃了斯大林的几次亏的。这一次是第三次①。

第二，从认为各国人民的斗争不利于美苏之间达成妥协的错误观点出发，担心中国革命会把美、苏两国卷入中国内战，甚至引发世界战争。

苏联在反法西斯战争中做出了巨大的牺牲，战后它希望能够有一个和平的国际环境，以便进行经济恢复和重建的工作。为此，它要求在这一些问题上能够同美国达成妥协。这种愿望本来是合理的。但是，它的领导人对国际形势及其走向作了不适当的估计，认为为了有利于美、苏之间实行妥协，各国革命者也应当在本国国内实行妥协；如果爆发战争，尤其在与苏联邻近的国家中爆发国内革命战争，就会把美、苏两国牵连进去，从而妨碍它们之间达成妥协，造成国际间的紧张局势，甚至引发新的世界战争。

① 《毛泽东外交文选》，中央文献出版社、世界知识出版社1994年版，第253—254页。

正是从这种考虑出发，在欧洲取得对德国法西斯的战争的胜利之后，斯大林要求意大利共产党、法国共产党解散自己在反法西斯战争中组织起来的军队，派几个人到资产阶级政府里去做官，并参加议会的竞选活动。法共、意共照办了。他要求希腊共产党也这样做。希共不同意，他就在实际上默许英国派兵把希腊革命镇压了下去。他也要求中国走意共、法共的路。就像毛泽东所说的那样："1945 年他坚持要共产党和蒋介石分子媾和，要求同国民党建立统一战线，要求在中国建立'民主共和国'。"① 理由就是 1945 年 8 月苏联方面以俄共（布）名义发给中共中央的秘密电报所说的，如果中国发生内战，中华民族就会毁灭。他不懂得，各国人民进行革命斗争，是各国人民的权利，任何大国大党都是没有权利加以干涉的；实际上，这种革命斗争可以牵制以美国为首的帝国主义的力量，束缚它们发动战争的手脚，从根本上说，这是有利于而不是不利于美苏之间的妥协，有利于而不是不利于保卫世界和平的。

第三，对中国共产党在政治上不信任，对中共领导的人民革命力量估计不足。

1935 年遵义会议之后，以毛泽东为核心的中共中央领导人坚持马克思列宁主义与中国革命实际相结合的原则，坚决纠正了土地革命战争后期王明的"左"倾路线和

① 《毛泽东谈斯大林和共产国际的中国政策——摘自苏联驻华大使尤金的笔记(1956 年 3 月 31 日)》，俄罗斯《远东问题》1994 年第 5 期。

抗战初期王明的右倾错误。但王明是苏联、共产国际培养的。实际上，“王明路线就是斯大林路线”。中共开展反对王明“左”、右倾错误的斗争，使斯大林对中共在政治上产生了极大的怀疑。共产国际对中共主要在农村进行游击战争和从事根据地建设的工作也表示不理解。它不相信中共在脱离中心城市、不主要在无产阶级中进行活动的情况下，有可能保持自己的无产阶级先锋队性质。还在1940年12月，斯大林对前往中国担任军事顾问的崔可夫就说过：“中国是一个农民国家，而不是一个无产阶级国家。中国工人阶级在数量上，甚至在组织性方面都大大不如农民阶级。”“中国共产党也正是依靠最贫穷、受压迫最深和没有文化的农民。中国共产党对成长中的工人阶级估计不足，而这远远不能不给中国共产党的意识形态、口号及其对革命政治任务的理解方面打下烙印。中国共产党的民族主义倾向相当严重，在中国共产党队伍中国际主义团结感发扬得不够。”[①] 1944年，斯大林甚至对美国人哈利曼说：“中国共产党人不是真正的共产党人，他们是‘人造奶油’共产党人。尽管如此，他们是真正的爱国者。”从这种认识出发，他们当然不可能甘冒与美国发生摩擦乃至冲突的危险，来全力支持中共领导的革命了。1944年8月31日，莫洛托夫对赫尔利讲得很清楚：“中国共产党事实上并非共产党。他们的目标在获得他们视为

① 瓦·伊·崔可夫：《在华使命——一个军事顾问的笔记》（中译本），新华出版社1980年版，第34页。

中国必需而且适当的改革；苏联并不支持中国共产党。苏联不愿中国内部意见分歧或发生内战，苏联政府愿意对中国有更密切和更和睦的关系。”①

还有必要指出，“斯大林对抗日战争胜利后的中国局势和革命发展的可能性也作了不正确的估计”②。还在抗日战争时期，即1940年12月，斯大林在和崔可夫谈话时就说：“中国共产党和中国工人阶级要成为反侵略斗争的领导者，还显得太孱弱，要把群众争取过来需要时间，到底需要多少时间，很难说。此外，帝国主义大国未必容忍中国共产党取代蒋介石。”“中国共产党在国内的地位还不巩固。”“蒋介石有美国和英国的援助。毛泽东是永远得不到这些大国的支持的。”③ 斯大林后来还承认，抗日战争胜利后，“当时我不相信中国共产党人会取胜。那时认为美国人将全力以赴扑灭中国的起义。我曾劝说毛泽东，最好是与蒋介石和解，与蒋介石建立某种联合政府”④。

正因为苏联及其领导人斯大林对中共不信任，对中共领导的革命力量估计不足，他们对中国革命不仅缺乏热情而且采取压制的态度，就是不奇怪的了。

---

① 《中美关系资料汇编》第1册，世界知识出版社1957年版，第160页。

② 《毛泽东谈斯大林和共产国际的中国政策——摘自苏联驻华大使尤金的笔记(1956年3月31日)》，俄罗斯《远东问题》1994年第5期。

③ 瓦·伊·崔可夫：《在华使命——一个军事顾问的笔记》（中译本），新华出版社1980年版，第35页。

④ 爱德华·卡德尔：《卡德尔回忆录（1944—1957）》（中译本），新华出版社1981年版，第130页。

苏联的这种不准革命的方针，对于中共为建立新中国而斗争的事业，具有极大的危害。如果中共照此办理，就得把人民军队交出去，一旦这样做了，中共在政治上就会失去原有的分量，争取全国胜利也将在根本上成为不可能了。由于中国是一个半殖民地半封建社会，没有资产阶级民主制度可以利用，交枪的结果，中共恐怕连合法地位都争取不到，即使争取到了也未必能保持下去，蒋介石政权总会制造借口对中共实行严厉镇压，从而重演四一二、七一五的历史悲剧的。这样，中国革命就将走极大的弯路，中国革命胜利的进程不可避免地要被极大地推迟了。

不过，苏联的上述方针能否在实际上造成如此严重的危害，取决于中共自身的态度。如果中共抵制这个方针，那么这种可能性就不会变成现实。

"不准革命"，这只是苏联对华政策的一个方面；另一方面，苏联对中国革命还是给予了重大支援的。这主要表现在以下三个方面：

第一，苏联政府对日本宣战，苏联红军进入中国东北境内一举歼灭日本关东军 67 万人，对促使日本迅速投降起了重大的作用。这不仅使中国人民减少了许多可能的牺牲，大大缩短了抗日战争胜利的进程，而且为中国革命力量的大发展创造了十分有利的条件。

日本投降时，国民党由于长期采取避战观战的方针，其军队主要在西南及西北部分地区，华北、华中、华南的日军及伪军主要被中共领导的人民军队所包围。尽管美蒋企图垄断受降权力，人民军队根据中共中央的命令还是积极向日伪军进行反攻，收复了大片失地，迅速地扩大了解放区。当时，国民党在东北没有一兵一卒；而中共不仅在东北领导抗日联军坚持了长期的艰苦卓绝的斗争，同东北人民有历史的联系，而且中共创建的冀（河北）热（热河）辽（辽宁）根据地与东北毗连，山东根据地也与东北隔海相望，因此，华北、山东的人民军队通过陆路、海路，可以先机进入东北，发展革命力量。

第二，苏联的存在本身对于中国革命就是一种无形的支持。它把美国的力量大部分吸引到西边去了。它在中国东北的存在对美国在中国的行动也起着制约作用。美国不敢直接出兵镇压中国革命，重要的原因之一，是顾虑遭到苏联的干预。没有苏联，中国革命受到的来自国际反动势力的压力将会大得多。正如原西班牙共产党政治局委员费尔南多·克鲁丁在《共产主义运动——从共产国际到共产党情报局》一书所说的那样："苏联战胜纳粹德国是造成中国革命有可能取得胜利的国际局势的决定因素之一。这不仅因为苏联在打败日本时所发挥的作用，而且因为它的存在本身。苏联军事力量是约束美国对中国的干涉的相当大的因素。"

第三，苏联对中国东北的政策也具有两重性：一方面履行中苏条约的义务，把苏军占领的大城市和交通要道交国民党政府接收。一方面以不打破雅尔塔协定的格局和不背弃承担中苏条约的义务为限度，积极支持中国共产党领导的人民革命力量的发展。

还在与国民党谈判订立中苏条约时，苏方即坚持美国在东北不得驻有一兵一卒。这就为尔后中国人民革命力量在东北的发展扫除了一个严重的障碍。

苏方同意将从日伪军手中攻占的热河、辽宁原属于抗日根据地的地区，移交给中共领导的人民军队管辖。

苏军允许中共领导的人民军队以东北人民自治军、抗日联军的名义（而不是以八路军的名义）进入东北。苏方建议中共抽调 25 万—30 万部队部署在山海关及沈阳一带，守住东北大门。同时，苏方坚决反对国民党军在大连登陆；当国民党军要求在营口、葫芦岛等地登陆时，苏方应中共中央东北局的请求，先后将营口、葫芦岛等地转交中共领导的军队驻防。这样就迟滞了国民党军进入东北的进程，为人民军队先机进入东北创造了条件。

苏方还陆续将缴获的日本关东军军火库的一部分武器装备移交人民军队，并帮助人民军队训练炮兵。1946 年春，东北人民军队已经拥有 600 余门火炮的炮兵部队以及坦克部队。

苏军后来还在事先不通知国民党政府的情况下，突然从中国东北撤退，这样就极大地便利了东北人民军队争取北满、东满和西满的行动。

以上情况说明，“苏联对中国东北政策的主要方面是支持中国共产党力量的发展”。“而苏联为执行中苏条约给中共带来的困难，使斗争出现的曲折，则是局部性的”。虽然中苏两党之间存在着一些矛盾，但“苏联和美蒋之间的矛盾远远大于它和中国共产党之间的矛盾。因此苏联企图通过秘密支持中国共产党领导的人民军队进入东北并发展实力，来保持一种遏制力量，防止苏军撤退后美蒋勾结把东北变成反苏基地，使东北不致为敌对势力所控制”[①]。苏联这样做，当然首先是考虑了苏联自身的战略利益，但在实际上是对中国革命的发展极为有利的。陈云指出：苏联红军出兵东北，打败了日本关东军，“这为我们的大部队能抢在国民党前面迅速进入这个地区，为改善我们的装备，创造了十分有利的条件。那时，苏联党对我们的力量估计不足，并有雅尔塔协定的约束，但他们还是尽力帮助我们的。东北背靠苏联，东邻朝鲜，这对于我们在和国民党作战中的后勤补给和伤病员的运送、安置也是十分有利的条件”[②]。

很明显，为了胜利地进行创建新中国的斗争，中国共产党必须制定出正确对待苏联的政策和策略。

二、维护中共与苏联之间团结的大局，抵制其不准中国革命的方针

战后，如何处理同苏联、苏联共产党及其领导人斯大林的关系，是中国共产党为建立新中国而斗争的过程中必须正确解决的重大问题。

---

① 王廷科：《共产国际、斯大林与中国革命》，成都出版社 1992 年版，第 318—320 页。

② 陈云：《对编写〈辽沈决战〉一书的意见》，1983 年 8 月 9 日。《辽沈决战》上，人民出版社 1988 年版，第 2—3 页。

中国共产党对苏联的政策，在日本投降到全面内战爆发这一个时期内，概括地说，有三个要点：

第一，从中国革命和国际共产主义运动的大局出发，坚持同苏联保持团结的方针。由于苏联是战后能够同美国抗衡的主要力量，是美国推行其称霸世界的反革命全球战略的重要障碍；由于苏联把美国及其盟友的主要力量吸引在欧洲、西线，从而大大减轻了中国革命所承受的国际压力；由于苏联及其在中国东北的存在还对美国在中国的行动起着直接的制约作用，使美国不敢轻易对中国进行武装干涉，也不能进入中国东北；由于苏联还在一定的条件下给予中国革命以某些直接的帮助，因此，保持同苏联的团结是中国共产党领导中国人民进行胜利的国内斗争的重要条件。正像毛泽东后来所说的那样："在帝国主义存在的时代，任何国家的真正的人民革命，如果没有国际革命力量在各种不同方式上的援助，要取得自己的胜利是不可能的。胜利了，要巩固，也是不可能的。""假如没有苏联的存在，假如没有反法西斯的第二次世界大战的胜利，假如没有打倒日本帝国主义，假如没有各人民民主国家的出现，假如没有东方各被压迫民族正在起来斗争，假如没有美国、英国、法国、德国、意大利、日本等等资本主义国家内部的人民大众和统治他们的反动派之间的斗争，假如没有这一切的综合，那末，堆在我们头上的国际反动势力必定比现在不知要大多少倍。在这种情形下，我们能够胜利吗？显然是不能的。胜利了，要巩固，也不可能。”①在这里，毛泽东是把苏联的存在作为足以保障中国革命胜利的国际因素中的第一个因素看待的。正因为如此，从中国革命的根本利益考虑，与苏联保持团结，成为中国共产党处理对苏关系时必须坚持的一条基本原则，是理所当然的。

中国共产党对于苏联与美国等在雅尔塔会议上背着中国人民划分势力范围，并把中国的某些权益当作大国交易的筹码，是严重不满的；对于苏联在战后采取不准中国革命的方针，尤其是坚决反对的。但是，为了维持与苏联的团结，中国共产党并没有对苏联及其领导人提出公开的批评。之所以采取这种态度，是基于以下两方面的考虑：第一，中国共产党应当对中国革命独立承担责任。斯大林对中国革命所做的指导如果不正确，中国共产党可以而且应当加以抵制。而进行抵制，并不只有采取公开批评这一种方式。根据这种认识，党尽管认为“过去的王明路线实际上就是斯大林路线”，但在整风运动中清算王明路线时，“关于斯大林和第三国际我们是一字未提”。“既然中国人听了他们的话，那末中国人自己就应该负责。谁叫我们去听他们的话呢?”第二，“我们和苏联的关系中不愿引起不愉快”。“我们提出批评就会同他闹翻的”。所以，斯大林不让中国革命的错误，“只有我们党中央知道”②，并没有向国内外公开宣布。这不是不坚持原则，而是为了

① 《毛泽东选集》第四卷，人民出版社 1991 年版，第 1473—1474 页。

② 《毛泽东外交文选》，中央文献出版社、世界知识出版社 1994 年版，第 252、第 254、第 255 页。

维护与苏联的团结，即为了维护中国革命的根本利益。因为如果中共与苏联彻底闹翻了，或者让全世界都知道了中共与苏联之间的这种严重分歧，美国在使用各种手段反对中国人民革命力量方面将会变得肆无忌惮，这对中国革命是极为不利的。中国共产党认为，应当竭力避免出现这种局面。

第二，对苏联不准中国革命的方针进行坚决的抵制。前面已经讲过，抗战胜利后，苏联及其领导人斯大林“不要我们革命，反对我们革命。第三国际已经解散了，还下命令，说你们不与蒋介石讲和、打内战的话，中国民族有灭亡的危险”[①]。这是很不应该的。所以，毛泽东在接到有关的电报时就表示“极大不快，甚至是很生气。他这样说：‘我就不信，人民为了翻身搞斗争，民族就会灭亡！’”[②]

那么，1945 年 8 月毛泽东到重庆去与蒋介石、国民党谈判，主要是因为斯大林来了电报吗？并不是。如果那样认为，是不符合事实的。因为“在一切事关中国革命前途的重大问题上，毛主席从来是根据我们党的利益，根据中国人民的利益做出决断的。在考虑赴重庆谈判的问题时，毛主席在国际方面更为关注的实际是美国的态度和反应，而不是苏联的态度和反应的，这是因为美国的动向对

① 《毛泽东外交文选》，中央文献出版社、世界知识出版社 1994 年版，第 326 页。

② 《在历史巨人身边——师哲回忆录》（修订本），中央文献出版社 1995 年版，第 308 页。

中国政局的影响更为直接”[①]。事实上，早在1942年下半年，毛泽东就考虑过与蒋介石会面以解决战后国共关系的问题；1944年冬赫尔利在延安提出在适当时机毛与蒋介石会面的问题时，他对此也做过肯定的表示。1945年8月底，毛泽东决心去重庆，是为了争取和平民主，并不是准备去交枪做官。8月26日，他在政治局会议上说，应当去重庆，“这样可以取得全部主动权”。但是他强调，“要充分估计到蒋介石逼我城下之盟的可能，但签字之手在我。必须作一定的让步，在不伤害双方根本利益的条件下才能得到妥协……如果这些还不行，那末城下就不盟，准备坐班房。我们党的历史上除何鸣事件外，还没有随便缴枪的事”[②]。由此可见，中共决不接受斯大林的主张，走法共、意共所走的交枪做官的道路，这一点从来就是明确而又坚定的。

斯大林之所以压制中国革命，一个重要的原因，是害怕中国发生革命战争会妨碍美苏妥协，并且导致美苏冲突，甚至引发世界战争。毛泽东一开始就不赞成这种看法。“一九四六年春季，以美国为首的帝国主义和各国反动派，日益加紧反苏、反共、反人民的活动，鼓吹所谓‘美苏必战’，所谓‘第三次世界大战必然爆发’。在这种情况下，当时有一些同志，由于过高地估计帝国主义力量，过低地估计人民力量，惧怕美帝国主义，惧怕爆发新

① 《胡乔木回忆毛泽东》，人民出版社1994年版，第402页。

② 《毛泽东年谱（1893—1949）》下卷，人民出版社、中央文献出版社1993年版，第14页。

的世界战争，因而在美蒋反动派武装进攻的面前，表示软弱，不敢坚决地用革命战争反对反革命战争”[①]。针对对于国际形势的这种悲观估计和由此形成的关于中国革命的错误思想，1946 年 4 月，毛泽东写了《关于目前国际形势的估计》这个文件，交由中共中央一部分领导人中间传阅。毛泽东指出：“世界反动力量确在准备第三次世界大战，战争危险是存在着的。但是，世界人民的民主力量超过世界反动力量，并且正在向前发展，必须和必能克服战争危险。因此，美、英、法同苏联的关系，不是或者妥协或者破裂的问题，而是或者较早妥协或者较迟妥协的问题。”他强调，“美、英、法同苏联之间的这种妥协，只能是全世界一切民主力量向美、英、法反动力量作了坚决的和有效的斗争的结果。这种妥协，并不要求资本主义世界各国人民随之实行国内的妥协。各国人民仍将按照不同情况进行不同斗争”[②]。对于上述思想，毛泽东在同年 8 月 6 日和美国记者安娜·路易斯·斯特朗的谈话中作出了进一步的阐明。他说，“关于反苏战争的宣传，包括两个方面。在一方面，美国帝国主义确是在准备着反苏战争的”。“在另一方面，这种宣传，是美国反动派用以掩盖当前美国帝国主义所直接面对着的许多实际矛盾，所放的

① 《关于目前国际形势的几点估计》的题解，《毛泽东选集》第四卷，人民出版社 1991 年版，第 1184 页。该题解说：“这个文件当时没有发表。只在中共中央一部分领导同志中间传阅过。一九四七年十二月的中共中央会议，印发了这个文件。由于到会同志一致同意这个文件的内容，后来将全文收入中共中央一九四八年一月发出的《关于一九四七年十二月中央会议决议事项的通知》中。”

② 《毛泽东选集》第四卷，人民出版社 1991 年版，第 1184—1185 页。

烟幕。这些矛盾，就是美国反动派同美国人民之间的矛盾，以及美国帝国主义同其他资本主义国家和殖民地、半殖民地国家之间的矛盾。美国反苏战争的口号，在目前的实际意义，是压迫美国人民和向资本主义世界扩张它的侵略势力”。他特别指出，“美国和苏联中间隔着极其辽阔的地带，这里有欧、亚、非三洲的许多资本主义国家和殖民地、半殖民地国家。美国反动派在没有压服这些国家之前，是谈不到进攻苏联的”。由此，他得出结论说：“我以为，美国人民和一切受到美国侵略威胁的国家和人民，应当团结起来，反对美国反动派及其在各国的走狗的进攻。只有这个斗争胜利了，第三次世界大战才可以避免，否则是不能避免的。”① 很明显，毛泽东对国际形势的分析和由此得出的结论，是同斯大林大相径庭的。历史已经证明了这些分析与结论的正确性。

对于在中国革命问题上所犯的错误，斯大林后来是承认了的。1948 年 2 月，在同保共领导人季米特洛夫、南共领导人卡德尔等的谈话中，当涉及希腊问题时，据卡德尔回忆录的记载，斯大林曾说：我已经在一件这样的事情上做错了。这就是中国。“我曾劝说毛泽东，最好是与蒋介石和解。”“我甚至把中国代表团召到莫斯科来。代表团来了，听取我对他们讲的一切，照中国的习惯，他们都面带笑容，直点头。然后走了。他们回去后，毛便发动一

① 《毛泽东选集》第四卷，人民出版社 1991 年版，第 1193—1194 页。

场革命大攻势，最后取得了胜利。你们看，我也会犯错误。”① 在德迪耶尔所著《苏南冲突的经历》一书中，也有类似的记载。其中讲到，斯大林曾经对卡德尔、吉拉斯等人说过：“战后，我们把一些中国同志叫到这里，叫到莫斯科来，我们对他们说，我们认为，中国没有发展起义的条件，中国同志应当同蒋介石达成维持正常关系的暂定条款并解散自己的军队。中国同志在这里，在我们面前，在口头上同意了苏联同志的意见，而当他们回到中国，他们做的却是另一回事。他们聚集了力量，改组了军队，现在在痛击蒋介石。请看，在中国这个例子上，我们犯了错误。情况表明，正确的是中国同志，而不是苏联同志。”② 对于这个错误，斯大林还直接在中国共产党领导人面前作过一定程度的自我批评。1949 年 7 月 27 日，刘少奇率领的中共代表团在同斯大林谈推翻国民党问题时，斯大林在听到代表团所讲“在抗日战争结束后，蒋介石叛变，我们是有准备的”这段话后，曾经说：“我们是不是扰乱或妨碍了你们呢？”“你们在美国人参与的和平运动中是否受了损失，妨碍了你们”。当代表团讲到“后来我们推翻国民党，打倒蒋介石，没有一个人说我们这样做得不对”时，斯大林说：“胜利者是不能被审判的。凡属胜利了的都是正确的”。在这里，斯大林对自己所犯的错误采取了马克思主义的实事求是的态度。

---

① 爱德华·卡德尔：《卡德尔回忆录（1944—1957）》（中译本），新华出版社 1981 年版，第 130 页。

② 德迪耶尔：《苏南冲突的经历》（中译本），三联书店 1977 年版，第 98 页。

对斯大林不准革命的错误方针的抵制，表现了中国共产党在政治上的成熟，表现了毛泽东的杰出和英明。正如曾任西班牙共产党政治局委员的费尔南多·克劳丁在对法共、意共与中共所走的不同道路及其得到的不同遭遇之后所说的那样："如果说，在西欧实行'民族团结'，终于导致共产党的部长被撵走，共产党被孤立，那么，在中国的条件下，实行同类型的'民族团结'的结果，很可能就是对共产党人的一次新的屠杀。毛和他的同事们的历史功绩，就是在这个问题上头脑十分清醒。"① 考虑到斯大林当时在国际共产主义运动中所享有的极大声望和占据的至高地位，毛泽东和他的战友们敢于抵制他的错误方针，这确实需要有洞察时局发展趋向的巨大的政治智慧和为中国革命独立承担责任的大无畏的反潮流精神。

第三，在照顾苏联履行中苏条约义务的条件下，力争苏联支持人民革命力量在东北的发展。苏联在中国东北的政策具有两重性。陈云在当时就说过："苏联对满洲的政策基本包括两方面：一方面，把沈阳、长春、哈尔滨三大城市及长春铁路干线交给国民党；另一方面，援助我党力量在满洲的发展。保持远东和平与世界和平，是苏联这一政策的基本目的。某一时期由于国际国内条件的变动及斗争策略上的需要，苏联对于执行中苏协定的程度，及对我援助的程度会有所变化。但苏联这些政策的本质，是一贯

① 费尔南多·克劳丁：《共产主义运动——从共产国际到共产党情报局》（中译本），求实出版社1982年版，第262页。

的，不变的。”[①] 基于这种分析，中国共产党对苏联的政策也包括两方面：一方面，注意照顾苏联由于同国民党政府签订了条约所承担的义务；另一方面，争取苏联对于人民革命力量在中国东北的发展给予可能的支持和援助。

本来，在抗战胜利时，中共领导的人民军队是有可能独力掌握东北的，并且中共也作了这样做的相应准备。随后，由于了解到苏联同国民党政府签订了条约，苏联必须把东北的大城市和交通要道交国民党政府接收，在这种情况下，中共决定改变方针，把主要力量用于争取广大乡村和中小城市。1945 年 8 月 22 日，中共中央即指出：“苏联为中、苏条约所限制及为维持远东和平，不可能援助我们。”“在此种形势下，我军应改变方针”。“以必要兵力着重于夺取小城市及广大乡村”[②]。之后，中共中央曾反复地指明了这一点。11 月 28 日，中共中央在关于撤出大城市和主要铁路线后东北的发展给东北局的指示中说：“东北问题已引起中、美、苏严重的外交纠纷，苏联由于条约限制，长春铁路线沿线各大城市将交蒋介石接收，我企图独占东北，无此可能，但应力争我在东北之一定地位，长春路沿线及东北各大城市我应力求插足之外，东满、南满、北满、西满之广大乡村及中小城市与次要铁路，我应力求控制。”目前“应以控制长春路以外之中小城市，次要铁路及广大乡村为工作重点”，“有重心的建立

① 《陈云文选》第一卷，人民出版社 1995 年版，第 299 页。

② 《中共中央文件选集》第 15 册，中共中央党校出版社 1991 年版，第 243 页。

根据地，作长期打算”[1]。实际上，在一个时期内，中共在东北所执行的，是“让开大路，占领两厢”这样一个战略方针。

但是，人民革命力量的发展，不仅有利于中国革命的事业，而且也有利于在苏联红军撤走后东北不致被国民党和美国势力所独占以致变成反苏的基地。因此，只要不违背条约义务，苏联是愿意帮助中国人民革命力量在东北发展的。1945年8月29日，中共中央在关于迅速进入东北控制广大乡村及中小城市的指示中即作出如下的估计：由于有中苏条约的限制，“我党我军进入东北三省后，红军必不肯和我们作正式接洽或给我们以帮助”；但考虑到苏联宣布不干涉中国内政及支持中国走“进步与民主的发展”道路，“我党我军在东三省之各种活动，只要它不直接影响苏联在外交条约上之义务，苏联将会采取放任的态度并寄予伟大之同情”。因此，“我党还有很好的机会争取东三省和热、察”。“只要红军不坚决反对，我们即可非正式的进入东三省”。“对红军可进行非正式的接洽，将情报通知红军，但不要勉强与红军作正式的接洽和联络，亦不要请求红军给我帮助，只要红军不作声，不坚决反对我之行动即好。”[2] 事实上，苏联红军正是这样做的。1946年1月11日，中共中央还指示东北局：“凡是红军

---

① 《中共中央文件选集》第15册，中共中央党校出版社1991年版，第447—448页。

② 《中共中央文件选集》第15册，中共中央党校出版社1991年版，第257—258页。

驻防之地区，均将交国民党接收，因此你们应力求红军缩小驻防地区，使红军从一些次要地区撤退交我接收”，“在靠近苏蒙地区一切要点你们必须控制，不要弄得被国民党控制隔断我与苏蒙联系”。红军也这样做了。后来，由于苏、蒋交恶，红军在国民党军队未及大量进入东北的情况下即大举撤退。红军撤出的许多地方，随即被中共领导的人民军队所占领。胡乔木在回忆毛泽东时讲过：“苏联出兵东北，毛主席很高兴。”“苏联在东北和我们配合默契，实际上帮了我们很大的忙，但是悄悄的，不公开。”① 实际情况正是这样的。

实践表明，中国共产党在战后对苏联的政策和策略是完全正确的，收到了积极的效果。

① 《胡乔木回忆毛泽东》，人民出版社1994年版，第90页。

全国解放战争时期的中间路线*

一

抗日战争胜利后，中国人民同美国政府支持下的国民党反动派的矛盾上升为主要矛盾，中国革命由此进入了一个新的历史时期。中国的两种命运、两个前途的决定胜负的斗争，构成了这个时期历史的基本内容。是“建立一个无产阶级领导的新民主主义的国家呢，还是建立一个大地主大资产阶级专政的半殖民地半封建的国家”，这就是这一场斗争的实质。

早在十年内战时期，大地主大资产阶级的政治代表蒋介石就公开说过，不仅共产主义，就是英美式的资产阶级民主主义，也是不能行之于中国的。这种民主政治“效能迟钝”，在一个缺少民主主义长期演进之历史的国家实

---

* 本文发表于《北京大学学报》1987 年第 2 期。

行起来，还会引起社会的“纷乱”。因此，他主张，为“领导素无政治（训练）之民族”，“非藉经过较有效能的统治权之行施不行”，而“统治最有效能者”正是法西斯式的独裁统治。1928 年 10 月，国民党中央执行委员常务会议通过了“以党治国”的《训政纲领》，规定在“训政”时期，由国民党全国代表大会代表国民大会领导国民行使政权；大会闭会期间，由国民党中央执行委员会行使政权。抗战胜利前夕，国民党六大提出了两个口号：“还军于国”，“还政于民”。所谓“还军于国”，就是让共产党把人民军队交给大地主大资产阶级专政的国家；所谓“还政于民”，就是经过由国民党于 1936 年以非法手段产生的代表召开“国民大会”，通过一部以国民党在 1936 年一手炮制的“五五宪草”为基础的“宪法”，把政权从国民党的左手“还”给国民党的右手。其目的，都是为了坚持国民党的一党专政。它并且下定决心，当这种政治欺骗手段不能奏效时，即发动全国性的内战，以便消灭人民革命力量，维护大地主大资产阶级专政的半殖民地半封建的国家。

中国无产阶级和广大人民群众的政治代表中国共产党主张，在半殖民地半封建的中国，应当首先进行新民主主义革命，建立一个人民民主专政的共和国，并且经过这个共和国，到达社会主义和共产主义。在抗日战争胜利前夕召开的中国共产党七大上，毛泽东指出，作为一般纲领，“我们主张在彻底地打败日本侵略者之后，建立一个以全国绝对大多数人民为基础而在工人阶级领导之下的统一战线的民主联盟的国家制度”，即新民主主义的国家制度；作为一项具体纲领，我们主张“立即宣布废止国民党一党专政，成立一个由国民党、共产党、民主同盟和无党无派分子的代表人物联合组成的临时的中央政府，发布一个民主的施政纲领”；待条件成熟时，“经过自由的无拘束的选举，召开国民大会，成立正式的联合政府”①。这就是说，考虑到战后新的国际国内局势和国共两党联合抗日的历史关系，中国共产党曾经“试图经过和平的道路实现中国的社会政治改革”。当然，与此同时，它也考虑到国民党统治集团对人民力量的敌对态度，因而决心不放松做好以革命战争反对反革命战争的准备。而无论采取何种斗争方式，其目的都是为了建立一个人民民主专政的共和国。

这就是关于“战后的中国向何处去”这个问题的两种基本的、同时也是截然不同的答案。

但是，除了这两种答案之外，还有第三种答案。这就是与民族资产阶级及其知识分子有较密切联系的某些民主党派的领袖人物和无党派民主人士所鼓吹的“中间路线”。他们“幻想在国民党的大地主、大资产阶级专政和中国共产党领导的人民民主专政之外，另找所谓第三条道路。这条道路，实际上就是英美式的资产阶级专政的道路”。

尽管辛亥革命的失败已经表明，资产阶级共和国的方

① 《毛泽东选集》第三卷，人民出版社 1991 年版，第 1067、第 1069 页。

案在中国是行不通的，中国的资产阶级及其代表人物还是一次又一次地把这个方案重新提了出来。五四时期，当马克思主义开始在中国传播的时候，有人就站出来说，由于产业落后，无产阶级的社会主义是不能行之于中国的；对于患有贫乏症的中国来说，“开发实业为唯一之要求”，而只有“绅商阶级合宜于现在”[①]。大革命时期，更有人声称，“四民之中最有实力者莫过于商”，它们乃是“中国社会之中坚”[②]。有人并且明确地认定，中国有可能走“基马尔走的路”，即有可能经由资产阶级的领导，建立一个资产阶级共和国，如同基马尔在土耳其所做的那样。有人甚至主张“举起你的左手打倒帝国主义，举起你的右手打倒共产党”，企图在这种左右开弓的过程中建立起一个民族资产阶级一阶级统治的国家。对于这种主张，无论是十年内战时期还是抗日时期，都不断地有人鼓吹过。而在抗日战争胜利以后的一个时期，这种鼓吹更是达到了一个高潮。这是因为，有一些民主人士对于当时的局势及其发展趋向作了不适当的估计。他们认为，“目前的局势是：国民党既不能用武力消灭共产党，共产党也不能用武力推翻国民党；而国际形势也不许可有一个完全右倾的国民党政权或完全‘左’倾的共产党政权”。这样，“唯一可能的正确道路”就是实行中间路线，以便把右的拉向偏左一点，把左的拉向偏右一点，从而取得一个大家都能

① 张东荪：《现在与将来》，1920 年 12 月。

② 杨杏佛：《社会自救与中国之前途》，1924 年 1 月。

接受的解决中国问题的办法。这是一个千载一时的机会，使得中间势力可以在中国的政治舞台上发挥关键性的作用。而为了做到这一点，“首先必须造成一个强大的中间派，独立于国民党统治集团与共产党之间，取得一种举足轻重的地位”[①]。一些人在当时掀起所谓建立第三大党的运动，正是与这种对时局的估计直接关联着的。

二

什么是中间路线？对于这个问题，施复亮、张东荪等人曾经作过明确的论述。

施复亮当时是民主建国会的领导人之一，民主建国会主要由民族工商业者组成。他先后写了《何谓中间派》、《两条道路、一个动力》、《论第三方面与民主阵线》、《中间派的政治路线》、《中间派在政治上的地位和作用》、《再论中间派的政治路线》、《中间路线与挽救危局》、《论自由主义者的道路》等一系列文章，系统地论述了有关中间路线的问题。其主要内容是：

1. 关于中间派的社会基础

施复亮认为，中国是一个落后的、农业手工业占优势的小生产制的社会，阶级分化还不十分尖锐，中间阶层还占着全中国人口的绝大多数。民族企业家、手工业者、工商业从业员、知识分子（公教人员及自由职业者）、小地

---

① 施复亮：《中间派在政治上的地位和作用》，1947 年 4 月。

主、富农、中农（自耕农和一部分佃农）等，都是今天的中间阶层。这些中间阶层，都是中间派的社会基础[①]。它们也就是中间路线得以推行的社会基础。

2. 关于中间路线的政治纲领

施复亮主张，“中间派的政治路线在政治上必须实现英美式的民主政治，但决不能为少数特权阶级（在今日中国是官僚资本家，买办资本家和大地主）所操纵，在经济上必须发展民族资本主义，奖励民生必需品的扩大再生产，但决不容许官僚买办资本的横行和发展，且须保护农工大众以及一切被雇佣者的利益，提高其购买力和生活水准”。这也就是说，“应当实行改良的资本主义，尽量利用资本主义的优点去发展生产力，竭力防止资本主义的弊害去改正生产关系”。

对于国共两党的态度，他主张，“中间派决不笼统地反对国民党或共产党，也不盲目地追随国民党或共产党”。“我们所说的中间路线，简单说，对内主张‘调和国共’，对外主张‘兼亲美苏’”。

他强调，中间派的政策要顾及多数人的利益，“尤其

---

① 《何谓中间派》，1946 年 7 月。应当指出，这个说法有两个错误：其一，是把中间势力的范围过分地扩大了。在中国，农民和城市小资产阶级是属于进步势力的范围，它们在政治上是跟无产阶级走的，并不是中间路线的社会支柱。民族资产阶级及其知识分子属于中间势力，但它们没有也不可能占全中国人口的绝大多数；其二，“事实上，社会分野上处于中间地位的中间势力是一回事，政治上主张中间路线却又完全是另一回事”（见乔冠华：《追击中间路线》，1948 年 1 月）。即使是社会分野上处于中间地位的民族资产阶级及其知识分子，也有许多人，而且随着革命形势的发展，更有越来越多的人，是不赞成中间路线的。

不能超过今天民族资本家所能接受的程度”。

3. 关于实现中间路线的方法

施复亮认为，“中间派在行动上的态度应当是和平的，改良的，不赞成暴力的革命行动”，即必须坚持“以和平合作的方式达到政治民主化、军队国家化和经济工业化”，“希望采用渐进的改良的方法求得政治、经济和社会各方面的进步”。他们反对国民党的独裁统治，“但不欲以暴力手段去推翻现有政府，只想借和平奋斗的方法去唤醒并组织民众”。总之，要走“和平的改良的道路”。

4. 关于中间派力量的组织

施复亮声称，要实现“中间派的政治路线”，必须全国的中间阶层在政治上形成一个强大的中间的政治力量。他认为，“倘若其他党派可以做人民的发动机，那中间派也可以而且应当做人民的发动机”，为此，必须在组织上形成强大的中间派。而“民主同盟，无疑是当前‘第三方面’的中心组织”，“在民盟旗帜之下，分别组织，联合行动，这是中间阶层和中间党派正确的组织路线”，只有这样，才能迫使国共两党“不能不‘互让’”，从而“获得‘调和’，达到‘统一’，建立民主主义社会”。

张东荪是民主同盟的领导人之一。他在《一个中间性的政治路线》等文章中，也阐述了与施复亮相接近的思想。他主张，“在政治方面比较上多采取英美式的自由主义与民主主义，同时在经济方面比较上多采取苏联式的计划经济与社会主义”。在国共关系上，则是要“由中间派来主持”，使“右派向左，左派向右”，从而“使中国得到一个和谐与团结，并由团结得到统一”。

在这里，有必要分析一下施复亮希望使之成为“第三方面”中心组织的民盟的状况。

民主同盟“虽带中间性”，但并不是一个纯粹的中间派的组织。其组织成分“从统治阶级内部的反对派一直包含到进步分子”，“而其中政治倾向又从君主立宪一直到新民主主义革命都有”[①]。不过在当时，正像周恩来曾经指出的那样，“民盟由于抗战特别由于政协的机缘，客观上一时造成了他在全国的第三党地位，使他中间许多领导人物代表着中产阶级的想法，企图在国共对立的纲领之外，寻找出第三条道路”[②]。民盟中央明确说过：“民盟主要所代表的应该是中国最广大的中间层的利益。”它应当“团结广大的中间层自由民主分子到组织内来”[③]。考察一下1945年5月民盟临时全国代表大会通过的纲领、政治报告、宣言等文件，我们就可以清楚地看到这一点。

民主同盟成立于1941年，它是以调解国共冲突、促进团结抗战为己任的。它提出的基本口号是：“政治民主化，军队国家化。”这个口号是针对什么提出来的呢？民盟领导人之一的罗隆基指出：“民盟这两句口号，上一句是针对国民党一党训政，党外无党说的。后一句则表面上虽是对国共两党说的，要求两党放弃党军，把军队都交给

---

① 《周恩来选集》上卷，人民出版社1980年版，第285页。

② 《周恩来选集》上卷，人民出版社1980年版，第283—284页。

③ 《民盟中央组织委员会关于扩大加强组织促进民主运动的通知》，1947年2月。

国家，以达成统一抗战的目的，实际上等于要求共产党放弃革命的武力。”“这是于蒋介石有利的”[1]。民盟强调，在国共两党之间，它要保持一种“超然独立的第三者的调人身份”[2]。

关于中国的理想的制度，民盟一大的政治报告认为，“英美两国在民主政治上一切的经验，就值得我们学习”，“英美的议会制度亦有了相当良好的成绩，是我们建立中国民主制度的宝贵的参考材料”，但是，英美的“社会经济制度缺乏调整”，所以要“拿苏联的经济民主来充实英美的政治民主”。对于这种方案，政治报告的执笔人罗隆基后来曾经作过这样的说明：当时“我企图把民主同盟造成国民党和共产党以外的中国第三大政党，是要在建设新中国方面同这两个大政党走不同的道路的”，我“幻想在英美制度和苏联制度之间寻找出第三条路线。这就是我所提出的‘英美的政治民主，苏联的经济民主’这两句口号所由来”。而这在今天，“在马克思列宁主义者用阶级的观点分析起来，不取消私有制，不消灭阶级，这当然是十足的资本主义制度”[3]。事实上，在英美式的资产阶级政治制度下，又怎么可能实行社会主义式的“经济民主”呢?

从上面的情况我们可以看到，在反对国民党的独裁专制、实行民主政治，反对官僚资本操纵国计民生、保护民

---

① 《从参加旧政协到参加南京和谈的一些回忆》，《文史资料》第20集。

② 张澜：《在沪十一个民主团体欢迎会上的讲话》，1946年12月。

③ 《从参加旧政协到参加南京和谈的一些回忆》，《文史资料》第20集。

族工商业，反对内战、维护和平这些基本方面，许多持有中间路线想法的人，同中国共产党是有着共同点的，他们是可能在反帝反封建的斗争中同进步力量进行政治合作的。至于民盟，它的成立就曾是对民主运动的一个推动；整个说来，它在新民主主义革命时期发挥了积极的作用。

但是，中间路线同中国共产党在民主革命时期的路线又有许多原则的区别。主要是：

第一，中间路线的倡导者没有提出彻底的反帝反封建的纲领，特别是没有提出彻底的土地革命纲领，他们没有把中国反帝反封建的主力军农民放在自己视野的中心①。

第二，中间路线的倡导者企图通过改良主义的道路实现自己的政治要求，在原则上不承认人民革命战争的必要性。

第三，中间路线的倡导者主张中间派应成为中国政治生活的重心、人民的发动机和斗争的中心组织，不懂得中国的反帝反封建斗争只有在无产阶级及其政党的领导下才能取得胜利。

第四，中间路线的倡导者的目的是要在中国建立一个以英美为模式的资产阶级民主制度即资产阶级专政的国家，以便自由地发展资本主义。

不难看出，这是一个十足的资产阶级共和国的方案，这是一条轮廓分明的旧民主主义的路线，不管这类方案、

---

① 张东荪在《一个中间性的政治路线》一文中说："共产党用斗争的方法来平分土地，这当然不能不说是过左的行动"，我们"不赞成这种报复的土地政策"。

这种路线的设计者是否自觉地认识到这一点。很明显，这类方案、这种路线在根本上并没有给历史提供新的东西，因为同辛亥革命时期的斗争水平相比较，它不仅没有达到一种新的高度，而且还在原有水平上后退了。因为辛亥革命时期的战士是在原则上承认革命武装斗争的必要性、正义性和进步性的，而中间路线的倡导者却只承认和平的改良的道路。

三

有没有可能经由一条中间性的政治路线，在中国实行资产阶级共和国的方案呢？答案是否定的。

我们知道，建立资产阶级共和国的前提，是推翻帝国主义和封建主义在中国的联合统治。但是，半殖民地半封建中国的民族资产阶级由于自身的力量过于软弱，它不可能领导人民做到这一点。

民族资产阶级主要是中等资产阶级和上层小资产阶级。他们所经营的，主要是中等规模和小规模的资本主义经济。“中国民族资本在它积累的最高峰的时候，不过七十多亿元（一九三六年币值），合二十多亿美元，而当时帝国主义在中国的资本估计达四十二亿八千万美元，比民族资本大一倍以上。稍后，官僚资产阶级所积累的财产达一百至二百亿美元，比民族资本大四倍至九倍。”① 由于受

① 吴承明：《中国民族资本的特点》，《经济研究》1957 年第 4 期。

到外国资本、官僚资本的压迫和排挤，受到封建生产关系的束缚，受到军阀官僚政府的压榨，中国民族资本主义经济的发展是极不充分的。它的主要特点是：

第一，民族资本主义经济在整个国民经济中所占的比重极小，它始终没有成为中国社会经济的主要形式。

第二，在民族资本中，工业资本所占的比重小，商业资本和金融资本所占的比重大。

第三，民族资本主义工业主要是以纺织、食品工业为主的轻工业，缺乏重工业的基础，不能构成一个独立的完整的工业体系和国民经济体系，在技术、设备以至原材料方面不得不依赖外国垄断资本和本国官僚资本。

第四，民族资本所经营的工业，规模狭小，经营分散，技术设备落后，劳动生产率低。

第五，民族资本主义经济和封建势力也有千丝万缕的联系。

民族资本主义经济的这种软弱的地位，决定了民族资产阶级在政治上不能不表现出软弱的态度。它一方面虽有反帝反封建的要求，一方面却又害怕革命的坚决性和彻底性。正因为如此，在国民党新军阀的统治建立以后，这个阶级中的不少人曾经幻想蒋介石成为中国的基马尔，在他的领导下，中国将走上自由发展资本主义之路。虽然时隔不久，他们就对蒋介石的专制独裁采取了批判的态度，但在一个相当长的时期内，他们也还是不赞成用革命战争来消灭这种反动统治的。抗日战争胜利后的一段时间里，一些中间派人士也仍然声称，“中间派在本质上是改良派”，

“改良道路是今天中国一切中间派所要走的道路”。他们不懂得，在中国，由于社会矛盾极其深刻，革命与反革命的斗争特别尖锐，企图在两者之间找出一条中间性的路线是根本不可能的；他们不懂得，在中国，“由于封建的分割，地主或资产阶级的集团或政党，谁有枪谁就有势，谁枪多谁就势大”①。如果不发动农民，没有一支以农民为主体的革命军队作为自己的后盾，就不可能使自己成为一种强大的政治势力，就根本不可能在中国的政治舞台上闹出什么大的名堂来。

必须毫不含糊地指明，想通过“改良道路”在中国建立资产阶级共和国，这纯粹是一种不切实际的幻想。因为持有这种想法的人们，是把实现自己的政治理想的希望，建立在反动统治阶级将会对人们关于建立民主共和国的要求作出原则性的让步这个前提之上的。但在事实上，反动统治阶级由于自身的残暴和贪婪，是极度脱离人民，因而也就是十分腐朽和虚弱的，它既不能容忍、更经受不住任何民主改革，它根本不可能对人们关于建立民主共和国的要求作出原则性的让步。证之历史的事实，我们可以看到，这个判断是完全正确的。

由于中国共产党、民主同盟和其他民主力量的共同努力，1946 年 1 月召开的政治协商会议在通过五项决议之后胜利闭幕。按照政协决议，中央政权将实行议会制、内阁制，这对于蒋介石的独裁政体是一种否定；中央应与地

① 《毛泽东选集》第二卷，人民出版社 1991 年版，第 546 页。

方分权，地方实行自治，省长民选，省得制定省宪，这对于解放区政权的存在也是一种保障。政协决议在实行政治民主化和军队国家化的问题上，提出了一套具体的实施办法。这些决议都是在不同程度上有利于人民，有利于实现国内的和平、民主、团结的。正因为如此，国民党从来也就没有准备去履行这些决议。相反，在 1946 年 3 月召开的国民党六届二中全会上，蒋介石竟公开号召破坏这些决议，并令其党徒“就其荦荦大端，妥筹补救”。

正因为国民党政权不能容忍、更经受不住任何民主改革，它也就不仅极度仇视中国民主革命的领导者中国共产党，而且对站在和平、民主的立场上，努力调解国共冲突、忠实维护政协路线的民主同盟等民主党派、民主人士也充满了敌意。在它看来，持有这种立场的人们乃是它实行以反革命战争来消灭人民革命力量这个罪恶计划的一个重大的障碍，因而把它视为“眼中钉，必欲拔去之而后快”①。尽管民盟一贯站在“超然独立”的地位上努力促进国内和平，但它的“提议始终都被（国民党当局）拒绝”②，尽管民盟一贯主张“以民主的方式争取民主，以合法的行动争取合法的地位”，③ 国民党当局还是不断地用暴力手段对它实行迫害。民盟中央领导人、卓越的民主战士李公朴、闻一多、杜斌丞等先后被杀害，西安、重庆、成都、桂林、北平等地的大批盟员被逮捕或绑架，它

① 《中国民主同盟南方总支部为总盟横遭南京摧残郑重声明》，1947 年 10 月。
② 《中国民主同盟政协代表在沪记者招待会上的谈话》，1946 年 7 月。
③ 《罗隆基对董显光之谈话的答复》，1947 年 5 月。

的中央机关报《民主报》营业部和西北总支部机关报《秦风日报》、《工商日报》联合版被捣毁，其他有关的报社如《民众时报》、《华商报》、《人民报》等也遭袭击。1947年5月，国民党当局公布捏造的《中共地下斗争纲领路线》，诬蔑民盟充当“中共之新的暴乱工具”。7月，国民党政府下达“戡乱总动员令”之后，即训令其各级组织对民盟上层分子可“暂时容忍敷衍”，对其中下层分子则坚决加以镇压。10月，国民党政府宣布民盟为“中共之附庸”，诬蔑其“参加叛乱”；指使其御用团体“中国文化界戡乱救国动员会”公开主张，民盟应与中共一起“同在讨伐之列”，“政府不宜再承认民盟为合法之政党，而应以乱党视之，明令解散”；并指派特务包围民盟总部。10月27日，国民党政府内政部发言人声称，国民党“政府已将该民主同盟宣布为非法团体”，对于该盟及其分子的一切活动，“应依据妨碍国家总动员惩罚暂行条例及《后方共产党处置办法》严加取缔，以遏乱萌”。在这种情况下，1947年11月6日，民盟总部遂被迫发表公告，“通告盟员自即日起一律停止政治活动，本盟总部同人即日起总辞职，总部亦即日解散”①。

国民党当局宣布取缔民盟和民盟被迫宣告解散这个事实，具有深刻的政治意义。周恩来指出，这个事实“证明要想在国共之间建立起中间道路的第三大党运动是失败

① 《中国民主同盟被迫发表解散公告》，1947年11月6日。

了”[①]，中间道路的想法破产了。对此，新华社在当时发表的时评中曾作过具体的分析。时评指出：“民主同盟是一个广泛而松弛的联合，其中一方面容纳许多坚决反对蒋介石独裁和美帝国主义侵略的民主战士，并有一些例如闻一多、李公朴、杜斌丞等，为此献出了他们的生命；另一方面也容纳许多虽然一面反对与不满蒋介石独裁，但在另一方面却不但过去而且现在仍然对蒋介石、特别是对美帝国主义怀抱某种幻想的人物。无论如何，民主同盟只是一个赤手空拳的组织，他们连一支手枪也没有，并且不打算有，他们凭借的就是言论出版，而这样的武器也早已被蒋介石没收了。”国民党当局竟然不允许民盟这样一个组织存在，这也就“使在蒋介石统治下进行任何和平运动，合法运动，改良运动的最后幻想归于破灭”。它以无可辩驳的事实告诉人们，这种幻想“是无益于自己与人民的。应当清除这些幻想而坚决的站到真正的人民民主革命方面来，中间的道路是没有的”[②]。

四

怎样估计中间路线的历史作用呢？

应当承认，正如中国的中产阶级在政治上具有两重性一样，“代表着中产阶级的想法”的中间路线也具有两重

① 《周恩来选集》上卷，人民出版社1980年版，第284页。
② 新华社时评：《蒋介石解散民盟》，1947年11月6日。

性。持有这种想法的人们，一方面，是反对和不满美国殖民地化中国的政策和蒋介石的独裁统治的，是反对国民党发动和进行反革命内战的，因此，他们有可能与中共及其领导下的进步力量实行部分民主纲领上的政治合作，对历史的发展起积极作用；另一方面，又对美蒋抱有某种幻想，不赞成人民民主革命的路线，因此，他们又可能妨碍中间群众的革命觉醒，对历史的发展起消极作用。至于哪一方面的作用占主导地位，则“要看提出这一口号的具体政治形势来决定”。

“当反动力量占优势，并且准备向革命力量扑过去的时候”，“有第三方面提出类似中间路线的主张，其所产生的客观作用主要的是牵制反动力量的；因为：尽管这种主张和想法在表面上，是要求双方同时让步，而自己并不附和两方中的任何一方，但在实际上，这种主张和想法的作用对于反动力量和革命力量二者比较而言，更主要的是牵制反动力量，对于怀抱这类想法的人们自己言，则是拒绝为反动力量帮忙，更简单地说，当时中间路线的实际意义，是对反动力量保持中间。”①

如前所述，民盟的许多领导人物曾经“企图在国共对立的纲领之外，寻找出第三条道路”，但他们同时又明确指出，对于国共两党的行动，“必须明辨是非”，而在“民主与反民主之间，真民主与假民主之间，就绝对没有

① 于怀（乔冠华）：《追击中间路线》，1946年9月。

中立的余地"[①]。正因为他们是真诚地希望和平、民主的，因此，在斗争中，他们常常是同力争和平、民主的中共站在同一条战线上，而把批评的矛头着重地指向了坚持独裁、内战政策的国民党的。为此，有人曾问："民盟为何不批评中共?"对此，民盟代表梁漱溟的回答是："在此一致争取和平之时，目标一致，不能批评。"[②]

我们知道，在 1946 年 1 月政治协商会议期间，民盟代表团曾与中共代表团紧密合作，积极反对国民党一党专政，推动会议通过了有利于人民的决议；政协会议后，民盟又与中共一起，为维护政协决议而进行了不懈的斗争。1946 年 11 月，当国民党公开撕毁政协决议、片面召开伪"国民大会"并制定伪"宪法"时，民盟又与中共一起，对之进行坚决的抵制。由于民主社会党参加了伪"国大"，民盟中央即作出决定，开除民社党党员的民盟成员资格。国民党当局拉拢青年党、民社党入阁，玩弄"多党其名、一党其实"的"改组政府"的骗局时，民盟又与中共一起对之进行了揭露，并坚决拒绝参加这样的政府。对于爱国学生开展的抗议美军驻华暴行运动和反饥饿、反内战、反迫害运动，民盟也是给予了明确的支持的。这就是说，在实际斗争中，民主与反民主是不能调和的。虽然口头上可以说"超然独立"，但"一接触到实际斗争，尤其是内战重起，就使他只能在靠近共产党或靠近

① 《中国民主同盟一届二中全会政治报告》，1947 年 1 月。

② 《民盟代表梁漱溟说明对中共的态度》，1946 年 9 月。

国民党中选择道路，而不能有其他道路”。原先参加民盟的青年党、民社党分子先后分裂出去，跟着国民党走了。而其他民盟大多数分子在斗争中是靠近共产党的。这样，也“就使民盟在人民中获得了信任”①。这些事实说明，民盟确实“在若干历史关节中，实行了与中共在部分民主纲领上的政治合作，从而推进了中国民主事业”。这是“民主同盟的光荣”②。

当然，也有必要指出，就是在这种情况下，中间路线作为解决中国问题的一种总体方案，也仍然是错误的；对于一些尚未觉醒的群众来说，中间路线的宣传，也是不利于他们走向革命道路的。

在另一种情况下，中间路线的作用就不同了。

“当革命力量取得了优势，并且在胜利地向前发展的时候”，“倘有第三方面，提出类似中间路线的主张，其所产生的客观作用，主要的就要变成牵制甚至反对革命力量的了；因为，尽管这种主张在表面上是要求双方同时让步，而自己并不完全附和双方中的任何一方；但实际上，这种主张和想法的作用，对于反动力量言，是为它散布幻想，对于革命力量言，却是要它不再前进，总之对于革命是有害的；对于怀抱这种想法的人们自己言，则是拒绝彻底为进行革命而斗争；简单的说，这种情况下中间路线的实际意义，是对革命力量保持中间。”③ 哪怕持有这种想法

① 《周恩来选集》上卷，人民出版社1980年版，第284页。

② 新华社时评：《蒋介石解散民盟》，1947年11月6日。

③ 于怀（乔冠华）：《追击中间路线》，1946年9月。

和主张的人，其主观动机是好的。

1948 年，当人民解放军在战略进攻中取得节节胜利、国民党政权已经摇摇欲坠的时候，美国政府曾经希望中国的自由主义分子加紧活动，以便阻止革命的前进。同年 5 月，美国驻华大使司徒雷登在给国务卿马歇尔的报告中就明确地说过："我们只能希望这样表现的自由主义分子，将能在政府和国内对改革能发展力量，足以使人有共产党席卷之势的扩张还有被遏制和扭转的希望。"在这种背景下，国民党统治区内曾出现过所谓"新第三方面"，已经破产的中间路线的宣传又曾一度趋向活跃。譬如，1948 年 3 月成立的"中国社会经济研究会"，在革命战争即将胜利、中共领导的人民民主制度即将在全国建立之际，主张"国内应有并列的政党"，"政权的转移应视选举的结果而定"；在土改运动全面展开之际，主张解决土地问题的第一步应是"规定私人占地的最高限制"，超过部分收归国有时，应给地主"以长期债券，以为补偿"；等等。1948 年创刊的《新路》杂志还开展过"苏联是否民主?""用和平方法能否实现社会主义?""现政府是否有改善的希望?"等等问题的讨论，一些人在所写的文章中散布过对现政府的幻想，激发过人们对社会主义的疑虑；有的文章甚至说："共产主义者把人工具化了"，他们"欲以反自由的方法创造十全十美的自由"等等。除《新路》之外，还有一些报刊也进行过自由主义的宣传。值得注意的是，"新第三方面"势力刚刚抬头，就在民主人士汇集的香港遭到了人们的抵制。"从最初起，这里的反政府党派以及左翼文化界就对这些理论与活动展开了猛烈的批评”，指出“在目前国内双方力量的消长非常分明的时候，所谓自由主义者搞的中间路线实在是希望封建势力不要连根拔起”。对于某个以“自由主义”相标榜的报刊，“几乎所有左翼文化界人士都不约而同的对它实行抵制，一律拒绝为它写稿”①。

当然，也还应当承认，就是在这种情况下，也不能简单地把鼓吹中间路线的人们一律视为国民党的帮闲。他们之中有许多人也还是真诚地向往资产阶级民主制度，并希望中国推行这种资产阶级民主制度的。他们并没有为国民党帮忙这种不好的政治动机，虽然在客观上他们的活动有着不好的作用。

正因为中间路线的作用因具体的政治形势不同而不同，而且随着革命力量的发展，其消极作用越来越显著，所以，这条路线是不可能获得群众的稳定的支持的。即使是拥护中间路线的人，随着形势的发展，也不可避免地要走向分化。他们中间的少数人走向反动营垒了，多数人则觉醒起来。他们抛弃中间路线的幻想，而走向了人民革命的道路。就是属于“新第三方面”的人物，多数人也并没有追随国民党，而是最终参加到人民民主阵线一边来的。

是什么力量促使抱有中间路线主张的人们的思想发生转变的呢？主要有两方面的因素：

① 胡光：《自由主义运动的批判在香港》，1948年4月。

一方面，是政治实践本身对他们的教育。譬如国民党发动内战后，共产党领导人民进行武装革命，有些人开始是不赞成的。但是，当手无寸铁的民主人士要求和平民主竟也遭到国民党当局的暴力镇压时，他们就认识到，“在此事存在之时，有武力政党何敢放下武器”。[①] 施复亮后来也说，“自由主义者虽多半希望采取渐进的改良的方法，但当他发现了统治者顽固反动，绝无改良希望的时候，他也会毅然决然走上革命道路”。“革命虽然要流血，为自由主义者所不欢迎；但它可能产生进步，也就不应为自由主义者所反对”。[②] 当国民党当局公然采用妨碍“戡乱总动员”惩罚条例及《后方共产党处置办法》来对付民主党派和民主人士时，许多原先抱有中间路线幻想的人也就觉醒过来了。他们果真“毅然决然”地站到共产党领导的人民革命一边，向国民党反动派进行决绝的战斗了。民盟被宣布为非法以后，它的一些组织和许多成员转入地下坚持斗争，就是一个有力的证明。

另一方面，是共产党对他们所做的工作。首先，是推动他们参加反对美蒋的共同斗争。譬如，在参加政协、反对伪国大、伪宪法等的斗争中，与他们共同协商，相互配合。其次，是照顾他们的利益。譬如，制定了保护民族工商业的政策，并且规定即使在对民族资产阶级右翼的反动政治倾向进行打击时，对他们所经营的工商业也仍然加以

① 《中国民主同盟就蒋介石“文告”发表谈话》，1946 年 8 月 14 日。

② 《论自由主义者的道路》，1948 年 1 月。

保护。再次，是对他们进行政治教育。譬如，对于他们的进步倾向予以鼓励、支持，对他们的中间路线进行批评；等等。这些工作，也收到了很好的效果。

在这里，有必要着重地讲一讲中国民主同盟一届三中全会。因为这次会议在中国近代革命史上是有着重大的历史意义的，它是许多中间派人士同中间路线决裂而走向新民主主义革命道路的一个里程碑。

1948 年 1 月在香港召开的民盟三中全会总结了历史经验，明确宣告："我们民盟坚决不能够在是非曲直之间，有中立的态度。至于独立的中间路线，从目前中国的现实环境看，更难行通。自从本盟被南京反动独裁政府勒令解散以来，一切所谓'中立'、'中间'的说法和幻想，实早已被彻底粉碎了。""今天民盟的立场就是人民的立场，民主的立场，因而也必然是革命的立场。"① 从这种革命立场出发，全会重新确定了民盟的政治路线。其要点是：

第一，要"为彻底推翻整个国民党集团"和"彻底驱逐美帝国主义出中国而斗争"。为了达到这个目的，"就得彻底铲除这一反动统治的经济基础。那就是彻底消灭封建性的土地制度，实行耕者有其田的口号"。

第二，指出以和平公开合法的方式去争取民主的斗争"已经失败"，"今后自应积极的支持以人民的武装去反抗反人民的反动武装"，并且"决不动摇，决不妥协，决不

① 《中国民主同盟一届三中全会政治报告》，1948 年 1 月。

对反动集团存有丝毫的幻想”。

第三，明确认定“中国共产党为民主事业奋斗的历史，日寇投降以来，为实现国内和平的努力，是值得每个爱国的中国人赞佩，本盟今后要与他们携手合作”。

第四，指出“中国人民要求民主，但他们所要求的是人民的民主，我们的任务就得为彻底实现人民的民主而奋斗”。

事情确如民主同盟自己所说的那样：蒋介石“那为美帝导演的挂羊头卖狗肉的旧民主的把戏，他那套残酷压迫的手段，把中国中间阶层许多知识分子都逼上了革命的梁山泊”①。他们确实抛弃了旧民主主义路线，同广大劳动群众一起，汇集到新民主主义革命的旗帜下来了。

中间路线幻想的破灭和曾经有过这种想法、主张的人们之走向人民革命，是一个最有说服力的事实，它有力地证明：资产阶级共和国的方案在中国是行不通的，中国人民走上以共产党为领导力量的社会主义道路确实是具有历史的必然性。

① 《中国民主同盟发表对白皮书的斥责》，1949 年 8 月。

人民共和国：中国人民的历史性选择*

一

1949年10月1日中华人民共和国的成立，在中国社会发展的历史上具有划时代的意义。它是长期以来无数仁人志士和革命人民艰苦探索、英勇奋斗的结晶，是中国人民革命胜利的产物，是中国共产党领导全国各族人民进行新民主主义革命所取得的最伟大的成果。

近代的中国，是一个革命的国度。中国人民反对外国侵略的民族革命，从1840年就开始了。在这之后，从太平天国起义、义和团运动到辛亥革命，中国人民的斗争此起彼伏，几乎很少间歇。1921年中国共产党成立以后，中

* 本文发表于《中国共产党与新中国的创建》，中央文献出版社2009年版。主要内容刊载于2009年8月31日《光明日报》，2009年9月14日《人民日报》转载。

国的人民革命，无论就其社会内容的深刻、群众动员的广泛、斗争规模的宏大，都发展到了一个崭新的阶段。

革命并不是由少数革命家“制造出来”的。“革命是从客观上（即不以政党和阶级的意志为转移）已经成熟了的危机和历史转折中发展起来的。”[①] 帝国主义和中华民族的矛盾，封建主义和中国人民的矛盾，这是近代半殖民地半封建中国社会的主要矛盾。这些矛盾及其激化，就是伟大的近代中国革命发生和发展的基础。

近代以来，世界上的帝国主义国家几乎都欺凌过中国；而近代中国的反侵略战争，从 1840 年反对英国侵略的战争到 1900 年反对八国联军侵略的战争，无不以中国失败、被迫接受丧权辱国的条约而告结束。其根本原因，“一是社会制度腐败，二是经济技术落后”[②]。因此，改变帝国主义、封建主义联合统治的半殖民地半封建社会制度，争得民族独立和人民解放，改变中国经济技术落后的面貌，实现国家的富强和人民的富裕，就成了近代中国面临的两大历史任务。

由于腐朽的半殖民地半封建的社会制度束缚着生产力的发展，阻碍着社会的进步，因此，必须首先进行反帝反封建的民主革命，改变这种社会制度，争得民族独立和人民解放，才能为实现国家富强和人民富裕创造前提，开辟道路。

---

① 《列宁全集》第 26 卷，人民出版社 1988 年版，第 257 页。

② 《毛泽东文集》第八卷，人民出版社 1999 年版，第 340 页。

列宁说过："一切革命的根本问题是国家政权问题。不弄清这一点，便谈不上自觉地参加革命，更不用说领导革命。"中国共产党领导中国人民进行反帝反封建的民主革命的根本目的，就是为了摧毁代表帝国主义势力和地主买办资产阶级利益、维护半殖民地半封建社会制度的反动政权，创建一个工人阶级领导的、以工农联盟为基础的人民共和国。

为创建新中国而进行的斗争，是一个伟大的，同时又是长时期的、艰苦的、曲折的过程。1921 年中国共产党成立以后，首先集中力量投入工人运动，在此基础上实现了与国民党的合作，参加了广东战争和北伐战争，掀起了第一次大革命的高潮。在 1927 年大革命失败以后，它独力高举革命的旗帜，逐步开辟了农村包围城市、武装夺取政权这样一条适合中国特点的革命道路。它领导中国人民经过 10 年土地革命战争、8 年全国抗日战争和 4 年全国解放战争，即经过 22 年的艰苦奋战，终于从根本上推翻了反动统治，赢得了新民主主义革命的基本胜利，迎来了中华人民共和国的光荣诞生。

在创建新中国的斗争中，工人、农民、城市小资产阶级是革命的主要力量。民族资产阶级也是革命的力量之一。各民主党派和无党派民主人士、各少数民族、爱国的知识分子和华侨等，都在这场斗争中发挥了积极的作用。这就是说，新中国的创建，是全中国人民在革命中协力奋斗的结晶，是他们共同取得的伟大胜利。

中国工人阶级的先锋队——中国共产党，是这场伟大斗争的领导核心。它所制定的适合中国情况、符合中国人民利益的纲领、路线、方针和政策，为中国人民的斗争指明了正确的方向。广大共产党人在革命过程中以行动表明了自己是最有远见，最富于牺牲精神，最坚定，而又最能虚心体察民情并依靠群众的坚强的革命者，因而赢得了广大中国人民的衷心拥护。“没有共产党，就没有新中国。”这是中国人民基于自己在这场斗争中的切身体验所确认的客观真理。

二

把创建人民共和国作为中国革命的共同奋斗目标，这是历史和人民选择的结果。

近代以来，在一个相当长的时间里，先进的中国人曾经希望通过学习西方，建立资产阶级共和国，使中国走向独立和富强。但是，辛亥革命的流产，宣告了在中国建立资产阶级共和国这种幻想的破灭。

中国共产党人领导的革命继承了辛亥革命反帝反封建的事业，把它推进到新民主主义革命的阶段，开始了为创建人民共和国而进行的伟大斗争。

不过，即使在这之后，中国的资产阶级及其代表人物还是一再地把建立资产阶级共和国的方案重新提了出来。抗日战争胜利以后的一个时期内，一些民主党派的领导人物和若干无党派人士所大力鼓吹的“中间路线”或“第三条道路”，就是企图在国民党坚持的地主、买办资产阶级专政和共产党主张的人民共和国之外，另找一条道路，实际上就是西方式的资产阶级共和国的道路。

这种资产阶级共和国的方案，对于地主、买办资产阶级专政的政治现实固然是一种批判，在实际上却并不具备现实的可行性。

毛泽东说过："资产阶级的共和国，外国有过的，中国不能有，因为中国是受帝国主义压迫的国家。"[①] 帝国主义列强来到中国，不是为了使中国成为一个独立、富强的资本主义国家，而是为了掠夺中国，发展它们自己的资本主义。对于它们来说，政治上、经济上不独立的半殖民地的中国，乃是理想的倾销商品的市场、投资的场所与廉价原料、廉价劳动力的供应地。如果中国成为独立、富强的资本主义国家，它就要在平等的基础上与西方发达国家建立和发展关系。这是它们不能容忍的。它们既不愿意失去在中国的殖民主义利益，更不愿意看到中国在国际市场上成为它们的强有力的竞争对手。正因为如此，"帝国主义侵略中国，反对中国独立，反对中国发展资本主义的历史，就是中国的近代史"[②]。

民族资产阶级是真诚地希望中国通过建立资产阶级共和国走上独立、富强之路的。但是，它的力量过于软弱。它没有勇气和能力去领导人民进行彻底的反帝反封建的革命斗争，从而为建立资产阶级共和国扫清障碍。代表这个

---

① 《毛泽东选集》第四卷，人民出版社 1991 年版，第 1471 页。

② 《毛泽东选集》第二卷，人民出版社 1991 年版，第 679 页。

阶级要求的中间派，由于提不出彻底的土地革命的纲领，他们无法动员农民这个最广大的群众；由于缺乏群众基础、不敢进行革命的武装斗争，他们根本不掌握军队。因此，他们在政治上没有多大的力量，以致往往把实现资产阶级民主政治的希望，把为资本主义自由发展创设条件的希望，寄托在统治阶级让步这种幻想之上。

国民党统治集团是在帝国主义的支持下上台，并依靠帝国主义的支持来维护自身统治的。作为回报，它必然要为帝国主义势力深入中国进一步敞开大门。国民党的政权是以地主阶级为其主要社会支柱的。许多地主充当了国民党的官吏，许多国民党的官吏成了新兴的地主。它根本不可能解除帝国主义、封建主义的束缚，为资本主义在中国的自由、独立和充分的发展创设前提，是显而易见的。

至于希望国民党统治集团通过进行民主改革，在中国推行资产阶级民主制度，更是完全不切实际的。中国的反动统治者由于自身社会基础的极其狭窄，由于自身的残暴和贪婪，它是极度脱离人民，因而也就是十分腐朽和虚弱的。它既不能容忍、更经受不住任何的民主改革。蒋介石在上台之后不久就公然说过，“为领导素无政治经验之民族”，“非藉经过较有效能的统治权之行施不可”；而“统治最有效能者”，正是法西斯式的独裁政治。他们根本不可能对人们关于建立民主共和国的要求作出原则性的让步。证之历史事实，确是如此。

在抗战胜利以后，由于中国共产党、民主同盟和其他民主力量的共同努力，1946 年 1 月召开的政治协商会议在通过五项协议之后胜利闭幕。按照政协协议，中央政权将实行议会制、内阁制（这种体制比较接近于英国和法国的政治制度），这对于当时的独裁政体是一种否定；中央应与地方分权，地方实行自治，省长民选，省得制定省宪，这对于解放区政权的存在也提供了一种可能的保障。这些协议都是在不同程度上有利于人民，有利于实现国内的和平、民主、团结的。按照这个协议去做，也将会为资本主义在中国的发展创设若干有利的条件。但是，国民党统治集团从来没有准备去履行这些协议。相反，在政协会后不到两个月，蒋介石就在国民党六届二中全会上号召破坏这些协议，并令其追随者“就其荦荦大端，妥筹补救”。不到半年，他就发动了全国内战。不到10个月，他更片面召开伪“国民大会”，将政协协议彻底加以撕毁。某些中间党派、中间人士虽然一再声称自己要“以民主的方法争取民主，以合法的手段争取合法地位”，反动统治者还是不断地用暴力对他们施行迫害，直至取缔他们的组织，监视、逮捕以至杀害他们个人。严酷的事实教育了他们，使他们逐步放弃了中间路线的幻想，而站到了拥护共产党主张的新民主主义革命的立场上来。

1948年1月，民盟在香港召开一届三中全会，明确宣告“决不能够在是非曲直之间有中立的态度”，独立的中间路线不符合中国的现实环境，是“行不通”的。必须站在人民的、民主的、革命的立场，为彻底推翻国民党统治集团、消灭封建土地所有制、驱逐美帝国主义出中国、实现人民的民主而奋斗。差不多与此同时召开的中国国民党革命委员会成立大会，也宣布“本会当前之革命任务为推翻蒋介石卖国独裁政权，实现中国之独立、自由、民主与和平”。其他民主党派也表示了参加新民主主义革命的立场。国民党的反动政权陷入了众叛亲离、彻底孤立的境地。

毛泽东指出：“就是这样，西方资产阶级的文明，资产阶级的民主主义，资产阶级共和国的方案，在中国人民的心目中，一齐破了产。资产阶级的民主主义让位给工人阶级领导的人民民主主义，资产阶级共和国让位给人民共和国。”① 中国共产党提出的关于建立人民共和国的政治主张，不仅获得了工人、农民、城市小资产阶级的坚决支持，而且最终也获得了民族资产阶级及其政治代表的拥护。

人民共和国，成了中国人民共同作出的历史性选择。

三

人民共和国是什么性质的国家？它将实行何种政治制度？这是中国共产党在领导筹建新中国的过程中着力要回答的问题。

我们知道，中国人民政权的创建走过了一条独特的道路。它是先在局部的农村区域建立，而后经过长期斗争，逐步扩展，直至推向城市、推向全国的。在这个过程中，

① 《毛泽东选集》第四卷，人民出版社1991年版，第1471页。

中国共产党积累了人民政权建设的多方面经验。在此基础上，毛泽东在抗日时期所写的《新民主主义论》等著作中，已经对人民共和国的国体、政体等作出了原则性的论述。

在全国解放战争的后期，为了迎接人民共和国的诞生，在1948年9月中共中央政治局会议上、1949年3月中共七届二中全会上，以及同年6月底发表的《论人民民主专政》等著作中，毛泽东和中共中央进一步具体地描绘了新中国的蓝图。1949年9月中国人民政治协商会议通过的起临时宪法作用的《中国人民政治协商会议共同纲领》（以下简称《共同纲领》），进一步对人民共和国的国体、政体等问题作出了具有法律效力的明确规定。

1. 关于国体

所谓国体，是指国家的性质，即国家的阶级性，也就是社会各阶级在国家中的地位。

毛泽东指出："我们政权的阶级性是这样：无产阶级领导的，以工农联盟为基础，但不仅仅是工农，还有资产阶级民主分子参加的人民民主专政。"① 他强调，人民民主专政需要工人阶级的领导；它的基础是工人阶级、农民阶级和城市小资产阶级的联盟；它还应当团结民族资产阶级，但是民族资产阶级不能充当革命的领导者，也不应当在国家政权中占主要的地位。

《共同纲领》对新中国的国体作出了明确的规定，即：

---

① 《毛泽东文集》第五卷，人民出版社1996年版，第135页。

"中华人民共和国为新民主主义即人民民主主义的国家，实行工人阶级领导的、以工农联盟为基础的、团结各民主阶级和国内各民族的人民民主专政，反对帝国主义、封建主义和官僚资本主义，为中国的独立、民主、和平、统一和富强而奋斗。"

2. 关于政体

所谓政体，是指国家政权的构成形式。

毛泽东提出：我们政权的制度是采取议会制呢，还是采取民主集中制？他的答复是："我们采用民主集中制，而不采用资产阶级议会制。"[①] 议会制，袁世凯、曹锟都搞过，已经臭了。"我看我们可以这样决定，不必搞资产阶级的议会制和三权鼎立等"；而应当"建立民主集中制的各级人民代表会议制度"[②]。

《共同纲领》对新中国的政体作出了明确的规定，即："中华人民共和国的国家政权属于人民。人民行使国家政权的机关为各级人民代表大会和各级人民政府。国家最高政权机关为全国人民代表大会。""各级人民代表大会选举各级人民政府"。"各级政权机关一律实行民主集中制"。

3. 关于国家的结构形式

所谓国家结构形式的问题，是指国家的结构是实行单一制还是联邦制等的问题。

---

① 《毛泽东文集》第五卷，人民出版社 1996 年版，第 136 页。

② 《毛泽东文集》第五卷，人民出版社 1996 年版，第 136 页。

长期以来，中国就是一个统一的多民族的国家。在筹建新中国时，毛泽东和中共中央进一步确认，单一制的国家结构形式符合中国的实际情况，在统一的国家内实行民族区域自治有利于民族平等原则的实现。据此，周恩来向政协代表报告时说："我们国家的名称叫中华人民共和国，而不叫联邦。""我们虽然不是联邦，但却主张民族区域自治，行使民族自治的权力。"① （参见本文附录：《对国家结构形式的探讨和确定》）

《共同纲领》明确规定：新中国称为中华人民共和国。"中华人民共和国境内各民族一律平等。""各少数民族聚居的地区，应实行民族的区域自治，按照民族聚居的人口多少和区域大小，分别建立各种民族自治机关。"

4. 关于政党制度

所谓政党制度问题，是指实行苏联式的一党制，还是西方式的两党制、多党制，或者是有中国特点的新型政党制度的问题。

在新民主主义革命的过程中，中国共产党逐步与各民主党派、无党派民主人士建立了合作和协商共事的关系。1948 年 4 月 30 日，中共中央发出"召开政治协商会议"、"成立民主联合政府"的号召，得到各民主党派和社会各界的热烈响应。1949 年 1 月 22 日，各民主党派领导人和著名无党派民主人士 55 人联合发表《对时局的意见》，一致表示"愿在中共领导下"，为中国人民民主革命的成

① 《周恩来统一战线文选》，人民出版社 1984 年版，第 139—140 页。

功和独立、自由、和平、幸福的新中国之早日实现而奋斗。毛泽东指出，民主党派应“积极参政，共同建设新中国”。随后，他们便与中国共产党一起参加筹备召开新的政治协商会议，参与新中国的创建工作。

中国人民政治协商会议的召开，标志着中国共产党领导的多党合作和政治协商制度的正式确立，标志着这个具有鲜明中国特色的新型政党制度有了自己的政治形式和组织机构。

以上四个方面，构成了新中国的基本政治制度。而其中的国体，即工人阶级领导的、以工农联盟为基础的人民民主专政的国家制度，具有最根本的意义和决定性的作用。这种制度，符合中国的实际情况和广大人民的切身利益，有着极大的优越性。

中华人民共和国的成立，开辟了中国历史的新纪元，具有伟大的意义。它使得中华民族一洗百年来蒙受的屈辱，开始以崭新的姿态自立于世界的民族之林。占人类总数 1/4 的中国人从此站立起来了；它使得长期以来受尽压迫和欺凌的广大中国人民在政治上翻了身，第一次成为新社会、新国家的主人。中国人民当家做主的时代真正到来了；它使得军阀割据、战乱频仍、匪患不断的历史从此结束，国家基本统一，民族团结，社会政治局面趋向稳定，各族人民开始过上安居乐业的生活。人民可以集中力量从事经济、政治、文化、社会等方面建设的时期开始到来了。总之，中华人民共和国的成立，标志着中国争取民族独立和人民解放的任务基本上得到了解决；这就为中国向社会主义过渡和建设社会主义现代化国家、实现中国的繁荣富强，创造了政治前提和重要的制度基础。

在新中国即将诞生的时候，中国的人民领袖毛泽东曾经以诗一般的语言向世人宣告："中国人民将会看见，中国的命运一经操在人民自己的手里，中国就将如太阳升起在东方一样，以自己的辉煌的光焰普照大地，迅速地荡涤反动政府留下的污泥浊水，治好战争的创伤，建设起一个崭新的强盛的名副其实的人民共和国。"[①] 新中国成立60多年的历史，已经以无可辩驳的事实证明了这个伟大预言的科学性。

① 《毛泽东选集》第四卷，人民出版社1991年版，第1467页。

附录:

对国家结构形式的探讨和确定*

在筹备创建新中国的过程中，毛泽东、中共中央还对国家结构形式的问题进一步进行了探讨。

1922 年 7 月召开的中国共产党第二次全国代表大会，曾经根据苏联的经验，提出过建立中华联邦共和国的主张；此后，中国共产党还多次重申过这个主张。随着经验的积累，中共中央对这个问题逐步形成了新的认识。在筹备建立党所领导的中国第一个民族自治区即内蒙古自治区的时候，中共中央于 1947 年 3 月 23 日发出的指示中提出：在内蒙古人民代表大会宣言中，“应确定内蒙自治政府非独立政府，它承认内蒙民族自治区仍属中国版图，并愿为中国真正民主联合政府之一部分”。[①]

1949 年人民政协筹备期间，毛泽东曾就新中国的国家结构形式问题，征求过当时担任中共中央统一战线工作部部长的李维汉的意见。李维汉对这个问题作过深入的研

---

* 本文发表于《中国共产党与新中国的创建》，中央文献出版社 2009 年版。

① 中共中央统战部：《民族问题文献汇编》，中共中央党校出版社 1991 年版，第 1095 页。

究。他认为，中国同苏联国情不同，不宜实行联邦制。理由是：一方面，苏联少数民族约占全国总人口的47%，与俄罗斯民族相差不远。我国少数民族只占全国总人口的6%，并且呈现出大分散小聚居的状态，汉族和少数民族之间以及几个少数民族之间往往互相杂居或交错聚居。另一方面，苏联实行联邦制是由当时的形势决定的。本来，马克思、恩格斯、列宁、斯大林都主张在统一的“单一制的”国家内实行地方自治和民族区域自治，只在例外情况下允许联邦制。列宁说：“只要各个不同的民族组成统一的国家，马克思主义者决不主张实行任何联邦制原则。”列宁又说“民主集中制不仅不排斥地方自治和具有特殊的经济和生活条件、特殊的民族成分等的区域自治，相反地，它必须既要求地方自治，也要求区域自治。”俄国经过二月革命和十月革命，许多民族实际上已经分离成为不同国家，不得不采取联邦制把按照苏维埃形式组成的各个国家联合起来，作为走向完全统一的过渡形式。我国则是各民族在中国共产党领导下由平等联合进行革命，到平等联合建立统一的人民共和国，并没有经过民族分离。因此，单一制的国家结构形式，更加符合中国的实际情况，在统一的国家内实行民族区域自治，更有利于民族平等原则的实现。中央同意这个意见。①

1949年9月7日，周恩来在中国人民政治协商会议第

---

① 中共中央统战部：《民族问题文献汇编》，中共中央党校出版社1991年版，第10页。

一届全体会议召开前向政协代表所做的《关于人民政协的几个问题》的报告中提出："关于国家制度方面，还有一个问题就是我们的国家是不是多民族联邦制。现在可以把政协文件起草时的想法提出来，请大家考虑。"他说："中国是多民族的国家，但其特点是汉族占人口的最大多数，有四亿人以上；少数民族有蒙古族、回族、藏族、维吾尔族、苗族、夷族（即彝族）、高山族等，总起来，还不到全国人口的10%。当然不管人数多少，各民族间是平等的。首先是汉族应该尊重其他民族的宗教、语言、风俗、习惯。这里主要的问题在于民族政策是以自治为目标，还是超过自治范围。我们主张民族自治但一定要防止帝国主义利用民族问题来挑拨离间中国的统一。如英帝国主义对西藏及新疆南部的阴谋，美帝国主义对于台湾及海南岛的阴谋。不错，这些地方是有少数民族的，但是他们一向是在中国领土之内。清朝压迫少数民族的政策，是对满族以外的民族进行欺骗和屠杀。北洋军阀政府继续了这样的政策，国民党反动政府更加深了这样的政策。我们应该改变这样的政策，把各民族团结成一个大家庭，防止帝国主义的挑拨分化。"他指出："今天帝国主义又想分裂我们的西藏、台湾甚至新疆，在这种情况下，我们希望各民族不要听帝国主义者的挑拨。为了这一点，我们国家的名称叫中华人民共和国，而不叫联邦。今天到会的许多人是民族代表，我们特地向大家解释，同时也希望大家能同意这个意见。我们虽然不是联邦，但却主张民族区域自治，行使民族自治的权力。"这个意见得到了大家的赞同。

关于社会主义改造问题的再评价*

一、科学地评价社会主义改造的极端重要性

社会主义改造是我国经济战线上的社会主义革命。它使中国实现了从新民主主义社会到初级阶段的社会主义社会的过渡、从私有制社会到以生产资料公有制为基础的社会的转变。这是中国几千年来最伟大、最深刻的社会变革。由于在这之前，中国共产党领导人民经过长期的革命斗争建立了人民政权，这场社会主义革命是采取人民政权自上而下的领导、人民群众自下而上的支持这种方式进行的，因此，我们把它称作社会主义改造。

对于社会主义改造问题，理论界、史学界存在着一些认识上的分歧，一些人对中国在20世纪50年代进行社会主义改造是否具有必要性和可能性提出了质疑。例如：有

---

* 本文发表于《当代中国史研究》2005年第1期。

人提出，既然改革开放以来个体经济、私营经济有了相当大的发展，那么，当年对它们进行改造是不是有必要？既然目前我国的社会经济结构看起来似乎与新民主主义社会的差不多，那么，初级阶段的社会主义是不是意味着是对新民主主义社会的复归呢？还有人提出，原定三个五年计划的时间实现过渡时期总路线规定的任务，结果仅仅用了4年的时间就完成了。社会主义改造的步骤没有同社会主义工业化的步骤相配合，这是不是在实际上离开马克思主义而走向了小资产阶级的空想社会主义呢？还有人认为，马克思在《〈政治经济学批判〉序言》中说："无论哪一个社会形态，在它所能容纳的全部生产力发挥出来以前，是决不会灭亡的；而新的更高的生产关系，在它的物质存在条件在旧社会的胎胞里成熟以前，是决不会出现的。"① 正因为如此，十月革命本身就是早产儿，苏联的垮台证明了这一点。中国的社会主义制度也是这样。中国搞改革，实际上不过是要补所缺的资本主义这一课而已。所有这些，都是我们必须进行思考并加以回答的问题。对这些问题作出科学的回答，具有极大的重要性。

第一，这关系到如何评价中国共产党和人民共和国半个多世纪的历史。半个世纪以来，中国共产党所取得的一切成就，都是在坚持社会主义的思想旗帜、发挥社会主义制度的优越性、坚决走中国自己的建设社会主义道路的条件下取得的。如果否定了社会主义改造，那就是否定了在

① 《马克思恩格斯选集》第2卷，人民出版社1995年版，第33页。

中国建立社会主义制度的必要性和正确性。这样一来，就一切都谈不上了，半个世纪以来党和国家在社会主义时期的历史都会被说成是一系列错误的延续了。

第二，这关系到能不能坚持党的基本路线。中国是经过社会主义改造而进入社会主义初级阶段的。如果否定了社会主义改造，那就是否定了中国进入社会主义初级阶段的必要性和正确性。这样一来，我们就无法正确认识中国的基本国情，也根本谈不上坚持党的基本路线不动摇了，因为党的基本路线不是别的，正是党在社会主义初级阶段的基本路线。

第三，这关系到能不能坚持改革的社会主义方向。我们的改革，是社会主义制度的完善和发展，它是在坚持社会主义基本制度的前提下进行的。而社会主义制度的全面确立，正是社会主义改造的主要成果。如果否定了社会主义改造，那也就否定了在中国全面确立社会主义制度的必要性和正确性，否定了社会主义基本制度在中国存在的历史根据。这样一来，改革要不要在坚持社会主义基本制度的前提下进行，就会成为问题。由此，各种私有化、自由化的思潮就会泛滥起来，改革的社会主义方向就会难以坚持了。

正因为这个问题关系重大，我们对此是不能不认真地讨论清楚的。

需要指出的是：中国共产党和党的领导人对于中国的社会主义改造历来是给予高度评价的。邓小平说过：“建国头七年的成绩是大家一致公认的。我们的社会主义改造是搞得成功的，很了不起。这是毛泽东同志对马克思列宁主义的一个重大贡献。今天我们也还需要从理论上加以阐述。当然缺点也有。从工作来看，有时候在有的问题上是急了一些。"[①] 由邓小平主持起草、经中共十一届六中全会通过的《关于建国以来党的若干历史问题的决议》指出：在过渡时期中，我们党创造性地开辟了一条适合中国特点的社会主义改造的道路。尽管"这项工作中也有缺点和偏差"，但整个说来，在一个几亿人口的大国中，比较顺利地实现了如此复杂、困难、深刻的社会变革，促进了工农业和整个国民经济的发展。这的确是伟大的历史性胜利。这个胜利为中国以后的一切进步和发展奠定了基础。党的十六大报告指出：新中国成立后，我们党创造性地完成由新民主主义到社会主义的过渡，实现了中国历史上最伟大最深刻的社会变革，开始了在社会主义道路上实现中华民族伟大复兴的历史征程。这是对社会主义改造问题再次作出的明确肯定。我认为，我们的党和党的领导人对社会主义改造所作的评价是正确的，因为这些评价符合历史实际。我们应当从理论与实际的结合上去论证社会主义改造的必要性和正确性，答复人们对此所提出的质疑和进行的责难。

① 《邓小平文选》第二卷，人民出版社 1994 年版，第 302 页。

二、进行社会主义改造是为了适应实现国家工业化这个任务的需要

近代以来，中国面临着争取民族独立、人民解放和实现国家的繁荣富强即实现国家经济的现代化这样两项根本性的历史任务。中华人民共和国的成立，标志着第一项历史任务的基本实现。随着民主革命遗留任务的完成和国民经济的恢复，集中力量进行经济建设即为实现第二项历史任务而奋斗，被突出地提上了党和国家的议事日程。

进行经济建设，首先就是要把中国从一个落后的农业国变为一个先进的工业国，就是要实现国家的工业化。怎样才能发展经济，实现国家的工业化呢？从世界历史上看，无非有两条道路：一条是资本主义工业化的道路，这是欧、美、日走过的，而且走通了；一条是社会主义工业化的道路，这是苏联走过的，而且也是走通了的。十月革命前，俄国是欧洲一个比较落后的国家，由于搞了社会主义的工业化，苏联成了欧洲的第一强国、世界上最强大的两个国家之一。这个事实，是有说服力的。

中国究竟应该走什么道路呢？近代以来的历史表明，中国要走资本主义工业化的道路，实际上是走不通的。从19世纪60年代末、70年代初中国民族资本主义工业产生以来，由于受到外国垄断资本的压迫和本国封建生产关系的束缚，始终处于举步维艰的境地。经过七八十年的发

展，到1949年，整个民族工业资本不过只有20.08亿元人民币（1952年币值）。它对外国垄断资本具有相当大的依赖性。由于未能形成一个独立的、比较完整的工业体系和国民经济体系，新中国如果不搞社会主义，而走资本主义道路，就仍然不可能摆脱对于外国垄断资本的依赖。这样，中国就难免会成为外国垄断资本的加工厂和单纯的廉价原料、廉价劳动力的供应地，就像现在亚洲、非洲、拉丁美洲的许多国家和地区那样。如果出现这种情况，中国的经济还有可能迅速发展起来吗？中国这样一个大国，企图主要靠外国提供资金和机器设备等等来求得发展，是不可想象的。而且，由于经济上依赖外国，在政治上就挺不起腰杆，连已经争得的独立也可能丧失掉。所以，如果搞资本主义，搞来搞去，就会搞成西方资本主义大国的附庸了。这种危险是现实存在的。这就是说，在帝国主义时代，中国通过走资本主义道路实现现代化的历史机遇已经丧失了。正因为如此，早在20世纪50年代初，毛泽东就明确指出："资本主义道路，也可增产，但时间要长，而且是痛苦的道路。我们不搞资本主义，这是定了的，如果又不搞社会主义，那就要两头落空。"①

中国为什么在20世纪50年代选择了社会主义？胡乔木在1989年曾以此为题写过一篇文章。他在这篇文章中，正是从如何实现工业化和现代化的角度来论述中国进行社会主义改造的必要性的。他指出，决定中国选择社会主义

① 《毛泽东文集》第六卷，人民出版社1999年版，第299页。

的，有以下四个基本因素：第一，“中国政府实行了全国财政经济的统一”。“这是中国选择社会主义的重要关键”。因为经验表明，“一定程度的统一计划性，以及拥有相应的物质手段或宏观调控能力，对于国民经济的稳定发展始终是必要的”。第二，“中国国营经济的日益强大”。第一个五年计划的任务主要是由国营经济承担的，这当然需要大大扩大社会主义性质的国营经济。第三，“资本主义经济的弱小和发展困难”。它不可能成为国家实现工业化的主要依靠。而且资本主义经济与政府、国营经济和社会的矛盾及其发展，使“人们开始认识到，资本主义工商业不仅需要进一步改组，而且需要通过国家资本主义的过渡形式逐步改造为社会主义”。第四，新中国的国际环境。据此，他得出结论说：“中国经济在五十年代的最重要事件就是选择了社会主义。”就五十年代中国经济和中国历史的全局而论，重要的是，无论早几年或迟几年，保留多少私有成分，经济管理上和计划方法上具有多大程度应有的灵活多样性，总之，对社会主义的选择是不可避免的[①]。在这篇文章中，胡乔木没有论述农业问题。他认为，这是一个需要专门讨论的问题。在这里，我想补充说明的是，对农业进行社会主义改造，恰恰是党和国家为推进工业化的事业所作出的一项重大而又必需的抉择。因为这样做，乃是实现国家工业化的重要条件之一。

土地改革以后，农业生产摆脱了封建生产关系的束缚，

① 《胡乔木文集》第二卷，人民出版社 1993 年版，第 252—260 页。

一个时期有过相当大的发展，但是，由于实行个体经营，这种发展又受到相当大的限制。个体农户耕地很少，一般每人3亩，一户10来亩，经营规模极度狭小；生产工具严重不足，贫雇农每户平均仅占有耕畜0.47头，犁0.41部；资金十分短缺，一个农户一年用来购买生产资料的支出仅为52.3元，其中用于购买生产工具的为6.5元。在这种情况下，农民要兴修农田水利设施，平整土地和改良土壤，使用改良农具以至机器来进行耕作、播种、收获，实行分工制度来发展多种经营等等，都有很大的困难。许多农户不仅无力进行扩大再生产，就是连简单再生产也难以维持。由于力量单薄，遇到自然灾害，更是没有抗御的能力。如果不引导个体农民走组织起来的道路，不仅广大农民不能进一步改善自己的生活，而且农村也不可能为工业的发展提供必要的商品粮食、轻工业原料、工业品市场和积累工业发展的资金等条件，从而会成为工业发展的严重的制约因素。个体农业的这种状况，也是中国选择社会主义的基本因素之一。①

以上材料表明：中共中央作出的大搞农业合作化的决策，是建立在运用马克思主义对我国农村状况及农业增产途径进行科学分析的基础之上的，其首要目的，在于通过搞合作化以增产粮食，从而适应国家工业化事业发展的需要。由此可见，党和国家提出进行社会主义改造的任务，并不是出于一种抽象的社会主义信念，而是从实现国家工

---

① 参见本文附录：《1955年下半年农业合作化运动为什么加快进行》。

业化的实际需要出发考虑的。

大家知道，在20世纪50年代初期，在宣传党在过渡时期总路线的时候，对这条总路线的内容有过一种通俗的解释：好比一只鸟，它要有一个主体，这就是发展社会主义工业；它又要有一双翅膀，这就是对农业、手工业和私营工商业的社会主义改造①。只有进行这些方面的改造，鸟的两翼丰满了，鸟的主体才能腾飞起来。这里所要表达的意思是再清楚不过的：主要的任务是实现国家工业化，而为了实现国家工业化就必须进行社会主义改造。

三、新民主主义社会的过渡性质和党提出过渡时期总路线的正确性

1952年9月24日，毛泽东在中共中央书记处会议上提出，我们要在“十到十五年，基本上完成社会主义，不是十年以后才过渡到社会主义”。1953年6月15日，他在中央政治局扩大会议上对党在过渡时期总路线的基本内容作出了明确的表述。毛泽东的意见，得到了中央的赞同。毛泽东及中共中央对过渡到社会主义的方式的这种新的主张，是适应形势的发展而提出的正确指导方针，即在认识上的一次与时俱进呢？还是对原有的正确的指导方针的背离，即在认识上的一种倒退呢？为了弄清楚这个问

① 《建国以来重要文献选编》第5册，中央文献出版社1993年版，第2页。

题，我们必须首先弄清楚新民主主义社会的性质。因为如果新民主主义社会是一个独立的社会形态，它的社会经济结构在一个相当长的历史时期内将基本保持不变，那么，把向社会主义过渡作为一个直接的任务提出来就是不正确的；如果新民主主义社会本身具有过渡性，即它是向社会主义社会过渡的阶段，那么，把向社会主义过渡作为一个直接的任务提出来，就是完全必要的和正确的了。

中国新民主主义革命胜利以后所建立起来的社会是新民主主义社会。全国胜利前夕，1948 年 9 月召开的中共中央政治局会议对新民主主义社会经济形态进行过分析。在这之前，不仅张闻天，包括毛泽东在内的许多人都有过新民主主义经济是"新资本主义"这种提法。在这次会议上，毛泽东提出，"新资本主义""这个名词是不妥当的，因为它没有说明在我们社会经济中起决定作用的东西是国营经济、公营经济，这个国家是无产阶级领导的，所以这些经济都是社会主义性质的"。我们的社会经济的名字还是叫"'新民主主义经济'好"。所谓新民主主义经济，就是"社会主义经济领导之下的经济体系"[①]。也是在这次会议上，刘少奇提出，民主革命胜利以后产生的新社会的主要矛盾，是"无产阶级与资产阶级的这种斗争，是社会主义与资本主义的两条道路的斗争"[②]。毛泽东赞同刘少奇的这个观点，并且提出："我们要努力发展经济，

① 《毛泽东文集》第五卷，人民出版社 1996 年版，第 139、第 141 页。

② 《刘少奇年谱（1898—1969）》下卷，中央文献出版社 1996 年版，第 162 页。

由发展新民主主义经济过渡到社会主义。”[1] 1949 年 3 月，党的七届二中全会决议明确指出，全国胜利以后，中国社会的主要矛盾，就是无产阶级与资产阶级的矛盾。这实际上已经是把进行社会主义革命的任务提出来了，因为革命的性质是由社会的主要矛盾所决定的，而只有社会主义革命才担负着解决无产阶级与资产阶级之间这个主要矛盾的任务。决议的主要内容之一，就是着重规定了中国从农业国转变为工业国、由新民主主义社会转变到社会主义社会的总任务和主要途径，因为决议提出的要加以发展的合作经济和国家资本主义经济，正是把个体经济和私人资本主义经济改造为集体经济和全民所有制经济的过渡形式。七届二中全会决议的主要精神，在《中国人民政治协商会议共同纲领》关于经济政策的条文中也有相适应的规定。比如，第 31 条规定，“在必要和可能的条件下，应鼓励私人资本向国家资本主义发展”；第 34 条规定，“应引导农民逐步地按照自愿和互利的原则，组织各种形式的劳动互助和生产合作”。诚然，纲领并没有把“新民主主义是一个过渡性质的阶段，一定要向更高级的社会主义和共产主义阶段过渡”这个前途明确地规定出来。对此，周恩来在当时就指出，“现在暂时不写出来，不是否定它，而是更加郑重地看待它。而且这个纲领中经济的部分里面，已经规定要在实际上保证向这个前途走去”[2]。

① 《毛泽东文集》第五卷，人民出版社 1996 年版，第 146 页。
② 《周恩来选集》上卷，人民出版社 1980 年版，第 368 页。

实际上，新中国成立后，即新民主主义社会在全国范围内建立起来以后，社会主义改造的工作即经济战线上的社会主义革命也就开始了。这主要表现在以下三个方面：第一，没收官僚资本，确立社会主义性质的国营经济的领导地位。没收官僚资本，从反对外国帝国主义的附庸——中国的买办资产阶级的角度看，具有民主革命的性质；从反对中国的大资产阶级的角度看，又具有社会主义革命的性质。因为通过没收官僚资本，中国资本主义经济的主体部分被改造为社会主义性质的国营经济了，中国资产阶级的主体部分——大资产阶级被消灭了。第二，在利用资本主义工商业的过程中，已经开始对它进行适当的限制并把其中的大部分引上了初级形式的国家资本主义的道路，即使之开始接受社会主义改造。比如，1952 年，私营工业产值的 56% 已属于加工、订货、收购、包销部分。在这个过程中，私营经济中不利于国计民生的部分被削弱以至淘汰。私营经济在数量上是明显上升的，但在国民经济中的比重却下降了。比如，工业方面，1949 年国营占 33.4%，私营占 62.7%；1952 年，国营已占 50%，私营降为 42%。第三，土改以后，个体农民已经开始走上互助合作的道路。1952 年，全国已有 40% 的农户参加了互助组，少数农户还参加了半社会主义及全社会主义性质的农业生产合作社。

这些事实表明，新民主主义社会不是一个凝固不变、相对独立的社会形态。它本身确实具有过渡性，它确实是处在“很剧烈、很深刻的变动”之中的。中共中央提出过渡时期的总路线，正是反映了这种状况。因此，《关于建国以来党的若干历史问题的决议》明确指出，党提出这条总路线，反映了历史的必然性，是完全正确的。

正是在提出总路线的时候，党进一步对新民主主义社会的性质作出了明确的界定，即这个“新民主主义社会，是一个过渡性质的社会”，它“是属于社会主义体系的和逐步过渡到社会主义社会去的过渡性质的社会”[①]。正因为新民主主义社会具有过渡的性质，它不是一个独立的社会形态，因此，主张“确立新民主主义秩序”和“巩固新民主主义制度”，就是不切实际的和不妥当的了。

“确立新民主主义社会秩序”这句话，曾经写在周恩来1953年2月4日向全国政协一届四次会议的报告稿上，原话是，新中国成立以来取得的成就“说明我国的新民主主义社会秩序已经确立”。毛泽东在审阅时删去了这句话。他认为，过渡时期每天都在变动，每天都在发生社会主义因素。所谓“新民主主义社会秩序”要确立是很难的。他在1953年6月15日召开的中共中央政治局会议上说：“过渡时期充满着矛盾和斗争，是变动很剧烈很深刻的时期。”“‘确立新民主主义社会秩序’的想法，是不符合实际斗争情况的，是妨碍社会主义事业的发展的”[②]。

实际上，在周恩来的政协报告稿之前，中国共产党第一次组织工作会议于1951年4月9日通过的关于整顿党

① 《建国以来重要文献选编》第4册，中央文献出版社1993年版，第695、第697页。

② 《毛泽东传（1949—1976年）》（上），中央文献出版社2003年版，第255页。

的基层组织的决议中，就曾经出现过“为巩固新民主主义制度而斗争”这种提法。为此，中共中央在 1953 年 12 月 11 日给各中央局、分局并转省、市委的电报中指出：“现在为巩固新民主主义制度而斗争，将来为转变到社会主义制度而斗争的提法，是不妥当的。”认为这段文字应改为：“中国共产党的最终目的，是要在中国实现共产主义社会。从中华人民共和国成立以后，我们的国家就开始进入一个新的历史时期，即为逐步过渡到社会主义社会而斗争的时期。”① 共产党员“现在为巩固新民主主义制度而斗争”的提法，最早见于 1951 年 3 月刘少奇在组织工作会议上所作的《共产党员标准的八项条件》的报告②。

关于中国共产党对这个问题的认识统一过程，薄一波曾作过比较详细的记载和论述。他指出：毛主席的批评，着眼点是在“确立”二字上，并未否定新民主主义社会的提法。他认为，“毛主席是对的。因为我国革命胜利以后，虽然建立了新民主主义社会秩序，但这只是一个过渡性的时期，是要逐步过渡到社会主义去的”。要加以“确立”、“巩固”的确很难。“所以，当毛主席适时地提出了党在过渡时期的总路线，批评了‘确立’的观点之后，党内高层领导同志，包括少奇同志，大家都是心悦诚服接

① 《建国以来重要文献选编》第 2 册，中央文献出版社 1992 年版，第 207、第 211—212 页。

② 《刘少奇选集》下卷，人民出版社 1985 年版，第 62 页。

受的。全党很快统一到毛主席的正确思想上来。”[①] 1954年9月15日，刘少奇在《关于中华人民共和国宪法草案的报告》中，对新民主主义社会的过渡性作了深入的论证，对“巩固新民主主义秩序”这种说法进行了公开的批评。他说，或许有人想能不能把新民主主义社会这种既有资本主义、又有社会主义的现状永远保存下去，不要改变，从而既不走资本主义道路、也不走社会主义道路呢？答复是否定的。因为“我国正处在建设社会主义社会的过渡时期。在我国，这个时期也叫做新民主主义时期，这个时期在经济上的特点，就是既有社会主义，又有资本主义”。“社会主义和资本主义两种相反的生产关系，在一个国家里互不干扰地平行发展，是不可能的。中国不变成社会主义国家，就要变成资本主义国家，要它不变，就是要事物停止不动，这是绝对不可能的。”而“巩固新民主主义秩序”这种说法，正是反映了这种维持现状的思想。还应当注意到，近代以来中国的历史经验已经证明，想要使中国变成一个资本主义国家，纯粹是幻想。如果还有人不愿抛弃并且坚持这种幻想的话，那他们就有可能走到帝国主义所指引的危险的道路上去。因为他们既然坚持要使中国走资本主义的道路，就势必要同帝国主义国家联系起来，而帝国主义者却不会让中国成为独立的资本主义的国家，只会使中国成为帝国主义和封建买办阶级统治的殖民

① 薄一波：《若干重大决策与事件的回顾》上卷，中共中央党校出版社1991年版，第66页。

地。“所以我国只有社会主义这条唯一的光明大道可走，而且不能不走，因为这是我国历史发展的必然规律。”①

四、由于具备一定的条件，“在一个很不发达的中国能搞社会主义”

长期以来，在国际共产主义运动中，对于经济文化落后的国家能不能搞社会主义这个问题，就是有激烈争论的。第二国际的领袖伯恩斯坦、考茨基等修正主义分子和俄国孟什维克这个机会主义派别，就是以“俄国的生产力还没有达到足以实现社会主义社会的水平”，作为唯一的论据来反对十月革命、反对俄国搞社会主义的。伯恩斯坦认为，由于俄国的农业还占优势，工业也刚刚拥有就整个说来很少受过训练的工人阶级，“俄国的社会发展还根本够不上实现社会主义社会”。考茨基认为，俄国在民主革命之后，必须“加速资本主义发展”，只有当无产阶级在“资本主义发展的基础上成熟起来”之后，才能进行社会主义革命。在俄国，这种观点在孟什维克内部占统治地位。就是在布尔什维克内部，个别人（如加米涅夫）也认为，在欧洲经济最落后的国家内民主革命尚未完成的环境之下，在乡村中甚至还没有消灭农奴制的时候，是不宜采取社会主义步骤的。这种观点，在中国共产党内也有

① 《刘少奇选集》下卷，人民出版社1985年版，第143—144页。

反映。陈独秀也是依照类似的根据，认定民主革命胜利之后中国社会将进入一个漫长的资本主义的和平发展时期，然后才能进行社会主义革命。这是他后来犯右倾机会主义错误的重要的认识根源。今天，某些人否定社会主义改造所依据的也是类似的理由。为了回答这个问题，我们有必要考察一下马克思、列宁关于社会革命前提条件的论述，因为人们对于这个问题所作的否定性的回答，正是以引证马克思、列宁的有关思想作为立论根据的。

的确，马克思在《〈政治经济学批判〉序言》中提出过“两个决不会”的论点。但是，我们不能把这个论点理解为，只要生产力的发展没有停滞和倒退，资本主义制度就决不会灭亡，社会主义革命就决不应当发生。因为生产力是生产中最活跃、最革命的因素，它自身就具有向前发展的能力。奴隶制社会和封建社会的末期，许多国家的生产力也并没有绝对的停滞或倒退。即使半殖民地半封建的旧中国的情况，在一个时期里也曾经是如此。实际上，马克思在提出“两个决不会”论点的同时，他还指出：“社会的物质生产力发展到一定阶段，便同它们一直在其中运动的现存生产关系或财产关系（这只是生产关系的法律用语）发生矛盾。于是这些关系便由生产力的发展形式变成生产力的桎梏。那时社会革命的时代就到来了。”① 这就是说，当资本主义的生产关系对于生产力的发展起着阻碍作用的时候，如果具备了相应的其他条件，

① 《马克思恩格斯选集》第2卷，人民出版社1995年版，第32—33页。

社会主义革命的发生就会是必要的和可能的。

资本主义的发展使人类的历史成了世界历史。我们在观察资本主义制度的作用时，必须具有世界历史的眼光。观察当代中国的问题，没有世界历史的眼光，是不可能得出正确的结论的。应当注意马克思、恩格斯说过的如下的话："按照我们的观点，一切历史冲突都根源于生产力和交往方式之间的矛盾。"但是，并"不一定非要等到这种矛盾在某一国家发展到极端尖锐的地步，才导致这个国家内发生冲突。由广泛的国际交往所引起的同工业比较发达的国家的竞争，就足以使工业比较不发达的国家内产生类似的矛盾"①。这种矛盾的发展，在一定条件下，也可能导致社会主义革命。实际上，发达资本主义国家的发达，是以保持不发达国家的不发达为条件的。它们阻塞了这些国家经由发展资本主义走向富强的途径。这已经由许多国家的历史所证明。这正是社会主义革命为什么首先在落后国家而不是在发达国家发生的重要原因之一。

这里还有必要谈一下马克思与查苏利奇的通信。1881年2月，查苏利奇致信马克思，希望他能说明一下俄国"农村公社可能有的命运以及世界各国由于历史的必然性都应经过资本主义生产各阶段的理论的看法"。马克思指出：他在《资本论》里所作的分析，既没有提供肯定俄国农村公社有生命力的论据，也没有提供否定农村公社有生命力的论据，一切决定于具体的条件。他认为，由于农

① 《马克思恩格斯选集》第1卷，人民出版社1995年版，第115—116页。

村公社是与资本主义同时存在的东西，俄国并不是脱离现代世界而孤立生存的，所以，如果其他条件具备，“它能够不通过资本主义制度的卡夫丁峡谷，而占有资本主义制度所创造的一切积极的成果”①。条件之一就是，“必须有俄国革命”，必须对吸取资本主义文明的成果采取积极的态度。尽管在事实上俄国的农村公社并没有成为俄国社会新生的支点，马克思在这里所阐明的思想，对于观察俄国这样的国家走向社会主义的条件，从方法论的角度看，仍然是具有重要的指导意义的。

后来，恩格斯在《法德农民问题》一文中更说过：“假如我们不得不等到资本主义生产到处都发展到底以后，等到最后一个小手工业者和最后一个小农都变成资本主义大生产的牺牲品以后，再来实现这个改造，那对我们可就太糟了。”② 这个思想对于我们思考这个问题，也是有启发的。

俄国曾经是一个经济文化落后的国家，直到1913年，仍然是一个落后的农业国。在工农业总产值中，工业占42.1%，农业占57.9%。虽然如此，列宁在1905年革命的前夕，还是根据马克思、恩格斯关于不断革命的原理和必须把农民革命运动和无产阶级革命运动结合起来的思想，明确地指出，我们将立刻由民主革命开始向社会主义过渡，并且恰恰是按照我们的力量，按照有觉悟、有组织

① 《马克思恩格斯选集》第3卷，人民出版社1995年版，第770、第775页。

② 《马克思恩格斯选集》第4卷，人民出版社1995年版，第500页。

的无产阶级的力量开始向社会主义革命时期过渡。在十月革命中，列宁胜利地领导俄国人民实现了这个转变。1923年，他写了《论俄国革命——评尼·苏汉诺夫的札记》一文。孟什维克苏汉诺夫在《革命札记》一书中，曾经认为列宁的上述理论“缺少对俄国社会主义的‘客观前提’的分析，即对社会经济条件的分析”，在他看来，经济文化落后的俄国是缺乏进行社会主义革命的客观前提的。对此，列宁回答说：“你们说，为了建立社会主义就需要文明。好极了。那么，我们为什么不能首先在我国为这种文明创造前提，如驱逐地主，驱逐俄国资本家，然后开始走向社会主义呢?”“既然建立社会主义需要一定的文化水平（虽然谁也说不出这个一定的‘文化水平’究竟是什么样的，因为这在各个西欧国家都是不同的），我们为什么不能首先用革命手段取得达到这个一定水平的前提，然后在工农政权和苏维埃制度的基础上赶上别国人民呢?”这就是说，在列宁看来，社会主义制度固然是应当建立在高度发展的生产力的基础之上的，但是，如果革命时机成熟，落后国家的无产阶级也应当不失时机地去进行革命，夺取政权，建立苏维埃制度，以便为生产力的高度发展创造前提。这样做，是不是违反了马克思主义的原理呢？列宁认为没有。他说，世界历史发展的一般规律，不仅丝毫不排斥个别发展阶段在发展的形式上或顺序上表现出特殊性，反而是以此为前提的。不懂得这一点，就是对马克思主义中有决定意义的东西即革命辩证法一点也不理解，就是对马克思主义的理解“迂腐到无以复加的程度”[①]。在这之前，正是按照上述思想，列宁在论述殖民地和落后国家的革命时还直接说过：“在先进国家无产阶级的帮助下，落后国家可以不经过资本主义发展阶段而过渡到苏维埃制度，然后经过一定的发展阶段过渡到共产主义。”[②]

由此可见，认为落后国家在资本主义获得高度发展之前绝对不能进行社会主义革命这种观点，并不是马克思、列宁的思想。

毛泽东在坚定不移地领导中国人民进行社会主义改造（社会主义革命）这个伟大的事业时，是遵循了马克思主义的上述理论的。他还结合世界革命的历史经验和中国革命的实际，对这个理论作出了创造性的发挥。他进一步明确指出：首先制造舆论，夺取政权，然后解决所有制问题，再大大发展生产力，这是一般规律。他说：“从世界的历史来看，资产阶级工业革命，不是在资产阶级建立自己的国家以前，而是在这以后；资本主义的生产关系的大发展，也不是在上层建筑革命以前，而是在这以后。都是先把上层建筑改变了，生产关系搞好了，上了轨道了，才为生产力的大发展开辟了道路，为物质基础的增强准备了条件。当然，生产关系的革命，是生产力的一定发展所引起的。但是，生产力的大发展，总是在生产关系改变以

① 《列宁选集》第4卷，人民出版社1995年版，第775—778页。

② 《列宁选集》第4卷，人民出版社1995年版，第279页。

后。”[①] 这个一般规律，对于无产阶级革命，也是适用的。

我们知道，资本主义的社会化大生产，经历了简单协作、工场手工业和工厂机器生产这样几个发展阶段。据此，毛泽东指出：“手工工场是非机器生产的资本主义。这种资本主义生产关系产生了一种改进技术的需要，为采用机器开辟了道路。在英国，是资产阶级革命（17 世纪）以后，才进行工业革命（18 世纪末到 19 世纪初）。法国、德国、美国、日本，都是经过不同的形式，改变了上层建筑、生产关系之后，资本主义工业才大大发展起来。”[②] 毛泽东认为，在经济落后的中国，民主革命胜利之后应当有步骤地建立社会主义的生产关系，而中国的社会主义也可以经历一个工场手工业的阶段。1951 年，中国共产党内围绕着山西发展农业生产合作社的问题发生过一场争论。毛泽东同刘少奇、薄一波等谈话时就“批评了互助组不能生长为农业生产合作社的观点和现阶段不能动摇私有基础的观点。他说：既然西方资本主义在其发展过程中有一个工场手工业阶段，即尚未采用蒸汽动力机械、而依靠工场分工以形成新生产力的阶段，则中国的合作社，依靠统一经营形成新生产力，去动摇私有基础，也是可行的”。据当事人回忆：“他讲的道理把我们说服了……这场争论就这样结束了。”

应当指出，毛泽东虽然肯定在国家工业化的任务实现

① 《毛泽东文集》第八卷，人民出版社 1999 年版，第 131—132 页。
② 《毛泽东文集》第八卷，人民出版社 1999 年版，第 132 页。

以前，可以而且应当建立社会主义制度，但是他从来没有认为，社会主义可以建立在小生产的基础之上，可以长久地停留在手工劳动的基础之上。早在民主革命时期，他就说，分散的个体经济——家庭农业和家庭手工业是封建社会的基础，不是民主社会（旧民主、新民主、社会主义，一概在内）的基础，这是马克思主义区别于民粹主义的地方[①]。在农业合作化的高潮中，他强调指出，我们现在不但正在进行关于社会制度方面的由私有制到公有制的革命，而且正在进行技术方面的由手工业生产到大规模现代化机器生产的革命，而这两种革命是结合在一起的[②]。他对国家工业化和农业机械化的事业倾注了巨大的热情，并且在有生之年，带领全党、全国人民艰苦奋斗，经过许多艰难和曲折，基本上建立了一个独立的、比较完整的工业体系和国民经济体系，从而为实现现代化奠定了重要的基础。

在这个问题上，邓小平的观点是同列宁、毛泽东的观点相一致的。1977 年 10 月 15 日，他在同加拿大林达光夫妇谈话中指出："列宁在批判考茨基的庸俗生产力论时讲，落后的国家也可以搞社会主义革命。我们也是反对庸俗的生产力论，我们采取了和十月革命不同的方式，农村包围城市。当时中国有了先进的无产阶级的政党，有了初步的资本主义经济，加上国际条件，所以在一个很不发达

① 《毛泽东文集》第三卷，人民出版社 1996 年版，第 207 页。
② 《毛泽东文集》第六卷，人民出版杜 1999 年版，第 432 页。

的中国能搞社会主义。这和列宁讲的反对庸俗的生产力论一样。”[①] 邓小平在这里所阐明的必须反对庸俗生产力论的思想，具有重大的意义，因为一些人正是以这种庸俗的生产力论为主要的思想武器，否定中国的社会主义改造，否定中国建立和坚持社会主义制度的必要性和正确性。很明显，为了科学地评价中国的社会主义改造事业，我们必须划清马克思主义与考茨基的庸俗生产力论的界限。这种庸俗生产力论并不是马克思主义，而是对马克思主义的教条主义的歪曲。

五、对社会主义改造的评价标准

1949—1956 年，这是社会主义在中国大地上凯歌行进的年代。党的第二个历史问题决议把新中国成立以后的这最初 7 年，称作是“基本完成社会主义改造的 7 年”。中共中央在 1952 年提出的过渡时期总路线的时候，是计划用 10—15 年来完成过渡时期的总任务的。而在实际上，从 1953 年算起，只用了 4 年，加上 1949—1952 年的 3 年，也只用了 7 年，社会主义改造就基本完成了。这是不是说明这项工作存在着严重的问题，甚至发生了原则性的错误呢？应当指出，用 15 年左右的时间基本上过渡到社会主义的计划，是参照苏联的经验制定出来的。这个计划规定的时限，并不科学，因而并不是不可以改变的。也正

① 《邓小平年谱（1975—1997）》（上），中央文献出版社 2004 年版，第 223 页。

因为这样，这个规定就不能作为我们衡量社会主义改造的是非得失的标准。

这条总路线包括社会主义工业化和社会主义改造两个方面的内容。

从实现国家工业化的任务这个角度来说，当时提出的工业化标准（即工业产值超过农业产值）是太低了。毛泽东后来说过，我国要成为发达的工业强国，大约需要50—100年甚至更长的时间。按照我们现在的估计，中国要赶上中等发达国家，大约需要100年的时间。所以，即使我们在这15年间工作一直干得很出色，什么错误都不犯，到1967年，我国的经济虽然会得到比后来实际在1967年达到的更大一些的发展，但与实现工业、农业、国防和科学技术现代化的目标，也还会有一个相当遥远的距离。中国在那时也还只能是一个发展中的国家，而不可能是一个发达的国家。按照某些人的说法，不具备高度发达的物质技术基础，就不能进行社会主义改造，不能建立社会主义制度。如果这个理由可以成立的话，就用原定的15年时间，也是不应当完成社会主义改造的。可见，事情的要点，并不在于是15年还是四五年，而是在于一个经济文化落后的国家能不能建设社会主义的问题。

从实现社会主义改造的任务这个角度来说，15年的时限就不是不可超越的了。为了判断这个时限是否可以超越，我们有必要把苏联社会主义改造的情况作一点分析。就资本主义工商业的社会主义改造而言，苏联并没有用15年的时间，因为那里的资本家不接受国家资本主义这一套办法，所以在革命胜利后不久，政府就把资本家的企业没收了。中国资本主义工商业的社会主义改造完成的时间虽然是大大提前了的，但比起苏联来，我们花的时间要长得多，工作也要细致得多。就农业的社会主义改造而言，苏联从 1917 年无产阶级取得政权，到 1937 年完成农业集体化，一共用了 20 年。但是，实际上，苏联 1917—1929 年这 12 年间，基本上没有搞农业集体化。1929 年时，农业中的社会主义成分还不到 1%。苏联大搞农业集体化，是从 1929 年开始的。1930 年 1 月，联共（布）中央作出决定，要求主要产粮区的集体化应在半年或一年内完成，全国绝大多数农户应在五年计划期间完成集体化任务。而结果，到 1930 年 3 月 1 日，加入集体农庄的农户就达到了农户总数的 56%；1934 年，集体农庄已经拥有全国农户总数的 75%、耕地的 90% 了。这就是说，半数以上的地区，集体化只用了几个月的时间；其余大部分地区，也只用了四五年的时间。与苏联相比，第一，我们合作化的基础比较好，合作化的高潮不是突然到来的。合作化高潮到来前夕，1955 年 6 月，全国农户的 60% 已经在不同程度上组织起来，全国农户的 14.2% 已经组织在农业社里面了。第二，我国各地的合作化都有一个典型试验、逐步推广的过程，不是用行政命令限期完成的。在合作化高潮到来之前，几乎每个乡都已兴办了若干个农业社，这些社都办得比较好，它们不仅使广大农民从实践中认识到合作化的优越性，而且为农业社的大发展积累了经验，培养了干部。第三，我国大搞农业合作化，是从

1953 年开始的，到 1956 年完成，也用了 4 年左右的时间，并不比他们短多少。苏联农业集体化过程中，粮食大幅度减产，牲畜头数也锐减。而在中国农业合作化的过程中，农业生产是逐年上升的。由此可见，根据苏联的经验，以我国是不是按照原定的 15 年期限来完成社会主义改造，作为衡量进行这项工作是否适当、进展是否健康的标准，是不妥当的。当然，这项工作有时在有的问题上确实是急了一些，但这是方法、步骤上的缺点，不是方向、路线上的错误。

这是我首先回答的一个问题。下面我想回答另一个问题。

改革开放以来，个体经济和私营经济有了相当大的发展，并且我们确认，中国处于并将长期处于社会主义的初级阶段。这个初级阶段的社会主义的经济结构与新民主主义社会的经济结构有极大的相似之处，这是不是意味着对于新民主主义社会的复归，如果是这样，那么，我们还能说当年进行社会主义改造是必要的吗？问题的要害在于，社会主义社会的初级阶段是否在实际上等同于新民主主义社会。应当看到，社会主义社会的初级阶段与新民主主义社会是有着重大区别的。它们的主要区别在于：

第一，新民主主义社会时期，社会主义经济虽然占据领导地位，但在开始时私有经济是国民经济的主体，这种私有经济的主体地位是逐步被公有经济取代的。而在社会主义的初级阶段，公有制经济已经在国民经济中占据主体地位。在国民经济恢复时期的最后一年，即 1952 年，各种经济成分在国民收入中所占的比重分别是：国营经济19.1%、合作社经济1.5%、公私合营经济0.7%、个体经济71.8%、资本主义经济6.9%。就是说，个体经济和资本主义经济合计为78.7%，占到国民收入的绝大部分。到1956年，各种经济成分占国民收入的比重分别是：国营经济32.2%、合作社经济53.4%、公私合营经济7.3%、个体经济7.1%、资本主义经济接近于零。就是说，社会主义性质的国营经济、合作社经济和基本上属于社会主义性质的公私合营经济合计为92.9%，占到了国民收入的绝大多数。社会主义公有制经济已经在整个国民经济中占据了主体地位。这是社会主义改造的主要成果。尽管改革开放以来公有制经济在国民经济中的比重在一个时期相对下降，但这种主体地位本身，在整个社会主义初级阶段都是不允许动摇的。

第二，在新民主主义社会时期，我们面临的主要矛盾是无产阶级和资产阶级两个阶级、社会主义和资本主义两条道路的斗争；在社会主义初级阶段，尽管阶级斗争仍在一定范围内存在、在某种情况下还可能激化，但是主要的矛盾已经是生产的发展还不能充分满足人民群众不断增长的物质和文化需要的矛盾了。

党的十三大报告指出：我国正处在社会主义的初级阶段。这个论断，包括两层含义：第一，我国社会已经是社会主义社会。我们必须坚持而不能离开社会主义。第二，我国的社会主义社会还处在初级阶段。我们必须从这个实际出发，而不能超越这个阶段①。我们必须全面地把握社会主义初级阶段的这两层含义。由于中国已经是社会主义社会同时又还处于社会主义的初级阶段，我们既要允许多种所有制经济成分共同发展，同时更必须坚持社会主义改造的主要成果，即坚持公有制经济的主体地位。如果动摇了公有制经济的主体地位，两极分化就不可避免，阶级矛盾就会激化，社会稳定就会遭到破坏，社会的主要矛盾就可能发生变化，我们就难以集中力量去从事经济文化等建设事业了。正因为如此，邓小平告诫我们："我们实行改革开放，这是怎样搞社会主义的问题。作为制度来说，没有社会主义这个前提，改革开放就会走向资本主义，比如说两极分化。中国有十一亿人口，如果十分之一富裕，相应地有九亿多人摆脱不了贫困，就不能不革命啊！……所以，中国只能搞社会主义，不能搞两极分化。"② 这个意见，值得我们深长思之。由此可见，坚持社会主义改造的主要成果是极端重要的；把初级阶段的社会主义社会等同于新民主主义社会是不妥当的。

在回答了以上两个问题之后，我想着重谈一谈究竟应当用什么标准来衡量社会主义改造的是非得失这个问题本身。

社会主义改造是生产关系方面由私有制到公有制的一场伟大的变革。衡量生产关系的变革是否正确和必要，主

① 《十三大以来重要文献选编》上册，人民出版社1991年版，第9页。

② 《邓小平年谱（1975—1997）》（下），中央文献出版社2004年版，第1317页。

要的标准应当是看这种变革对生产力的发展起促进作用还是起阻碍作用、破坏作用。我们看到，在全面进行社会主义改造期间，即 1953—1956 年，全国工业总产值平均每年递增 19.6%，农业总产值每年递增 4.8%。经济发展比较快，经济效益比较好，重要经济部门之间的比例关系比较协调。市场繁荣，物价稳定，人民生活显著改善。在改造过程中，国家资本主义经济和合作经济表现了明显的优越性。1955 年，公私合营工业比私营工业的工人劳动生产率平均高一倍。1956 年全行业公私合营后，合营工业的产值比 1955 年增加了 32%，合营商店、合作商店、合作小组的营业额比 1955 年增加了 15%。又比如，农业生产在这期间基本上也是逐年上升的。1956 年，农业遇到严重的自然灾害，农业总产值还是增长了 4.9%，其中粮食比 1955 年增产 4.4%，稻谷、小麦、薯类、烤烟、茶叶等的产量都超过了第一个五年计划最后一年即 1957 年的生产指标。畜牧业的情况稍差一些，但也没有发生农民大批宰杀牲畜致使畜牧业遭到严重破坏的情况。这些事实生动地表明，社会主义改造不仅没有阻碍生产力的发展，而且成了生产力发展的直接动力。

我们尤其应当看到，社会主义改造的胜利，为中国全面进行社会主义建设开辟了道路，为中国尔后的一切进步和发展奠定了基础。1957—1978 年的 20 多年间，尽管我们在“大跃进”和“文化大革命”时期犯过严重错误（这些错误都是由于党在寻找中国自己的社会主义建设道路的过程中主观认识不符合客观实际的结果，并不是由于建立了社会主义制度以后必定要发生的），整体说来，我们在社会主义建设方面仍然取得了历史性的巨大成就。在这期间，我们基本上建立起了一个独立的、比较完整的工业体系和国民经济体系，使中国在赢得了政治上的独立之后又赢得了经济上的独立。而且在这期间，中国经济发展的速度从总体上来看也还是相当快的。工农业总产值，1952 年为 810 亿元，1978 年为 5634 亿元，1953—1978 年平均年增长率为 8.2%。其中：工业总产值 1952 年为 349 亿元，1978 年为 4237 亿元，1953—1978 年平均年增长率为 11.4%；农业总产值 1952 年为 461 亿元，1978 年为 1397 亿元，1953—1978 年平均年增长率为 2.7%。1957 年和 1978 年我国主要工农业产品产量居世界位次的变动情况是：谷物由第 3 位上升为第 2 位，棉花由第 2 位变为第 3 位，猪牛羊肉由第 2 位变为第 3 位，化学纤维由第 26 位上升为第 7 位，布由第 3 位上升为第 1 位，煤由第 5 位上升为第 3 位，原油由第 23 位上升为第 8 位，发电量由第 13 位上升为第 7 位，钢由第 9 位上升为第 5 位，水泥由第 8 位上升为第 4 位，硫酸由第 14 位上升为第 3 位，化肥由第 33 位上升为第 3 位。除了少数农副产品产量的位次保持不变或稍有后退外，谷物和主要工业产品产量的位次都明显上升了。这些事实是经济文化落后的中国应当而且能够建立社会主义制度的生动证明，是社会主义制度具有巨大优越性的初步的、但又是有力的显示。

中国原本是一个经济文化落后的半殖民地半封建的国家。中国先于发达的资本主义国家进入社会主义社会，这是中国所处的特殊历史条件、中国共产党的正确领导和全国人民艰苦奋斗的结果，是科学社会主义的发展，是中国共产党和中国人民的光荣，是毛泽东思想的胜利。

附录：

1955 年下半年农业合作化运动为什么加快进行*

中共中央在 1952 年年底 1953 年年初提出党在过渡时期的总路线时，原本是计划用 3 个五年计划的时间来基本完成生产资料私有制的社会主义改造的。但是，随着 1955 年下半年农业合作化运动的加速进行，资本主义工商业也大批走向公私合营，其结果，使得整个社会主义改造的任务在 1956 年年底就基本完成了。

进行社会主义改造的直接目的是为了推进国家工业化的事业。这也正是 1955 年下半年农业合作化运动加速进行的主要原因。

工业的发展，首先要求农村提供日益增多的商品粮食，同时要求农村提供日益增多的轻工业原料（如棉花、蚕丝、甘蔗、茶叶、烤烟等）、资金和日益扩大的工业品市场。但是，小农经济不能满足工业发展的这些需求。1954 年，部分地区因遭水灾粮食减产而国家又多购了 70 亿斤粮食，于

* 本文发表于《高校理论战线》2000 年第 10 期。

是在 1955 年上半年农村中就出现了程度不同的粮食紧张状况，不少地方“人人谈统购，家家说粮食”。事情很清楚，如果粮食问题不能得到适当的解决，不仅对农村的稳定会产生消极影响，而且国家工业化的事业也会受到严重制约。正是在这种情况下，首先为了解决这个关系重大的粮食问题，中共中央决定大搞农业合作化运动。

有两份材料，对于我们理解中央的上述决策很有帮助。

其一，是陈云在 1956 年 4 月应邀访问越南时与越南劳动党主席胡志明等的谈话。

陈云说：“在农业增产方面，中国摸索了六年。起初注意开荒，但可开垦的大片荒地在东北和西北，那里居民稀少，每年只能耕种一次，必须移民和用机器，花钱多。在东北每亩需五十元，而年产量是一二百斤。假如开荒一亿亩，投入五十亿元，产量以每亩二百斤算，不过二百亿斤，收获不大。所以这不是三五年内实现粮食大增产的好办法。”“至于搞大型水利工程，也不能满足在短期内大增产的要求。”因为搞大型水利工程，投资巨大，工期很长，所以它也不能成为三五年内增产粮食的主要措施。“去年下半年，中国农业合作化高潮到来，这是中国短时期内花钱最少又可能实现最大增产计划的一条路。”因为长江以北要增产，要把旱地大量改变成水浇地；长江以南要增产，要增加复种面积。这两者的关键在于搞水。“合作化后，组织起来的农民自己动手搞水利。人还是那些人，但组织起来力量就大得多，积肥、改良农具和种子、改进耕作技术等等以前不易办的事，合作化以后都不难了。”[①]

其二，是毛泽东于 1958 年 9 月 5 日在第十五次最高国务会议上的讲话。

在这个讲话中，毛泽东谈到了 1955 年上半年那种“人人谈统购，家家说粮食”的情况。他说：那个时候你说粮食没有危机，我看也可以讲是一种危机。一个原因是因为粮食不足，还有一个原因就是富裕中农兴风作浪。其中主要是共产党员，那些当了县区乡干部的党员，他们煽起一些农民，用各种办法来吵，本来够吃的，也说不够吃。这一压迫，就打主意吧，就搞合作化。合作化的决心就是那个时候搞起来的。由于破除了种种迷信，没有几个月，合作化就搞起来了。然后又影响工商界，敲锣打鼓，全行业公私合营。

以上材料表明：中共中央作出的大搞农业合作化的决策，是建立在运用马克思主义对我国农村状况及农业增产途径进行科学分析的基础之上的；其首要目的，在于通过搞合作化，以增产粮食，从而适应国家工业化事业发展的需要。由此也可以说明，有的论者所谓社会主义改造的深层次的理论根源是民粹主义以及社会主义改造没有与国家工业化的步骤相配合等说法，是不符合历史实际的主观臆断，因而是不能成立的。

---

① 中共中央文献研究室编：《陈云年谱（1950—1995）》中卷，中央文献出版社 2000 年版，第 299 页。

农业合作化是对农村生产关系的一场深刻变革。这种变革进行得是否正确，主要应当看它对农村生产力的发展，是起促进作用还是起阻碍乃至破坏作用。而历史的事实告诉人们：我国的农业合作化运动并没有阻碍、破坏农村生产力的发展；恰恰相反，它是当时农村生产力发展的直接推动力量。

以我国大搞农业合作化运动的1956年为例。这一年，我国农业遭受了严重的自然灾害（仅水灾面积即达2.4亿亩）。但是，当年我国农业总产值还是比上年增长了4.9%，粮食产量比上年增长了4.4%，谷物、小麦、薯类、烤烟、茶叶的产量都超过了第一个五年计划最后一年即1957年的生产指标。为什么会这样？主要是由于，这一年，随着农业合作运动的发展，农村参加劳动生产的人增多了；农田水利建设大大发展了（兴修农田水利工程的灌溉面积达1.5亿亩，当年受益的即达1亿亩。这等于新中国成立前全国有水利设施的灌溉面积的一半，等于新中国成立后6年中发展的灌溉面积的200%），抗灾能力进一步增强了（在2亿多亩受灾面积中，除8000万亩遭毁灭性的灾害失收外，其余均依靠集体力量大大减轻了灾害，避免了更多的减产）。这就是1956年"为什么在灾害严重的情况下，能够实现农业显著增产的根本原因"[①]。

这个事实，生动地表明：中共中央关于大搞农业合作化运动的决策，就其基本方面来说，是正确的。

---

① 陈正人：《关于农业合作化和农业生产问题》，《新华月报》1957年第7期。

新中国处理与西方发达国家关系的政策和策略*

1949 年 10 月 1 日中华人民共和国的成立，标志着帝国主义及其在中国的代理人的反动统治在根本上被推翻，近代以来中国人民争取民族独立和自身解放的斗争取得了基本的胜利。中国人民从此站起来了。

由于以美国为首的帝国主义国家不甘心自己在中国遭到失败，它们采取政治上孤立、经济上封锁、军事上威胁的政策，企图扼杀新中国。以毛泽东为代表的中国共产党人洞察帝国主义的本质及其图谋。在新中国成立前夕召开的中共七届二中全会上，毛泽东指出，中国革命在全国胜利之后，中国还存在着两种基本矛盾：一种是国内的，即工人阶级和资产阶级的矛盾；一种是国外的，即中国和帝国主义国家的矛盾。他提出了“丢掉幻想，准备斗争”的口号，指出对付帝国主义的“唯一的办法是组织力量和

* 本文发表于《教学与研究》2004 年第 10 期。

他们斗争……然后，才有希望在平等和互利的条件下和外国帝国主义国家打交道”①。他领导中国人民彻底摧毁了帝国主义国家在中国的控制权，并且同帝国主义的侵略政策和战争政策进行了坚决的斗争，有效地捍卫了民族独立和国家安全。

为了集中力量搞好建设事业，新中国需要有一个和平的国际环境，需要利用资本主义文明的积极成果。为此，新中国又努力争取与西方资本主义国家和平共处，并开展经济、文化等方面的往来。

考虑到西方发达资本主义国家的情况及其对华政策并不是完全一致的，新中国在处理同美国等资本主义国家的关系问题时，既采取了明确而坚定的方针，同时又区别不同国家、不同时期、不同问题的具体情况，实行灵活的政策和策略。

一、“另起炉灶”，有步骤地彻底摧毁帝国主义在中国的控制权

在 1949 年 3 月召开的中共七届二中全会上，毛泽东明确提出，“我们可以采取和应当采取有步骤地彻底地摧毁帝国主义在中国的控制权的方针”②。他指出：帝国主义

---

① 《毛泽东选集》第四卷，人民出版社 1991 年版，第 1487 页。
② 《毛泽东选集》第四卷，人民出版社 1991 年版，第 1434 页。

者的这种控制权，表现在政治、经济和文化等方面。在国民党军队被消灭、国民党政府被打倒的每一个城市和每一个地方，帝国主义者在政治上的控制权即随之被打倒，他们在经济上和文化上的控制权也被打倒。“不承认国民党时代的任何外国外交机关和外交人员的合法地位，不承认国民党时代的一切卖国条约的继续存在，取消一切帝国主义在中国开办的宣传机关，立即统制对外贸易，改革海关制度，这些都是我们进入大城市的时候所必须首先采取的步骤。在做了这些之后，中国人民就在帝国主义面前站立起来了。”①

与彻底摧毁帝国主义在中国的控制权这个任务相联系，毛泽东在 1949 年春提出新中国在对外关系中应采取“另起炉灶”的方针。这是因为在半殖民地的旧中国，无论是晚清政府、北洋政府还是国民党政府，它们所实行的，都是不独立自主的、屈从于帝国主义的屈辱外交；采取“另起炉灶”的方针，就是表明新中国的外交必须坚决同旧中国的丧权辱国的外交一刀两断，必须同它彻底划清界限。旧中国政府与外国帝国主义国家签订的所有不平等条约和协定全部失效。周恩来在解释这个方针时说，“另起炉灶”，“就是不承认国民党政府同各国建立的旧的外交关系，而要在新的基础上同各国另行建立新的外交关系。对于驻在旧中国的各国使节，我们把他们当作普通侨民对待，不当作外交代表对待。”“为了表示外交上的严

① 《毛泽东选集》第四卷，人民出版社 1991 年版，第 1434 页。

肃性，我们又提出建交要经过谈判的手续。我们要看看人家是不是真正愿意在平等、互利和互相尊重领土主权的基础上同我们建立外交关系。”① 据此，新中国成立后，人民政府制定了同外国建交的三个具体原则，即凡愿同新中国建交的国家，必须同国民党集团断绝外交关系；必须支持恢复中华人民共和国在联合国的合法席位；必须通过谈判证实其尊重中国主权的诚意。周恩来指出：“这一‘另起炉灶’的方针，使我国改变了半殖民地的地位，在政治上建立了独立自主的外交关系。”②

为了彻底摧毁帝国主义在中国的控制权，新中国坚决废除了帝国主义在中国的一切特权，包括它们在中国的驻兵权、自由经营权、内河航行权、海关管理权等。这些特权，是在各地区、各城市获得解放时即被基本取消的。

新中国“实行对外贸易的管制，并采用保护贸易政策”，实行进出口许可证制度。比如在华东，人民政府把进口商品分为三种：凡是国内工业建设和民生所需的商品准许进口；凡有关国防建设和国营大规模工业建设必需的器材和物资特许进口；和工业建设无关而又非民生所必需的商品禁止输入。100 多年来帝国主义者对中国对外贸易的垄断终于被完全取消，新中国从此建立起了自己的独立自主的对外贸易事业。

新中国还颁布了《外汇管理暂行办法》，实行外汇管

① 《周恩来选集》下卷，人民出版社 1984 年版，第 85—86 页。
② 《周恩来选集》下卷，人民出版社 1984 年版，第 86 页。

制，建立独立自主的外汇经营管理制度，清除帝国主义国家操纵中国外汇管理和金融财政的特权。按照人民政府的规定，在人民政府管辖的广大地区，肃清了外币流通，取消了外国银行垄断中国外汇市场的特权，建立了国家对外贸易和为工业建设服务的国家银行外汇专营制度，并在此基础上指定若干商业银行为外汇代理银行，办理代理业务。

肃清帝国主义国家在中国的特权，是经过了斗争的。比如，北京市军事管制委员会收回美国兵营时，美国国务院就曾指责中国“违反”了以往条约给予美方的权利，并就此对新中国进行威胁，声称要“撤退所有美国官方人员”。由于人民政府坚持维护国家独立和主权的严正立场，美方最终还是不得不交出了兵营。1950 年 1 月 18 日发表的新华社评论庄严声明：中国人民在维护自己的利益及保卫自己祖国的主权上，是从不考虑一切帝国主义者的意志的；帝国主义者在中国制造的一切不平等条约和侵略特权，必须废除；帝国主义者撤退也好，不撤退也好，叫嚣也好，威胁也好，对中国人民的这个正义立场丝毫没有影响。

近代以来受尽外国资本主义列强欺凌和压迫的中华民族和中国人民真正站起来了。

二、大力摧毁和清除帝国主义在中国的社会基础及政治思想影响，“打扫干净屋子再请客”

新中国是愿意同遵守平等、互利及互相尊重领土主权等项原则的外国政府包括西方资本主义国家的政府建立外交关系并发展经济文化等往来的。考虑到以美国为首的那些压迫过中国的国家不甘心自己在中国遭到的失败，还将想方设法对新中国进行破坏和捣乱，因此，新中国在成立之初并不急于谋求它们的承认。

全国胜利前夜，1949 年年初，毛泽东在同苏共中央代表米高扬谈话时阐明了新中国在处理对外关系问题上的一项重要的方针，即“打扫干净屋子再请客”的方针。他说：我们这个国家，如果形象地把它比作一个家庭来讲，它的屋内太脏了，柴草、垃圾、尘土、跳蚤、臭虫、虱子什么都有。新中国成立后，我们必须认真清理我们的屋子，从内到外，到各个角落，以至门窗缝里，把那些脏东西通通打扫一番，好好加以整顿。等屋内打扫清洁干净，有了秩序，陈设好了，再请客人来。我们的真正朋友可以早点进屋子来，也可以帮助我们做点清理工作，但别的客人得等一等，暂时还不能让他们进门。他说，我们知道，对我们探头探脑，想把他们的脚踏进我们屋子里的人是有的，不过我们暂时还不能理睬他们。至于帝国主义分子，他们抱着不可告人的目的，一方面想进来为自己抓几把，同时也是为了搅浑水。浑水便于摸鱼。我们不欢迎这样的人进来。帝国主义分子历来是看不起中国人的，对他们也得教训教训，使他们的头脑清醒过来[①]。同年3月召开

---

① 《在历史巨人身边——师哲回忆录》（修订本），中央文献出版社 1995 年版，第 379—380 页。

的中共七届二中全会正式确定了这个方针。全会的决议指出："关于帝国主义对我国的承认问题，不但现在不应急于去解决，而且就是在全国胜利以后的一个相当时期内也不必急于去解决。我们是愿意按照平等原则同一切国家建立外交关系的，但是从来敌视中国人民的帝国主义，决不能很快地就以平等的态度对待我们，只要一天它们不改变敌视的态度，我们就一天不给帝国主义国家在中国以合法的地位。"①

实行"打扫干净屋子再请客"的方针，决不意味着新中国拒绝同西方资本主义国家建立外交关系和发展经济文化等方面的往来，而是为了在这样做之前，首先把帝国主义在中国的社会基础、残余势力、政治影响等进行一番清理，使它们进入中国后不致利用这些情况进行破坏和捣乱，这对于巩固中国人民革命的成果，维护新中国的民族独立、国家安全和社会稳定等，都是有重要意义的。对于这个问题，周恩来在新中国成立初期曾经作出过很好的解释。他说："帝国主义总想保留一些在中国的特权，想钻进来。有几个国家想同我们谈判建交。我们的方针是宁愿等一等。先把帝国主义在我国的残余势力清除一下，否则就会留下他们活动的余地。帝国主义的军事力量被赶走了，但帝国主义在我国百余年来的经济势力还很大，特别是文化影响还很深。这种情形会使我们的独立受到影响。因此，我们要在建立外交关系以前把'屋子'打扫一下，

① 《毛泽东选集》第四卷，人民出版社 1991 年版，第 1435 页。

‘打扫干净屋子再请客’。”[①] 毛泽东本人后来对这个方针，也作出过进一步的说明。他说：“对西方主要国家，现在主要是和他们斗争，不忙于建交。所以这和杜勒斯的方针相同，他们怕我们去闹事，不同我们建交”[②]。等到中国内部大体清理整顿好了，那时让他们进来，他们要搞破坏和捣乱就会比较困难了。

新中国是怎样把“屋子”打扫干净的呢？

首先，是不承认旧中国政府与帝国主义国家政府签订的一切不平等的条约和协定。废除帝国主义势力据此在中国享有的一切特权；清理外国在华资本及其他财产；采取适当的方针处理外国在华的宣传机关、文教事业和宗教事业。其中包括：一是取消帝国主义原在中国的新闻宣传机构的任务，包括停止“美国新闻处”的一切活动等。二是反对任何外国宗教组织和个人干预中国的宗教事务。接受外国津贴的教会，应逐步使之变为中国人办理的、掌握在反帝爱国教徒手中的机关，实行自治、自养、自传的原则。三是妥善处置外国人经办或接受外国津贴的文教、卫生、救济机关。鉴于这些机构有坏的一面也还有好的一面，在全国解放前夕，中共中央即提出：外国人办的学校，暂许其维持现状，但校长必须是中国人，其学校经费的来源必须报告，课程必须照其他学校的规章同一办理。外国人办的医院，已办者许其继续，但需接受中国监督检

① 《周恩来选集》下卷，人民出版社1984年版，第87页。

② 《毛泽东外交文选》，中央文献出版社、世界知识出版社1994年版，第288页。

查，新办者未得批准不许开业。1951 年 1 月教育部召开会议，决定接受外国津贴的高等学校一律由中央人民政府接办；一些大行政区也决定，接受外国津贴的中等学校由各地人民政府接办或交由中国人民团体接办。对接受外国津贴的救济机关也作了相应的处理①。

其次，大力摧毁和消除帝国主义在中国的社会基础。其中包括：开展土地制度改革的运动，彻底消灭在中国延续了几千年的封建制度的基础——地主阶级的土地私有制，给予曾经是帝国主义统治中国的社会支柱的中国封建势力以致命的打击；开展镇压反革命运动，重点打击土匪（匪首、惯匪）、特务、恶霸、反动会道门头子和反动党团骨干分子，基本上扫除了国民党反动派遗留在中国大陆的反革命残余势力；进行其他各项民主改革，涤荡旧社会遗留下来的各种污泥浊水，激发广大人民的政治热情，进一步稳定了社会秩序。

再次，在中国人民中间开展自我教育运动，发扬爱国主义精神，肃清封建的买办的法西斯主义的思想，特别是在抗美援朝运动中肃清亲美崇美恐美思想，极大地发扬了民族自尊心、自信心和自豪感。

正是在“打扫干净屋子”的基础上，新中国逐步地同一些西方资本主义国家建立了外交关系，并且使得这种关系的建立不仅没有危及中国的民族独立、国家安全和社

---

① 裴坚章主编：《中华人民共和国外交史（1949—1956）》，世界知识出版社 1994 年版，第 270—272 页。

会稳定，而且有助于中国在独立自主的基础上的发展。事情正如周恩来所说的那样：“开国后我们用‘另起炉灶’和‘打扫干净屋子再请客’这两手，在整个战略上处于主动地位。”①

在西方资本主义国家中，美国是敌视中国的主要国家。在相当长的一个时期内，它坚持不承认新中国的立场。根据“打扫干净屋子再请客”的方针，毛泽东在1957年1月说：“我还是这样看，迟几年跟美国建立外交关系为好。这比较有利。”“我们采取这个方针，是为了尽量剥夺美国的政治资本，使它处于没有道理和孤立的地位。”他估计，“我们跟美国建交，可能要在第三个五年计划完成以后，也就是说，要经过十八年或者更长的时间”。他说：“总有一天，美国要跟我们建交。那时美国人跑进中国来一看，就会感到后悔无及。因为中国这个地方变了，房子打扫干净了，‘四害’也除了，他们再也找不到多少‘朋友’了，散布一点细菌也没有多大作用了。”② 从这段话里，我们不仅发现，毛泽东关于中美建交时间的预测有着多么惊人的准确性，而且可以看出，以毛泽东为代表的中国共产党人在处理同西方国家的关系时是怎样自觉地维护中国的民族利益，是有着怎样深远的战略眼光的。

---

① 《周恩来选集》下卷，人民出版社1984年版，第87页。

② 《毛泽东外交文选》，中央文献出版社、世界知识出版社1994年版，第280—281页。

三、清理外国在华资本及房地产

1949年1月19日，中共中央作出《关于外交工作的指示》（以下简称《指示》）。关于外国在华资本等问题，《指示》说：我们对于一切资本主义国家政府的和私人的在华经济特权、工商企业和投资，均不给以正式的法律承认。但在目前，也不要忙于去做有关禁止、收回、没收的表示；只对其于人民经济生活侵害最大者，例如内河航行等，发出立即禁止的命令。其他如外国银行，不要忙于令其停业，而应先令其报告资本、账目和业务。保险公司，尤其海运保险公司，更不要忙于去处理。关于对外贸易，《指示》说：对于资本主义国家，不要忙于去建立和恢复一般的贸易关系；尤其不要忙于去订立一般的贸易合同；只有在对我有利、而又急需者，可与这些国家进行临时的个别的出入口贸易①。新中国成立后，人民政府除对德、意、日在华企业和其他财产按战败国敌产处理外，对外国在华企业采取了“按照国籍、系统、行业等各种不同的具体情况，进行个别处理和区别对待”的方针，有计划、有步骤、有重点地进行处理。

外国在华企业，大都是依仗帝国主义国家在华享有的种种特权发展起来的。当人民革命即将取得全国性胜利时，

---

① 《中共中央文件选集》第18册，中共中央党校出版社1991年版，第44—46页。

由于这类特权即将丧失，他们便进行收缩，并开始将资金转移到外国或中国的香港。新中国成立时，帝国主义及其他国家在中国的企业还有1000多家，主要属于英国和美国的垄断资本集团，拥有职工12万余人。它们分布在造船、石油、煤矿等重工业和食品、制药、纺织等轻工业领域，还包括一些城市公用事业，以及金融、贸易、仓储和房地产等企业。由于美国对新中国实行封锁禁运，许多依靠进口商品和原料的在华外资企业的业务陷于停顿状态。

1950年6月朝鲜战争爆发后，美国进一步加紧了对华禁运。中国政府也加速了对外国在华经济势力的清理。1950年11月5日，外交部向全国各地发出《关于外资企业处理办法的初步意见》：一是区别外资企业所属国家。首先应以美国在华企业为主要对象，对英资及其他外资亦得加强管制使之适应中国的需要。二是凡与中国国防有关及对中国社会秩序有重大影响而处理后对中国有利无害或利多害少者，首先予以处理；尚对中国经济有利或利多害少者，可较缓处理，但也应加强管制。三是对首先处置的外资企业，视情况按军事管制全面接管及没收程序加以处理。四是银行、保险、进出口业及轮船业，可较缓处理。五是处理外资企业应有公开的法律依据。同年12月16日，美国政府悍然宣布管制中国在美全部公私财产，冻结并禁止一切在美国注册船只开往中国。在这种情况下，1950年12月28日，政务院发布《关于管制美国在华财产冻结美国在华存款命令》，决定中华人民共和国境内之美国政府和美国企业的一切财产，均由当地人民政府加以管制并进行清查；中华人民共和国境内所有银行的一切公私存款，即行冻结。对于在华外国企业，人民政府根据不同情况，分别予以征用、代管、征购或加强管制促进其自行结束。至1952年年底，已处理的美国企业占美国在华总资产的94%，已清理的英国企业占其在华总企业的63%①。

对外国私人或团体的房地产也进行了清理。对隐匿的敌产、逆产及美产予以没收。对外国人在市内占有的空地，根据市政建设的需要，个别或分批收回。对大量出租或经租房地产的外国房地产商、个人或企业，不承认其合法，而以对价转让、代管、收回等方式予以解决。对外国团体房地产，收回土地，以转让、征用、代管方式处理其房产。到1956年，共处理这类地产面积的98.9%，房产的近80%②。

四、坚决维护民族独立和国家安全，反对帝国主义的侵略政策和战争政策

帝国主义对中国的威胁，主要来自西方头号强国美国。毛泽东说：过去日本统治过中国。之后美国代替了日本。在这两个阶段，英国都改变了对中国的态度，中英之

① 裴坚章主编：《中华人民共和国外交史（1949—1956）》，世界知识出版社1994年版，第265—268页。

② 裴坚章主编：《中华人民共和国外交史（1949—1956）》，世界知识出版社1994年版，第269—270页。

间“基本的争论是不多了”，中法关系“同样是这样”。所以，“过去是日本人的问题，现在是美国人的问题”①。

1950年6月，朝鲜战争爆发。美国当即宣布武装援助南朝鲜，干涉朝鲜事务，并派海军第七舰队开入台湾海峡，侵犯中国的主权。以美国为首的所谓“联合国军”悍然越过“三八线”，把战火烧到鸭绿江边，直接威胁中国的国家安全。

面对这种严峻的形势，以毛泽东为主席的中共中央以大无畏的精神作出了抗美援朝的决策。中国人民志愿军与朝鲜人民军一起，把美国等国的侵略军赶回到“三八线”附近，从而赢得了抗美援朝战争的胜利。这个胜利具有极其伟大的意义。

第一，抗美援朝战争的胜利不仅保卫了朝鲜民主主义人民共和国的主权、独立，而且保卫了新中国的安全。因为朝鲜战争爆发后，中国的台湾被美国控制，如果整个朝鲜也被它占领了，新中国就会处于美国势力南北夹击的态势之下，而美国随时可以找到借口对中国进犯，中国的国家安全从根本上就失去了保障。正因为如此，毛泽东指出，“如美帝得胜，就会得意，就会威胁我”。我们“对朝鲜不能不帮，必须帮助”②。他坚信：“应当参战，必须

① 《毛泽东外交文选》，中央文献出版社、世界知识出版社1994年版，第158页。

② 逄先知、金冲及主编：《毛泽东传（1949—1976年）》上，中央文献出版社2003年版，第109页。

参战。参战利益极大，不参战损害极大。”[①] 从某种意义上可以说，中美之间的这场直接较量，是人民解放战争在特定条件下的继续；不经过这场较量，美国不会承认中国革命已经胜利的事实。如果说，苏维埃俄国是在本土上打败 14 国武装干涉之后才巩固起来的，那么，中国革命胜利之后正是通过支援朝鲜进行抗美战争把这个任务实现了。

第二，抗美援朝对于中国恢复国民经济和开展各项建设事业直接起到了保障的作用。毛泽东指出，如果“我们不出兵让敌人压至鸭绿江边，国内国际反动气焰增高，则对各方都不利，首先是对东北更不利，整个东北边防军将被吸住，南满电力将被控制”[②]。如果不打回“三八线”，前线仍在鸭绿江和图们江东，沈阳、鞍山、抚顺，这些地方的人民就不能安心生产。中国出兵朝鲜，和朝鲜人民一起打回“三八线”，守住“三八线”，这才得以避免上面所说的那种严重局面，东北人民乃至全国人民就可以安心搞生产、搞建设了。

第三，抗美援朝战争给予美国的干涉主义以有力的打击和严重的警告，为中国争取到了相当长时期的和平建设的环境。毛泽东指出，在朝鲜战场上，我们同美国军队打了 33 个月，把它的底摸熟了。我们的结论是：“美帝国主义并不可怕，就是那么一回事。”“我们的经验是：依靠人

① 《毛泽东文集》第六卷，人民出版社 1999 年版，第 104 页。
② 《毛泽东文集》第六卷，人民出版社 1999 年版，第 103 页。

民，再加上一个比较正确的领导，就可以用我们的劣势装备战胜优势装备的敌人。”这场战争有效地警告了美国：“现在中国人民已经组织起来了，是惹不得的。如果惹翻了，是不好办的。”美国统治集团中的一些人也承认：“神话破灭了。美国原来不是像人家所想象的那样一个强国。”（马歇尔语）他们感到：“以非共产主义国家稀少的地面部队与这一共产主义大陆进行陆地战，将是一场没有胜利希望的战争。”（胡佛语）正因为如此，毛泽东说，抗美援朝战争的重大意义之一，就是“推迟了帝国主义新的侵华战争，推迟了第三次世界大战”[①]。这个判断是以充分的事实作根据的。

在抗美援朝战争结束后的1954年召开的第一次全国人民代表大会上，毛泽东指出，“我们的总任务是：团结全国人民，争取一切国际朋友的支援，为了建设一个伟大的社会主义国家而奋斗，为了保卫国际和平和发展人类进步事业而奋斗。”[②] 很明显，为了争得国际和平，争得进行社会主义建设的和平的国际环境，我们不能依靠向帝国主义乞求，而必须与世界人民一起，向帝国主义的侵略政策和战争政策进行坚持不懈的斗争。

新中国成立初期，毛泽东就明确地指出，“帝国主义阵营的战争威胁依然存在，第三次世界大战的可能性依然存在”，但是，只要全世界的和平民主力量团结起来并得

① 毛泽东：《抗美援朝的伟大胜利和今后的任务》，1953年9月12日。
② 《毛泽东文集》第六卷，人民出版社1999年版，第350页。

到进一步的发展，“新的世界战争是能够制止的”。各国人民应当“既不受帝国主义的利诱，也不怕帝国主义的威胁”，敢于同它们的挑衅进行坚决的斗争[①]。对于美国的反共喧嚣，毛泽东认为，必须认清它在当前的真实意图。他说，美国反共，这是事实。但“据我看，美国反共是把它当作个题目来做文章，以达到他们另外的目的，首先是占据从日本到英国的这个中间地段”。“美国的目标是占领处在（美国、苏联和中国之间——作者注）这个广大中间地带的国家，欺负它们，控制它们的经济，在它们的领土上建立军事基地，最好使这些国家都弱下去，这包括日本、德国在内。”在这个中间地带，既有广大的发展中国家，也有发达的资本主义国家。所以，“中国、苏联、英国和其他各国彼此靠拢些，观点不要一成不变，情况就可以改善”[②]。这就是说，为了保卫世界和平，为了反对美国称霸世界的计划，我们在主要依靠世界人民、团结广大发展中国家进行斗争的同时，还应当利用美国与其他资本主义国家之间的矛盾，争取与美国以外的发达的资本主义国家发展关系，以便在条件具备时与之建立反对霸权主义的统一战线。

毛泽东强调：“我们现在需要几十年的和平，至少几十年的和平，以便开发国内的生产，改善人民的生活。我

---

① 《毛泽东外交文选》，中央文献出版社、世界知识出版社 1994 年版，第 136—137 页。

② 《毛泽东外交文选》，中央文献出版社、世界知识出版社 1994 年版，第 159—161 页。

们不愿打仗。”“我们应该共同努力来防止战争，争取持久的和平。”他认为，帝国主义如果真要发动世界战争的话，那在实际上对它们自己是不利的。因为“要搞战争的话，就要动员人民，就要使人民处于紧张状态，并且使他们学会打仗。但是，人民结合起来以后，势必会产生革命”。所以，“如果再打大战，我看美国不一定得利，而且美国本身就会发生问题。如果再打大战，西亚和非洲的大部或全部、整个拉丁美洲都会脱离帝国主义”。就现实的情况来说，在社会主义国家和帝国主义国家主要是美国之间，究竟谁怕谁？他认为，应该说“都怕”，但“帝国主义怕我们多一点”。所以，“现在帝国主义要打世界大战也不那么容易，打起来的结果如何，他们要考虑”。当然，“总要估计到有两种可能性。除了好的可能性，还有一种坏的可能性，就是帝国主义要发疯”①。总之，我们是坚持和平反对战争的。但是，如果帝国主义一定要发动战争，我们也不要害怕。我们对待这个问题的态度，同对待一切“乱子”的态度一样，第一条，反对；第二条，不怕。只有处于有戒备的状态，我们在这个问题上才有主动权。

---

① 《毛泽东外交文选》，中央文献出版社、世界知识出版社 1994 年版，第 281—282 页。

五、争取同资本主义国家和平共处，注意利用资本主义文明的积极成果来建设社会主义

中华人民共和国成立的当天，毛泽东就代表中国政府宣布：凡愿遵守平等、互利及互相尊重领土主权等项原则的任何外国政府，本政府均愿与之建立外交关系。1954年6月，周恩来总理访问印度、缅甸，中印、中缅总理分别在联合声明中倡导把和平共处五项原则，即互相尊重主权和领土完整、互不侵犯、互不干涉内政、平等互利、和平共处五项原则，作为国际关系的准则。毛泽东指出，“不同的制度是可以和平共处的”。社会主义国家和“非社会主义的事物，像资本主义、帝国主义、封建王国等”也“能共处”，“只需要一个条件，就是双方愿意共处”。他强调，和平共处五项原则是一个长期方针，不是为了临时应付的，“应当把五项原则推广到所有国家的关系中去”。“就是西方国家，只要它们愿意，我们也愿同它们合作。我们愿意用和平的方法来解决存在的问题。”①

由于美国政府坚持敌视新中国的立场，新中国在具体处理同西方资本主义国家的关系时的方针，主要是依据各国的不同情况，区别对待。首先，把它们同美国区别开来，

---

① 《毛泽东外交文选》，中央文献出版社、世界知识出版社1994年版，第165、第210页。

以利于集中力量孤立打击美国的反华和侵略战争政策。其次，根据各国对新中国的不同态度等予以区别对待。按照这个方针，新中国在这个时期由首先同和平中立或有和平中立倾向的北欧各国和瑞士建立了外交关系。英国和荷兰虽较早承认新中国，但在同国民党集团的关系上态度暧昧，并且参加了美国的侵朝战争和对华禁运，所以中国只同它们建立半外交关系。对于没有承认新中国且与国民党集团保持外交关系的其他资本主义国家，中国主要是同它们发展民间往来和贸易文化交流①。对于美国，我们同它实行的对中国在政治上孤立、经济上封锁、军事上威胁的政策进行了坚决的斗争，并为此从 1950 年至 1953 年我们还在朝鲜战场上同它直接进行了 33 个月的武装较量。与此同时，我们也一再表示，新中国愿意同美国和平共处。毛泽东说，我们“希望美国也采取和平共处的政策。美国这样的大国如果不要和平，我们就不得安宁，大家也不得安宁”。他还说，“如果美国愿意签订一个和平条约，多长的时期都可以，五十年不够就一百年，不知道美国干不干。现在的主要问题就是美国”。他认为，“对付美国人是要有一点办法的”。要有两条，“第一是坚决斗争，每天都要叫”，“第二是不要着急”②。为协商中美双方间有争议的问题，我们从 1955 年 8 月开始同美国开始了马

---

① 裴坚章主编：《中华人民共和国外交史（1949—1956）》，世界知识出版社 1994 年版，第 294—295 页。

② 《毛泽东外交文选》，中央文献出版社、世界知识出版社 1994 年版，第 161、第 213、第 274 页。

拉松式的大使级会谈。

对于新中国来说，主张同所有国家包括资本主义国家和平共处，不仅是为了争取一个进行建设的和平的国际环境，同时也是为了学习其他民族的长处，同其他国家进行经济、文化等方面的交流，从而为自身的发展创造有利的条件。新中国成立后，毛泽东曾多次提出向外国学习的问题。1954 年 12 月，毛泽东对外国友人说，“各个民族都有特点和长处可以学习”，“各民族间应该交流长处”。“我也希望到世界各国去走走。我是中国的土人，很少到外国去”。1955 年 10 月，他在同日本友人交谈时，再次讲到：“世界各个民族都是向前发展的，都有它的长处”，中国的缺点很多，经济、文化落后，“你们有很多东西是我们应该学习的”。“我也想到别的国家去看一看，甚至还想去美国看一看，把中国人民的友谊表示表示，但现在却没有希望实现”[①]。1956 年 4 月，周恩来在同新西兰友人谈话时，联系历史上的经验教训，明确指出：闭关自守是阻碍进步的。中国在世界上产生比你们的国家早得多，但因为长期闭关自守，所以进步很慢。闭关自守是不好的。但是现在不是我们自己闭关，而是美国要关住我们，不让我们同各国往来[②]。同月，毛泽东在《论十大关系》一文中正式提出了“向外国学习的口号”。这里的外国，

---

① 《毛泽东外交文选》，中央文献出版社、世界知识出版社 1994 年版，第 185—186、第 222—223 页。

② 裴坚章主编：《中华人民共和国外交史（1949—1956）》，世界知识出版社 1994 年版，第 364 页。

是包括资本主义国家在内的。他说："我们的方针是，一切民族、一切国家的长处都要学，政治、经济、科学、技术、文学、艺术的一切真正好的东西都要学。"我们应当如何向外国学习尤其是资本主义国家学习呢？对于这个问题，毛泽东作出过深刻的论述。他主张，第一，要弄清楚什么是外国的长处、优点和短处、缺点。要学习他们的长处、优点，"他们的短处、缺点，当然不要学"①。他尤其强调："外国资产阶级的一切腐败制度和思想作风，我们要坚决抵制和批判。但是，这并不妨碍我们去学习资本主义国家的先进的科学技术和企业管理方法中合乎科学的方面。工业发达国家的企业，用人少，效率高，会做生意，这些都应当有原则地好好学过来，以利于改进我们的工作。"第二，即使是外国的长处，我们也必须有分析有批判地学，不能盲目地学，不能一切照抄，机械搬运。学习要联系中国的实际，要同创造结合起来。他认为，"在技术方面，我看大部分先要照办，因为那些我们现在还没有，还不懂，学了比较有利。但是，已经清楚的那一部分，就不要事事照办了"。第三，不要因为学习外国就妄自菲薄。他说，中国过去是殖民地、半殖民地，历来受人欺负。"有些人做奴隶做久了，感觉事事不如人，在外国人面前伸不直腰，像《法门寺》里的贾桂一样，人家让他坐，他说站惯了，不想坐。在这方面要鼓点劲，要把民族自信心提高起来，把抗美援朝中提倡的'藐视美帝国主

① 《毛泽东文集》第七卷，人民出版社1999年版，第41页。

义’的精神发展起来”[①]。

对于新中国是否应当同资本主义同家发展经济往来、进行通商贸易这个问题，中国共产党和人民政府一开始就是明确的。1949 年 9 月人民政协制定的《共同纲领》规定：中华人民共和国可在平等和互利的基础上，与各外国的政府和人民恢复发展通商贸易关系。新中国成立初期，我们即同已经建交或半建交的北欧各国、瑞士以及英国、荷兰等资本主义国家发展了官方的和民间的各种关系和贸易往来，而且对没有建交的资本主义国家采取“民间先行，以民促官，以民带官，官民并举”的方针，首先开展民间的往来，进行经济、文化交流。比如，1955 年年初，中国向瑞士订购了 5 套列车电机设备。瑞士成为西方世界中第一个向中国出口成套设备的国家。芬兰则向中国出口了铜、油船和货船等西方对中国禁运的物资。

在努力发展与世界各国包括资本主义国家的关系的同时，毛泽东又指出，如同中国的革命一样，中国的建设也“是依靠发挥中国人民自己的力量为主，以争取外国援助为辅”。“那种丧失信心，以为自己什么也不行，决定中国命运的不是中国人自己，因而一切依赖外国的援助，这种思想是完全错误的”[②]。（这是 1956 年 8 月毛泽东在审阅中共中央对党的第八次代表大会的政治报告稿时加写的文字——作者注）

---

① 《毛泽东文集》第七卷，人民出版社 1999 年版，第 42、第 43 页。

② 《毛泽东外交文选》，中央文献出版社、世界知识出版社 1994 年版，第 245 页。

从上面的叙述，我们可以清楚地看到，在中国进入社会主义时期以后，以毛泽东为代表的中国共产党人已经具有了利用资本主义文明的积极成果来建设社会主义的思想。

总体来说，新中国成立初期的1949—1956年，中国共产党、中华人民共和国政府对西方发达国家采取的方针、政策，符合中国人民和世界人民的根本利益，符合当时的实际情况，体现了原则的坚定性和策略的灵活性的有机结合，因而在实行的过程中取得了伟大的成功。

第二辑

毛泽东、毛泽东思想及其历史地位

DI－ER JI

MAO ZEDONG、MAO ZEDONG SIXIANG JIQI LISHIDIWEI

毛泽东和中国革命的新道路*

中国共产党领导的人民革命是沿着一条独特的道路走向全国胜利的。这条新的革命道路的开辟，是以毛泽东为代表的中国共产党人对马克思列宁主义关于国家与革命的学说的伟大的新贡献。

中国革命是俄国十月革命的继续。在坚持无产阶级领导权、坚持工农联盟、坚持暴力革命这些基本点上，中国革命和俄国革命是相同的。但是，在夺取政权的具体途径上，中国革命又具有自己的特点。毛泽东指出，与俄国这样的资本主义国家不同，在半殖民地半封建的中国，“共产党的任务，基本地不是经过长期的合法斗争以进入起义和战争，也不是先占城市后取乡村，而是走相反的道路”①。这也就是说，中国革命的这条新道路具有两个主要的特点，即：一是斗争的主要形式是长期的革命战争；

---

* 本文发表于《北京大学学报》1983 年第 5 期。

① 《战争与战略问题》，《毛泽东选集》一卷本，人民出版社 1966 年版，第 530 页。

二是进攻的主要方向是先占乡村后取城市。

很明显，只有能够同时概括这两个主要特点的提法，才是关于中国革命新道路的确切的表述。

关于中国革命的新道路问题，下列几种提法，我以为是比较确切的：

一是“以武装革命的农村包围并且最后夺取反革命占据的城市”①。

二是“以武装斗争为主要形式，建立农村革命根据地，以农村包围城市，最后夺取全国政权”②。

三是“在无产阶级领导下，以武装斗争为主要形式，根据地为依托，土地革命为主要内容，走以农村包围城市，最后夺取城市的道路”③。

四是“农村包围城市，武装夺取政权”④。

这些提法之所以比较确切，是因为它们把中国革命新道路的主要特点即斗争的主要形式是战争和主要的进攻方向首先是农村这两个方面同时加以指明了。

为了行文简洁起见，本文将主要采用“农村包围城市、武装夺取政权”这个提法。

---

① 胡乔木：《中国共产党的三十年》，1951 年。

② 粟裕：《激流归大海》，1978 年 12 月 1 日《解放军报》。

③ 《中国共产党历史教学大纲》（上编），中国人民大学出版社 1980 年版。

④ 《中国共产党历史讲义》（上册），上海人民出版社 1980 年版。

一、中国革命新道路的开辟和毛泽东的杰出贡献

农村包围城市、武装夺取政权这条中国革命的新道路的开辟，是1927年大革命失败以后的事。

1927年大革命失败以后，国民党新军阀在全国范围内建立了反革命的统治，白色恐怖遍布广大的城乡。中国共产党领导的人民解放斗争由此进入了最艰苦的时期。敢不敢坚持革命？怎样坚持革命，即革命应走什么道路？这就是摆在党的面前的两个带根本性的问题。

对于敢不敢坚持革命的问题，中国共产党人的回答是明确而坚定的。他们英勇地冲破反革命恐怖统治的高压，在黑暗的中国高高地举起了革命的光辉旗帜。但是，对于怎样坚持革命即革命应当走什么道路的问题，却不是一开始就弄清楚的了。为了回答这个问题，他们经历了漫长而曲折的摸索过程，付出过极其高昂的代价。

在1927年8月7日召开的中共中央紧急会议上，“找着新的道路”① 这一任务就已经被提出来了。会议总结大革命失败的惨痛教训，“提出土地革命底中心口号，指出无产阶级与农民要推翻反动的国民党中央政权底目标，定出武装起义的总方针”②，从而纠正了陈独秀投降主义忽视农民问题和武装斗争问题的严重错误，使党在政治上大

① 《中共“八七”会议告全党党员书》，1927年8月7日。

② 《中国共产党第六次代表大会底决议案·政治决议案》，1928年7月9日。

进了一步。不过，“找着新的革命道路”这一任务还是没有完成。当时，党还不认识中国革命的主要斗争形式是战争，党应把主要精力用于领导战争方面。“建立工农的革命军”这一任务是提出来了，却又认为它“只能当作工农武装的副力看”[①]，否则就是“单纯的军事投机”，就会犯“枪杆子主义”的错误。党也还没有形成以乡村为工作重点的思想。发动农民起义这一任务是提出来了，却又强调工人应“即刻准备能响应乡村农民的暴动”，“而建立革命平民的民权的城市政府”[②]。

正因为当时的党还没有解决中国革命的道路问题，这种认识上的不明确，在实际斗争中反映出来，就是大革命失败以后的三次著名的武装起义，都是以占领中心城市为主要目标的。1927 年 8 月 1 日的南昌起义，原定计划是南下广东，先取东江，充实力量，次取广州，建设革命的新根据地，准备第三次北伐。9 月 9 日的湘东赣西秋收起义，也是计划夺取长沙的，原决定起义后，部队分三路会攻长沙，长沙城内则组织工人暴动与之配合。12 月 11 日的广州起义，不仅直接发生在中心城市，而且是企图依靠起义工人和士兵的力量来守卫这个中心城市的。无疑地，这几次起义在中国革命史上有着伟大的历史意义；不过，上述情况也说明，城市中心论，这在当时还是全党的一个共同的认识。

---

① 《中央致朱德并转全体同志的两封信》，1927 年 12 月 21 日、27 日。

② 《最近职工运动决议案》，1927 年 8 月。

本来，人们对于事物的认识，总是要在实践的基础上经过多次反复才能完成的。对于1927年以后中国革命应走什么道路这样的新问题，党一时还缺乏明确的认识，这并不奇怪。革命者总是在实践中学习并逐步校正自己的主观认识的。值得注意的是，以占领中心城市为目标的起义固然是先后遭到失败了，起义失败后保留下来的部队却都经过摸索，逐步地转向了农村，并在那里开始了发动农民、开展土地革命、建设工农政权的新的斗争。比如，南昌起义部队在潮汕失败后，一部分即由董朗等率领转移到海陆丰与当地农民会合；一部分则由朱德、陈毅率领，转移到了闽粤边界的农村区域活动。当时，起义军的领导人曾在香港与广东省委召开联席会议，“决定命令它们两处军队，各就所在地与农民结合，努力进行农村斗争”。后来，到达海陆丰的部队参加了当地农民的十月起义；朱德等率领的部队则经过几个月的艰苦斗争，已经开始探索上山打游击，开展农村革命的新的革命途径，到1928年1月湘南暴动时，更打出了工农革命军的旗号，开始着手建立工农革命政权，“打土豪、分田地”的口号也提出来了。又如，秋收起义受挫后，毛泽东即在9月19日于文家市集合部队向南进军，并于10月到达湘赣边界的井冈山地区，开始了创建农村革命根据地的伟大斗争。再如，广州起义失败后，起义部队一部分突围到了海陆丰；一部分在韶关附近寻着了朱德率领的队伍，以后上了井冈山；一部分从西北郊转入农村继续战斗，以后并参加了广西左右江地区的起义。这些事实有力地表明，到农村去发动农民，进行土地革命，开展武装斗争，这是中国革命发展的客观规律所要求的，是一种历史的必然性。“激流归大海”。在当时环境的驱使下，确实有许多人摸索着走到这条道路上来了。这条道路的开辟，依靠了党和人民的集体奋斗，凝聚着他们的集体智慧。它不是也不可能是任何天才人物个人的发明创造。

当然，指出这一点，绝不是意味着否认个人的杰出作用。事实上，对于中国革命的新道路的开辟，毛泽东是作出了最卓越的贡献的。在中国革命的严重转折关头，他不仅表现了政治上的极大的坚定性，而且显示了伟大的创造才能。他由于深刻地总结了党和人民在集体奋斗的基础上所积累的丰富经验，正确地揭示了1927年以后中国革命发展的特殊规律，因而成了开辟这条新道路的光辉旗手。

第一，在实践上，他首先自觉地把武装斗争的攻击方向指向了农村。在秋收起义部队进攻长沙的计划受挫之后，中共中央曾于9月17日致书湖南省委，认为“客观上湖南暴动的前途仍尚有希望”，因而主张“此时省委应一面命令萍浏平一带农军进攻长沙，一面立即爆发长沙的暴动”。而在第一线指挥战斗的毛泽东却从这个挫折中汲取了教训，懂得在敌我力量对比如此悬殊的条件下，进攻长沙这样的中心城市是不可能取得成功的。9月19日，他在文家市主持召开的前敌委员会会议，就否定了“取浏阳直攻长沙”的主张，决定起义部队为“保存实力，应退萍乡”，随后并率部转战千里，到达罗霄山脉中段，开创了井冈山地区工农武装割据的局面。这个具有历史意义的行动，曾经受到中央和湖南省委的非难。毛泽东后来回忆说："由于秋收起义的纲领没有得到中央委员会批准，又由于第一军遭受严重损失，而且从城市观点来看，这个运动好像是注定要失败的，因此中央委员会这时明确地批评我。我被免去政治局和党的前委的职务。湖南省委也攻击我们，说我们是'枪杆子运动'。尽管这样，我们仍然在井冈山把军队团结起来了，深信我们执行的是正确的路线。后来的事实充分地证明了这一点。"① 毛泽东所点燃的井冈山的星星之火，划破了黑暗中国的夜空，给苦难的人民带来了光明和希望。它召唤着一批又一批的革命者奔向农村这个广阔的天地。

第二，在理论上，他阐明了武装斗争在中国的特殊重要性，论述了农村应当成为党的工作中心的思想。早在1927年"八七"会议时，毛泽东就明确指出，"政权是由枪杆子中取得的"，强调"以后，要非常注意军事"。在9月初中共湖南省委部署秋收起义的会议上，他再次指出，必须"实行在枪杆子上夺取政权，建设政权"，强调"现在应以百分之六十的精力注意军事运动"②。在井冈山时期，他更进一步提出，"以农业为主要经济的中国的革命，以军事发展暴动，是一种特征"；他并且"建议中央，用大力做军事运动"③。而对于这个问题，中共中央在一个相当长的时间内，认识是不明确的。党的工作重心

① 埃德加·斯诺：《西行漫记》。

② 彭公达：《关于湖南秋收暴动的报告》，1927年10月8日。

③ 毛泽东：《井冈山的斗争》，1928年11月。

仍旧放在准备城市起义和白区工作方面，而没有放在领导革命战争上面，就说明了这一点。这种情形，直到1933年中央迁入根据地以后才得到根本的改变。

当时的革命战争主要地就是农村游击战争。由于敌人十分强大，红军极为弱小，因此，1927年秋和1928年春中国游击战争发生不久，井冈山根据地中就有人提出了“红旗到底打得多久”的疑问。由于这是一个最基本的问题，不答复这个问题，中国革命就不能前进一步，因此，1928年5月，毛泽东主持召开的湘赣边界党的第一次代表大会，就对于这个问题作出了肯定的答复；同年10月，他在为湘赣边界党的第二次代表大会起草的决议中，又进一步对于“中国的红色政权为什么能够存在”这个问题进行了详细的论证。这就给予了从事农村斗争的人们以重要的理论武装，极大地增强了他们建设农村根据地的信心和决心。当然，正如周恩来所指出的那样，关于把工作中心放在乡村，共产党代表无产阶级来领导农民游击战争，他当时也“还没有这些思想，他也还是认为要以城市工作为中心的。开始他还主张在闽浙赣边创造苏区来影响城市工作，配合城市工作”。但是到了1930年1月，他在写给林彪的信（即《星星之火，可以燎原》一文）中，就明确指出“要创造红色区域，实行武装割据，认为这是促进全国革命高潮的最重要因素”，这“也就是要以乡村为中心”① 的思想了。实际上，在这之前，即1929年年底，

① 周恩来：《关于党的“六大”的研究》，1944年3月。

以他为书记的红四军前敌委员会就已经提出过“农村工作是第一步，城市工作是第二步”的明确主张。而当时，中共中央的许多领导人却还是固执着城市中心论的。同年5月，中共中央机关刊物《红旗》就以记者的名义正式批评了“农村包围城市”的思想，认为“这无论在理论上或事实上都是不通的”。6月，中央政治局更在正式决议中宣称，“不特别注意城市工作，想‘以乡村包围城市’，‘单凭红军来夺取城市’，是一种极错误的观念”，并且严厉地指责坚持农村根据地的斗争“是一种农民意识的反映”，要求全党必须“冲破农民意识的地方观念和保守观念”的束缚。这个情况，也从另一个方面说明，毛泽东在当时提出以乡村为中心的思想，确实是很难能可贵的。

第三，在实际工作中，他总结群众斗争的经验，创造性地解决了为坚持和发展农村根据地所必须解决的一系列根本问题。

首先是党的建设问题。周恩来说过，“讲到乡村中心的时候，还必须联系到一个问题，即农民必须由无产阶级政党领导”。“只有中国党经过长期的实践，证明在脱离城市无产阶级的情况下，也能够锻炼成为一个坚强的布尔什维克党，这才能得出这个结论来”[①]。当时，中共中央就认为，“不要城市，就是否认共产党是无产阶级的政党，（就）是否认无产阶级的领导，结果党就只有变成小资产阶级农民党”。在长时期中，共产国际的领导人也担

---

① 周恩来：《关于党的“六大”的研究》，1944年3月。

心中国党“离开工人阶级太远了”，他们对于中国党在农村也可以保持无产阶级先锋队的性质这一点是“不以为然”的。毛泽东的贡献就在于，他总结实际斗争的经验，把在分散的农村游击战争的环境下，在党的组织基础的最大部分是由农民及其他小资产阶级出身的成分构成的情况下，如何建设无产阶级政党这个问题逐步地加以解决了。在井冈山时期，他就指出，“无产阶级思想领导的问题，是一个非常重要的问题”。因为“边界各县的党，几乎完全是农民成份的党，若不给以无产阶级的思想领导，其趋向是会要错误的”。随后，他在为红四军党的第九次代表大会起草的著名决议即古田会议决议中，进一步列举了党内非无产阶级思想的种种表现，揭示了这些思想产生的根源，强调了“纠正党内的错误思想”和“对党员作正确路线的教育”的重要性，并提出了克服这些思想的办法，从而为加强党的建设指明了方向。

其次是军队建设的问题。由于武装斗争是中国革命的主要斗争形式，没有一支坚强的人民军队，要坚持农村武装割据是根本不可能的。由于军队的主要成分是农民，要把这支主要由农民组成的军队建设成为一支无产阶级领导下的新型人民军队，这确实是一项艰巨的任务。毛泽东在领导秋收起义部队进行三湾改编时，就确立了党对军队的绝对领导的原则和建立了军队内部的民主主义制度；在井冈山时期，他规定红军必须担负打仗、做群众工作和筹款三项任务，并手订了三大纪律、六项注意（以后发展为八项），提出了正确处理军政、军民、官兵关系的准则和优待俘虏、瓦解敌军的政策。1929 年 12 月，他为古田会议起草了决议。这个决议总结了人民军队创始以来党在同各种错误思想作斗争中积累起来的丰富经验，使红军完全建立在马克思列宁主义的基础上，将一切旧式军队的影响都肃清了。这个决议不但在红军第四军实行了，后来各部分红军都先后不等地照此做了，这样就使整个中国红军完全成为真正的人民军队。

再次是人民战争的战略战术问题。在政治经济发展不平衡的半殖民地的中国，在土地革命中生长起来的弱小的红军如何同强大的敌人作战，这在古今中外的兵书中都是找不到现成答案的。在井冈山时期，从 1928 年 5 月开始，在毛泽东等的领导下，适应当时情况的带着朴素性质的游击战争基本原则，即所谓“敌进我退，敌驻我扰，敌疲我打，敌退我追”的十六字诀，就已经产生出来了。1930 年 10 月第一次反“围剿”战争时，又提出了“诱敌深入”的方针；到 1931 年秋第三次反“围剿”战争结束，全部红军作战的原则就形成了。这种建立在人民战争的基础之上的作战原则，成了人民军队克敌制胜的法宝。

正由于解决了党和军队的建设问题以及人民战争的战略战术问题，党所领导的农村武装斗争才有可能避免重演历史上的农民战争或者因遭到镇压而失败、或者被利用作为改朝换代的工具而变质这种悲剧，而胜利地走向自己确定的革命目标。

尽管 1935 年遵义会议以前，毛泽东在组织上并不是全党的领袖，他所领导的斗争和他所概括的经验还是在广大的范围内发生了极其深刻的影响。许多革命者从中得到了鼓舞和启示。比如，1928年冬，中共中央派往鄂豫边传达“六大”决议的代表即曾“想仿效过去湘赣边界特委的例”，“提议把湖北省的黄安、麻城，河南省的商城、光山，安徽省的六安等县，联络起来，建立一个苏维埃区域”。1929年5月，鄂东北特委在给中央的报告中，更明确提出“学井冈山的办法”，并建议“合组一鄂豫皖边界特委”，以创造整个大别山脉的武装割据。又如，1929年秋，湘鄂西前委在给中央的报告中，也提到“我们的战术，也同朱毛方面红军所指示的军事原则一样”，“对于此一重大的军事，决不冒险，当视敌我力量，酌处或进或退”。对于毛泽东等所总结的某些经验，有一个时期，中央和中央军委还曾经向全党和全军作过介绍。比如，1929年3月，中央在给贺龙和湘鄂西前委的信中曾指出，“在朱毛军队中”，“因为每连都有（党）组织，所以在平日及作战时，都有党的指导和帮助”，要他们“将来部队进行建党时”，“参考”这个经验[1]。又如，1930年1月，中央军委主办的《军事通讯》曾刊登陈毅所写的红四军的历史及其情况的报告，并在编者按语中指出：“在瑞金独立政权中，可以见到许多宝贵的经验”，“这在中国是独一无二的，在世界是未之前见或未之前闻的”，“大家应当向这些经验学习”[2]。在土地革命战争中，毛泽东、朱德

① 《中央给龙兄及前委诸同志的信》，1929年3月27日。

② 《军事通讯》创刊号，1930年1月。

同志直接领导的红军第一方面军和中央革命根据地起了最重要的作用，这是一个历史的事实。

刘少奇在1945年党的“七大”上所作的报告中说过，“不管毛泽东同志在某几个历史时期，不能在形式上、组织上决定全党的行动，然而也正在这种时期，就愈加明白表示：真正我们党的历史，中国无产阶级与中国人民的正确的革命方向，是在毛泽东同志那里，是以毛泽东同志为代表为中心而继续着，存在着，发展着”。应该说，土地革命战争时期，就是这样的一个时期；中国革命新道路的开辟，就是这方面的一个突出例证。

二、毛泽东论中国革命的新道路

如前所述，在大革命失败后，毛泽东就已经指明了武装斗争在中国革命中的特殊重要性；到1929年年底1930年年初，他已经提出了乡村应成为党的工作中心的思想。在这以后，特别是在土地革命战争后期和抗日战争时期，他又在《中国革命战争的战略问题》、《论新阶段》、《战争和战略问题》、《中国革命和中国共产党》等著作中，对于中国革命的道路问题进行过比较系统的论述。这些论述，主要涉及下列三个方面的问题：

首先，是关于武装斗争在中国革命中的特殊重要性问题。列宁说过：“各国人民生活中的重大问题只能用强力才能解决。反动阶级总是自己首先使用暴力，发动内战，‘把刺刀提到日程上来’。”这就是说，暴力革命，这是各国人民革命的普遍规律。毛泽东也是持有这种观点的。但是，与此同时，他又强调，“以农业为主要经济的中国的革命，以军事发展暴动，是一种特征”，并且反复引证斯大林关于“武装的革命反对武装的反革命”“是中国革命的特点之一”这个论断。这又是为什么呢？

要回答这个问题，必须把俄国革命和中国革命的情况作一番比较。俄国无产阶级政党是在 1898 年成立的，从这以后，到 1917 年取得政权，中间经过了 20 年。在这 20 年中，只有 1905 年 12 月、1917 年 2 月和 1917 年 10 月举行过三次武装起义；其余绝大部分时间，俄国党只是在为这些起义做准备工作。在这个长时间里，那里的组织形式主要是合法的，如组织工会、成立议会党团等（当然也有秘密工作与之配合）；斗争形式是不流血的，如组织罢工、利用议会讲坛宣传党的主张等。只是经过长期的合法斗争，教育工人，生息力量，待到革命危机成熟时，才进行暴力革命。而且这种暴力革命，主要是短时间的起义，而不是长时期的战争。俄国党领导的三次起义，时间都很短促，其中十月革命延续的时间稍长，但也只有四至五个月。中国革命的情况就不同了。中国共产党成立于 1921 年。经过几年的群众工作的准备之后，它就参加了 1925 至 1927 年的广东战争和北伐战争；从 1927 年大革命失败以后，它又进行了十年内战、八年抗战、四年全国解放战争，接连打了 22 年的仗。这就是说，中国共产党从 1921 年成立到 1949 年取得政权，中间经过了 28 年。在这 28 年中，党差不多有 25 年是在战争中度过的。这也就是说，在中国，“主要的斗争形式是战争，而主要的组织形式是军队”。在中国，不是先经过长期的合法斗争以积蓄力量而后进入起义或战争；这个积蓄力量的工作主要地是在革命战争的过程中进行的，即在党的领导下，以革命军队打开一个地方，同时也就发动和组织起一片群众。在中国，不是经过起义一举夺取中央政权，而后把革命迅速地推向全国；而是经过战争首先在局部地区建立革命政权，而后逐步地、波浪式地把这种政权推向全国的。毛泽东所以把武装斗争看做是中国革命的“一种特征”，原因就在这里。

中国革命之所以具有这种特征，这是因为中国作为一个半殖民地半封建的国家，在内部没有民主制度，反动统治是依靠赤裸裸的反革命暴力维持的。因此，“无议会可以利用，无组织工人举行罢工的合法权利”，从而也就根本不存在经过长期的合法斗争来教育群众、积蓄力量的可能性。这种特殊的国情，决定了“中国无产阶级政党的主要的和差不多开始就面对着的任务，是联合尽可能多的同盟军，组织武装斗争，依照情况，反对内部的或外部的武装的反革命，为争取民族的和社会的解放而斗争”。“在中国，离开了武装斗争，就没有无产阶级和共产党的地位，就不能完成任何的革命任务”[①]。

对于中国革命的这个特点，犯有右倾机会主义错误的人们是不承认的。他们认为，“必须到了无产阶级统治了

---

① 毛泽东：《战争和战略问题》，1938年11月。

国内诸重要的工业和政治中心，然后才有组织红军及有在乡村建立苏维埃制度之必要的前提”。因此，他们攻击红军战争和农村武装割据是“机会主义的军事投机”，“在革命运动上没有一点意义，没有一点前途”。他们主张以召集国民会议为中心的口号，从事合法运动。这样，他们也就从根本上取消了中国革命。

犯有“左”倾教条主义错误的人们虽然在反对蒋介石、主张土地革命和红军斗争这些基本问题上同坚持正确路线的人们没有争论，但是他们固执着十月革命的具体公式，认为必须先完成争取群众的工作然后通过武装起义取得革命的胜利，而不懂得这个争取群众的工作主要地是在长期的革命战争的过程中才能完成的。正因为如此，他们反对“枪杆子里面出政权”的正确思想，认为这是不依靠群众的“枪杆子主义”。他们在一个长时期内不把主要精力用于战争方面，而用于城市工作和白区工作方面，就是同这种认识直接有关的。这种错误的认识，曾经给党的事业造成了严重的损害。

其次，是关于党的工作中心应在广大乡村的问题。中国共产党是无产阶级的政党。“要党不去用主要的力量与城市无产阶级联系，而把主要力量放在农村，这是史无前例的。共产国际的一切文献，一讲到无产阶级政党的领导，就是同工人运动联系在一起的”①。与这种传统的观念不同，毛泽东认为，党的工作中心应在乡村，党应以主

① 周恩来：《关于党的“六大”的研究》，1944 年 3 月。

要的力量去发动和组织农民。这种特殊的理论的客观根据是什么呢？它的根据就在于“中国革命是半殖民地的资产阶级民主革命和革命的长期性这两个基本特点”①。

在半殖民地的中国，农民占了全人口的大多数。他们是封建势力的主要压榨对象和帝国主义者的主要掠夺对象，因而他们是反帝反封建的民主革命的主力军。毛泽东指出，农民，这是中国工人的前身，中国工业市场的主体，中国军队的来源，中国民主政治的主要力量，中国文化运动的主要对象。中国的资产阶级民主革命实质上就是农民革命，中国的武装斗争实质上就是农民战争。广大农民所在的广大农村，理所当然地应成为中国民主革命走向胜利的主要的战略基地。

不应当忘记，这个革命是半殖民地中国的民主革命。一方面，在半殖民地的中国，自然经济已经趋向解体，资本主义已经有了一定程度的发展，与此相适应，新兴的无产阶级也已经成长起来了。这样，中国的农民战争就有可能得到无产阶级及其政党的领导而开创出与古代的单纯农民战争不同的胜利局面；另一方面，在半殖民地的中国，这里的城市乡村的情况和资本主义国家的城市乡村的情况有着根本不同的特点。在资本主义国家，城市在实质上和形式上都统制着乡村，城市之头一断，乡村之四肢就不能生存。比如，乡村的生产，就依靠城市供给农业机器、化学肥料、动力和交通工具才能维持，一旦城市的这些供应

---

① 毛泽东：《论政策》，1940年12月。

断绝，乡村的生产就要陷于瘫痪状态了。在半殖民地的中国，情况就不同。在这里，“城市虽带着领导性质，但不能完全统制乡村，因为城市太小，乡村太大，广大的人力物力在乡村不在城市”①。在某种意义上，乡村仍然是可以自给自足的，革命的乡村在脱离城市的情况下还有可能相对独立地存在下去；相反，一旦乡村革命化了，反革命占据的城市却由于人力、物力的供应来源被切断，要继续存在下来就成了问题。这样，把广大的乡村建设成为先进的革命的阵地，也就可以给予反革命的统治以致命的打击。

当然，即使在半殖民地的中国，城市终究也是政治、经济、文化的中心区域，如果能够首先占领城市，那对革命的迅速发展是有好处的；如果能够首先占领城市而不去占领，那是愚蠢的。事实上，“在一九二四年至一九二七年革命时期，由于国共合作建立了联合政府，当时的根据地是以某些大城市为中心的”，虽然“即在那个时期，也必须在无产阶级领导下建立以农民为主体的人民军队，并解决乡村土地问题，以巩固根据地的基础”②。这也就是说，决定党必须把工作重心转向农村的，并不仅仅限于“中国革命是半殖民地的资产阶级民主革命”这一点，这与“革命的长期性”这一点也是直接有关的。

1927 年大革命失败以后，有组织的革命力量被极大地

---

① 毛泽东：《论新阶段》，《解放》月刊 1938 年第 57 期。

② 《关于若干历史问题的决议》，1945 年 4 月中共六届七中全会通过。

削弱了，而反革命的力量则由于控制了全国性的政权、建立了庞大的军队和特务系统以及得到了国际帝国主义的支持而极大地增强了。这种情况，决定了中国革命的长期性和残酷性；决定了必须建立根据地，以积蓄和锻炼中国革命的力量，以便在长期的斗争中逐步地争取中国革命的胜利。到哪里去建立根据地呢？只有到广大农村去。尽管中国的反动派已经武装到牙齿，其常备军数量之多超过了当时世界上的任何一个国家；但由于它脱离人民，它想用这支200万人的军队来控制四亿五千万人口的国家，仍然是捉襟见肘、不敷应用的。这样，它就不能不把自己的主要力量部署在中心城市和交通要道，而广大农村则成了反革命统治的薄弱环节。毛泽东认为，“革命的胜利总是从那些反革命势力比较薄弱的地方首先开始，首先发展，首先胜利”[①] 的。因此，广大农村，这是建立革命根据地的最适宜的场所；以武装革命的农村包围被反革命占据的城市，这是复兴中国革命和争取中国革命胜利的唯一可行的道路。否则，就只有两种可能的选择：或者是放弃革命斗争而去同帝国主义及其走狗妥协，如同鼓吹合法主义的托陈取消派那样；或者是在力量不够的时候去同强大的敌人作决定胜负的战斗，如同犯“左”倾冒险主义错误的人们所主张的那样。这两者虽然性质有所不同，即一要取消革命，一要继续革命，但其结局却是共同的，那就是导致中国革命的失败。

① 毛泽东：《论反对日本帝国主义的策略》，1935年12月。

有必要指出，共产党内的一些人之所以反对乡村中心的思想，是同他们不能对无产阶级的领导作用和农民的主力军作用作统一的理解分不开的。在他们看来，似乎以乡村为中心，就是把无产阶级在革命中的领导作用否定了。正是从这种认识出发，1927 年 11 月，中共中央曾强调，必须“使暴动的城市成为自发的农村暴动的中心及指导者”，并且认为“轻视城市斗争，仅仅（把它）当作一种响应农民的力量，是很错误的”。党的“六大”和“六大”以后的中央虽曾明确肯定必须“赞助农民的游击战争”和“发展苏维埃根据地”，但同时也还认为，“农民的武装暴动只有在都市中革命潮流高涨并受工人阶级指导的时候，才可能胜利”，并且指出，轻视农民斗争固然是很大的错误，“过于重视农民斗争”也是一种极不正确的倾向。1930 年 5 月，《红旗》记者在反对“农村包围城市”的观点时所提出的主要论据，也就是认为这样做违反了“无产阶级是革命的领导者，农民是无产阶级的同盟者”这一马克思主义的基本原理。对于这种错误的认识和似是而非的观点，毛泽东是明确地提出了批评的。还在 1928 年 4 月 5 日，红四军前委在给中央的信中就已经指出：“抛弃城市斗争，是错误的；但是畏惧农民势力的发展，以为将超过工人的势力而不利于革命，如果党员中有这种意见，我们以为也是错误的。因为半殖民地中国的革命，只有农民斗争得不到工人的领导而失败，没有农民斗争的发展超过工人的势力而不利于革命本身的”[①]。后来，毛泽东更进一步指出，当时的农村武装割据本身，正“是半殖民地中国在无产阶级领导之下的农民斗争的最高形式，和半殖民地农民斗争发展的必然结果”[②]。应当说，这是一个意义重大的深刻见解。因为在中国，无产阶级及其政党的领导主要地就表现为它对于广大农民的领导，无产阶级及其政党之所以有力量主要地也在于它能够成为广大农民的政治领袖。不弄清楚这个道理，要树立以主要力量去实行农村武装割据的明确观念，要解决在新条件下的革命道路问题，是根本不可能的。

再次，是关于实行农村武装割据的条件问题。既然武装斗争是中国革命的主要斗争形式，农村应成为中国革命工作的中心，那么，是不是党就可以无条件地到农村去开展武装斗争和建设革命根据地呢？不是的。毛泽东指出，1927 年大革命失败后，中国农村根据地之所以能够存在，是因为在客观上和主观上都具备了一定的条件。

在客观上，一方面由于在地方的农业经济的基础上形成了封建性的军阀割据局面，而帝国主义争夺中国的矛盾又加剧了中国统治集团间的分裂；另一方面由于国民党新军阀的残暴统治激化了引起中国革命的诸种矛盾，并由此推动了全国革命形势的向前发展；这就使得强大的反革命力量被分散、被牵制、被削弱，从而为小块的农村根据地

① 毛泽东：《星星之火，可以燎原》，1930 年 1 月。

② 毛泽东：《星星之火，可以燎原》，1930 年 1 月。

的存在和发展提供了可能性。如果中国的统治集团是统一的，如果国民党新军阀的统治是稳定的，那么小块的农村根据地就将受到极其巨大的压力。在强大的反革命势力的统一而集中的攻击下，它的存在和发展几乎就是不可能的了。

还应当注意到，中国是经过了一次大革命的，这就准备好了红军的种子，准备好了红军的领导者共产党，又准备好了参加过一次革命的民众。一句话，准备好了为开展农村武装斗争所必需的革命的主观力量。如果没有真心实意地拥护革命的民众作为斗争的基础，如果没有新型的人民军队作为斗争的中心支柱，如果没有坚强的党组织作为斗争的领导者，仅仅依靠少数革命者到农村去开展武装斗争，那就根本不可能使自己在那里站稳脚跟并建立起根据地，更不必说使这种根据地得到巩固和扩大了。

阐明实行农村武装割据必须具备的条件，是很重要的。只有这样，才能既同那种怀疑农村的红色政权能够存在的右倾悲观思想划清界限，又同那种认为可以无条件地在农村发动武装暴动的“左”倾冒险主义划清界限。

三、中国革命道路问题的解决，是毛泽东思想形成的重要标志

毛泽东所阐明的关于农村包围城市、武装夺取政权的理论，反映了1927年大革命失败以后的中国革命发展的

特殊规律，指明了中国革命走向胜利的唯一正确的道路。

中国革命所走过的这条道路，是独特的，没有先例的。

在国际共产主义运动的历史上，有过巴黎公社的革命，那是城市工人的武装起义；有过俄国的十月革命，那首先也是城市的工人和士兵的起义，而后才把革命政权推向了农村区域。在中国的大革命时期，有过北伐战争，那时的根据地也是以某些大城市为中心的。周恩来在回溯党内许多人（包括他自己在内）对于这个问题所进行的思考和探索时，也曾经这样说过：根据历史的经验，“太平天国是从乡村中发动的，占了南京才有以后的局面。还有一种‘流寇’式的农民游击战争，没有占城市，终归失败”。“俄国一九〇五——一九〇七年革命失败后，农村也没有高潮，而且农村的革命运动比城市的工人运动更快地低落下去。至于其他的小国家更不用说。所以在历史上无论中外都找不到农村包围城市的经验”[①]。正因为既没有现成的经验可供借鉴，又没有成功的先例可以援引，所以，要为中国革命辟出这样一条新路，是很不容易的。这需要有革命的首创精神，需要有理论上的巨大勇气。

马克思主义从来认为，“随着一定社会局面的变化必然会出现为这个时期的活动家所不知道的新的斗争形式”。而“马克思主义在这方面，可以说是向群众的实践学习的，决不奢望用书斋里的‘分类学家’凭空捏造的

① 周恩来：《关于党的“六大”的研究》，1944 年 3 月。

斗争形式来教导群众”（列宁）。在为开辟中国革命新道路所进行的斗争中，毛泽东之所以表现出非凡的创造才能和巨大的理论勇气，主要地就在于他善于向革命的实践学习，善于向实践的主体群众学习，善于总结群众斗争的新鲜经验，一句话，善于把马克思列宁主义的普遍原理同中国革命的具体实践正确地结合起来。

坚持马克思列宁主义的普遍原理同中国革命的具体实践的结合，这是中国共产党人的一贯的思想原则。为了实践这个原则，毛泽东曾经付出过艰苦的努力。他回忆说，1920 年他第一次看了《共产党宣言》等著作以后，“初步得到认识问题的方法论”。可是这些书里并没有讲到中国的许多具体情况。于是他就用马克思主义的阶级观点和阶级分析方法，“老老实实地来开始研究实际的阶级斗争”。以研究农村情况为例。1925 年，他在韶山“做了四个月的农民运动，得知了各阶级的一些情况”。不过这种了解还是“不深刻”。1927 年 1 月、2 月，他在长沙等五县做了一个月零两天的农村调查，从农民那里，了解到许多见所未见的情况，弄清了许多闻所未闻的道理。不过他当时“对于农村阶级的结合，仍不是十分了解的”。到井冈山之后，他“作了寻邬调查，才弄清了富农与地主的问题”。“贫农与雇农的问题，是在兴国调查之后才弄清楚的”。所以他说，“从我个人调查农村来说，是经过了六七年时间的”①。对农村问题的研究是如此，对其他问题的

① 《关于农村调查》，《毛泽东文集》第二卷，人民出版社 1993 年版，第 380 页。

研究也是如此。正因为他以这种“甘当小学生的精神”，恭敬勤劳地向群众学习，向社会学习，他才能在历史的转折关头把握住革命前进的正确方向，制定出适合实际情况的恰当的政策。

应当承认，中国革命道路问题的解决，有赖于中国革命自身的实践经验的积累。大革命失败以后的一个时期，虽然有了农民游击战争，但是它的处境很困难，党在这方面的经验还不够，所以在当时还不可能产生乡村中心的思想。但到了1929年、1930年时，“就应该产生这种观点”① 了，因为这时农村游击战争已经广泛地发展起来，并且有力地显示了自己在中国革命中所占据的突出地位。而在这以后，一些人仍然固执城市中心论，这就不再仅仅是经验不足的问题，而更主要的是认识路线的问题了。因为他们的活动不是以经验、以考虑实际工作为基础，而是以死记硬背和机械复述共产国际的各项指示和十月革命的具体公式为基础的。

当中国农村的游击战争发生后不久，共产国际就指示中国党说，“这些农民暴动可以变成全国暴动胜利的出发点，只有在它们与无产阶级中心之新的革命高潮相联结的条件之下。党在这里也应当见着自己的主要任务，是在准备城市与乡村相配合相适应的发动”。为此，它强调“必须反对对于游击战争的溺爱，反对沉溺于散乱的、不相关联的、必致失败的游击战争”。到了1929年，共产国际仍

① 周恩来:《关于党的“六大”的研究》，1944年3月。

然指示“中国同志要特别注意并认真的组织群众，准备在某一适当的环境中来实现总的革命罢工，铁路工人总罢工”等等，认为这种斗争方法“于中国革命中将有极重大的作用”。到了1930年，共产国际虽然承认了中国工人运动与农民运动之间的不平衡状态，甚至认为要“发展游击战争，用农民风潮底铁围来包围当地的城市，以及大城市和最大的城市”；但它仍然认为，这一切不过是为城市起义作准备的。在它看来，“抱定武装起义的方针，建立苏维埃政府，这就是表示中国共产党立意在巨大的和最大的工业中心地点举行武装起义”①。显然，这些指示脱离了中国革命的实际，因而在根本上是不正确的。但是，党内有一些人却站在教条主义的立场上，把这一切奉为金科玉律。1931年1月召开的党的六届四中全会甚至提出了“对共产国际路线百分之百的忠实”这样的口号；王明并且声称，“这个口号是使党更加布尔塞维克化和苏维埃革命更加胜利的唯一道路和保证”②。据此，他们反对农村包围城市、武装夺取政权的正确道路，攻击毛泽东等在中央根据地执行的正确政策是“富农路线”，是“极严重的一贯的右倾机会主义错误”；主张在大城市“真正”准备武装起义，只是由于后来红军更大、城市工作更小，所以对于城市，是主要地要求红军去占领了。这样以乡村工作服从城市工作的结果，不仅使城市工作遭到了失败，

① 《共产国际执行委员会给中共中央关于立三路线问题的信》，1930年10月。
② 王明：《中国现状与中共任务》，1933年12月。

而且使乡村工作的绝大部分也遭到了失败。

《关于建国以来党的若干历史问题的决议》指出："主要在本世纪二十年代后期和三十年代前期在国际共产主义运动中和我们党内盛行的把马克思主义教条化、把共产国际决议和苏联经验神圣化的错误倾向，曾使中国革命几乎陷于绝境。毛泽东思想是在同这种错误倾向斗争并深刻总结这方面的历史经验的过程中逐渐形成和发展起来的。"这是一个符合实际的科学论断。1930 年 5 月，毛泽东就针对党内有一些人迷信书本和机械搬用外国经验的错误倾向，专门写了《反对本本主义》一文，明确地提出了"中国革命斗争的胜利要靠中国同志了解中国情况"和"没有调查，没有发言权"[①] 的思想，深刻地阐明了必须从中国的社会实际和革命实际出发，创造性地运用马克思列宁主义的道理。毛泽东后来说过："中国这个客观世界，整个地说来，是由中国人认识的，不是在共产国际管中国问题的同志们认识的。共产国际的这些同志就不了解或者说不很了解中国社会，中国民族，中国革命。对于中国这个客观世界，我们自己在很长时间内都认识不清楚，何况外国同志们呢?"[②] 正是由于以毛泽东为代表的中国共产党人破除了对于共产国际的迷信，坚持从实际出发、实事求是、理论联系实际的唯物主义的认识路线，独立地对中国革命负责，他们才能够开辟出农村包围城市、武装

---

① 毛泽东：《反对本本主义》，1930 年 5 月。

② 毛泽东：《在扩大的中央工作会议上的讲话》，1962 年 1 月 30 日。

夺取政权这样一条新的革命道路。

在大革命时期，党已经初步地提出了关于中国新民主主义革命的基本思想。但是，整个说来，当时的党还处在幼年时期，由于缺乏经验，许多人还不善于对马克思列宁主义的理论和中国革命的具体实践作统一的理解。党的一些重大决策，不少是直接根据共产国际的指示和共产国际驻华代表的意见而作出的。对于这些指示或意见是否正确这个问题，许多人还缺乏独立判断的能力。土地革命战争时期，以毛泽东为代表的中国共产党人所开辟的农村包围城市、武装夺取政权的道路，以及为坚持这条道路所确定的在农村环境中建设无产阶级革命政党和新型人民军队的指导思想和具体措施，所制定的人民战争的战略战术原则，所实行的土地革命的路线等等，则不仅主要地并非来自共产国际的指示，相反的，在许多方面是直接违反了共产国际的那些脱离中国实际的错误指示，并受到了共产国际的严厉批评的。这表明，中国共产党人已经逐步地学会了独立地思考中国革命的问题，并且从中国的实际出发，把这个革命的一系列根本问题加以解决了。正因为如此，中国革命新道路的开辟，也就成了马克思列宁主义的普遍原理和中国革命的具体实践相结合的思想——毛泽东思想形成的一个重要的标志。

中国人民正是在毛泽东思想的指引下，沿着农村包围城市、武装夺取政权的道路，经过 22 年的浴血奋战，终于取得全国性胜利的。

毛泽东论马克思列宁主义与中国实际“第二次结合”的原则*

一

随着1956年社会主义改造的基本完成，中国开始进入全面建设社会主义的时期。如何建设社会主义，如何巩固和发展社会主义，成为中国共产党面临的基本的历史性的课题。

新中国的经济建设始于1949年。由于没有管理全国经济的经验，第一个五年计划的建设不得不照抄苏联的办法。“这在当时是完全必要的，同时又是一个缺点，缺乏创造性，缺乏独立自主的能力。这当然不应当是长久之计。”① 第一个五年计划的建设有成效，但对这种“基本上

* 本文发表于《马克思主义研究》2007年第7期。

① 《毛泽东文集》第八卷，人民出版社1999年版，第305页。

照抄”的办法，毛泽东总觉得不满意，心情不舒畅。

在社会主义改造即将基本完成的时候，毛泽东“当时就想，苏联和中国都是社会主义国家，我们是不是可以搞得快点多点”。也就是说，是不是可以用一种更加适合中国情况的办法，更好地建设社会主义。当时，有两个情况促使他提出这种想法。一个是经过第一个五年计划的建设，中国已经在建设方面积累了一些经验。另一个是经过苏共二十大，苏联方面暴露了他们的一些缺点和错误。毛泽东说：“他们走过的弯路，你还想走？过去我们就是鉴于他们的经验教训，少走了一些弯路，现在当然更要引以为戒。”[①] 正是在这种情况下，中国共产党人决心走自己的路，开始探索适合中国国情的社会主义建设道路。

探索中国的社会主义建设道路，从根本上说，就是要解决如何把马克思列宁主义的基本原理同中国社会主义建设的实际正确地结合起来的问题。1956 年 4 月初，在中共中央书记处会议上讨论《关于无产阶级专政的历史经验》一文时，毛泽东提出：我认为最重要的教训是独立自主，调查研究，摸清本国国情，把马克思列宁主义的基本原理同我国革命和建设的具体实际结合起来，制定我们的路线、方针、政策。现在是社会主义革命和建设时期，我们要进行第二次结合，找出在中国进行社会主义革命和建设的正确道路[②]。1962 年 1 月，他进一步提出：“我们必

① 《毛泽东文集》第七卷，人民出版社 1999 年版，第 23 页。

② 吴冷西：《十年论战》（上），中央文献出版社 1999 年版，第 23—24 页。

须把马克思列宁主义的普遍真理同中国社会主义建设的具体实际，并且同今后世界革命的具体实际，尽可能好一些地结合起来，从实践中一步一步地认识斗争的客观规律。”①

在提出实行“第二次结合”这个命题时，考虑到以往经济建设中有过照搬苏联办法的倾向，毛泽东首先指出，现在我们“应当更加强调从中国的国情出发，强调开动脑筋，强调创造性，在结合上下功夫”②。

苏共二十大以后，西方敌视社会主义的势力利用赫鲁晓夫的秘密报告攻击共产党和社会主义，叫嚣要“改变共产主义世界的性质”，掀起了一个世界性的反共浪潮。针对这种情况，毛泽东和中共中央又指出，苏联革命和建设中的教训必须认真吸取，但对那些具有普遍意义的基本经验则必须坚持。从基本原理上说，十月革命道路“反映了人类社会发展长途中一个特定阶段内关于革命和建设的普遍规律”。1956 年年底发表的根据中共中央政治局的讨论所写的《再论无产阶级专政的历史经验》一文，将上述基本原理概括为五条：一是无产阶级的先进分子组织成为共产主义的政党。这个政党要以马克思列宁主义为指导，坚持民主集中制和群众路线。二是无产阶级在共产党领导之下，联合劳动人民，经过革命斗争从资产阶级手里取得政权。三是在革命胜利以后，无产阶级在共产党领导

① 《毛泽东文集》第八卷，人民出版社 1999 年版，第 302 页。
② 吴冷西：《十年论战》（上），中央文献出版社 1999 年版，第 24 页。

之下，以工农联盟为基础，联合广大的人民群众，建立无产阶级专政，实现工业的国有化，逐步实现农业的集体化，从而消灭剥削制度，消灭阶级。四是无产阶级和共产党领导的国家，领导人民群众有计划地发展社会主义经济和社会主义文化，在这个基础上逐步地提高人民的生活水平。五是无产阶级和共产党领导的国家，坚持反对帝国主义侵略，承认各民族平等，维护世界和平，坚持无产阶级国际主义的原则，努力取得各国劳动人民的援助，并且努力援助各国劳动人民和被压迫民族。文章说，我们必须“保卫十月革命所开辟的这一条马克思列宁主义的道路”，这“在目前的国际形势下具有特别重大的意义”。

在毛泽东看来，坚持马克思列宁主义的基本原理，与从中国社会主义建设的具体实际出发，两者应当有机地结合在一起，不能只强调一个方面，而否定另一个方面。他说，“实现社会主义革命的基本原则，各个国家都是相同的。但是在小的原则和基本原则的表现形式方面是有不同的”。就表现形式来说，应当是“社会主义的内容，民族的形式”①。如果否定了马克思列宁主义的基本原理，否定了社会主义的共同性，即否定了社会主义必须具备的基本特征，那搞的就不是社会主义，而是别的什么主义了；如果不从中国实际出发，那社会主义建设也是不可能搞好的。不可能设想，社会主义在各国的具体发展过程和表现形式，只能有一个千篇一律的格式。

① 《毛泽东文集》第七卷，人民出版社 1999 年版，第 76、第 78 页。

邓小平在党的十二大所致的开幕词中说：“把马克思主义的普遍真理同我国的具体实际结合起来，走自己的道路，建设有中国特色的社会主义，这就是我们总结长期历史经验得出的基本结论。”[①] 尽管毛泽东没有使用“建设有中国特色的社会主义”这样的提法，但他确实明确地论证过中国的社会主义必定带有中国特点这个思想。毛泽东在修改中共中央向党的八大的政治报告时明确指出：“我国是一个东方国家，又是一个大国。因此，我国不但在民主革命的过程中有自己的许多特点，在社会主义改造和社会主义建设的过程中也带有自己的许多特点”[②]。

毛泽东提出的关于马克思列宁主义同中国实际的“第二次结合”的思想，为中国共产党和中国人民探索适合中国情况的社会主义建设道路提供了基本的指导原则，指明了正确的方向。

二

为了把马克思列宁主义的普遍真理同中国社会主义建设的具体实际结合起来，首先必须正确认识中国的基本国情。在民主革命时期，毛泽东就说过：认清中国社会的性质，就是说，认清中国的国情，乃是认清一切革命问题的基本的根据。同样，在社会主义建设时期，认清中国社会

① 《邓小平文选》第三卷，人民出版社 1993 年版，第 3 页。
② 《建国以来毛泽东文稿》第 6 册，中央文献出版社 1992 年版，第 143 页。

的性质，就是认清中国的国情，也是认清一切建设问题的基本的依据。

中国共产党在1956年社会主义改造基本完成时曾经宣布，中国进入了社会主义社会。这个判断是正确的；但当时对于中国的社会主义社会处于何种发展阶段并没有作出分析。由于对在经济文化落后的中国建设社会主义的长期性、艰巨性估计不足，在“大跃进”发动时，中共中央一度认为，“共产主义在我国的实现，已经不是什么遥远将来的事情了”。这个判断严重脱离了中国实际，是错误的。

由于在“大跃进”中碰了钉子，中共中央领导人开始矫正对中国社会主义的认识。1959年年底至1960年年初，毛泽东在读苏联《政治经济学教科书》的谈话中，提出了一个重要的观点：“社会主义这个阶段，又可能分为两个阶段，第一个阶段是不发达的社会主义，第二个阶段是比较发达的社会主义。后一阶段可能比前一阶段需要更长的时间。”他说：“在我们这样的国家，完成社会主义建设是一个艰巨任务，建成社会主义不要讲得过早了。”[①] 这就是说，共产主义在中国的实现，还很遥远；在一个相当长的时期里，中国还处在“不发达的社会主义”阶段。毛泽东提出的这个观点具有重大的理论价值。它是中国共产党人在探索中国社会主义建设道路的过程中取得的重要成果，也是改革开放以来中国共产党人提出的

① 《毛泽东文集》第八卷，人民出版社1999年版，第116页。

社会主义初级阶段理论的渊源。

为了把马克思列宁主义的基本原理同中国社会主义建设的具体实际结合起来，不仅要正确判断中国社会主义社会的性质及其发展阶段，而且还必须对社会主义中国的基本特点作出科学的分析。“我国的特点是什么呢?”1958年8月，根据毛泽东的有关论述，陆定一在《教育必须与生产劳动相结合》一文中将它概括成了四条。毛泽东肯定了这个概括，又加写了一条，将它变成为五条①。由于这篇文章的写作和毛泽东所作的修改，都是在“大跃进”发动阶段进行的，因而不可避免地带有那个特殊年代的印记和历史的局限性；但是这些概括的大部分内容，在现在看来也还是正确的。

下面，我想结合毛泽东的有关论述，对这五条作一些分析。

1. “我国是社会主义国家”

毛泽东说，中国之所以搞社会主义，“就是为了便于把国家发展起来，社会主义比私有制度更有利于发展国家的经济、文化，使国家独立”②。建设社会主义，必须把全国经济等方面的事业组织成“一盘棋”，才能最有效、最合理地调动各方面的积极性，而这只有在社会主义制度下才能真正做到。所以，在中国搞建设，首先必须认清“我国是社会主义国家”这个基本的事实，自觉地坚持社

① 《建国以来毛泽东文稿》第6册，中央文献出版社1992年版，第340—341页。

② 《毛泽东文集》第七卷，人民出版社1999年版，第177页。

会主义的基本制度，注意发挥社会主义的优越性。

2. **“人口众多，地区辽阔”**

人口众多，说明中国的人力资源、智力资源比较充足；地区辽阔，说明中国地上、地下的物质资源有相当大的数量，可供调配的东西比较多，发展的回旋余地比较大。这是中国建设和发展的重要优势。毛泽东说过：“人多议论多，热气高，干劲大。”“除了党的领导之外，六亿人口是一个决定的因素。”① 不过，这个特点同时也是中国建设和发展的重要制约因素。毛泽东又说过：“我们的国家有一个很大的缺点，人太多，这么多的人要吃饭，要穿衣，所以现在还有不少的困难。”② 而且由于地区辽阔，开发的任务重，各地的发展又不平衡，所以“我们这样一个大国要提高经济、文化水平，建设现代化的工业、农业和文化教育，需要一个过程”。想快，“可以快一点，但不可能很快，想很快是吹牛皮”③。

3. **“经济落后，文化落后”**

我们的经济、文化，几乎是在没有什么遗产的情况下搞起来的。毛泽东经常说：“中国六亿人口的显著特点是一穷二白。”④“穷”，就是没有多少工业，农业也不发达。“白”，就是一张白纸，文化水平、科学水平都不高。所以，

---

① 《建国以来毛泽东文稿》第7册，中央文献出版社1992年版，第177页。

② 《毛泽东外交文选》，中央文献出版社、世界知识出版社1994年版，第491页。

③ 《毛泽东文集》第八卷，人民出版社1999年版，第71页。

④ 《建国以来毛泽东文稿》第7册，中央文献出版社1992年版，第177—178页。

“我们在人口上是个大国，在经济上是个小国”[①]。进行经济、文化建设的任务很紧迫，很艰巨。他说：“中国经济落后，物质基础薄弱，使我们到今还处在一种被动状态，精神上感到还是受束缚，在这方面我们还没有得到解放。”[②]“韩愈有一篇文章叫《送穷文》，我们要写送穷文。中国要几十年才能将穷鬼送走。”[③]

一穷二白这个事实，是中国人必须面对的。毛泽东认为，我们应当辩证地看待这个问题。穷与白，富与文，都有二重性。“穷则思变，要干要革命。一张白纸，没有负担，好写最新最美的文字，好画最新最美的画图。”对此，聂荣臻解释说：“正因为穷，我国广大群众改革生产技术的要求就十分迫切，进行技术革命的干劲就十分大。”“由于白，我们就可以不受旧事物的束缚，自由地充分地利用世界最新科学技术成就，更加有效地、更加合理地开发和利用我们的资源，安排我们的生产，做到后来居上。”[④] 所以，穷与白，看起来是坏事，在一定意义上讲也是好事。这样看问题，不仅可以使我们自觉地利用后发者的优势，而且可以增强我们搞好建设事业的信心。

4. “有共产党的领导和工农业生产的大跃进”

1958 年开始的“大跃进”运动，在主观上是想迅速地改变中国的落后面貌，但是由于急于求成，高指标、瞎

---

① 《建国以来毛泽东文稿》第 6 册，中央文献出版社 1992 年版，第 626 页。
② 《建国以来毛泽东文稿》第 7 册，中央文献出版社 1992 年版，第 51 页。
③ 《毛泽东文集》第七卷，人民出版社 1999 年版，第 171—172 页。
④ 《建国以来重要文献选编》第 11 册，中央文献出版社 1995 年版，第 374 页。

指挥、浮夸风、“共产风”等错误曾经一度严重泛滥。这样的“大跃进”，显然不能构成中国的基本特点。其后，毛泽东对“大跃进”这个问题作出过进一步的解释。1963年8月、9月，他对《关于工业发展问题》初稿进行了修改。修改稿中讲到：“在解放以后，能不能够实现大的跃进？能不能够使我国在一个不太长的历史时期内由一个落后的农业国跃进为先进的伟大的工业国?”① 这里的“跃进”，是指“使我国在一个不太长的历史时期内由一个落后的农业国跃进为先进的伟大的工业国”。这样的“跃进”，显然应当成为中国发展的一个特点。

“有共产党的领导”，这是中国的一个显著的特点。共产党的执政地位和领导作用的确立，是历史和人民的选择。没有共产党的领导，就不可能巩固国家的统一、民族的团结、社会的稳定，中国人民就不可能集中力量去从事建设；同时，中国的建设事业就不可能坚持社会主义的方向，不可能调动各方面的积极性，因而从根本上讲就不可能取得成功。所以，坚持共产党的领导，这对于中国的社会主义建设具有关键性的意义。

5. “中国是一个严肃地进行整风、反右的国家，是大鸣、大放、大争、大辩、大字报的国家”

开展整风、反右派运动，毛泽东称之为进行政治战线、思想战线上的社会主义革命。但政治、思想战线上的问题不可能通过整风、反右派运动一次性地得到根本解决，

---

① 《建国以来毛泽东文稿》第10册，中央文献出版社1996年版，第346页。

而且整风、反右派运动不可能、也不应当成为我国社会政治生活中的经常的、主要的形式。

为什么毛泽东要加写这一条，并且认为这是“最重要的”呢？我想，这是因为，在他看来，社会主义中国比起资本主义国家，具有政治上和思想上的很大优势。我们党能够自觉地进行整风，经过批评与自我批评，学习马克思主义，加强自身建设；能够坚持社会主义道路，开展反对资本主义倾向的斗争；能够通过发扬社会主义民主，调动广大人民进行建设的积极性。这是只有社会主义中国才能做到的。所以，我们必须认识并利用这种优势。中共中央批准的一个报告就说：“我们的物质条件，不如各工业先进国家，要比他们取得更高的速度，就更要靠政治工作和组织工作这两条。”① 由此可见，对这一条，如果不仅仅拘泥于字面上，而是从它的精神实质上去理解，那么，我们还是应当承认：具有政治上和思想上的重大优势，这是社会主义中国的特点之一。自觉地运用好这个优势，对于搞好中国的建设事业是有重要意义的。

总之，对中国特点所作的上述概括，尽管有的表述还不尽精当，但其主要的方面是正确的。这是中国共产党认识中国特点的一个重要的理论成果。

---

① 《中央科学小组、国家科委党组关于一九六三——一九七二年科学技术发展规划的报告》，1963 年 10 月 24 日。

三

认识中国的社会性质和主要特点，是为了把马克思列宁主义的基本原理与中国的实际正确地结合起来，找出中国建设社会主义的客观规律，制定出适合中国情况的路线、方针和政策，把中国的社会主义建设事业推向前进。规律是事物内在的本质的联系。它并不能自然地、外在地显示自己。人们必须在自己的实践中，去寻找客观事物的固有的而不是自己主观臆造出来的规律性。毛泽东说："社会主义谁也没有干过，没有先学会社会主义的具体政策而后搞社会主义的。"① 不经历一个在实践的基础上积累经验的过程，要正确认识建设社会主义的规律，是不可能的。

这里所说的经验，包括正面经验和反面经验两个方面。正面经验告诉人们怎么做是对的；反面经验告诉人们怎么做是不对的。毛泽东认为，不犯错误，人们的经验就不完全。"过去我们在建设问题上用的心思太少，主要精力是搞革命。错误还是要犯的，不可能不犯，犯错误是正确路线形成的必要条件。"② 重要的不是不犯任何错误，这是不可能的；而是要善于从所犯的错误中吸取教训。事实上，只有经过正反两个方面经验的比较和对照，人们对

① 《毛泽东文集》第八卷，人民出版社1999年版，第276页。
② 《毛泽东文集》第七卷，人民出版社1999年版，第375页。

社会主义建设的认识才能逐步地符合实际。

以毛泽东为代表的中国共产党人探索社会主义建设道路的开局是良好的。1956 年他所作的《论十大关系》的讲话和党的八大制定的路线，1957 年他发表的《关于正确处理人民内部矛盾的问题》，就是这个探索所取得的重要的积极成果。毛泽东本人说：“一九五六年四月的《论十大关系》，开始提出我们自己的建设路线，原则和苏联相同，但方法有所不同，有我们自己的一套内容。”[①]“前八年照抄外国的经验。但从一九五六年提出论十大关系起，开始找到一条适合中国的路线。”[②] 不过，这个探索也经历过曲折。第一个严重的挫折，就是 1958 年开始的“大跃进”。1961 年 6 月，毛泽东在总结“大跃进”的教训时说：“现在同志们解放思想了，对于社会主义的认识，对于怎样建设社会主义的认识，大为深入了。为什么有这个变化呢？一个客观原因，就是一九五九年、一九六〇年这两年碰了钉子。”[③]

值得注意的是，毛泽东在这里对于探索的主要内容所作的概括，主要是指“对于社会主义的认识，对于如何建设社会主义的认识”。这也正是我们今天所说的“什么是社会主义，如何建设社会主义”这两个根本性的问题。那么，在当时，中国共产党人对于这两个问题的认识，究竟取得了何种进展？又怎样比以往“大为深入了”呢？这

① 《毛泽东文集》第七卷，人民出版社 1999 年版，第 369—370 页。

② 《建国以来毛泽东文稿》第 9 册，中央文献出版社 1996 年版，第 213 页。

③ 《毛泽东文集》第八卷，人民出版社 1999 年版，第 277 页。

可以从毛泽东于1961年9月审定的根据《中共中央关于轮训干部的决定》编辑的供干部学习的材料中看到一个大概。这个材料主要辑录了马克思、恩格斯、列宁、斯大林、毛泽东、刘少奇和中共中央关于社会主义建设的有关论述。其目录是："一、什么是社会主义：（一）社会主义是共产主义的低级阶段；（二）不断革命论和革命发展阶段论相结合；（三）建设社会主义需要一个很长的历史时期。二、社会主义经济建设的几个问题：（一）生产关系要适合生产力的发展；（二）农业是国民经济发展的基础；（三）不能剥夺农民，巩固工农联盟；（四）有计划按比例规律和计划工作；（五）生产资料生产的增长最终还是要依赖于消费品的增长；（六）商品生产和价值规律；（七）坚持按劳分配，反对平均主义。"①

这些论述，主要是针对"大跃进"中发生的问题辑录的。从原则上讲，这些认识尽管还不完备，但基本上是正确的，与"大跃进"开始时的看法比较起来（如认为共产主义已经不再遥远，有人主张取消商品生产，一些地方大刮"共产风"、搞贫富拉平等），不仅逐步地接近了实际，而且确实是"大为深入了"。不过，毛泽东并没有认为，人们在当时就已经获得了对于社会主义建设规律的完整的科学的认识。他强调，"真理不是一次完成的，而是逐步完成的"。他在1960年6月所作的《十年总结》中

---

① 《建国以来毛泽东文稿》第9册，中央文献出版社1996年版. 第556—557页。

说：“对于我国的社会主义革命和建设，我们已经有了十年的经验了，已经懂得了不少的东西了。但是我们对于社会主义时期的革命和建设，还有一个很大的盲目性，还有一个很大的未被认识的必然王国。我们还不深刻地认识它，我们要以第二个十年时间去调查它，去研究它，从其中找出它的固有的规律，以便利用这些规律为社会主义的革命和建设服务。”① 对于一个人的一生来说，10 年不是一个很短暂的时间。毛泽东决心再用 10 年时间去探索中国社会主义建设的规律，可见他认识到了这个探索的任务仍然是很艰巨的。

怎么去进行这个探索呢？就是通过调查研究，这是把马克思列宁主义的基本原理同中国社会主义建设的具体实际结合起来不可或缺的中间环节，是探索中国社会主义建设规律的必由之路。为了纠正“大跃进”中发生的主观主义的错误，毛泽东于 1961 年发出了“大兴调查研究之风”的号召。他认为，“要是不做调查研究工作，只凭想象和估计办事，我们的工作就没有基础。”② “用马克思列宁主义观点到群众中去做深入的调查研究，是做好一切工作的前提。”③

毛泽东曾经恳切地说：“建国以来，特别是最近几年，我们对实际情况不大摸底了，大概是官做大了。我这个人就是官做大了，我从前在江西那样的调查研究，现在

① 《建国以来毛泽东文稿》第 9 册，中央文献出版社 1996 年版，第 216 页。
② 《毛泽东文集》第八卷，人民出版社 1999 年版，第 233—234 页。
③ 《建国以来毛泽东文稿》第 9 册，中央文献出版社 1996 年版，第 518 页。

就做得很少了。”他表示，“我自己的毛病当然要坚决改正”。他同时希望大家都去做调查研究，“把实事求是的精神恢复起来”。[①] 这种自我批评，他反复地作过多次。随后，他确实身体力行，去从事调查研究了。

对于这个问题，中共中央也作过严肃的自我批评。刘少奇在1962年1月召开的七千人大会上代表中央所作的工作报告中就说过：“中央有些同志，常常只是依靠汇报来了解工作情况，没有认真地进行调查研究，有一个时期对于形势的估计过于乐观，因而对于某些工作问题不能作出正确的判断。”“对于这几年来的工作中的缺点和错误，首先要负责的是中央。”我们必须按照毛主席的指示，到群众中去，深入开展调查研究工作。[②]

认识来源于实践，而实践的主体是群众。“任何英雄豪杰，他的思想、意见、计划、办法，只能是客观世界的反映，其原料或者半成品只能来自人民群众的实践中，或者自己的科学试验中，他的头脑只能作为一个加工工厂而起制成完成品的作用，否则是一点用处也没有的。人脑制成的这种完成品，究竟合用不合用，正确不正确，还得交由人民群众去考验。”[③] 进行调查研究，这就是向群众学习的过程、“向群众寻找真理”的过程。毛泽东强调，各级党委“都要坚决走群众路线，一切问题都要和群众商

---

① 《毛泽东文集》第八卷，人民出版社1999年版，第237、第250—251页。

② 《建国以来重要文献选编》第15册，中央文献出版社1997年版，第17—18页。

③ 《建国以来毛泽东文稿》第7册，中央文献出版社1992年版，第60—61页。

量，然后共同决定，作为政策贯彻执行。各级党委，不许不作调查研究工作，绝对禁止党委少数人不作调查，不同群众商量，关在房子里，作出害死人的主观主义的所谓政策。”为此，中共中央指示“各级党委都要把调查研究定为经常的工作制度”[①]。

毛泽东的这些思想，针对性很强，对于中国共产党人进一步去积累经验，探索适合中国情况的社会主义建设道路，具有长远的指导意义。

四

把马克思列宁主义的基本原则与中国的实际结合起来，并不意味着只要了解中国的情况就够了。中国不是一个孤立的存在。中国的发展，同自身所处的时代条件、国际格局及其变化，是紧密地关联着的。1956 年，我国开始全面建设社会主义，毛泽东明确地提出了“向外国学习”的口号。他说：“我们的方针是，一切民族、一切国家的长处都要学，政治、经济、科学、技术、文学、艺术的一切真正好的东西都要学。”[②] 周恩来当时也说过，在建设社会主义的事业中，我们既不能有依赖思想，也不能有孤立思想。“关起门来建设的思想是错误的。”[③]

① 《建国以来重要文献选编》第 14 册，中央文献出版社 1997 年版，第 332、第 379 页。

② 《毛泽东文集》第七卷，人民出版社 1999 年版，第 41 页。

③ 《建国以来重要文献选编》第 9 册，中央文献出版社 1994 年版，第 379 页。

中国的发展之所以不能离开世界，之所以与世界紧密关联，这是因为：一是中国要“靠世界上爱好和平人民的帮助，最主要的是保持和平环境”①。不保持和平环境，中国是不可能集中力量从事建设事业的。二是搞建设，“我们面前的工作是很艰苦的，我们的经验是很不够的。因此，必须善于学习”。我们“要善于向世界各国人民学习”。“我们办工业，必须把眼光放到全世界”②。三是“中国现在经济上文化上还很落后，要取得真正的独立，实现国家的富强和工业现代化，还需要很长的时间，需要各国同志和人民的支持”③。“搞经济关门是不行的”，要同其他国家发生经济、文化上的联系，“互相交换有益的东西”④。四是从长远看，从根本上看，“按照列宁主义的观点，一个社会主义国家的最后胜利，不但需要本国无产阶级和广大人民群众的努力，而且有待于世界革命的胜利，有待于在整个地球上消灭人剥削人的制度，使整个人类都得到解放。”⑤ 所以，我们不能离开国际环境，孤立地考虑中国的问题。

为了搞好建设事业，我们究竟应当怎样贯彻实施“向外国学习”的方针？这就是，“世界各国，什么地方有好东西，统统学来”⑥。“但是，必须有分析有批判地学，

① 《毛泽东文集》第八卷，人民出版社 1999 年版，第 73 页。
② 《建国以来重要文献选编》第 11 册，中央文献出版社 1996 年版，第 198 页。
③ 《毛泽东文集》第七卷，人民出版社 1999 年版，第 64 页。
④ 《毛泽东文集》第八卷，人民出版社 1999 年版，第 71—72 页。
⑤ 《建国以来毛泽东文稿》第 8 册，中央文献出版社 1993 年版，第 15 页。
⑥ 《毛泽东外交文选》，中央文献出版社、世界知识出版社 1994 年版，第 313 页。

不能盲目地学，不能一切照抄，机械搬用”。具体地说就是：一是我们要学习的是外国的长处，是他们的先进经验和先进事物。对于他们的短处，如果说学，那就是从反面去学，引以为戒，不予照办。二是学习外国好的东西，也要同本国的特点相结合。“一个国家总有它的特点，不适合这个特点就行不通。”[①] “应该是在中国的基础上面，吸取外国的东西。应该交配起来，有机地结合。”三是要做到“洋为中用”。就是说，“向外国人学习是为了今天的中国人”，“要向外国学习，学来创作中国的东西……应该学习外国的长处，来整理中国的，创造出中国自己的、有独特的民族风格的东西。”[②] 四是学习外国，既要有世界的眼光、虚心的态度，又不能在外国人面前伸不直腰，丧失民族信心。“贾桂（即奴才）是谁也看不起的。”[③] 必须反对贾桂思想。

毛泽东所说的学习外国，既包括学习苏联等社会主义国家，也包括学习美、英、法、德、日等发达资本主义国家，还包括学习发展中国家等一切其他的国家。他对缅甸领导人就说过：“缅甸有许多值得我们学习的东西。”“缅甸种粮食比我们种得好。我们愿意研究缅甸是怎样种的。”[④] 当然，从推进中国现代化的角度，他更多地关注

① 《毛泽东外交文选》，中央文献出版社、世界知识出版社 1994 年版，第 313 页。

② 《毛泽东文集》第七卷，人民出版社 1999 年版，第 82—83 页。

③ 《建国以来毛泽东文稿》第 7 册，中央文献出版社 1992 年版，第 231 页。

④ 《毛泽东外交文选》，中央文献出版社、世界知识出版社 1994 年版，第 186 页。

的是如何向在经济、文化方面比中国更先进的国家学习的问题。

新中国成立初期，我们提出过“学习苏联”的口号。在苏联暴露了自己在建设中的问题之后，还要不要学习苏联呢？毛泽东指出，苏联发生的错误，“是部分性质的，暂时性质的”，“苏联那个主流，那个主要方面，那个大多数，是正确的”。“我们历来提的口号是学苏联先进经验，谁要你去学习落后经验呀？”认为社会主义国家一切都好，那是迷信。对苏联的东西，也要分析。“择其善者而从之，其不善者不从之。”即便是善者，学的时候，也要考虑到本国的具体情况。“照抄别国的经验是要吃亏的，照抄是一定会上当的。”[①] 毛泽东认为，“我们学习苏联，要包括研究它错误。研究了它错误的那一方面，就可以少走弯路”[②]。在20世纪50年代中苏论战之前，我们党比较注意研究苏联在建设方面的失误，引以为戒；在这之后，更多的是在研究苏联修正主义产生的根源，并由此思考如何防止中国“和平演变”的问题。毛泽东曾敏锐地指出：“在苏联的干部队伍中是有这么一个特殊的阶层的。”[③] 赫鲁晓夫提出的系统化的错误观点，就是代表了他们的利益和要求。他认为，这类问题在中国也存在，好在“我们正在开始认识，并着手解决”[④]。

---

① 《毛泽东文集》第七卷，人民出版社1999年版，第91、第366、第64页。

② 《建国以来重要文献选编》第10册，中央文献出版社1994年版，第605页。

③ 吴冷西：《十年论战》（上），中央文献出版社1999年版，第463页。

④ 《建国以来毛泽东文稿》第11册，中央文献出版社1996年版，第179—180页。

为了推进中国的现代化建设，毛泽东认为，仅仅学习苏联是不够的。“找知识要到各方面找，只到一个地方去找；就单调了。”[①] 他说，我们“还一定要学日本和美国”[②]，学西方发达国家。比如，“中国的工业，技术水平，比日本差得很远，我们应取什么方针，值得好好研究”。又“如尖端技术，苏联、美国、英国有，我们没有，这就要向它们学习”[③]。

向西方发达国家学习，有一个学什么和怎么学的问题。毛泽东说：“外国资产阶级的一切腐败制度和思想作风，我们要坚决抵制和批判。但是，这并不妨碍我们去学习资本主义国家的先进的科学技术和企业管理方法中合乎科学的方面。”对外国的科学、技术和文化，不加分析地一概排斥和对外国东西不加分析地一概照搬，都对我们的事业不利。他认为，“在技术方面，我看大部分先要照办”，当然，“已经清楚的那一部分，就不要事事照办了”[④]。资产阶级的一切腐败制度，我们当然不能学，但这并不意味着西方国家的某些具体制度和做法就不可以借鉴。毛泽东说过，“英国也好，法国也好，美国也好，资产阶级都有过革命时期，宪法就是他们在那个时候开始搞起的。我们对资产阶级民主不能一笔抹杀，说他们的宪法在历史上没有地位”；尽管现在帝国主义国家的宪法“尤

① 《毛泽东外交文选》，中央文献出版社、世界知识出版社 1994 年版，第 283 页。
② 《建国以来毛泽东文稿》第 7 册，中央文献出版社 1992 年版，第 197 页。
③ 《毛泽东外交文选》，中央文献出版社、世界知识出版社 1994 年版，第 393 页。
④ 《毛泽东文集》第七卷，人民出版社 1999 年版，第 42—43 页。

其是欺骗和压迫多数人的”①。

毛泽东认定，从根本上说，“中国的问题只能由中国人解决”②。他说：“自力更生为主，争取外援为辅，破除迷信，独立自主地干工业、干农业、干技术革命和文化革命，打倒奴隶思想，埋葬教条主义，认真学习外国的好经验，也一定研究外国的坏经验，引以为戒，这就是我们的路线。”③

从上面的叙述我们可以看到，在思考中国建设的问题时，毛泽东不仅坚定地站在马克思主义的立场上，坚持从中国的实际出发，而且具有世界眼光，视野十分开阔，思想也是很解放的。

五

马克思列宁主义的基本原理同中国的具体实际实行“第二次结合”，就是要在社会主义建设的实践中把马克思主义中国化的事业推向前进。

近代以来，中国面临着两项根本性的历史任务，这就是：争取民族独立和人民解放，实现国家的繁荣富强即现代化。以毛泽东为代表的中国共产党人成功地把马克思列宁主义同中国实际“第一次结合”起来，解决了中国如何进行革命的问题，领导人民基本完成了争取民族独立和

① 《毛泽东文集》第六卷，人民出版社 1999 年版，第 326 页。
② 《毛泽东文集》第八卷，人民出版社 1999 年版，第 5 页。
③ 《毛泽东外交文选》，中央文献出版社、世界知识出版社 1994 年版，第 318 页。

人民解放这第一个历史任务，从而为集中力量进行社会主义现代化建设创造了前提、开辟了道路；而提出把马克思列宁主义同中国实际“第二次结合”起来，则是为了解决中国如何集中力量进行社会主义现代化建设的问题，以期领导人民去完成实现国家繁荣富强和人民共同富裕这个第二项历史任务。

为了正确地实行“第二次结合”，需要解决如何以科学的态度对待马克思列宁主义理论这个问题。毛泽东说：“马克思这些老祖宗的书，必须读，他们的基本原理必须遵守，这是第一。但是，任何国家的共产党，任何国家的思想界，都要创造新的理论，写出新的著作，产生自己的理论家，来为当前的政治服务，单靠老祖宗是不行的。”[①] 总之，一要遵守、坚持，二要创造、发展，这就是他提倡的对待马克思列宁主义理论的科学态度。

要遵守、坚持马克思主义，首先就要“认真看书学习，弄通马克思主义”[②]。因为马克思主义是科学，科学的东西，不经过认真的钻研是掌握不了的。在全国胜利前夕，党的七届二中全会就确定了 12 本干部必读的马克思主义书目。新中国成立后，更是对干部学习理论规定了严格的制度。为了纠正“大跃进”中的一些错误认识，毛泽东在 1958 年建议各级干部学习斯大林的《苏联社会主义经济问题》和《马克思恩格斯列宁斯大林论共产主义社

① 《毛泽东文集》第八卷，人民出版社 1999 年版，第 109 页。
② 《建国以来毛泽东文稿》第 13 册，中央文献出版社 1998 年版，第 193 页。

会》这两本书。1963年12月，他表示赞成中共中央宣传部提出的组织干部学习或选学马克思主义30部著作的建议。在晚年，他还反复地讲过学习马克思主义的重要性。他说："我党多年来不读马、列，不突出马、列，竟让一些骗子骗了多年。"[①] 这个教训很严重，应当汲取。

毛泽东之所以要提倡学习马克思主义，这是因为：只有掌握了马克思主义，我们才能了解事物的本质及其发展趋向，具有政治上的坚定性和工作中的预见性。如果"不重视学习理论，天天搞事务，一定要迷失方向"[②]；只有掌握了马克思主义，我们才能正确地进行调查研究，科学地总结经验，使之系统化、条理化；我们"要学马克思主义，才有方法，才有共同语言"[③]，党内的团结和干部队伍的团结才能有牢固的思想基础。

怎样学习马克思主义？毛泽东指出，"学习有两种方法：一种是专门模仿；一种是有独创精神，学习与独创结合"。我们的思想方法，应当是"坚持原则和独创精神"[④]。独创，绝不是闭门造车。人的正确认识只能从实践中来。必须坚持运用马克思主义的立场、观点、方法，深入实际，深入群众，去调查研究新的情况，总结新的实践经验，才有可能作出理论上的创造。正是从尊重实践的观点出发，毛泽东在党的八大二次会议上指出："我们的

---

① 《建国以来毛泽东文稿》第13册，中央文献出版社1998年版，第216页。
② 《建国以来重要文献选编》第15册，中央文献出版社1997年版，第169页。
③ 《建国以来重要文献选编》第7册，中央文献出版社1993年版，第197页。
④ 《毛泽东文集》第七卷，人民出版社1999年版，第366页。

实践超过了马克思。实践当中是要出道理的。”所以，我们“要产生自己的理论”[①]。

在民主革命时期，毛泽东就提出过，“我们要使中国革命丰富的实际马克思主义化”[②]，即将中国的实践经验上升为理论，来丰富和发展马克思主义。在探索中国社会主义建设道路的过程中，以毛泽东为代表的中国共产党人同样十分重视将中国建设的实践经验上升为理论，使马克思主义得到丰富和发展。在这方面，以毛泽东为代表的中国共产党人作出了理论上的重要建树。

一是提出了马克思列宁主义同中国实际实行“第二次结合”的思想，论述了中国的基本国情和主要特点。有关情况，前面已经讲过了。

二是阐明了关于建设社会主义的若干重大理论原则。比如，分析社会主义改造基本完成后中国社会面临的主要矛盾，提出全面建设社会主义的任务；指出社会主义社会的基本矛盾仍然是生产关系和生产力之间、上层建筑和经济基础之间的矛盾，这些矛盾可以经过社会主义制度本身不断地得到解决，从而为进行改革提供了理论上的根据；提出关于两类矛盾的学说和调动一切积极因素建设社会主义的基本方针；提出社会主义现代化建设的战略目标是实现四个现代化，为此应当采取“两步走”的发展战略，并且预计中国超过世界上最先进的资本主义国家需要100

---

① 《建国以来毛泽东文稿》第7册，中央文献出版社1992年版，第206、第204页。

② 《毛泽东文集》第二卷，人民出版社1999年版，第374页。

多年的时间。

三是制定了中国社会主义经济、政治、文化建设等方面的重要指导方针。第一，在经济建设方面，提出走“中国工业化的道路”这个命题，指出要以农、轻、重为序安排国民经济工作，并且“以农业为基础，以工业为主导”作为发展国民经济的总方针；主张实行工业和农业、重工业和轻工业、中央工业和地方工业、大中小企业、洋法生产和土法生产等一系列的“同时并举”即“两条腿走路”的方针；阐明必须发展商品生产，利用价值规律，为社会主义建设服务；对经济体制改革的问题进行探索，并提出了若干重要思想（如发挥中央和地方两个积极性，主张实行“两参”、“一改”、“三结合”；主张试办托拉斯；提出在社会主义经济占优势的条件下“可以消灭了资本主义，又搞资本主义”，等等）。第二，在民主政治建设方面，提出“我们的目标，是想造成一个又有集中又有民主，又有纪律又有自由，又有统一意志、又有个人心情舒畅、生动活泼，那样一种政治局面”；主张把正确处理人民内部的矛盾作为国家政治生活的主题，使中国“变成一个大强国而又使人可亲”；强调劳动者管理国家、管理军队、管理各种企业、管理文化教育的权利，是社会主义制度下劳动者最大的、最根本的权利；提出了关于政治体制改革的若干意见和设想（如国家主席的任期不得超过两届、党代表实行常任制等）。第三，在文化建设方面，指明在思想文化领域中必须坚持马克思主义的指导地位、坚持工人阶级及其政党的领导权；

提出“百花齐放，百家争鸣”的方针和“古为今用”、“洋为中用”、“推陈出新”的方针；提出了建立一支宏大的工人阶级知识分子队伍的历史任务。

在军队和国防建设方面，在执政条件下加强共产党自身建设、防止“和平演变”方面等等，以毛泽东为代表的中国共产党人也提出过许多重要的战略思想。

诚然，对于社会主义和建设社会主义的这些认识，还有待于深化和发展。1959 年年底至 1960 年年初在读苏联《政治经济学教科书》时，毛泽东说过：“社会主义社会的历史，至今还不过四十多年，社会主义社会的发展还不成熟，离共产主义的高级阶段还很远。现在就要写出一本成熟的社会主义共产主义政治经济学教科书，还受到社会实践的一定限制。”① 由于实践是发展的，理论也要随之发展。所以在党的八大二次会议上，他曾对与会者明确讲过：“你们应当超过我。”②

凡事开头难。我们应当充分认识到毛泽东等老一辈中国革命家提出和阐明的那些富于独创性的理论，是具有十分重要的价值的。邓小平说，他们为我们在新的历史条件下坚持和发展马克思主义“提供了一个基础”③。这个判断，完全符合实际。

毛泽东是探索中国自己的社会主义建设道路的开创者。他领导全党和全国人民顶住来自外部的各种影响和压

---

① 《毛泽东文集》第八卷，人民出版社 1999 年版，第 137 页。
② 《建国以来毛泽东文稿》第 7 册，中央文献出版社 1992 年版，第 204 页。
③ 《邓小平文选》第二卷，人民出版社 1994 年版，第 297 页。

力，坚定不移地进行这种探索。毛泽东等老一辈革命家作为社会主义建设道路的开创者的历史功绩，将永远记载在党和国家的史册上①。

① 《中国近代史纲要》，高等教育出版社2007年版，第200页。

毛泽东与“四个现代化”目标和“两步走”战略的确定*

一、论述进行经济建设的重要性

近代以来，中国面临着争取民族独立、人民解放和实现国家繁荣富强即现代化这样两项根本性的历史性的任务。1949 年新中国的成立，标志着中国基本上争得了民族独立、人民解放，进行经济建设、实现现代化的任务，开始日益突出地提到中国共产党和中国人民的面前来了。

在新民主主义革命即将取得全国胜利的前夜，毛泽东在 1949 年 3 月召开的中共七届二中全会上及时地指出：我们要在“革命胜利以后，迅速地恢复和发展生产，对付国外的帝国主义，使中国稳步地由农业国转变为工业国，

* 本文发表于《思想理论教育导刊》2007 年第 12 期。

把中国建设成一个伟大的社会主义国家"[①]。为此，在同年6月30日发表的《论人民民主专政》一文中，他号召全党同志和广大干部必须认真学习经济建设。他说："严重的经济建设任务摆在我们面前。我们熟习的东西有些快要闲起来了，我们不熟习的东西正在强迫我们去做。这就是困难。""我们必须克服困难，我们必须学会自己不懂的东西。"

新中国成立以后，随着民主革命遗留任务和国民经济恢复工作的完成，1953年，中国共产党提出了社会主义改造和社会主义建设并举的过渡时期的总路线，并领导人民开始执行第一个五年建设的计划。党之所以要提出进行社会主义改造、确立社会主义基本经济制度的任务，是因为"在现代中国的条件下，只有建立社会主义制度，才能真正解决我国的工业化问题"[②]。还在1951年，毛泽东就讲过："资本主义道路，也可增产，但时间要长，而且是痛苦的道路。我们不搞资本主义，这是定了的，如果又不搞社会主义，那就要两头落空。"[③]

1956年社会主义改造基本完成以后，毛泽东及时指出：我们"现在处在转变时期：由阶级斗争到向自然界斗争，由革命到建设，由过去的革命到技术革命和文化革命"[④]。他把这个"产业革命或者说经济革命"，称作"第

---

① 《毛泽东选集》第二卷，人民出版社1991年版，第1437页。
② 《建国以来重要文献选编》第9册，中央文献出版社1994年版，第341页。
③ 《毛泽东文集》第六卷，人民出版社1999年版，第299页。
④ 《毛泽东文集》第七卷，人民出版社1999年版，第289页

二个革命”。[①]

对于搞好经济建设、搞好技术革命和文化革命的重要意义，毛泽东作了深刻的论证。

首先，他指出：“我们的基本情况就是一穷二白。所谓穷就是生活水平低。”[②] “旧社会给我们留下的东西太少了。帝国主义统治我们一百多年，它们就是从中国拿走东西，不在中国建设什么。”[③] 所以，要改变中国贫穷落后的面貌，提高人民的生活水平，就必须大力进行经济建设。

其次，他指出，要巩固社会主义制度，必须“在我国建立一个现代化的工业基础和现代化的农业基础”。只有经过“社会生产力的比较充分的发展，我们的社会主义的经济制度和政治制度，才算获得了自己的比较充分的物质基础（现在，这个物质基础还很不充分），我们的国家（上层建筑）才算充分巩固，社会主义社会才算从根本上建成了”[④]。

再次，他指出，必须改变经济技术落后的状况，才能从根本上使中国摆脱在世界上被动的局面。他说，从1840年以后的105年间，全世界几乎一切大中小帝国主义都侵略过我们，除抗日战争以外，没有一次战争不是以我国失败、签订丧权辱国条约而告终。“其原因：一是社

① 《毛泽东文集》第八卷，人民出版社1999年版，第216页。

② 《毛泽东文集》第八卷，人民出版社1999年版，第216页。

③ 《毛泽东外交文选》，中央文献出版社、世界知识出版社1994年版，第479页。

④ 《建国以来毛泽东文稿》第6册，中央文献出版社1992年版，第549—550页。

会制度腐败，一是经济技术落后。”现在，社会制度变了，经济技术落后的状况还没有彻底改变。“如果不在今后几十年内，争取彻底改变我国经济和技术远远落后于帝国主义国家的状态，挨打是不可避免的。”“我们应当以可能挨打为出发点来部署我们的工作，力求在一个不太长久的时间内改变我国社会经济、技术方面的落后状态，否则我们就要犯错误。”① 他强调，“中国民族和人民要彻底解放，必须实现国家工业化”②。“工业化了，帝国主义就不敢欺负我们了。”③ 同时，中国也才有可能对人类作出更大的贡献。

应当说，毛泽东对搞好经济建设的意义，是作了全面的论述和充分的估计的。

1957 年反右派斗争以后，出于对阶级斗争形势的严重估计，在同年 10 月 9 日举行的中共八届三中全会上，毛泽东重新提出："无产阶级和资产阶级的矛盾，社会主义道路和资本主义道路的矛盾"，"这是当前我国社会的主要矛盾"。但值得注意的是，正是在此后不久，1958 年 1 月，他明确提出："从今年起，要在继续完成政治战线上和思想战线上的社会主义革命的同时，把党的工作的着重点放到技术革命上去。这个问题必须引起全党注意。"④ 经过整风反右，从 1957 年 7 月以后，"可以把全党的主要

① 《毛泽东文集》第八卷，人民出版社 1999 年版，第 340—341 页。
② 《毛泽东文集》第六卷，人民出版社 1999 年版，第 223 页。
③ 《毛泽东著作专题摘编》（上），中央文献出版社 2003 年版，第 829 页。
④ 《毛泽东文集》第七卷，人民出版社 1999 年版，第 350—351 页。

注意力移到技术革命上面去了”[①]。同年3月，他进一步强调：“过去我们在建设方面用的心太少，主要是搞革命去了。现在革命比较松了一口气，就要来搞建设，搞技术革命。”[②]

1958年5月召开的中共八大二次会议正式确认了“无产阶级和资产阶级的矛盾，是当前我国社会的主要矛盾”这个观点。同样值得注意的是，正是在“八大二次会议后，毛泽东的主要精力投入到工农业生产方面，特别是工业，又特别是钢铁和机械”[③]。1959年6月，他说，“过去干的一件事叫革命，现在干的叫建设”[④]。诚然，在1958年夏开始的“大跃进”运动中，我们犯了严重的错误。只是，这个错误并不是要不要以经济建设为中心的问题，而是在经济建设中违反客观规律、对发展速度等的要求过快、过急的问题。

1962年9月召开的中共八届十中全会上，毛泽东讲了关于形势、阶级、矛盾的问题，强调要“承认阶级同阶级斗争的存在”，认为对这个问题“我们从现在就讲起，年年讲，月月讲”。但与此同时，他又特别提醒大家：“决不要因为对付阶级斗争问题而妨碍了工作。”[⑤]“要把工作放到第一位，阶级斗争跟它平行，不要放在很

① 《毛泽东文集》第七卷，人民出版社1999年版，第351页。
② 《毛泽东著作专题摘编》（上），中央文献出版社2003年版，第954页。
③ 《毛泽东传（1949—1976）》（上），中央文献出版社2003年版，第822页。
④ 《毛泽东文集》第八卷，人民出版社1999年版，第72页。
⑤ 《毛泽东传（1949—1976）》（下），中央文献出版社2003年版，第1254页。

严重的地位。”“不要让阶级斗争干扰了我们的工作，大量的时间要做工作，但是要有专人对付这个阶级斗争。”[①] 即使在“文化大革命”这个特殊的年代里，毛泽东也还是要求“抓革命，促生产”，要求“把国民经济搞上去”的。

总起来说，搞好经济建设，实现国家的繁荣富强和人民的共同富裕，这始终是毛泽东努力追求的宏伟目标和为之献身的崇高事业。

二、确立实现“四个现代化”的目标

进行经济建设，首先和主要的，是要把中国从落后的农业国变为先进的工业国，实现国家的工业化。这个目标，在七届二中全会上就已经提出来了。

1953 年，中国共产党制定的过渡时期总路线就是社会主义工业化与社会主义改造同时并举的总路线，这一年开始执行的第一个五年计划的基本任务就“是集中主要力量发展重工业，建立国家工业化和国防现代化的基础”[②]。在这里，国家工业化和国防现代化这两个任务是一并被提出来的。

1954 年 1 月，周恩来在向全国人大一次会议所作的政府工作报告中，提出进行经济建设，就是要“建设起现代化的工业、现代化的农业、现代化的交通运输业和现

① 《毛泽东传（1949—1976）》（下），中央文献出版社 2003 年版，第 1254 页。
② 《建国以来重要文献选编》第 4 册，中央文献出版社 1993 年版，第 709 页。

代化的国防”①。这是对进行经济建设的目标是实现“四个现代化”的最早的表述。1957 年 3 月，毛泽东《在中国共产党全国宣传工作会议上的讲话》中对这个表述作了改变，即提出我们要“建设一个具有现代工业、现代农业、现代科学文化的社会主义国家”②。这个提法的新意在于提出了建设“现代科学文化”的任务，不提交通运输业的现代化是因为工业现代化可以包括这个内容，但是没有提国防现代化。毛泽东的这个提法为 1958 年召开的中共八届二中全会的决议所采用。1959 年年底 1960 年年初，他在《读苏联〈政治经济学教科书〉的谈话》中进一步指出：“建设社会主义，原来要求是工业现代化，农业现代化，科学文化现代化，现在要加上国防现代化。”③ 这样，关于“四个现代化”的比较完整、准确的表述就基本上形成了。1961 年 9 月，中共中央在《关于当前工业问题的指示》中，正式采用了这个表述，提出要“把我国建设为具有现代工业、现代农业、现代国防和现代科学文化的社会主义国家”④。

1963 年，经毛泽东修改的中共中央《关于工业发展问题》的文件，对“四个现代化”的提法又作了个别的改动，即提出要“把我国建设成为一个农业现代化、工业现代化、国防现代化和科学技术现代化的伟大的社会主

① 《周恩来经济文选》，中央文献出版社 1993 年版，第 176 页。
② 《毛泽东文集》第七卷，人民出版社 1999 年版，第 268 页。
③ 《毛泽东文集》第八卷，人民出版社 1999 年版，第 116 页。
④ 《建国以来重要文献选编》第 4 册，中央文献出版社 1993 年版，第 613 页。

义国家”[①]。据此，1964 年 12 月，周恩来在三届人大的政府工作报告中正式提出，要“把我国建设成为一个具有现代农业、现代工业、现代国防和现代科学技术的社会主义强国”[②]。这个提法有两点值得注意：一是考虑到农业在国民经济中的基础地位，把农业现代化列在了“四个现代化”的前位；二是将“科学文化现代化”改为含义更加确切的“科学技术现代化”。中共中央之所以将“科学文化现代化”改为“科学技术现代化”，大概是考虑到文化的内容既包括科学技术，也包括一些具有意识形态性的东西。提“科学技术现代化”，其含义是更为确切的。

“四个现代化”是相互关联的。周恩来指出：“我们的四个现代化，要同时并进，相互促进，不能等工业现代化以后再来进行农业现代化、国防现代化和科学技术现代化。”而实现四个现代化，把中国建设成为一个社会主义强国，“关键在于实现科学技术的现代化”[③]。

毛泽东和以毛泽东为核心的中央领导集体确定的“四个现代化”的宏伟目标，为全国各族人民建设社会主义指明了正确的奋斗方向。

三、制定“两步走”的发展战略

如何实现现代化的目标，毛泽东及其战友们从中国的

① 《建国以来毛泽东文稿》第 10 册，中央文献出版社 1996 年版，第 346 页。
② 《周恩来经济文选》，中央文献出版社 1993 年版，第 563 页。
③ 《周恩来经济文选》，中央文献出版社 1993 年版，第 504、第 503 页。

实际出发，进行过反复的、深入的思考。

还在新中国成立前夕，毛泽东在中共七届二中全会上论述使中国从农业国变成工业国这个问题时，就提出了要“解决建立独立的完整的工业体系”的任务。这个任务，在新中国成立不久，就开始执行了。“一五”计划时期（1953—1957年），实际上就“是为新中国建立独立的工业体系和工业化奠定基础的时期”[①]。

1956年，当社会主义改造和“一五”计划即将基本完成时，毛泽东在修改中共中央向八大的报告时再次确认：“国家工业化的任务，根据我国人口众多、资源丰富的情况，要求我们建设一个独立的、完整的工业体系。”[②]周恩来在八大上具体地论述了这个问题，指出：“我国社会主义工业化的主要要求，就是要在大约三个五年计划的时期内，基本上建成一个完整的工业体系。这样的工业体系，能够生产各种主要的机器设备和原材料，基本上满足我国扩大再生产和国民经济技术改造的需要。同时，也能够生产各种消费品，适当地满足人民生活水平不断提高的需要。”[③] 这个主张被八大所接受。八大决议指明：“我们必须在三个五年计划或者再多一点的时间内，建成一个基本上完整的工业体系。”

1959年12月，周恩来在一个报告中进一步提出了建立一个独立的经济体系的问题。他说，我们应当“建成一

① 刘国光：《中国十个五年计划研究报告》，人民出版社2006年版，第75页。
② 《建国以来毛泽东文稿》第6册，中央文献出版社1992年版，第150页。
③ 《建国以来重要文献选编》第9册，中央文献出版社1994年版，第183页。

个独立的经济体系，这包括工业、农业、财政、贸易、文教、科学、国防等各方面”。“我们要建立独立的经济体系，不仅表现在生产方面，而且也表现在社会基础上，包括城乡、工业和农业、生产和生活、积累和消费等。独立经济体系是全面的，不只是生产指标和生产品种的问题。”这个提法，比起“独立的、完整的工业体系”来，其内涵更丰富、外延也更宽广了。之所以要这样提，他后来作过解释。他说：“工业国的提法不完全，提建立独立的国民经济体系比只提独立的工业体系更完整。苏联就是光提工业化，把农业丢了。”① 在1963年年底召开的二届全国人大四次会议上，他使用了用15年“基本上建成独立的、完整的国民经济体系和工业体系”这个提法。

关于中国工业发展应当采取“两步走”的战略，这种比较完整的、初步的表述，较早见于1963年八九月间经毛泽东修改的关于工业发展问题初稿。其中讲到：“在三年过渡阶段后，我们的工业发展可以按两步走来考虑：第一步，搞十五年，建立一个独立的完整的工业体系，使我国工业大体赶上世界先进水平；第二步，再用十五年，使我国工业接近世界的先进水平。”② 这个文件还指出，所谓建立独立的完整的工业体系，就是要建立有能力为农业、工业、国防、交通运输业提供成套技术装备的基础工业体系。

---

① 《周恩来经济文选》，中央文献出版社1993年版，第403、第405、第519页。
② 《建国以来毛泽东文稿》第10册，中央文献出版社1996年版，第347页。

在1964年12月召开的三届全国人大一次会议上，周恩来“遵照毛主席的指示”，在政府工作报告中对“两步走”战略作了完整、准确的表述。这就是：“从第三个五年计划开始，我国的国民经济发展，可以按两步来考虑：第一步，建立一个独立的、比较完整的工业体系和国民经济体系；第二步，全面实现农业、工业、国防和科学技术的现代化，使我国经济走在世界的前列。”1975年1月，周恩来在四届全国人大一次会议上所作的政府工作报告中，重申了“四个现代化”的目标和“两步走”的战略①。

我们知道，苏联在第一个五年计划完成以后，大工业总产值占工农业总产值的70%，就宣布实现了工业化。以毛泽东为主要代表的中国共产党人认为，实现工业化和现代化，仅仅做到工业总产值超过农业总产值是不够的，还必须解决建立一个独立的、比较完整的工业体系和国民经济体系的问题。这个认识符合中国的情况，是有很深刻的战略眼光和长远的意义的。这是因为：

首先，这样做，才能够使中国的经济发展建立在稳固、可靠的基础之上，从而有利于比较迅速地改变我国国民经济长期落后的状态。正如中共八大决议所指出的那样，“建成一个基本上完整的工业体系，使工业生产在社会生产中占主要地位，使重工业生产在整个工业生产中占显著的优势，使机器制造工业和冶金工业能够保证社会主

① 《周恩来经济文选》，中央文献出版社1993年版，第563、第652页。

义扩大再生产的需要，使国民经济的技术改造获得必要的物质基础”。这“对于促进我国国民经济的全面发展有重大的意义”①。

其次，这样做，才能够使中国赢得经济上的独立，并使中国已经赢得的政治上的独立得到巩固。毛泽东在新中国成立初期就告诫人们：“中国现在经济上文化上还很落后，要取得真正的独立，实现国家的富强和工业现代化，还需要很长的时间。”② 中国作为一个社会主义的大国，是既有必要、也有可能建立一个独立的、比较完整的工业体系和国民经济体系的。如果经济上不独立，事事仰仗外国，不论是资本主义国家还是社会主义国家，都是不行的，这不仅不利于中国自身的经济发展，而且还可能使中国已经赢得的政治独立也丧失掉。

再次，这样做，并不意味着中国要关起门来搞建设，相反，是有利于中国在独立的基础上同世界各国发展平等的经济往来，并且促进各国的共同发展的。毛泽东修改的八大报告就明确指出，建设一个独立的、完整的工业体系，“对外也可以满足社会主义阵营各国之间充分有效的国际合作，并且只要有可能，就发展同世界上任何愿意和我们往来的国家的通商贸易关系”③。

中共十一届三中全会以来，邓小平提出的“三步走”的发展战略，是在毛泽东提出的“两步走”战略的“第

① 《建国以来重要文献选编》第9册，中央文献出版社1994年版，第184页。
② 《毛泽东文集》第七卷，人民出版社1999年版，第64页。
③ 《建国以来毛泽东文稿》第6册，中央文献出版社1992年版，第151页。

一步”设想已经基本实现的条件下，对如何实现“第二步”所提出的比较切合实际的具体设想。

四、拟定基本实现现代化的时间进度表

基本实现现代化的“两步走”的战略，到底需要多少时间？这取决于多方面的情况，而且这些情况本身又处于变动中，所以是事先无法精确测定的。不过，为了有计划地领导人民去为实施这个战略而奋斗，毛泽东和他的战友还是根据中国的基本国情，同时参照发达国家的历史经验，提出了中国实现现代化的时间进度表，并且随着实践经验的积累，对它不断地进行校正，使之逐步地切合中国的实际。

1955 年 3 月，毛泽东在中国共产党全国代表会议上的讲话中指出：从 1953 年起，“在大约三个五年计划的期间内，逐步实现国家的社会主义工业化”；“但要建成为一个强大的高度社会主义工业化的国家，就需要有几十年的艰苦努力，比如说，要有五十年的时间，即本世纪的整个下半世纪”[①]。同年 10 月，他在中共七届六中全会上重申了上述看法，但稍稍做了一点变动，认为中国“大约在五十年到七十五年的时间内，就是十个五年计划到十五个五年计划的时间内，可能建成一个强大的社会主义国家”。1956 年 9 月，他又说：“要使中国变成富强的国家，

① 《毛泽东文集》第六卷，人民出版社 1999 年版，第 389、第 390 页。

需要五十到一百年的时光”[①]。同年11月，他在《纪念孙中山先生》一文中再次讲：进到21世纪的时候，“中国将变为一个强大的社会主义工业国”[②]。

1957年3月，毛泽东在南京召开的干部会议上对这个问题作了进一步的论述。他说：把我们的国家建设好要多少年呢？我看大概要100年吧。要分几步来走：大概有十几年会稍微好一点；有个二三十年就更好一点；有个50年可以勉强像个样子；有100年那就了不起，就和现在大不相同了。他还讲到，要100年，我就不在这个世界上了。让我们跟全国人民一道，跟国家一道，跟青年们一道，干他个几十年。20世纪，上半个世纪搞革命，下半个世纪搞建设。现在的中心任务是建设[③]。对于社会主义中国的强盛，对于中国人民及其子孙后代的幸福，毛泽东寄托着热烈的希望和殷切的期盼。

诚然，由于新中国成立后的7年间各方面工作的进展都比较顺利，毛泽东等一度对中国经济建设发展速度的估计变得过分乐观。1958年夏在北戴河召开的中共中央政治局的会议决议甚至认为，“共产主义在我国的实现，已经不是什么遥远将来的事情了”。这样，在1958年开始的“大跃进”运动中，种种脱离实际的指标、计划、口号就被提了出来。由此，生产事业遭到破坏，国民经济陷入了暂时的，但又是严重的困难局面。

---

① 《毛泽东文集》第七卷，人民出版社1999年版，第124页。
② 《建国以来毛泽东文稿》第6册，中央文献出版社1992年版，第241页。
③ 《毛泽东传（1949—1976）》（上），中央文献出版社2003年版，第648页。

在“大跃进”中碰了钉子以后，毛泽东等开始重新冷静地思考中国经济建设的发展速度问题。1960 年 10 月，他在同斯诺谈话时说：“我们的基本情况就是一穷二白。”“根本改变中国的经济面貌需要一个很长的时间。”[①]对于这个问题的估计，这时他重新回到了 1956 年至 1957 年时期的看法。1961 年 9 月，他在同蒙哥马利谈话时说：我们的工作，“做了一点，还不够，要有五十年到一百年的时间。一个世纪不算长，你们英国的发展用了两三个世纪”[②]。1962 年 1 月，他在扩大的中央工作会议上的讲话中进一步指出：“至于建设强大的社会主义经济，在中国，五十年不行，会要一百年，或者更多的时间。”“中国的人口多，底子薄、经济落后，要使生产力很大地发展起来，要赶上和超过世界上最先进的资本主义国家，没有一百多年的时间，我看是不行的。”[③]

1975 年 1 月，周恩来在向四届全国人大一次会议所作的政府工作报告中具体地提出：“从第三个五年计划开始，我国国民经济的发展，可以按两步来设想：第一步，用十五年时间，即在 1980 年以前，建成一个独立的、比较完整的工业体系和国民经济体系；第二步，在本世纪内，全面实现农业、工业、国防和科学技术的现代化，使我国经济走在世界的前列。”[④] 这里对实现第一步的设想，

① 《毛泽东文集》第八卷，人民出版社 1999 年版，第 216、第 217 页。
② 《毛泽东传（1949—1976）》（下），中央文献出版社 2003 年版，第 1173 页。
③ 《毛泽东文集》第八卷，人民出版社 1999 年版，第 301、第 302 页。
④ 《周恩来经济文选》，中央文献出版社 1993 年版，第 652 页。

是很准确的；对实现第二步设想所需的时间，在估计上还显得不够充分。事实上，要在50年内使中国成为发达国家不行，还是用“要一百年，或者更多的时间”这样的提法比较恰当些。

后来的实践表明，从总体上讲，毛泽东为实现“四个现代化”的宏伟目标所设定的时间进度表，越来越切合于中国的实际。中共十一届三中全会以来，邓小平提出的中国在21世纪中叶达到中等发达国家的水平的设想，是同毛泽东当年的设想相吻合的。

五、毛泽东领导时期新中国经济建设的进展

从1949年民主革命取得全国性胜利，到1976年逝世以前，毛泽东始终是新中国现代化建设事业的主要组织者和领导人。他带领全国各族人民，为推进这个宏伟的事业，坚持不懈地进行了长期的、艰苦的奋斗。

诚然，由于缺乏经验等原因，新中国的经济建设在“大跃进”和“文化大革命”时期经历过两次严重的挫折。毛泽东说过，我到井冈山，第一仗就是败仗。因为从来没有带过队伍打仗，没有经验。“抓工业也没有经验，第一仗也是败仗。”[①] 这个第一仗，指的是1958年开始的大炼钢铁等。但是，他注意从挫折和失败中总结教训，不断提出新的思路，推动建设事业的继续前进。比如，他在

① 《毛泽东传（1949—1976）》（下），中央文献出版社2003年版，第949页。

1959 年年底 1960 年年初读苏联《政治经济学教科书》下册时，就联系中国建设的经验教训，提出了一系列闪光的思想，许多思想在今天看来，仍然是正确的，富于启发性的意义。

整个说来，在毛泽东领导时期，依靠以他为核心的中共中央领导集体的智慧，依靠全党同志、广大干部和人民群众的共同努力，新中国的经济建设取得的成就是巨大的。这主要表现在以下几个方面：

1. 在“一穷二白”的基础上建立了独立的、比较完整的工业体系和国民经济体系

新中国刚刚成立的时候，我们的经济是十分落后的。当时，毛泽东曾说过：“现在我们能造什么？能造桌子椅子，能造茶碗茶壶，能种粮食，还能磨成面粉，还能造纸，但是，一辆汽车、一架飞机、一辆坦克、一辆拖拉机都不能造”①。由于没有自己独立的工业体系，许多重要工业产品主要依赖进口。

从“一五”计划时期开始，国家以苏联援建的 156 项重点工程、694 个大中型建设项目为中心，进行了大规模投资，逐步建成了一批门类比较齐全的基础工业项目，涉及冶金、汽车、机械、煤炭、石油、电力、通信、化学、国防等领域，为国民经济的进一步发展打下了坚实的基础。国家基本建设投资，从“一五”时期起到“四五”时期，累计达 4956.43 亿元。在铁路、交通运输等基础设

① 《毛泽东文集》第六卷，人民出版社 1999 年版，第 329 页。

施建设方面，也有明显的进展。从1964年开始的“三线”建设，不仅增强了国防力量，而且改善了工业布局。在毛泽东生前，中国不仅已经能够自行设计和批量生产汽车、飞机、坦克、拖拉机等，而且成功地爆炸了原子弹、氢弹，试制并成功发射了中远程导弹和人造卫星。这些进展，全世界为之震惊。同时，我们还通过兴修水利、开展农田基本建设、培育推广良种、提倡科学种田，较大幅度地提高了粮食生产水平和抵御自然灾害的能力。

正是经过全国人民的努力奋斗，1979年9月，叶剑英在庆祝中华人民共和国成立30周年大会的讲话中自豪地宣布：“我国在旧中国遗留下来的‘一穷二白’的基础上，建立了独立的比较完整的工业体系和国民经济体系。”① 应当说，这是一个伟大的了不起的成就。

独立的、比较完整的工业体系和国民经济体系的建立，不仅使中国在赢得政治上的独立之后赢得了经济上的独立，为增强国防力量和维护国家安全提供了条件，而且为中国以后的发展奠定了牢固的物质技术基础，为中国与外国包括发达国家在平等的原则下发展经济往来创造了前提。

2. 尽管经过了两次大的起伏，中国经济发展的速度从总体上来看还是相当快的

从经济发展的速度来看：从1952年到1978年，工农业总产值平均年增长率为8.2%，其中工业总产值平均年增长率为11.4%。

① 1979年9月30日《人民日报》。

从主要工业产品的产量来看：钢产量从1949年的16万吨发展到1976年的2046万吨。发电量从1949年的43亿度发展到1976年的2031亿度。原油从1949年的12万吨发展到1976年的8716万吨。原煤从1949年的3200万吨发展到1976年的4.83亿吨。汽车产量从1955年年产100辆发展到1976年的年产13.52万辆。

从国家经济实力增强的情况来看：按照不变价格计算，1952年国内生产总值为679亿元人民币，1976年增加到2943.7亿元。人均国内生产总值从1952年的119元增加到1976年的316元。这个数字虽然还不高，但在原有基础上的增长是很明显的。

从我国主要工农业产品产量居世界的位次来看：1957年和1978年，谷物3→2，棉花2→3，猪牛羊肉2→3，化学纤维26→7，布3→1，煤5→3，原油23→8，发电量13→7，钢9→5，水泥8→4，硫酸14→3，化肥33→3。除了少数农副产品产量的位次保持不变或稍有后退外，谷物和主要工业产品产量的位次都明显提前了①。

3. 人民物质生活和文化生活的水平得到逐步提高

中国共产党和人民政府始终把满足人民基本生活需要作为发展经济的根本目的。随着建设事业的进展，广大人民群众的物质、文化生活水平逐步得到提高。

全国总人口从1949年的5.4167亿增长到1976年的9.3717亿。同期粮食的人均占有量从418市斤增加到615

---

① 国家统计局：《奋进的四十年》，中国统计出版社1989年版，第473页。

市斤。就是说，增产的粮食不仅多养活了近 4 亿人，而且使 9 亿多人的人均占有粮食量增加了近 200 斤。这又是一个了不起的成就。全国居民的人均消费水平，农民从 1952 年的 62 元增加到 1976 年的 125 元，城市居民同期从 148 元增加到 340 元。全国人民节衣缩食支援国家工业化基础建设的情况下，尽管人民群众生活逐年改善的增幅不大，但初步满足了占世界 1/4 人口的基本生活需求，这在当时被世界公认是一个奇迹。

教育事业得到长足发展。从 1949 年到 1976 年，小学在校生从 2439 万人发展到 1. 5 亿人；中学在校生从 103. 9 万人发展到 5836. 5 万人；高等学校在校生从 11. 7 万人发展到 67. 4 万人。学龄儿童入学率达到 90% 以上。劳动者的整体素质得到了很大的提高。全国经济文化建设等方面的骨干力量大批地成长起来。

医疗事业也得到蓬勃发展。1949 年全国拥有医院 2600 家，到 1976 年发展到 6. 3 万家，其中县以上医院 7952 家。20 世纪“50 年代后期，农村普遍建立了县、区（社）两级医疗卫生机构，60 年代又在绝大多数生产大队建立了农村基层医疗卫生机构”①。1949 年以前，全国人口的死亡率为 25‰，居民平均预期寿命仅 35 岁。这个时期，全国人口的死亡率从 1949 年的 20‰下降到 1976 年的 7. 25‰。居民平均寿命随之显著延长。1975 年，男性提高

① 国家统计局：《奋进的四十年》，中国统计出版社 1989 年版，第 88 页。

到65.34岁，女性提高到67.08岁[①]。中国人不再被讥笑为“东亚病夫”了。

事实表明，从总体上看，在毛泽东领导时期，中国的经济和社会发展是取得了历史性的巨大进步的。对这个情况，一些西方人士也不否认。比如，美国历史学家莫里斯·迈斯纳就说：毛泽东时代“是世界上最伟大的现代化时代之一，与德国、日本和俄国等几个现代工业舞台上的后起之秀的工业化最剧烈时期相比毫不逊色”，中国取得了“全世界所有发展中国家和主要发达国家在同一时期取得的最高增长率”[②]。美国经济学家萨缪尔森当时在《经济学》的第10版里也说：关于中国的基本事实是，“它向每一个人提供了粮食、衣服和住房，使他们保持健康，并使绝大多数人获得了教育，千百万人并没有挨饿，道路旁边和街路上没有一群群昏昏欲睡、目不识丁的乞丐，千百万人并没有遭受疾病的折磨。以此而论，中国的成就超过世界上任何一个不发达国家”。

邓小平在1979年明确地说过：“社会主义革命已经使我国大大缩短了同发达资本主义国家在经济发展方面的差距。我们尽管犯过一些错误，但我们还是在三十年间取得了旧中国几百年、几千年所没有取得过的进步。”[③] 这些

① 《红旗文稿》2009年第16期上发表的卫建林的《新中国60年和文化问题》一文称：“1949年到1976年，世界预期寿命从47岁提高到58岁，同期中国从35岁达到65岁。”这就是说，1949年时，中国比世界人均预期寿命低12年，而到1976年则高出7年了。——作者补注

② 《中外著名人士谈毛泽东》，大众文艺出版社1999年版，第243、第233页。

③ 《邓小平文选》第二卷，人民出版社1994年版，第167页。

进步，是在以毛泽东为核心的中国共产党的领导下取得的，是全国各族人民共同奋斗的成果，是社会主义制度具有巨大优越性的初步的，但又是有力的体现。

毛泽东领导时期取得的这些进步，不仅在当时已经使中国极度贫弱的面貌在很大程度上得到了改变，而且为中国以后的更快发展创造了重要的前提。

毛泽东关于在经济建设中坚持自力更生的方针与发展对外经济关系的思想*

我们的经济建设，是主要依靠中国自己的力量，还是仰赖外国？是闭关锁国，还是积极发展对外经济关系？这是一个十分重要的问题。毛泽东早在 1945 年 1 月所写的《必须学会做经济工作》一文中就讲过："我们不能学国民党那样，自己不动手专靠外国人，连棉布这样的日用品也依赖外国。我们是主张自力更生的。我们希望有外援，但是我们不能依赖它，我们依靠自己的努力，依靠全体军民的创造力。""自力更生为主，争取外援为辅"①，这是他在社会主义经济建设中反复阐明并一贯坚持的方针。

在经济建设中为什么要坚持自力更生的方针，坚持这个方针主要应当体现在哪些方面？在这样做的时候，应当

* 本文发表于《马克思主义研究》2009 年第 4 期。本文是《毛泽东关于正确处理经济建设中若干重要关系的思想》的第五部分。

① 《毛泽东文集》第七卷，人民出版社 1999 年版，第 380 页。

注意哪些问题呢？综合毛泽东的有关论述，可以着重指出以下几点：

第一，应当主要依靠中国自己的力量进行经济建设。毛泽东一贯强调，决定中国命运的是中国人自己，中国的事情要靠中国人来办。他说，“中国的革命和中国的建设，都是依靠发挥中国人民自己的力量为主，以争取外国援助为辅”，这一点要弄清楚[①]。“我们没有别的本钱，只有一桩，就是老百姓。人多，地大，是我们的两桩本钱。”[②] 我们要靠这个本钱来发展自己。“什么都靠别人，靠不住。自己要有志气，有干劲。”[③] 他批评了“那种丧失信心，以为自己什么都不行，因而一切依赖外国的援助”的思想，认为“这种思想是完全错误的”[④]。因为近代中国的历史证明了这一点。中国过去是半殖民地，外国帝国主义势力来到中国，基本上不予只取。所以新中国成立以后，我们的经济、文化“几乎是在没有什么遗产的情况下搞起来的”[⑤]。这个历史教训，我们应当认真吸取。

第二，必须建立独立的、比较完整的工业体系和国民经济体系。还在新中国成立前夕，毛泽东在中共七届二中

---

① 《毛泽东外交文选》，中央文献出版社、世界知识出版社 1994 年版，第 245 页。

② 《毛泽东文集》第六卷，人民出版社 1999 年版，第 340 页。

③ 《毛泽东著作专题摘编》（上），中央文献出版社 2003 年版，第 938 页。

④ 《毛泽东外交文选》，中央文献出版社、世界知识出版社 1994 年版，第 245 页。

⑤ 《毛泽东外交文选》，中央文献出版社、世界知识出版社 1994 年版，第 491—492 页。

全会上论述使中国从农业国变成工业国这个问题时，就提出了要“解决建立独立的完整的工业体系”的任务。新中国成立以后，他多次讲过，实现工业化和现代化，仅仅做到工业总产值超过农业总产值是不够的，还必须解决建立一个独立的、比较完整的工业体系和国民经济体系的问题。

毛泽东的这个认识适合中国情况，是有很深刻的战略眼光和长远的意义的。因为这样做，才能够使中国的经济发展建立在稳固、可靠的基础之上，从而有利于比较迅速地改变我国国民经济长期落后的状态；同时也才能够使中国在赢得政治上的独立以后，进一步赢得经济上的独立，并由此使中国已经赢得的政治上的独立得到巩固而不重新受制于人。这样做，还有利于中国在独立的基础上同世界各国发展平等的经济往来，促进各国的共同发展。

第三，要靠自己的努力解决老百姓的吃饭问题。农业是国民经济的基础。粮食是关系国计民生的重要战略物资。对于人口众多的中国来说，搞好农业特别是粮食生产，尤其重要。毛泽东强调地指出：“特别是农业，更应当搞好。吃饭靠外国，危险得很，打起仗来，更加危险。”①

1964 年 5 月，毛泽东在听取国家计委负责人关于“三五”计划初步设想的汇报时，就农业引进外国投资等问题发表了看法。他说：“还是自力更生，事情总是起变

① 《毛泽东文集》第八卷，人民出版社 1999 年版，第 129 页。

化的。‘只要有利，向魔鬼借钱也可以。’我们不能走这条路。魔鬼不给我们贷款，很好，要贷给我们，我们也不要。”[①] 在他看来，中国这样一个农业人口占多数的大国，不仅不能主要靠进口来解决粮食问题，而且也不应当依靠外国资金来发展农业。农业这个国民经济基础产业的发展，粮食这个重要战略物资的生产，必须依靠自力更生，使它的发展的主动权牢牢地掌握在自己的手里。否则，中国将在经济上乃至在政治上陷入极大的被动。

第四，主要依靠国内市场，着力满足国内需求。对于中国主要应当发展外向型经济，还是应当着力满足国内需求这个问题，毛泽东的答案很明确：我们这类国家，“主要依靠国内市场，而不是国外市场”。当然，“并不是说不要国外联系，不做生意”。我们“需要联系，需要做生意，不要孤立”[②]。但是，不能主要靠国外市场。他多次讲过：“对外贸易只能起辅助作用，主要靠国内市场。”[③]

毛泽东所说的“我们这类国家”，指的是社会主义国家。社会主义生产的目的，主要是为了满足人民生活的需要。中国作为一个发展中的社会主义国家，其国内市场的容量是十分广大的，而且随着生产的发展和人民收入的提高，它的容量还将不断地扩大。主要依靠国内市场，这是中国经济健康发展的必由之路。事实上，像中国这样一个人口众多的大国，企图主要依靠国外市场，来充分满足本

---

① 《党的文献》1996 年第 3 期。

② 《毛泽东文集》第六卷，人民出版社 1999 年版，第 340 页。

③ 《建国以来毛泽东文稿》第 7 册，中央文献出版社 1992 年版，第 641 页。

国人民多方面的需要，是根本不可能的。尤其值得注意的是，这样做，还会使中国对外国经济产生依赖，妨碍中国自身独立自主的发展，一旦国际上的敌对势力出于政治上及其他方面的考虑对中国实行封锁禁运，中国的生存甚至也会从根本上受到威胁。对于这些情况，是不能不预先估计到的。所以，毛泽东主张，“对外贸易方针，自力更生为主，争取外援为辅，平等互利，互通有无”①。这个方针是完全正确的。

第五，独立自主地确定经济建设的目标、任务和方针、政策。在新中国成立的前夕，毛泽东就庄严宣布：“中国必须独立，中国必须解放，中国的事情必须由中国人民自己作主张，自己来处理，不容许任何帝国主义国家再有一丝一毫的干涉。”② 在政治上是如此，在经济上也是如此。

在社会主义建设时期，毛泽东进一步指出：“自力更生为主，争取外援为辅，破除迷信，独立自主地干工业、干农业、干技术革命和文化革命，打倒奴隶思想，埋葬教条主义，认真学习外国的好经验，也一定研究外国的坏经验——引以为戒，这就是我们的路线。”③

坚持自力更生的方针，意味着中国在确定经济建设的目标、任务和方针、政策时，不仅不容许帝国主义国家的干涉，而且也决不服从其他社会主义国家的指挥棒。对于

① 《建国以来毛泽东文稿》第7册，中央文献出版社1992年版，第641页。
② 《毛泽东选集》第四卷，人民出版社1991年版，第1465页。
③ 《毛泽东文集》第七卷，人民出版社1999年版，第380页。

苏联领导人鼓吹的所谓“社会主义大家庭的国际分工论”，毛泽东是坚决反对的。因为按照这种理论去做，一些社会主义国家在经济上就不能独立，在特定条件下，它们难免成为某个社会主义大国的附庸。所以，1959年年底1960年年初在读苏联《政治经济学教科书》的谈话中，针对书中关于“每个国家都可以集中自己的人力财力来发展在本国最有利的自然条件和经济条件、有生产经验和干部的部门。而且个别国家可以不必生产能靠其他国家供应来满足需要的产品”这种意见，毛泽东鲜明地指出：“在国与国的关系上，我们主张，各国尽量多搞。以自力更生、不依赖外援为原则。自己尽可能独立地搞，凡是自己能办的，必须尽量地多搞，只有自己实在不能办的才不办。”前面引用过的“吃饭靠外国，危险得很”这个意见，也是在这个谈话中讲的①。

坚持独立自主、自力更生的方针，并不是不要积极发展对外经济联系，走闭关锁国、自我孤立的道路。

1938年毛泽东就说过，“中国已紧密地与世界联成一体”了。“中国无论何时也应以自力更生为基本立脚点。但中国不是孤立也不能孤立，中国与世界紧密联系的事实，也是我们的立脚点，而且必须成为我们的立脚点。我们不是也不能是闭关主义者，中国早已不能闭关。”② 对于中国的经济发展来说，也是这样。新中国成立后，他明

① 《毛泽东文集》第八卷，人民出版社1999年版，第128—129页。

② 《毛泽东外交文选》，中央文献出版社、世界知识出版社1994年版，第16页。

确地讲过，“搞经济关门是不行的”[①]。不能闭关锁国，不能关门搞经济，这就意味着要与其他国家发生经济上的联系，用今天的话来讲，就是要对外开放。发展对外经济联系，综合毛泽东的有关论述，可以着重指出以下几方面：

第一，发展对外贸易，平等互利，互通有无。新中国成立前夕，毛泽东在中共七届二中全会就指出：“关于同外国人做生意，那是没有问题的，有生意就得做。”“我们必须尽可能地首先同社会主义国家和人民民主国家做生意，同时也要同资本主义国家做生意。”1949 年 9 月全国政协一次会议制定的《共同纲领》就明确规定：“中华人民共和国可在平等和互利的基础上与各国政府和人民恢复并发展通商贸易关系。”

尽管美国等西方国家对新中国实行封锁、禁运，毛泽东还是反复地说，不能关起门来搞经济，我们“需要交换”。我们要同其他国家发生经济上的联系，“互相交换有益的东西”。1949 年 12 月，他就提出，应从统筹全局的观点出发，“准备和波捷德英日美等国做生意”。他一贯主张，要“平等互利，互通有无”，发展对外贸易[②]。

第二，有条件地利用国外的资金。早在 1936 年，毛泽东在陕北会见美国记者斯诺时就说：“苏维埃政府欢迎外国资本的投资……只有在中国取得真正的独立和民主之后，才有可能把大量外资用于大规模地发展生产事业。”

---

① 《毛泽东文集》第八卷，人民出版社 1999 年版，第 71 页。

② 《建国以来毛泽东文稿》第 7 册，中央文献出版社 1992 年版，第 641 页。

但是，我们“对影响中国独立政治权利的外国投资，一概不予承认”[①]。

1944年8月，中共中央在关于外交工作的指示中提出，“在双方有利原则下，我们欢迎国际投资与技术合作”[②]。

1945年4月，毛泽东在中共七大的报告中说：“为着发展工业，需要大批资本。从什么地方来呢？主要依靠中国人民自己积累资本，同时借助于外援。在服从中国政府法令、有益中国经济的条件下，外国投资是我们所欢迎。”[③]

1946年5月，中共中央在关于解放区外交方针的指示中提出：“我应采取与美国及英法等国政府及其个别商人进行经济合作的方针，在两利的原则下，我们政府及商业机关应和外国商人以至外国政府直接订立一些经济契约，吸收外资来开发山东的富源，建立工厂，发展交通，进行海外贸易。在订立这些契约时，只要避免不致因此受垄断、受控制及受外间政治上的攻击”，“而又对我有利，即应放手订立，允许外国人来经商开矿及建立工厂，或与中国人来合作经营工厂”[④]。

这些情况表明，毛泽东和中共中央在利用外资的问题上，思想是很开放的，当时甚至已经提出外国人可以在中

---

① 《毛泽东文集》第一卷，人民出版社1993年版，第393—394页。

② 《中共中央文件选集》第16册，中共中央党校出版社1992年版，第317页。

③ 《胡乔木回忆毛泽东》，人民出版社1994年版，第377页。

④ 《中共中央文件选集》第16册，中共中央党校出版社1992年版，第151—152页。

国办独资企业或与中国人办合资企业这类问题了。同时，对于如何利用外资的问题，毛泽东和中共中央又保持了清醒的认识，提出了应当遵循的正确原则，包括："主要依靠中国人民自己积累资本，同时借助于外援"；要"在服从中国政府法令、有益中国经济的条件下"，引进外国投资；要"把大量外资用于大规模地发展生产事业"；要避免"因此受垄断、受控制"，等等。

新中国成立以后，我们曾利用过苏联的贷款，但是在一个相当长的时期内，并没有能够引进和利用西方国家的资金。这不是因为我们搞自我封闭，而是因为美国等西方国家敌视新中国、对新中国实行封锁禁运等的缘故。邓小平说过："毛泽东同志在世的时候，我们也想扩大中外经济技术交流，包括同一些资本主义国家发展经济贸易关系，甚至引进外资、合资经营等等。但是那时候没有条件，人家封锁我们。"① 实际情况就是这样。

第三，学习外国先进的科学技术，有分析地借鉴外国发展经济的经验。毛泽东清醒地认识到，搞建设，"我们面前的工作是很艰苦的，我们的经验是很不够的。因此，必须善于学习"，"要善于向世界各国人民学习"。为此，1956 年年初，毛泽东明确地提出了"向外国学习"的方针。他要求："世界各国，什么地方有好东西，统统学来"②。"但是，必须有分析有批判地学，不能盲目地学，

① 《邓小平文选》第二卷，人民出版社 1994 年版，第 127 页。

② 《毛泽东外交文选》，中央文献出版社、世界知识出版社 1994 年版，第 313 页。

不能一切照抄，机械搬用。”

新中国成立初期，我们提出过“学习苏联”的口号。在苏联暴露了自己在建设中的问题之后，毛泽东说：对苏联的东西，也要分析。“择其善者而从之，其不善者不从之。”① 同时，他又指出，仅仅学习苏联还不够，我们“还一定要学日本和美国”②，学西方发达国家，也还要学发展中国家等一切其他的国家。他说过：“缅甸种粮食比我们种得好。我们愿意研究缅甸是怎样种的。”

为了向外国学习，毛泽东说过：“我也希望到世界各国去走走。”他在会见外宾时多次表示，希望去缅甸等国看一看；“还想到日本去看一看”，“甚至还想去美国看一看”。“但现在却没有希望实现”③。

向西方发达资本主义国家学习，有一个学什么和怎么学的问题。

毛泽东说：“外国资产阶级的一切腐败制度和思想作风，我们要坚决抵制和批判。但是，这并不妨碍我们去学习资本主义国家的先进的科学技术和企业管理方法中合乎科学的方面。”④

为什么不能学西方国家资产阶级的腐败制度和思想作风呢？毛泽东认为，“西方世界的太阳是傍晚的没落的太

---

① 《毛泽东文集》第七卷，人民出版社 1999 年版，第 366 页。

② 《建国以来毛泽东文稿》第 7 册，中央文献出版社 1992 年版，第 197 页。

③ 《毛泽东外交文选》，中央文献出版社、世界知识出版社 1994 年版，第 185、第 223 页。

④ 《毛泽东文集》第七卷，人民出版社 1999 年版，第 43 页。

阳”。“它们在政治上是落后的，是腐败的，是低级趣味的”[①]。所以，对它们的腐败制度和思想作风，我们不仅不能学，而且要坚决抵制和批判。我们不能迷信西方，以为那里什么都好。东方人“要在破除迷信的条件下学习西方”[②]。要学它的长处，不要学它的短处。

科学技术本身没有阶级性。所以，毛泽东认为，“在技术方面，我看大部分先要照办”。当然，“已经清楚的那一部分，就不要事事照办了”[③]。为了学习外国先进的科学技术，他提出要采取派出去和请进来两种办法。他说，我们不仅要向社会主义国家派遣留学生，而且也“要派人到资本主义国家去学技术，不论英国、法国、瑞士、挪威，只要他要我们的学生，我们就去嘛”[④]。他也说过，可以进口外国技术，利用外国的技术人员帮助训练本国的科学家、工程技术人员[⑤]。

西方资本主义的企业管理制度和方法具有两重性，一方面反映了社会化大生产本身的客观要求，另一方面是为剥削工人的剩余价值服务的。所以，毛泽东提出，要学它的“企业管理方法中合乎科学的方面”，同时又不能全盘照搬。

---

① 《毛泽东文集》第七卷，人民出版社1999年版，第404页。

② 《毛泽东外交文选》，中央文献出版社、世界知识出版社1994年版，第393—394页。

③ 《毛泽东文集》第七卷，人民出版社1999年版，第42页。

④ 薄一波：《若干重大决策与事件的回顾》上卷，中共中央党校出版社1991年版，第484页。

⑤ 《建国以来毛泽东文稿》第13册，中央文献出版社1998年版，第106页。

对于西方的资产阶级经济理论，毛泽东并没有展开全面的研究与评析。但是他提出的学习外国“必须有分析有批判地学”这个原则，对于这个问题的认识和处理，也是适用的。

毛泽东强调，“向外国人学习是为了今天的中国人”。我们“应该是在中国的基础上面，吸取外国的东西。应该交配起来，有机地结合”。“照抄别国的经验是要吃亏的，照抄是一定会上当的。这是一条重要的国际经验。”①忘记这条经验，要犯大错误。

第四，还要对别的国家和民族进行帮助，对世界有些益处。中国作为一个发展中的社会主义国家，经济文化比较落后，需要集中力量发展自己；与此同时，也还应当承担自己的一份国际主义义务。毛泽东指出：“中国不仅要自己料理自己，自己过生活，还应该对别的国家和民族进行帮助，对世界有些益处。同别的国家一样，不仅要为自己而且还要对世界做些贡献。和别的国家互相帮助，发展经济关系，尤其是我们亚洲、非洲、拉丁美洲国家之间互相了解、交流经验，很有必要。”② 应当看到，这种国际主义义务“是相互的。一方面，我们在资金、物资和技术上支援了他们；另一方面，他们的建设工作做好了，反对帝国主义的力量增强了，也是对我们的大力支援”。③

在发展对外经济关系的问题上，提出中国要承担自己

① 《毛泽东文集》第七卷，人民出版社 1999 年版，第 82—83、第 64 页。
② 《毛泽东文集》第八卷，人民出版社 1999 年版，第 71 页。
③ 《建国以来重要文献选编》第 17 册，中央文献出版社 1997 年版，第 428 页。

的国际主义义务，这是毛泽东对外开放思想的特色之一。

坚持独立自主、自力更生的方针，与积极发展对外经济联系，两者是有机地结合在一起的。积极发展对外经济联系，有助于增强中国自力更生的能力；而坚持独立自主、自力更生的方针，也才真正有利于中国对外经济联系的有效扩大和健康发展。

毛泽东对人民民主政治建设的若干战略性思考*

关于人民民主政治建设的思想，是毛泽东社会主义建设理论的重要组成部分。

以毛泽东为代表的中国共产党人曾经领导全国各族人民为争取人民民主、反对地主买办资产阶级的反革命独裁统治进行过长时期的、不屈不挠的斗争，开辟了中国历史上崭新的人民民主的时代。在这个过程中，毛泽东创立了关于人民民主专政的科学理论。新中国成立以后，尤其是社会主义改造基本完成以后，毛泽东和他的战友们从巩固人民民主政权、防止资本主义复辟和建设社会主义的高度，对人民民主问题进行了深层次的战略性的思考，并展开了多方面的探索性的实践。在这个过程中，他们总结党和人民的实践经验，提出了一系列重要的思想。这些思想值得人们高度重视并认真加以研究。

---

* 本文发表于《马克思主义研究》2003 年第 5 期。

一

毛泽东认为，加强人民民主政治的建设，是中国所进行的社会主义建设所必须实现的一项重要任务。

早在1939年5月，毛泽东就已经提出了人民民主这个概念。他指出，中国应当“建立人民民主主义的制度”[①]。随后，他进一步指出，“民主必须是各方面的，是政治上的、军事上的、经济上的、文化上的、党务上的以及国际关系上的，一切这些，都需要民主”[②]。

中国的人民民主制度即人民民主专政的国家政权经历了两个历史阶段。在根据地时期，它实质上是工农民主专政，因为它所担负的是组织民主革命的任务；在新中国成立以后，它实质上已经是无产阶级专政了，因为它已经开始担负起组织社会主义改造和社会主义建设的任务。据此，毛泽东认为，我们这时所说的人民民主，实际上就是社会主义的民主。“我们的这个社会主义的民主是任何资产阶级国家所不可能有的最广大的民主。”[③]

的确，毛泽东说过：“民主这个东西，有时看来似乎是目的，实际上，只是一种手段。马克思主义告诉我们，民主属于上层建筑，属于政治这个范畴。这就是说，归根

① 《毛泽东选集》第二卷，人民出版社1991年版，第563页。
② 《毛泽东文集》第三卷，人民出版社1996年版，第169页。
③ 《毛泽东文集》第七卷，人民出版社1999年版，第207页。

结蒂，它是为经济基础服务的。”① 有的论者据此认定毛泽东对民主的重要性估计不足。这实在是一种误读或者曲解。因为民主，无论是指人民民主的国家制度，还是指人民管理国家事务的权利及应享受的其他各项民主权利，或者是指民主意识、民主作风，都是属于上层建筑；而根据马克思主义关于经济基础和上层建筑相互关系的原理，上层建筑必须为经济基础服务。因此，毛泽东的上述论点是完全正确的。恩格斯早就说过：“无产阶级为了夺取政权也需要民主的形式，然而对于无产阶级来说，这种形式和一切政治形式一样，只是一种手段。”② 列宁也说过：“任何民主，和任何政治上层建筑一样（这种上层建筑在阶级消灭之前，在无阶级的社会建立之前，是必然存在的），归根到底是为生产服务的，并且归根到底是由该社会中的生产关系决定的。”③

事实上，毛泽东不仅说过民主是手段，他也有过民主是目的这种提法。在 1957 年 2 月 27 日下午召开的最高国务会议上，他是这样说的：“有人说民主是目的。我们跟他们说，民主是手段，也可以说又是目的又是手段。”④ 这就是说，从经济基础和上层建筑的角度来说，民主属于上层建筑，是为经济基础服务的，因此它是手段；而从进行社会主义革命和社会主义建设的角度来说，实现人民民

① 《毛泽东文集》第七卷，人民出版社 1999 年版，第 208—209 页。
② 《马克思恩格斯选集》第 4 卷，人民出版社 1995 年版，第 662 页。
③ 《列宁选集》第 4 卷，人民出版社 1995 年版，第 405 页。
④ 《党的文献》2002 年第 4 期。

主和加强人民民主政治建设，则是党面临的一项重要任务，因而它也是目的，或者说目标。对于后面这一层意思，毛泽东也是讲过多次的。在中国刚刚进入社会主义社会的时候，他曾明确地强调："我们的目标，是想造成一个又有集中又有民主，又有纪律又有自由，又有统一意志、又有个人心情舒畅、生动活泼，那样一种政治局面。"① 这就是后来人们通常所说的"六又"政治局面。

对于发扬人民民主在社会主义事业中的重要作用，毛泽东是作了充分的估计的。1957 年 3 月 19 日，他讲到，我们应当采取"团结——批评——团结"的方式，也就是采取民主的方法，来解决党内矛盾和人民内部矛盾。他认为，"采取现在的方针，文学艺术、科学［技］术会繁荣发达，党会经常保持活力，人民事业会欣欣向荣，中国会变成一个大强国又使人可亲"②。他说："我们采取上面所说的这些方针，我相信，我们的文化、科学、经济、政治，我们的整个国家，一定可以繁荣发展起来，我们国家就会变成一个有近代农业的、工业化的国家，人民的生活会要好起来，人民的政治情绪，人民跟政府的关系，人民与人民之间的关系，将是一种合理的、活泼的关系。我们希望造成这样一个中国，希望把我们国家变成这样一个活泼的国家，使人们敢于批评，敢于说话，有意见敢于说，不要使人不敢说。按照这样的方针，我们的希望就一定可

① 《建国以来毛泽东文稿》第 6 册，中央文献出版社 1992 年版，第 543 页。
② 《建国以来毛泽东文稿》第 6 册，中央文献出版社 1991 年版，第 405 页。

以实现。”[①] 随后，在提出要形成上面所说的“六又”政治局面的那篇文章中，他进一步指明，我们之所以要形成这种局面，是为了有“利于社会主义革命和社会主义建设，较易于克服困难，较快地发展我国的现代工业和现代农业，党和国家较为巩固，较为能够经受风险”[②]。应当说，关于民主的重要性的这些论述，尤其是通过发扬人民民主让实行无产阶级专政的国家——中国成为一个“大强国又使人可亲”的国家的设想，不仅是深刻的，而且是富有新意的。

1962 年 1 月，为了总结 1958 年发动“大跃进”和人民公社化运动以来党的工作的经验教训，中共中央召开了扩大的工作会议。毛泽东在会上着重讲了民主集中制的问题，讲了“在党内、党外发扬民主的问题”。他指出，为了科学地总结经验，分清是和非、正确和错误，“只能用民主的方法，让群众讲话的方法”。他告诫各级干部，“让人讲话，天不会塌下来，自己也不会垮台。不让人讲话呢？那就难免有一天要垮台”。他反复论证，在党内、党外充分发扬民主，具有极大的重要性。因为：

第一，只有充分发扬民主，才能调动群众和干部的积极性，搞好社会主义建设事业。党内党外都应当造成“又有集中又有民主，又有纪律又有自由，又有统一意志、又有个人心情舒畅、生动活泼，那样一种政治局面”。

---

① 《党的文献》2002 年第 5 期。

② 《建国以来毛泽东文稿》第 6 卷，中央文献出版社 1991 年版，第 543 页。

如果“没有这样的政治局面，群众的积极性是不可能发动起来的”。而如果不能发动群众的积极性，我们就不可能克服面临的困难，就不可能搞好各项社会主义建设事业。

第二，只有充分发扬人民民主，才能有效地实行无产阶级专政。而如果“没有广泛的人民民主，无产阶级专政不能巩固，政权会不稳”。因为“没有民主，没有把群众发动起来，没有群众的监督，就不可能对反动分子和坏分子实行有效的专政，也不可能对他们进行有效的改造，他们就会继续捣乱，还有复辟的可能”。

第三，只有充分发扬民主，才能有正确的集中，党才能对社会主义事业实行正确的领导。如果“没有民主，意见不是从群众中来，就不可能制定出好的路线、方针、政策和办法”。用现在的话来说，如果没有决策的民主化，就不可能做到决策的科学化。因为“如果没有民主，不了解下情，情况不明，不充分搜集各方面的意见，不使上下通气”，那么，上级领导机关的集中就不可能是真的、实的、正确的，而“只能是假的、空的、错误的”。

第四，只有实行高度的民主，才能有高度的正确的集中。如果“没有高度的民主，就不可能有高度的集中，而没有高度的集中，就不可能建立社会主义经济”。由于社会主义经济是不可能自发地产生的，它必须有党和国家自上而下的领导或引导才能建立起来。而“我们的国家，如果不建立社会主义经济，那会是一种什么状况呢？就会变成修正主义的国家，变成实际上是资产阶级的国家，无产阶级专政就会转化为资产阶级专政，而且会是反动的、法西斯式的专政。这是一个十分值得警惕的问题”。

在这里，我们可以清楚地看到，毛泽东依据历史的经验和现实的教训，从正反两个方面，对发扬党内民主和人民民主的重要意义作出了深刻的阐发和透彻精辟的说明。

二

应当遵循何种原则，来探索加强人民民主政治建设的途径和方法呢？

毛泽东指出，为了社会主义事业，“我们必须把马克思列宁主义的普遍真理同中国社会主义建设的具体实际，并且同今后世界革命的具体实际，尽可能好一些地结合起来，从实践中一步步地认识斗争的客观规律”。他还指出：“对于社会主义建设，我们还缺乏经验。”“要准备着由于盲目性而遭受到许多的失败和挫折，从而取得经验，取得最后的胜利”①。无疑地，这个原则，无论对于经济建设，还是政治、文化建设，都是适用的。

为了在人民民主政治建设的过程中切实贯彻这个原则，以下三个方面是必须认真考虑的：

第一，充分认识我国人民民主政治建设的基本出发点，它的有利条件和困难。马克思主义告诉我们，社会主义民主之所以不同于资本主义民主，首先在于它不是少数

① 《毛泽东文集》第八卷，人民出版社1999年版，第302、第300页。

人的民主而是多数人的民主，而且它主要地不是剥削者的民主而是劳动者的民主。正因为如此，在社会主义国家中搞好人民民主政治建设，是具有深厚的群众基础的。这是社会主义国家在政治上的巨大优势。毛泽东强调，我们的人民民主政权是以工农联盟为基础的。“必须坚定地信任群众的多数，首先是工农基本群众的多数，这是我们的基本出发点。”[①] 在考虑人民民主政治建设的问题时，对这个基本的出发点，我们是必须时刻牢记的；当然，这个人民民主政权还必须团结一切可以团结的力量。这一方面，也不应该忽略。

在加强人民民主政治建设的问题上，我们不仅拥有有利的条件，而且还会面临困难。因为虽然从理论上讲，社会主义国家的广大人民应当享有广泛而又真实的民主权利；可是在实践中，在经济文化落后的中国，有一些因素却又有可能使这种民主权利受到削弱乃至被贬低和损坏。还在民主革命时期，毛泽东就说过：“由于我们的国家是一个小生产的家长制占优势的国家，又在全国范围内至今还没有民主生活，这种情况反映到我们党内，就产生了民主生活不足的现象。这种现象，妨碍着全党积极性的充分发挥。同时，也就影响到统一战线中、民众运动中民主生活的不足。”[②] 到了社会主义时期，尽管中国的社会状况已经发生了重大的改变，但由于思想意识具有相对的独立

① 《建国以来毛泽东文稿》第6册，中央文献出版社1991年版，第544页。

② 《毛泽东选集》第二卷，人民出版社1991年版，第529页。

性以及其他种种原因，这种党内党外民主生活不足的消极现象仍然是在相当大的程度上存在着的。因此，铲除这种消极现象，仍然是我们必须面对的一项任务。还应当考虑到，“过去在革命的时候，我们和人民一起，向封建势力要民主。现在我们胜利了，自己掌握政权，很容易强调专政，忽视民主的一面”[①]。这种情况是确实存在的。因为“当革命胜利之后，在工人阶级和共产党已经成为领导全国政权的阶级和政党的时候，我们党和国家的领导工作人员，由于受到官僚主义的多方面的袭击，就面临到有可能利用国家机关独断专行、脱离群众、实行命令主义、破坏党和国家的民主制度这样一个很大的危险性”。这种情况，尤其值得引起人们的严重注意。毛泽东强调，“我们要是不愿意陷到这样的泥坑里去的话，也就更要充分地注意执行这样一种群众路线的领导方法”；而且，“我们需要建立一定的制度来保证群众路线和集体领导的贯彻实施”。[②]

第二，认真总结党在领导人民民主政治建设方面的历史经验。进行人民民主政治建设，如同进行其他建设事业一样，毛泽东强调，“我们是以自己的经验为主”。比如1954年在制定新中国的第一部宪法时，我们就“总结了无产阶级领导的反对帝国主义、反对封建主义、反对官僚资本主义的人民革命的经验，总结了最近几年来社会改革、

---

① 《党的文献》2002年第5期。

② 《建国以来毛泽东文稿》第6册，中央文献出版社1991年版，第63页。

经济建设、文化建设和政府工作的经验”，“也总结了从清朝末年以来关于宪法问题的经验”①。

还在民主革命时期，中国共产党就开始积累这方面的经验了。1922 年 7 月召开的党的二大已经提出统一中国为“真正民主共和国”的任务。1927 年大革命失败以后，党即开始领导人民在农村建立革命根据地，实际进行人民民主政权和人民军队的建设工作，在人民内部乃至军队内部实行民主主义。毛泽东指出：“中国不但人民需要民主主义，军队也需要民主主义。军队内的民主主义制度，将是破坏封建雇佣军队的一个重要的武器。”② 1931 年 11 月，在江西瑞金召开的中华苏维埃工农兵第一次全国代表大会制定了《中华苏维埃共和国宪法大纲》及劳动法等多部法律，对根据地政权的工农民主专政的性质、对公民应当享有的各种民主权利等都作出了明确的规定。从土地革命战争时期到抗日战争时期、全国解放战争时期，根据地人民民主政治建设的工作不断取得进展。根据地的人民政权还在总结有关经验的基础上，提出了贯穿着人民民主原则的施政纲领，如《陕甘宁边区施政纲领》（1939 年）、《华北人民政府施政方针》（1948 年）等。根据地的人民民主政治建设，对于动员和组织广大人民群众进行革命战争和推进各项工作起到了巨大的作用。毫无疑问，这些历史经验，对于搞好社会主义时期的民主政治建设有着最直接

① 《毛泽东文集》第六卷，人民出版社 1999 年版，第 325—326 页。

② 《毛泽东选集》第一卷，人民出版社 1991 年版，第 65 页。

的参考价值。

需要指出的是，这里所说的总结经验，不仅是指总结成功的经验，而且也包括总结犯错误的经验。由于1957年反右派斗争扩大化和1959年反右倾斗争的消极影响，党内党外的民主生活不健全了，许多人不敢讲话，结果就使得我们在1958—1960年的“大跃进”运动中所犯的错误不能得到及时的揭露和有效的制止，终于酿成了严重的后果。正是在总结这方面的教训的基础上，毛泽东在1962年1月召开的扩大的中央工作会议上对民主集中制的问题作出了系统的论述，从而使全党对于为什么必须发扬民主和如何正确地贯彻民主集中制的认识，大大提高了。事实上，汲取我们在民主问题上犯错误的历史教训，也是搞好社会主义时期人民民主政治建设的一个重要的条件。

第三，注意借鉴外国实行社会主义民主以及资产阶级民主方面的经验。近代以来，西方资产阶级国家就开始实行民主制了。十月革命以后，一种新的民主制又在苏联产生。因此，毛泽东认为，研究民主问题，必须有世界历史的眼光，必须注意研究外国的经验。

中国是一个社会主义国家，同苏联和各人民民主国家属于同一种国家类型。因此，在进行人民民主政治建设时，首先注意研究苏联等国的有关经验是很自然的。我国建立人民民主制度，主要是从中国的实际出发，同时也借鉴了苏联的经验。1954年制定宪法时，毛泽东就指出，“我们是以自己的经验为主，也参考了苏联和各人民民主国家宪法中好的东西”①。

不过，毛泽东认为，“事物都有两面：有好的一面，有坏的一面”。“我们不要迷信，认为在社会主义国家里一切都是好的。”② 1956年年初，斯大林严重破坏社会主义法制等事件被揭发出来了。毛泽东认为，斯大林严重破坏法制“这样的事件在英、法、美这样的西方国家不可能发生”③。这种认识实际上已经涉及苏联政治体制的弊端、涉及个人高度集权体制的弊端了。20世纪50年代后期以来，在同赫鲁晓夫修正主义的斗争中，毛泽东进一步指出，“他们在党内关系是不平等的，各级领导人具有特权”④，那里已经形成了新的贵族阶层。如何以苏联为鉴戒，依靠发扬人民民主，防止同样的情况在中国发生，更成了毛泽东着重思考的一个重大问题。

西方国家实行的是资产阶级民主制度，而资产阶级民主的实质就是资产阶级专政。很明显，这种制度同中国的制度根本不同。我们不仅绝不能搬用它们的那一套，而且对“外国资产阶级的一切腐败制度和思想作风，我们要坚决抵制和批判”。早在1948年9月中共中央政治局会议上，毛泽东就明确指出，我们“不必搞资产阶级的议会制和三权鼎立等”，而应当“建立民主集中制的各级人民

① 《毛泽东文集》第六卷，人民出版社1999年版，第326页。

② 《毛泽东文集》第七卷，人民出版社1999年版，第69页。

③ 《邓小平文选》第二卷，人民出版社1994年版，第333页。这是邓小平转述的毛泽东的话。

④ 《建国以来毛泽东文稿》第10册，中央文献出版社1996年版，第262页。

代表会议制度”。但是，这并不意味着它们的某些具体制度和做法我们就不应当借鉴。西方资产阶级民主制度是在反对封建专制制度的斗争中建立起来的。毛泽东说过，“英国也好，法国也好，美国也好，资产阶级都有过革命时期，宪法就是他们在那个时候搞起的。我们对资产阶级民主不能一笔抹杀，说他们的宪法在历史上没有地位”；尽管现在帝国主义国家的宪法“尤其是欺骗和压迫多数人的”①。他有一次还讲过，“资产阶级民主，特别是初期，有那么一些办法，比我们现在的办法更进步一些”。他当时具体指的是资产阶级政府的官员不搞终身制。如美国国务卿下台以后，可以到大学当教授。由于封建主义影响的遗留，在某些方面，“我们比那个时候不是更进步了，而是更退步了”。刘少奇也赞同毛泽东的这个看法。他说：“恐怕有些东西，资产阶级的有些制度也可以参考。”②

从上面的叙述我们可以看到，在思考人民民主政治建设的问题时，毛泽东不仅坚定地站在马克思主义的立场上，坚持从中国的实际出发，而且视野十分开阔，思想也是很解放的。

三

随着1956年社会主义改造的基本完成和社会主义基

① 《毛泽东文集》第六卷，人民出版社1999年版，第326页。

② 《刘少奇论党的建设》，中央文献出版社1991年版，第647页。

本制度在中国的全面确立，“革命时期的大规模的急风暴雨式的群众阶级斗争基本结束”，虽然“阶级斗争还没有完全结束”①；与此相适应，中国社会面临的主要矛盾和主要任务也发生了变化。当年召开的中共八大指出：中国社会的主要矛盾“已经是人民经济文化迅速发展的需要同当前经济文化不能满足人民需要的状况之间的矛盾”；而中国面临的主要任务就是要把一个落后的农业国改变成为一个先进的工业国，也就是要开始全面建设社会主义，为把中国建设成为一个伟大的社会主义现代化国家而奋斗。

社会主义建设是亿万群众切身的事业。必须团结一切可以团结的力量，调动一切可以调动的积极因素，才有可能胜利地把这个事业推向前进。然而，正是在开始全面建设社会主义的时候，人民内部的矛盾突出地显示出来了。如果不能正确地处理这种矛盾，我们就不可能有效地贯彻执行调动一切积极因素来建设社会主义这个基本方针。这是中国共产党必须面对并加以解决的一个新问题。

当时究竟发生了什么新的情况呢？这就是毛泽东所说的，1956 年下半年以来，“在党里头，社会上，人们的思想有些乱”，“人民内部闹事也发生了不少”。人民内部对一些事情有这样那样不同的意见，这本来是不奇怪的。这类不同意见过去就有。只是在过去，“那些不同的意见，那些意见分歧，被大规模的阶级斗争所掩盖了”。现在情

① 《毛泽东文集》第七卷，人民出版社 1999 年版，第 216 页。

况有了变化。“过去我们跟人民一道反对敌人，现在敌人不在了，看不见敌人了，他有事情，不向你闹，向谁闹呢?”问题还在于，对人民内部矛盾开始凸显出来这种新情况，党内许多的干部是缺少足够的精神准备的。他们还想用老办法来对待新问题。这就是毛泽东所说的，“现在党内有一种情绪，就是继续过去那种简单的方法，你不听话，就‘军法从事’”。[①] 而这种方法是对付敌人的，用来对待人民就不行，非出乱子不可。

正是在这种情况下，毛泽东提出了正确地区分和处理敌我矛盾和人民内部矛盾这两类矛盾的学说，指明了在新的历史条件下用民主的方法解决人民内部的矛盾应当成为我国政治生活的主题。他说：“所谓正确处理人民内部矛盾问题，就是我们党从来经常说的走群众路线的问题。共产党员要善于同群众商量办事，任何时候也不要脱离群众。”“如果党群关系搞不好，社会主义制度就不可能建成；社会主义制度建成了，也不可能巩固。”[②]

主张把用民主的方法解决人民内部矛盾当作国家政治生活的主题，实际上就是主张适应形势的发展进一步扩大人民民主。毛泽东说，我们“现在是处在这么一个变革的时期：由阶级斗争到向自然界作斗争，由革命到建设，由过去我们反帝反封建的革命和后头的社会主义革命到技术革命、文化革命”[③]。与这种情况相适应，“国家权力，

---

① 《党的文献》2002 年第 5 期。

② 《建国以来毛泽东文稿》第 6 册，中央文献出版社 1991 年版，第 547 页。

③ 《党的文献》2002 年第 5 期。

在对内职能上，逐步地不存在了，现在对劳动人民也已基本不存在了"[①]。虽然由于"阶级斗争并没有完全结束"，国家的专政职能还需要继续存在，但是进一步发扬人民民主不仅有必要而且也有可能了。他告诫党内的同志，必须使自己的思想适应变化了的形势，不要只强调专政、守法的一面，而忽略民主的一面。

对于这个问题，周恩来曾经作过准确而深刻的论证。他说，"现在我们的人民民主专政应该是：专政要继续，民主要扩大"。我们之所以要扩大民主，"一方面是形势许可"。由于我们的专政更加巩固了，工人阶级的力量更加强大了，所以我们的民主就应该更扩大，而不应该缩小。"另一方面是从整个无产阶级专政的历史中得来的经验。"专政的权力虽然建立在民主的基础上，但这个权力是相当集中相当大的，如果处理不好，就容易忽视民主。"所以我们要时常警惕，要经常注意扩大民主，这一点更带有本质的意义。"[②]

是扩大民主，还是缩小民主，或者说，是放，还是收，这是"两个方法（政策）领导中国"的问题[③]，即不同的治国方略的问题。毛泽东主张用前一种方法、政策领导中国，是基于他对中国社会的矛盾和发展动力的科学认识。

毛泽东认为，社会主义社会仍然存在着矛盾。其基本

① 《建国以来毛泽东文稿》第7册，中央文献出版社1992年版，第25页。
② 《周恩来选集》下卷，人民出版社1984年版，第207页。
③ 《建国以来毛泽东文稿》第6册，中央文献出版社1991年版，第376页。

矛盾是生产力和生产关系、经济基础和上层建筑之间的矛盾。这种基本矛盾在人与人的关系上反映出来，一部分表现为敌我矛盾，大部分表现为人民内部矛盾。正是这些矛盾推动着我国社会的发展。一般说来，人民内部矛盾是在人民利益根本一致的基础上的矛盾。因此，解决人民内部的矛盾只能采用民主的方法，说服教育的方法，批评与自我批评的方法，而不能采用专政的方法，压服的方法。因为人民内部矛盾是非对抗性的矛盾，必须用非对抗性的方法即民主的方法加以解决；也只有采用这种方法，才能使矛盾得到正确的解决，即收到积极的效果。

为了用民主的方法解决人民内部的矛盾，毛泽东提出了“团结——批评——团结”的公式和“百花齐放、百家争鸣”的方针。他说：“因为阶级斗争基本结束而显露出来的多种东西，多种不满意，许多错误的议论，我们应该采取什么方针？我们应该采取‘百花齐放、百家争鸣’的方针，在讨论中，在辩论中去解决。只有这个方法，别的方法都不妥。”要知道，“压是压不服人的，只会使我们处于不利的地位。如果用压服的方法，我们就没有理，我们就输了”。而且，“如果采取压服的方法，不让百花齐放、百家争鸣，那就会使我们的民族不活泼，简单化，不讲道理，使我们党不去研究说理，不去学会说理”。马克思主义也不能发展了[①]。这对于我们的事业是极为不利的。他认为，“两个方法（政策）领导中国，还是‘放’的

① 《党的文献》2002 年第 5 期。

方法好，不要怕放，不要怕批评，不要怕乱，不要怕牛鬼蛇神，不要怕毒草，我们将在百花齐放、百家争鸣中发展真理，少犯错误，将一个落后的中国变为一个先进的中国”。[①]

人们通常认为，“百花齐放、百家争鸣”的方针，主要是促进艺术发展和科学进步的方针，是促使社会主义文化繁荣的方针；从上面的引文可以看到，这个方针同样也适用于人民内部的政治生活，它同时也是用民主的方法解决人民内部矛盾的方针。这是中国共产党人用民主的方法即“团结——批评——团结”的公式解决人民内部矛盾的历史经验在新的历史条件下的运用和发展。

在人民民主专政的国家里，人民群众是应当享有广泛的民主权利的。毛泽东认为，即使对于自己选出的政府，即使对国家的指导思想——马克思主义，也可以提出批评。他说：“马克思主义是不怕批评的，应允许互相批评，批评政府不犯罪。”为了造成生动活泼的政治局面，他主张“党内党外在一起开一些有关大政方针的会议，党和政府的许多错误缺点登报批评”[②]。1957 年 3 月，他在一份材料上作过如下一些批注：针对“有人说，经典著作是不许怀疑的”这种说法，他写道：“不许怀疑吗?”在“对党的政策的怀疑的意见是否允许争论?”这个问题旁边，他写道：“为什么不允争论呢?”当然，这种怀疑和

---

① 《建国以来毛泽东文稿》第 6 卷，中央文献出版社 1991 年版，第 376 页。

② 《建国以来毛泽东文稿》第 6 卷，中央文献出版社 1991 年版，第 361、第 544 页。

争论并不是没有限度的。在“党员在理论上怀疑或反对马克思列宁主义的个别原理是否允许？如果根本怀疑马克思列宁主义的哲学、经济学或社会主义理论，可否留在党内？”这句话旁边，他写道：“前者是肯定的，后者是否定的。”①

为了充分地发扬民主，毛泽东还对应当怎样对待人民内部具有阶级斗争性质的问题和如何对待人民内部少数人闹事的问题，提出了明确的方针。

在解释什么叫“大规模的阶级斗争基本结束”时，毛泽东说，“所谓基本结束，就是说还有阶级斗争，特别是表现在意识形态这一方面”，就是还有无产阶级思想跟资产阶级思想的斗争。我们“讲有阶级斗争，特别是表现在意识形态方面的，我们是把它当作内部矛盾来处理的”②，也就是说，仍然要用民主的方法来处理。他在总结新中国成立初期思想斗争的经验教训时说过：我们开始批判胡适的时候很好，但后来就有点片面性了，把胡适全部抹杀了，以后要写一两篇文章补救一下。对康有为、梁启超也不能一笔抹杀。“对一切这样的人，思想上有严重错误的人，有敌对思想的人，也要团结他们，改造他们。”“应当贯彻，惩前毖后，治病救人的方针，笔下也是如此。”③

---

① 《建国以来毛泽东文稿》第6卷，中央文献出版社1991年版，第411—412页。

② 《党的文献》2002年第5期。

③ 《党的文献》2002年第4期。

对于少数人的闹事，毛泽东认为，那是不应当提倡的。他主张，“人民内部的问题和党内问题的解决的方法，不是采用大民主而采用小民主”。小民主的方法，是和风细雨式的即民主的、讨论的、协商的方法；大民主的方法是带有急风暴雨式的即强制性的方法，诸如游行示威、罢工罢课等。“要知道，在人民方面来说，历史上一切大的民主运动，都是用来反对阶级敌人的。”[①]“现在搞大民主不适合大多数人民的利益。”尤其是在文学、新闻等方面，解决问题要用小小民主，小民主之上再加一个小字，就是毛毛雨，下个不停[②]。问题在于，我们是不赞成少数人闹事的，但如果闹事还是发生了，那又该怎么办呢？毛泽东，那就“要将罢工、罢课、游行、示威、请愿看作调整社会秩序的一种方法”[③]。他指出：“有些地方不实行小民主，任何民主都没有，横直是官僚主义。这样就逼出大民主来了，于是乎罢工、罢课。我们不赞成罢工、罢课，提倡在人民范围之内使用批评的方法来解决。如果个别地方官僚主义十分严重，在这样一种范围内允许罢工、罢课。我们把罢工、罢课、游行、示威、请愿等，看作是克服人民内部矛盾，调整社会秩序的一种补充方法。”1957 年 3 月，他在最高国务会议上讲关于人民内部矛盾问题时，就专门讲了对当时发生的闹事应当如何认识和处理的问题。他认为，“这些闹事不能说主要是因为反

① 《毛泽东文集》第七卷，人民出版社 1999 年版，第 160—161 页。
② 《党的文献》2002 年第 5 期。
③ 《毛泽东文集》第七卷，人民出版社 1999 年版，第 289 页。

革命，而主要是因为我们工作中的缺点，我们不会教育，不会领导”。他说，关于这个问题，我提了四条办法，大家看对不对。第一，克服官僚主义，适当处理矛盾，使其不闹；第二，要闹就让他闹；第三，要闹就让他闹个够；第四，除个别人外，一般不要开除[①]。他认为，闹事有二重性。他希望通过正确处理闹事问题，使坏事变成好事，使党政领导机关和人民群众两方面都受到教育，取得教训。

应当指出，发扬人民民主，从根本上说，是为了巩固共产党的领导和社会主义制度，推进社会主义建设的事业。因此，在发扬人民民主的过程中，必须遵循正确的政治方向，这是不应当有疑问的。为了帮助广大人民在我国政治生活中判断人们言论和行动的是非、辨别香花和毒草，毛泽东根据我国宪法的原则、最大多数人的意志和各党派的共同主张，提出了六条政治标准，即：有利于团结全国各族人民；有利于社会主义改造和社会主义建设；有利于巩固人民民主专政；有利于巩固民主集中制；有利于巩固共产党的领导；有利于社会主义的国际团结和全世界爱好和平人民的国际团结；而不是相反。“这六条标准中，最重要的是社会主义道路和党的领导两条。”他强调，“提出这些标准，是为了帮助人民发展对于各种问题的自由讨论，而不是为了妨碍这种讨论”，因为“大多数人有了明确的标准，就可以使批评和自我批评沿着正确的

① 《党的文献》2002年第4期。

轨道前进”①。这是有利于而不应是不利于人民民主建设的健康发展的。

四

在社会主义制度下，人民群众享有的最大的民主权利应该是什么权利？社会主义民主与资产阶级民主的最大的区别究竟是在什么地方？这是我们在进行人民民主政治建设时必须搞清楚的一个重大问题。

资本主义的民主制度代替封建主义的专制制度，无疑是具有世界历史意义的一大进步。但是这种民主仍然是有极大的局限性的。自从工人争得普选权以来，人们在政治上、在形式上似乎是一律平等了；而与此同时，人们在经济上、在实质上的不平等（即资本对劳动的统治、金钱的至上权力的确立）却也发展起来了。这是一对尖锐的矛盾。这种经济上的不平等是对于政治上的平等的根本性的限制和贬损。历史表明，在经济上占支配地位的阶级从来就是在政治上占统治地位的阶级。资本主义社会尤其是这样。“现代的国家政权不过是管理整个资产阶级的共同事务的委员会罢了。”② 在这里，人民群众是没有可能真正参与国家事务的管理的。他们享有的主要的民主权利，不过是相隔一段时间就去投票决定一次由统治阶级中的哪

① 《毛泽东文集》第七卷，人民出版社 1999 年版，第 234 页。

② 《马克思恩格斯选集》第 1 卷，人民出版社 1995 年版，第 274 页。

些人来充当这个委员会的成员而已。

与资本主义民主实质上是少数人的民主不同，社会主义民主是多数人的民主。这种多数人的民主的形成和发展是有前提的。首先，是工人阶级及其他人民群众必须以革命手段推翻代表少数剥削者利益的政权，建立起代表自身利益的政权。这样，他们才有可能真正享有广泛的民主权利。其次，他们还必须经过适当的步骤去摧毁资本对劳动的统治，建立社会主义的经济基础。这种“社会主义所有制、社会主义分配，这个经济基础反映到社会主义的上层建筑，就是必须要有社会主义民主”[①]。

社会主义民主的实质，应当是人民当家做主。一方面，社会主义国家应当代表工人阶级和其他人民群众的利益；另一方面，人民群众应当有可能通过多种形式越来越广泛和深入地参与国家事务的管理。

马克思、恩格斯在总结巴黎公社的经验时就曾经指出，公社的真正秘密就在于，它实质上是工人阶级的政府。“它是由人民自己当自己的家。”[②] 列宁在领导苏维埃政权建设的过程中进一步指出。发扬社会主义民主，“重要的就是普遍吸收所有的劳动者来管理国家”。当然，“这是一项艰巨的任务”[③]。他说过：“由于文化水平这样低，苏维埃虽然按党纲规定是通过劳动者来实行管理的机关，而实际上却是通过无产阶级先进阶层来为劳动者实行

① 《刘少奇论党的建设》，中央文献出版社 1991 年版，第 678 页。

② 《马克思恩格斯全集》第 17 卷，人民出版社 1998 年版，第 565 页。

③ 《列宁选集》第 3 卷，人民出版社 1995 年版，第 464 页。

管理而不是通过劳动群众来实行管理的机关。”[①] 尽管如此，他还是强调，劳动者的先锋队应当领导广大人民群众，并吸引他们参加独立的政治生活，“着手使真正全体人民都学习管理，并且开始管理”[②]。

毛泽东继承了马克思、列宁的上述思想。1959 年年末 1960 年年初在读苏联《政治经济学教科书》时，他明确指出，劳动者管理国家、管理军队、管理各种企业、管理文化教育的权利，“实际上，这是社会主义制度下劳动者最大的权利，最根本的权利”。人民必须管理上层建筑，不管理上层建筑是不行的，我们不能够把人民的权利问题，了解为国家只由一部分人管理，人民在这些人管理下享受劳动、教育、社会保险等权利。没有管理国家事务的权利，“劳动者的工作权、休息权、受教育权等等权利，就没有保证”[③]。应当说，这是一个十分深刻的并且是具有重大战略意义的思想。

应当怎样推动广大人民群众行使自己的这种最大的权利、最根本的权利呢？

第一，必须领导和吸引广大人民群众参与国家政治生活，调动他们建设社会主义强大国家的积极性。1954 年制定中华人民共和国第一部宪法时，毛泽东就说过：“用宪法这样一个根本大法的形式，把人民民主和社会主义原则固定下来，使全国人民有一条清楚的轨道，使全国人民

---

① 《列宁全集》第 36 卷，人民出版社 1985 年版，第 155 页。
② 《列宁选集》第 3 卷，人民出版社 1995 年版，第 504 页。
③ 《毛泽东文集》第八卷，人民出版社 1999 年版，第 129 页。

感到有一条清楚的明确的和正确的道路可走，就可以提高全国人民的积极性。”[①] 1956 年社会主义改造基本完成以后，他提出应当把正确处理人民内部矛盾的问题作为国家政治生活的主题，并且创造性地提出实行“双百”方针等一系列用民主的方法解决人民内部矛盾（包括领导与群众的矛盾）的政策，也正是为了达到调动一切积极因素建设社会主义这个目的。

第二，应当在经济领域中切实贯彻民主管理的原则。毛泽东认为：“所有制问题基本解决以后，最重要的问题是管理问题，即全民所有的企业如何管理的问题，集体所有的企业如何管理的问题，这也就是人与人的关系问题。”所有制的变革，在一定时期内总是有底的，总是不能没有限度的。“可是在一定时期内，即所有制性质相对稳定的时期内，在劳动生产中人与人的关系，却不能不是不断变革的。”所以，这方面“有很多文章可做”[②]。这类文章的主题，就是如何按照民主的原则来管理企业，管理社会的经济生活。在这方面，毛泽东也确实领导人们做了许多好文章。

我们知道，资本主义企业管理制度是资本主义生产长期发展的结果。它具有两重性，即既有适应高度技术需要的一面，又有适应高度剥削需要的一面。为了搞好社会主义企业的管理，我们必须有分析有批判地对待资本主义企

① 《毛泽东文集》第六卷，人民出版社 1999 年版，第 328 页。
② 《毛泽东文集》第八卷，人民出版社 1999 年版，第 134—135 页。

业的管理制度，一方面要发扬它的合理性和进步性，另一方面又要去掉它的不合理性和反动性。也就是说，我们应当创造出一套与企业的社会主义性质相适应的管理制度。如果说，为了适应高度剥削需要的一面，“资本主义的管理就其形式来说是专制的”；那么，与企业的社会主义性质相适应，社会主义的管理就其形式来说应当是民主的，或者说是民主集中制的。正因为如此，毛泽东认为，国营企业的管理，不应当实行“马钢宪法”，即苏联的大钢厂马格尼托哥尔斯克联合工厂所实行的一长制等一套权威性的办法；而应当实行“鞍钢宪法”，即中国鞍山钢铁厂所实行的“两参一改三结合”等的方针。所谓“两参”，指干部参加生产劳动，工人参加企业管理；“一改”，指改革企业中不合理的规章制度；“三结合”，指在技术革新和技术革命运动中实行企业领导干部、技术人员和工人三结合。这个方针，体现了民主管理企业的原则，有助于调动干部、技术人员和工人的积极性，促进经济的发展和技术的进步。与此同时，他还主张实行党委领导下的厂长负责制和职工代表大会制，后者是“吸收广大职工群众参加企业管理和监督行政”的制度。这些制度，“也就是民主集中制在工业企业中的具体运用”①。与此同时，在农业合作化以后，毛泽东又提出了在农业生产方面的“民主管理问题”②。为了贯彻执行民主办社的原则，中共中央

① 《建国以来重要文献选编》第13册，中央文献出版社1996年版，第626页。
② 《毛泽东文集》第七卷，人民出版社1999年版，第55页。

明确要求，“合作社的生产计划、劳动计划、财务计划、分配方案，都必须按照社章经过民主讨论民主决定。社员大会、代表大会必须按期召开，合作社的管理委员会和监察委员会必须定期选举。社务必须定期向社员报告，必须发动社员经常监督社的领导，不断改善合作社干部和社员的联系”①。毛泽东本人曾经花费很大的精力，去具体研究在农村合作社中如何实行民主管理的问题。

第三，人民的权利还应当在对文化教育等事业的管理上体现出来。毛泽东认为，“社会主义民主的问题，首先就是劳动者有没有权利来克服多种敌对势力和他们的影响的问题。像报纸刊物、广播、电影这类东西，掌握在谁手里，由谁来发议论，都是属于权利的问题。”文化教育事业掌握在谁手里，对于保障人民的权利问题，关系极大。正因为如此，人民群众为了保障自己的权利，就必须关心这个思想文化阵地的领导权问题，必须在这个问题上有自己的发言权、监督权。因为这些事业“掌握在马克思列宁主义者手里，绝大多数人民的权利就有保证了；掌握在右倾机会主义分子或者右派分子手里，它们就可能变质，人民的权利就不能保证”。

为了维护绝大多数人民的权利，毛泽东主张，在一定的情况下要敢于反潮流。1958 年 1 月，他在《工作方法六十条（草案）》中提出，要站在正确路线方面，对于歪风，一定要硬着头皮顶住。“决不可随风倒，要有反潮流

① 《建国以来重要文献选编》第 9 册，中央文献出版社 1994 年版，第 25 页。

的大无畏的精神。”[1] 后来，他反复讲过，在原则性的问题上一定要旗帜鲜明，在错误思潮面前“要敢于反潮流。反潮流是马列主义的一个原则”[2]。这些论述，赋予了人民民主思想以新的含义，具有深远的影响。

列宁说过：“生气勃勃的创造性的社会主义是由人民群众自己创立的。”毛泽东提出的关于社会主义制度下劳动者最大的权利，最根本的权利，是管理国家事务和经济、文化等事业的思想，体现了社会主义是人民群众切身事业这个原则，揭示了社会主义民主的实质和基本点，从根本上划清了社会主义民主和资本主义民主的界限，对于加强人民民主政治的建设，对于发展社会主义的事业，具有长远的战略性的意义。

诚然，吸引广大人民群众参与国家事务的管理，参与经济、文化等项事业的管理，是一个长期的、艰巨的任务。对于经济文化落后的中国来说，尤其是如此。同时，究竟如何贯彻执行使人民群众参与国家事务的管理这个原则，也还需要在实践中进行探索，需要有一个逐步积累经验的过程。但是，我们必须充分认识，这个思想的提出本身，就是有重大意义的。我们必须坚定不移地遵循着这个方向，不断地加强人民民主政治建设。

① 《建国以来毛泽东文稿》第7册，中央文献出版社1992年版，第57页。
② 《建国以来毛泽东文稿》第13册，中央文献出版社1998年版，第138页。

五

尽管我们的任务是要吸引越来越多的人民群众参与国家事务等的管理，但是在一个相当长的历史时期内，主要从事管理工作的仍然只能是少数人。这少数人本来是由人民群众推举出来为自己服务的社会公仆。如何防止这些主要从事管理工作的少数人由社会公仆蜕变为社会主人，这是从巴黎公社以来国际共产主义运动就面临的一个历史性的课题，也是以毛泽东为代表的中国共产党人必须面对的一项重要而严肃的任务。

马克思、恩格斯在总结第一个无产阶级专政的政权即巴黎公社的历史经验时，就已经把“防止国家和国家机关由社会公仆变为社会主人”这个问题提出来了①。这个问题也是列宁在领导苏维埃政权时进行过反复的思考并试图加以解决的。应当说，这是毛泽东在领导中国革命和建设过程中最为关注的问题之一。为了解决这个问题，他进行过深入的思考和反复的实践。

早在 1945 年 7 月，毛泽东在延安与民主人士黄炎培谈话，在回答他询问中国共产党能否跳出“其兴也勃焉、其亡也忽焉”这个历史上的兴亡周期率这个问题时，就曾经说过：“我们已经找到新路，我们能跳出这个周期率。这条新路，就是民主。只有让人民来监督政府，政府

① 《马克思恩格斯选集》第 3 卷，人民出版社 1995 年版，第 12 页。

才不敢松懈。只有人人起来负责，才不会人亡政息。”在这里，毛泽东是明确地把发扬人民民主作为防止党和人民政权变质的根本途径来考虑的。

中国共产党在全国范围的执政地位，是党领导人民经过长期艰苦的斗争才确立起来的。这使得党有可能利用政权的力量领导全国人民为实现自己面临的任务而进行有效的斗争。但是，这也使得党面临着新的严峻的考验。

毛泽东在1949年3月召开的中共七届二中全会上就发出过警告：如果国家（主要的就是人民解放军）和我们的党腐化下去，无产阶级就有可能“不能掌握这个国家政权”①。对于这种危险，必须保持高度的警觉，并采取切实措施加以防止。

为了解答如何“防止社会公仆变成社会主人”这个历史性的课题，毛泽东和他的战友们提出过许多重要的思想。归纳起来，主要有以下几个方面：

第一，共产党员和党的干部必须坚持共产主义的崇高理想，摆正自己同人民群众的位置，正确地和谨慎地使用自己手中的权力。在无产阶级革命家出现以前，历代的革命者，一到他们进行的事业得到胜利和成功，少有不腐化、不堕落的。对于他们中的许多人来说，取得政权就意味着革命的终结，今后主要就是如何利用夺得的权力为自己牟利的问题了。共产党人决不能重蹈这个历史的覆辙。因为他们有着共产主义的崇高理想。对于他们来说，夺取

① 《毛泽东文集》第五卷，人民出版社1999年版，第262页。

全国政权，这不是革命的终结，而只是为实现自己的远大目标所获得的一个新的起点而已。所以，毛泽东及时告诫全党，“务必使同志们继续地保持谦虚、谨慎、不骄、不躁的作风，务必使同志们继续地保持艰苦奋斗的作风”。

作为执政党，为了正确地使用自己手中的权力，重要的是必须弄清楚这个权力是谁给的，应当用它来为谁服务这个问题。1956 年召开的党的八大明确指出：“同资产阶级政党相反，工人阶级的政党不是把人民群众当作自己的工具，而是自觉地认定自己是人民群众在特定的历史时期为完成特定的历史任务的工具。”“确认这个关于党的观念，就是确认党没有超乎人民群众之上的权力，就是确认党没有向人民群众实行恩赐、包办、强迫命令的权力，就是确认党没有在人民群众头上称王称霸的权力。”① 后来，毛泽东又进一步明确地指出：“我们的权力是谁的？是工人阶级给的，是贫下中农给的，是占人口百分之九十以上的广大劳动群众给的。”正因为如此，我们就应当代表和维护广大人民群众的利益，利用这个权力来为人民服务；就应当依靠人民群众来行使这个权力。他强调，“我们代表了无产阶级，代表了人民群众，打倒了人民的敌人，人民就拥护我们。共产党基本的一条，就是直接依靠广大革命人民群众”②。

正因为党和国家领导工作人员的权力是人民群众给的，

---

① 《建国以来重要文献选编》第 9 册，中央文献出版社 1994 年版，第 124 页。
② 《建国以来毛泽东文稿》第 12 册，中央文献出版社 1996 年版，第 581 页。

他们就应当认识，自己只是人民的勤务员、社会的公仆，绝不是高居于群众之上旧式的官老爷、统治者、社会的主人。因此，我们的干部一定要像毛泽东所说的那样，对自己的“位置要摆得对”；即使是“高级干部，中央委员”，都必须“以一个普通劳动者的姿态出现”在人们之前[①]。必须牢记：“共产党人要搞民主作风，不能搞家长作风。”

第二，通过加强教育和健全制度，来防止干部脱离群众，防止党和人民政权蜕化变质。作为社会的公仆，党和国家的干部必须保持同人民群众的密切联系。为了做到这一点，一方面要加强对干部的教育，另一方面要建立和健全相关的制度。

毛泽东认为，干部参加集体生产劳动是保持同群众密切联系的重要途径之一。这“对于社会主义制度说来，是带根本性的一件大事”[②]。1963 年 5 月，他看到浙江省 7 个关于干部参加劳动的材料之后，立即批发全国，要求各地方、各部门推广这种做法。他指出：“阶级斗争、生产斗争和科学实验，是建设社会主义强大国家的三项伟大革命运动，是使共产党人免除官僚主义、避免修正主义和教条主义，永远立于不败之地的确实保证，是使无产阶级能够和广大劳动群众联合起来，实行民主专政的可靠保证。”[③] 如果我们的干部长期脱离实际、脱离群众，浮在上面做官当老爷，他们就会逐渐淡忘党的全心全意为人民

① 《建国以来毛泽东文稿》第 7 册，中央文献出版社 1992 年版，第 198 页。
② 《建国以来重要文献选编》第 16 册，中央文献出版社 1997 年版，第 325 页。
③ 《建国以来重要文献选编》第 16 册，中央文献出版社 1997 年版，第 292 页。

服务的宗旨，滋长官僚主义作风和特权思想，甚至走上以权谋私的道路。在这种情况下，党和国家确实是有改变颜色的危险的。

毛泽东认为，我们的干部如果高官厚禄、养尊处优，必然会割断自己同人民群众的联系，因此他不赞成给少数干部以过高的薪金和特殊化的待遇。他对我国高级干部保健制度提出过明确的批评，主张“保健局应当取消”。认为原来主要给高级干部看病的“北京医院医生多，病人少，是一个老爷医院，应当开放”①。对于职务称号，他历来十分反感，曾多次提出“将职务称号（如毛主席）一律改为姓名加同志的称号（如毛泽东同志）”。他说，“此事沿用了几十年了，不像样子。引起了一些官僚主义作风”。“我建议坚决地改过来”②。总之，为了打掉官风，使干部与群众打成一片，他提出必须“肃清一切工作上、作风上、制度上的错误”③。

毛泽东认为，处于执政地位的我们的党和干部必须接受来自各方面的监督。谁来监督共产党呢？他说：“大家知道，主要监督共产党的是劳动人民和党员群众”；同时还有民主党派。“因为一个党同一个人一样，耳边很需要听到不同的声音”，所以“有了民主党派，对我们更为有益”④。鉴于斯大林晚年独断专行、破坏民主法制造成严重

① 《建国以来毛泽东文稿》第11册，中央文献出版社1996年版，第124页。
② 《建国以来毛泽东文稿》第10册，中央文献出版社1996年版，第463页。
③ 《建国以来毛泽东文稿》第7册，中央文献出版社1992年版，第24页。
④ 《毛泽东文集》第七卷，人民出版社1999年版，第235页。

后果的教训，党的八大明确指出，我们应当“从国家制度和党的制度上作出适当的规定，以便对于党的组织和党员实行严格的监督”①。

第三，采取必要的措施，防止在共产党内、在干部队伍中形成特权阶层、贵族阶层。由于资产阶级影响的存在，党的干部队伍中的极少数意志薄弱者在糖衣炮弹面前打了败仗以至发生腐化堕落的情况，是难以完全避免的。这种问题一旦发生了，也不难加以解决。但是，如果党的干部队伍中形成了特权阶层、贵族阶层，而且他们又掌握着党和国家政权的重要权力，那么问题的性质就会变得严重起来，党和国家政权就真的面临变质的危险了。正因为如此，防止形成特权阶层、贵族阶层，就成了防止社会公仆变成社会主人的一个关键。

20 世纪 60 年代初期，毛泽东就敏锐地指出：“在苏联的干部队伍中是有这么一个特殊的阶层的。”“他们有权、有势、有钱，特殊于广大人民群众和一般干部。”②赫鲁晓夫提出的系统化的错误观点，就是代表他们的利益和要求的。1964 年 1 月，他进一步指出，苏联在革命胜利后的“十七年中逐步发展起来的工人贵族和农民贵族，即城乡那种资产阶级，压迫、剥削占人口大多数的工人、农民。他们以工人、农民的代表者出来说话，欺骗工农”。他认为，这类问题在中国也是存在的，好在“我们正

① 《建国以来毛泽东重要文献选编》第 9 册，中央文献出版社 1996 年版，第 121 页。

② 吴冷西：《十年论战》（上），中央文献出版社 1999 年版，第 463 页。

在开始认识，并着手解决”了①。

为了防止形成贵族阶层和人民政权的变质，毛泽东认为，必须巩固社会主义的经济基础；如果经济基础变了，国家政权等上层建筑也是或迟或早要跟着变的。在1962年召开的扩大的中央工作会议上，毛泽东具体地论证过这个问题。他指出，我们的国家，如果不建立社会主义经济，“无产阶级专政就会转化为资产阶级专政”② 的。

为了防止贵族阶层的形成和人民政权的变质，毛泽东认为，一定要反对干部的特殊化。1960年11月，中共中央在关于高级干部和高级知识分子特需供应报告中指出：“干部生活特殊，脱离群众，从眼前来看，会损害党群关系，妨碍我们带领群众来战胜困难，渡过灾荒；从长远影响上看，则势必对干部的思想发生腐蚀作用，发展下去就有出现‘特殊化’的危险。修正主义思想正是从这里找到自己滋生、蔓延的土壤的。‘殷鉴不远’，我们对此必须保持警惕，防患于未然。”③

为了防止贵族阶层的形成和人民政权的变质，毛泽东强调，必须坚决地反对党内和干部队伍中的腐败现象。中华人民共和国成立前夕，他在七届二中全会上就已经发出了全党必须警惕资产阶级糖衣炮弹的攻击这样的告诫；中华人民共和国成立初期，他曾经雷厉风行地发动了一场反

① 《建国以来毛泽东文稿》第11册，中央文献出版社1996年版，第179—180页。

② 《毛泽东文集》第八卷，人民出版社1999年版，第297页。

③ 《建国以来重要文献选编》第13册，中央文献出版社1996年版，第683页。

贪污、反浪费、反官僚主义的伟大斗争；终其一生，他从来都是同腐败现象如以权谋私、贪污受贿等水火不相容的，他始终一贯地、坚持不懈地同这些腐败现象进行了不调和的斗争。

为了防止贵族阶层的形成和人民政权的变质，毛泽东认为，关心并严格要求干部子女是一个重要的问题。他说："我很担心我们的干部子弟，他们没有生活经验和社会经验，可是架子很大，有很大的优越感。要教育他们不要靠父母，不要靠先烈，要完全靠自己。"① 他告诫全党："我们不是代表剥削阶级，而是代表无产阶级和劳动人民，但如果我们不注意严格要求我们的子女，他们也会变质，可能搞资产阶级复辟，无产阶级的财产和权力就会被资产阶级夺回去。"对于这个问题，我们是不能掉以轻心的。

为了防止贵族阶层的形成和人民政权的变质，毛泽东强调，必须解决培养无产阶级的革命接班人这个具有战略意义的重大问题。他说："苏联出了修正主义，我们也有可能出修正主义；如何防止出修正主义，怎样培养无产阶级的革命接班人?"这个问题，必须严肃地加以对待。怎样培养呢?"我看有五条"："第一条，要教育干部懂得一些马列主义，懂得多一些更好。""第二条，要为大多数人民谋利益，为中国人民大多数谋利益，为世界人民大多数谋利益。""第三条，要能够团结大多数人"，"包括从前

① 《毛泽东文集》第八卷，人民出版社1999年版，第130页。

反对自己反对错了的人”。“第四条，有事要跟同志们商量”，“要讲民主，不要‘一言堂’”。“第五条，自己有了错误，要作自我批评。”“不要总是以为自己对，好像真理都在自己手里”。他同时指出，“无产阶级的革命接班人总是要在大风大浪中成长的”①。他深信，只要千百万社会主义事业的合格接班人在斗争实践中逐步地成长起来，人民政权就能真正地得到巩固，社会主义事业就能真正地得到健康发展；而帝国主义势力把“和平演变”的希望寄托在中国第三代、第四代身上的图谋，也就能最终地遭到彻底的破产。

六

如何看待中国现行的政治制度？在政治生活的领域中是否还面临着改革的任务？怎样才能使得中国的社会主义政治制度长久地保持生机和活力？这是毛泽东在领导人民进行人民民主政治建设的过程中必须加以回答的一个带根本性的问题。

中国的社会主义基本政治制度是随着民主革命的胜利而在全国范围内建立起来的。主要是：国体——工人阶级领导的以工农联盟为基础的人民民主专政的国家制度；政体——民主集中制的人民代表大会制度；政党制度——共产党领导的多党合作和政治协商制度；国家结构形式——统

① 《建国以来毛泽东文稿》第 11 册，中央文献出版社 1996 年版，第 85—87 页。

一的多民族国家和单一制国家中的民族区域自治制度，等等。这些基本的政治制度是适合中国国情的，受到人民拥护的，具有明显的优越性，因此必须坚持。但是肯定这一点，并不意味着我国的政治上层建筑与经济基础之间就不存在任何矛盾了。毛泽东指出，人民民主专政的国家制度和法律，以马克思列宁主义为指导的社会主义意识形态，"是和社会主义的经济基础即社会主义的生产关系相适应的；但是，资产阶级意识形态的存在，国家机构中某些官僚主义作风的存在，国家制度中某些环节上缺陷的存在，又是和社会主义的经济基础相矛盾的"[①]。怎样才能解决这种矛盾呢？那就要在坚持社会主义基本政治制度的前提下，自觉地调整政治上层建筑和经济基础中不相适应的部分，克服国家制度中某些环节上的缺陷和国家机构中的官僚主义作风。用今天的语言来表述，就是进行政治体制方面的改革。

对于社会主义基本制度建立之后中国仍然需要进行改革这个问题，毛泽东是明确讲过多次的。他说，共产党员都应当是"立志改革的人"。他把改革与建设并提，认为"中国的改革和建设靠我们来领导"；指出我们还要"同党外的一切立志改革的仁人志士共同工作"[②]。他并且说过，"共产党准备大改革"[③]。

应当说明的是，毛泽东等不仅在理论上提出了在社会

① 《毛泽东文集》第七卷，人民出版社 1999 年版，第 215 页。

② 《毛泽东文集》第七卷，人民出版社 1999 年版，第 275 页。

③ 《建国以来毛泽东文稿》第 7 册，中央文献出版社 1992 年版，第 43 页。

主义条件下我国政治生活的领域中仍然需要进行改革的问题，而且在实践上也已经开始在这个方面迈出了重要的步伐。主要是：

第一，提出进一步扩大民主生活、健全社会主义法制的问题。1956年召开的党的八大政治报告指出："现在，革命的暴风雨时期已经过去了，新的生产关系已经建立起来，斗争的任务已经变为保护社会生产力的顺利发展，因此，斗争的方法也就必须跟着改变，完备的法制就是完全必要的了。"[①] 董必武在党的八大上还就健全人民民主法制的问题提出了系统的意见。他说，"依法办事，是我们进一步加强人民民主法制的中心环节"。依法办事有两方面的意义："其一，必须有法可依"，这就促使我们要把国家尚不完备的几种重要的法规制定出来。"其二，有法必依。""今后对于那些故意违反法律的人，不管他现在地位多高，过去功劳多大，必须一律追究法律责任。"他指出，为了进一步加强人民民主法制，必须在党内和人民群众中"注重法制教育"。"我们党员应当成为守法的模范"；同时，还要"在社会上培养守法的风尚"[②]。根据讨论，党的八大在决议中提出："国家必须根据需要，逐步地系统地制定完备的法律。一切国家机关和国家工作人员必须严格遵守国家的法律，使人民民主权利充分地受到国

① 《建国以来重要文献选编》第9册，中央文献出版社1994年版，第93页。
② 《建国以来重要文献选编》第9册，中央文献出版社1994年版，第270—272页。

家的保护。”①

第二，提出加强党内民主、进一步健全党内的民主集中制的问题。在准备召开党的八大时，毛泽东说：“党章确实应当充分体现纪律性和创造性，体现群众路线。没有纪律是不行的。但是纪律太死了也不行，妨碍创造性的发挥，这样的纪律是不好的，应当不要。”他认为，七届四中全会以来，党内生活有些呆板，不活泼。这种状况应当改变。

为了进一步发扬党内民主，毛泽东提出，“是否可以仿照人民代表大会的办法，设党的常任代表”。“有了常任代表制度，每年就非开会不可。”② 为了克服由于党的代表大会开得不经常而使党内民主受到严重影响这个缺点，党的八大“决定采取一项根本的改革，就是把党的全国的、省一级的和县一级的代表大会，都改作常任制，多少类似各级人民代表大会那样”。“代表大会常任制的最大好处，是使代表大会成为党的充分有效的最高决策机关和最高监督机关。”“这种改革，必然可以使党内民主得到重大的发展。”③

为了加强和改进中央的集体领导体制，毛泽东赞同刘少奇的建议，即中共中央不是设一个副主席而是设几个副主席；他并且主张，再设一个总书记。“中心目的就是为了国家的安全，多几个人，大家都负一点责任。”这样，

① 《建国以来重要文献选编》第9册，中央文献出版社1994年版，第351页。

② 《毛泽东文集》第七卷，人民出版社1999年版，第54页。

③ 《建国以来重要文献选编》第9册，中央文献出版社1994年版，第141页。

即使发生意外，“那末总还有人顶着，我们这个国家也不会受影响，不像苏联那样斯大林一死就不得下地了。我们就是要预备那一手。同时，多几个人，工作上也有好处”①。

注意保护和扩大党员的民主权利，是进一步发扬党内民主的重要条件。为此，党的八大通过的党章对党员权利方面的规定，也增加了一些有原则意义的新内容。比如，党章规定，党员有权利在工作中充分发挥创造性。“这个规定，不但可以大大激发广大党员在党的纪律所允许的范围内，在工作中充分集中群众智慧，运用独立思考，实事求是地、创造性地解决问题，而且可以使许多惯于墨守成规、惯于不尊重党员群众创造性的领导人员，学会改变自己的作风，从而促进党内民主的高潮。”又比如，党章规定，党员有权利在党的会议上或者在党的报刊上参加党的政策的理论和实际问题的自由的切实的讨论；党员对党的决议如果有不同意的地方，除了无条件地执行以外，有权保留自己的意见，并且有权向党的领导机关提出自己的意见。这个规定对于党也是没有害处只有益处的。因为“只要党的决议是正确的，这些持有不同意见的党员又是愿意服从真理的话，他们终于会心悦诚服地认识党的正确和自己的错误。如果真理被证明是在少数方面，那末，保护少数的这种权利，也可以使党更容易地认识真理”②。

---

① 《毛泽东文集》第七卷，人民出版社1994年版，第110—111页。

② 《邓小平文选》第一卷，人民出版社1994年版，第249页。

在总结1958年“大跃进”运动等的教训时，毛泽东着重地论述了必须坚决地贯彻执行党的民主集中制的问题，强调了实行集体领导、反对个人专断的重要性。他说：“各级党委是执行集中领导的机关。但是，党委的领导，是集体领导，不是第一书记个人独断。在党委会内部只应当实行民主集中制。第一书记同其他书记和委员之间的关系是少数服从多数。”“如果不是这样，就是一人称霸。这样的第一书记，应当叫做霸王，不是民主集中制的‘班长’。”[①] 后来，在为重印这个讲话而写的批语中，他强调指出：“看来此问题很大，要真正实现民主集中制，是要经过认真的教育、试点和推广，并经过长期反复进行，才能实现的，否则在大多数同志当中，始终不过是一句空话”[②]。

第三，开始考虑废除干部领导职务终身制的问题。早在1956年，毛泽东就在几十个人的会议上提出了关于在第二届全国人民代表大会召开时不再提名他为国家主席的建议。当时“大家认为可行”。关于党的主席一职，他说，我是准备了的，就是到适当的时候就不当主席。对此，大家“也认为将来适当时机可行，只是暂时还不可行”。1957年5月，他进一步提出，“可以考虑修改宪法，主席、副主席连选时可以再任一期”，即最多可以任两期，

① 《毛泽东文集》第八卷，人民出版社1999年版，第294—295页。

② 《建国以来毛泽东文稿》第12册，中央文献出版社1998年版，第9页。

不超过10年[①]。

在讨论中共中央设副主席、总书记问题时，毛泽东具体论述了领导层实行新老交替的必要性。他说，“我们这些人，包括我一个，总司令一个，少奇同志半个（不包括恩来同志、陈云同志跟邓小平同志，他们是少壮派），就是做跑龙套工作的。我们不能登台演主角，没有那个资格了，只能维持维持，帮助帮助，起这么一个作用”[②]。

1958年1月，毛泽东再次提出，“今年九月以前，要酝酿一下我不做中华人民共和国主席的问题”。要在干部和群众中做好工作，取得多数人的同意[③]。1958年年底召开的中共八届六中全会通过决议，同意了他提出的关于自己不做下届共和国主席候选人的建议。这样，到1959年4月召开第二届全国人大时，当选为中华人民共和国主席的就不是毛泽东而是刘少奇了。

从上面的叙述，我们可清楚地看到，在如何加强人民民主政治建设的问题上，毛泽东和他的战友是进行了长时间的艰苦探索，并提出了许多具有战略意义的设想的。

诚然，在进行这种探索的过程中，毛泽东也曾经有过闪失，甚至犯过错误。对于这方面的教训，我们应当正视，并认真吸取。但是，我们决不能因为毛泽东晚年曾经犯过错误，就否定他提出的正确思想、正确主张。邓小平

① 《建国以来毛泽东文稿》第6册，中央文献出版社1992年版，第457、第459—460页。

② 《毛泽东文集》第七卷，人民出版社1999年版，第110页。

③ 《建国以来毛泽东文稿》第7册，中央文献出版社1992年版，第64页。

说过："我们要恢复毛泽东思想，坚持毛泽东思想，以至还要发展毛泽东思想，在这些方面，他都提供了一个基础。"[①] 在加强人民民主政治建设方面，也是如此。对于这个事实，我们尤其必须予以正视，而不能忽忘。

① 《邓小平文选》第二卷，人民出版社 1994 年版，第 297 页。

毛泽东关于战争与和平的思想论略*

战争与和平的问题，是全世界人民普遍关心的问题。

第二次世界大战结束以后，毛泽东对这个问题进行过反复的研究和深入的思考，提出了许多独到的见解和正确的应对方针，对于中国人民进行革命和建设事业，对于保卫世界和平、促进人类进步事业，都起过重大的积极作用。这些思想，至今仍然具有重要的意义。

但是，毛泽东关于战争与和平问题的思想，长期受到敌对势力的诬蔑和攻击，也遭到一些人的误读和曲解。因此，在今天，结合历史实际，对毛泽东的有关思想进行系统的梳理，作出实事求是的分析和评价，还是很有必要的。

下面谈三个方面的问题。

---

* 本文发表于《党的文献》2009年第1期。

一、对战争与和平问题的基本估计

战争，就它的范围来说，包括世界大战和局部战争两大类。这里讨论的，主要是新的世界大战能不能避免这个问题。

根据对国际形势的科学分析，毛泽东对这个问题的基本估计是："新的世界战争能够制止"；同时要防范"想发动战争的疯子"。

1. 提出"新的世界战争能够制止"的思想

第二次世界大战以后，美国凭借着强大的经济、军事实力，企图向全世界扩张，以实现其称霸全球的野心。"一九四六年春季，以美国为首的帝国主义和各国反动派，日益加紧反苏、反共、反人民的活动，鼓吹所谓'美苏必战'，所谓'第三次世界大战必然爆发'。"①

针对这种情况，1946 年 4 月毛泽东写了《关于目前国际形势的估计》，指出："世界反动力量确在准备第三次世界大战，战争危险是存在着的。但是，世界人民的民主力量超过世界反动力量，并且正在向前发展，必须和必能克服战争危险。"同年 8 月 6 日，他在和美国记者安娜·路易斯·斯特朗的谈话中进一步指出："关于反苏战争的宣传，包括两个方面。在一方面，美国帝国主义确是在准备着反苏战争的。""在另一方面，这种宣传，是美国

① 《毛泽东选集》第四卷，人民出版社 1991 年版，第 1184 页。

反动派用以掩盖当前美国帝国主义所直接面对着的许多实际矛盾，所放的烟幕。这些矛盾，就是美国反动派同美国人民之间的矛盾，以及美国帝国主义同其他资本主义国家和殖民地、半殖民地国家之间的矛盾。”他特别指出：“美国和苏联中间隔着极其辽阔的地带，这里有欧、亚、非三洲的许多资本主义国家和殖民地、半殖民地国家。美国反动派在没有压服这些国家之前，是谈不到进攻苏联的。”所以，“美国反苏战争的口号，在目前的实际意义，是压迫美国人民和向资本主义世界扩张它的侵略势力”①。

毛泽东认为，美苏之间是或早或迟会妥协的，但是这种妥协“只能是全世界一切民主力量向美、英、法反动力量作了坚决的和有效的斗争的结果。这种妥协，并不要求资本主义世界各国人民随之实行国内的妥协。各国人民仍将按照不同情况进行不同斗争”。“美国人民和一切受到美国侵略威胁的国家和人民，应当团结起来，反对美国反动派及其在各国的走狗的进攻。只有这个斗争胜利了，第三次世界大战才可以避免，否则是不能避免的。”②

在这里，毛泽东在全世界的政治家中独树一帜，明确地阐明了“必须和必能克服（世界）战争危险”的思想，指出了避免第三次世界大战应当遵循的道路，这在当时确实具有振聋发聩的作用。

从这以后，毛泽东始终坚持这个基本估计。在 1947 年

① 《毛泽东选集》第四卷，人民出版社 1991 年版，第 1193 页。
② 《毛泽东选集》第四卷，人民出版社 1991 年版，第 1194 页。

12 月中共中央扩大会议上，在中共中央政治局 1948 年 9 月会议上，1950 年 6 月中共七届三中全会上，在 1953 年 9 月总结抗美援朝战争的历史经验时，在 1956 年为召开中共八大作准备时，在 1957 年 2 月最高国务会议上，在同年 11 月莫斯科会议上，在 1958 年 6 月、在 1960 年 5 月、1963 年 9 月、同年 11 月发表的意见中，在 1969 年 4 月 1 日中共九大报告中，在 1970 年 5 月 20 日的“五二〇”声明中，他反复论述了这个思想。由此可见，认为世界大战并非不可避免，这是毛泽东一贯坚持的论点。

2. 提醒人们要防范“想发动战争的疯子”

在提出世界大战并非不可避免这个论点的同时，毛泽东也提醒人们注意世界战争的危险仍然存在。因为这样讲是符合实际的。而且，指出这个情况，也才有利于动员群众提高警惕，进行保卫世界和平的斗争。如果根本不存在帝国主义发动世界战争的可能性，那么动员群众进行保卫世界和平的斗争也就从根本上成为不必要的了。

这个观点，毛泽东也是反复讲过的。

1957 年 11 月，他在莫斯科会议上“先说战争打不起来”之后，又说“现在还要估计一种情况，就是想发动战争的疯子，他们可能把原子弹、氢弹到处摔”。遇到这种情况怎么办？“如果帝国主义硬要打仗，我们也只好横下一条心，打了仗再建设。”[①] 1958 年 9 月，他告诫人们：

① 《毛泽东外交文选》，中央文献出版社、世界知识出版社 1994 年版，第 296—297 页。

“世界上的事情还是要搞一个保险系数。因为世界上有个垄断资产阶级，恐怕他们冒里冒失乱搞，所以，要准备作战。这一条要在干部里头讲通。”“世界上的事情，你不想到那个极点，你就睡不着觉。”① 1960 年 5 月，他明确表示反对苏共等十七国共产党会议的看法，即认为在帝国主义存在的条件下，存在着在世界范围内根绝战争的可能性。他指出，这种说法是反列宁主义、反马克思主义的。“帝国主义的本性不会改变，因此有两种可能，现在是和平时期，将来有战争的可能。”只有加强力量，在世界范围内建成统一战线，进行斗争，才能取得世界和平②。

1974 年，他在会见外宾时说：“国际会议这么多，美国这个国务卿到处跑，相当怪！黄昏的时候，燕子忙，飞得低，雨要下了！”他指出这些事实，是为了说明这样一个观感：“我看这个世界很不安宁”。他是针对美苏双方都说他们要搞和平、而且是永久的和平，才讲这个话的。他说：“现在到处讲和平，我看危险！”“现在地球害病，所以要讲缓和紧张，缓和国际紧张，要讲和平。”如果认为地球已经不再害病，永久和平已经有了保障，那么就没有必要去缓和国际紧张、去讲和平了。他说，“未来是光明的”。但是，这“要经过斗争。不斗啊，人家不听你的话！”③

---

① 《毛泽东外交文选》，中央文献出版社、世界知识出版社 1994 年版，第 346—347 页。

② 《毛泽东传（1949—1976）》（下），中央文献出版社 2003 年版，第 1076 页。

③ 《建国以来毛泽东文稿》第 13 册，中央文献出版社 1998 年版，第 417—418 页。

很清楚，毛泽东提醒人们注意世界战争的危险确实存在，不是在宣扬悲观论调，而是为了引起人们的警惕，自觉地去为制止新的世界战争而努力。

毛泽东确信，如果帝国主义发动世界战争，它的结局对它们绝不会是美妙的。他早就说过，“再打大战，对美国来说是划不来的，整个世界或世界的绝大部分将处于革命状态。”① 因为大战将极端激化资本主义世界的种种矛盾，从而促使人民奋起革命。而且“要搞战争的话，就要动员人民，就要使人民处于紧张状态，并且使他们学会打仗。但是，人民结合起来以后，势必会产生革命”②。所以，他说：“战争打起来，资本主义制度就会早些完蛋；如果不打，还可以多活几年。”③ “第一次世界大战以后，出了一个苏联，两亿人口。第二次世界大战以后，出了一个社会主义阵营，一共九亿人口。如果帝国主义者一定要发动第三次世界大战，可以断定，其结果必定又要有多少亿人口转到社会主义方面，帝国主义剩下的地盘就不多了，也有可能整个帝国主义制度全部崩溃。”④

总之，“新的世界战争能够制止”，同时又要防范“想发动战争的疯子”，这就是毛泽东关于这个问题的基本观点。

---

① 《毛泽东文集》第六卷，人民出版社 1999 年版，第 367 页。

② 《毛泽东外交文选》，中央文献出版社、世界知识出版社 1994 年版，第 169 页。

③ 《毛泽东外交文选》，中央文献出版社、世界知识出版社 1994 年版，第 205—206 页。

④ 《毛泽东文集》第七卷，人民出版社 1999 年版，第 238—239 页。

在论述以上基本观点的基础上，他还进一步阐明了几个有关的重要问题。主要是：

第一，核战争可能被制止，核武器不可能毁灭整个人类。毛泽东讲过，我们“特别要反对以原子弹为武器的侵略战争”；同时，他又认为，人们不应屈服于帝国主义的核讹诈，“原子弹是纸老虎”，核战争是可以制止的。

据周恩来回忆：“毛主席早在一九四五年就说过：如果原子弹发展起来，许多国家都有了，原子武器战争就打不起来”①。1961 年 9 月，毛泽东在同英国陆军元帅蒙哥马利谈话时再次明确地说：核武器“这个东西是不会用的，越造得多，核战争就越打不起来。”② 蒙哥马利也认为：“如果核武器不是由少数国家垄断，大家都搞，核战争就打不起来了。”他还说：“正因为有核武器，才阻止了第三次世界大战的爆发。”后来，周恩来在 1970 年 11 月也说过：“这二十五年来，新的世界大战没有发生，原因之一的确是因为有了核武器，一场核大战不容易打。”③

由于核武器是一种大规模的毁灭性武器，毛泽东是主张“禁止核武器”的。他对蒙哥马利说过：“是不是能够像禁止化学武器那样达成一个协议，如在第二次世界大战中那样，大家都不用？核武器也不用？”④ 周恩来当时也说过，现在看起来，禁止核武器的可能性在增长。

---

① 《周恩来外交文选》，中央文献出版社 1990 年版，第 319 页。
② 《毛泽东外交文选》，中央文献出版社、世界知识出版社 1994 年版，第 476 页。
③ 《周恩来外交文选》，中央文献出版社 1990 年版，第 465 页。
④ 《毛泽东外交文选》，中央文献出版社、世界知识出版社 1994 年版，第 477 页。

与此同时，毛泽东又指出，即使从最坏的可能性来考虑，就是帝国主义真的发动核战争了，那也不会像有些人担心的那样，整个人类将遭到毁灭。他说："我和一个外国政治家（按：印度总理尼赫鲁）辩论过这个问题。他认为如果打原子战争，人会死绝的。我说，极而言之，死掉一半人，还有一半人，帝国主义打平了，全世界社会主义化了，再过多少年，又会有二十七亿，一定还要多。"实际上，毛泽东并不是说真的会"死掉一半人"。他说，讲"死了一半人也没有什么可怕，这是极而言之。在整个宇宙史上来说，我就不相信要这么悲观"。所以，他同尼赫鲁说的这个话，是为了强调"我就不相信原子弹能把全人类毁灭，什么都毁灭了"这个看法①，以此提醒人们，不要被帝国主义的核讹诈所吓倒，而陷入悲观绝望的境地。

"有人说我们要发动战争毁灭世界，而留下一半中国人，这完全是造谣诬蔑。"②

第二，世界性的战争有可能避免，局部战争不可避免。1959年年底1960年年初，毛泽东说："只要阶级斗争存在，战争总有一天不可避免。第二次世界大战以后，在全世界的范围内，局部战争没有断过。美帝国主义现在的战略是，在准备大战的条件下，搞局部战争，连锁反应，一个一个地吃掉我们。"③

---

① 《毛泽东外交文选》，中央文献出版社、世界知识出版社1994年版，第296—297、第347、第551页。

② 《周恩来外交文选》，中央文献出版社1990年版，第334页。

③ 《毛泽东传（1949—1976）》（下），中央文献出版社2003年版，第1047页。

1961 年 9 月，周恩来也讲过："推迟世界大战的可能性也在增长，但有限战争即局部战争却不可避免。"①

1963 年 11 月，经毛泽东审改的一篇文章提出："新的世界战争有避免的可能性，这是一回事；一切战争，包括革命战争，都可以避免，这是另一回事。""帝国主义是现代战争的根源。"战后，美国等已经"在世界各地，特别是亚洲、非洲和拉丁美洲，连续不断地引起了各种类型的局部战争和武装冲突"。在帝国主义直接出兵或利用其代理人镇压被压迫民族、被压迫国家的情况下，"民族解放战争是不可避免的"。在反动派武力镇压人民的情况下，"国内革命战争也是不可避免的"②。

这个观点对不对呢？应当说，完全正确。因为实际情况就是这样。就是在今天，也仍然是如此。

3. 加强战备，应对可能发生的大规模侵华战争

在 20 世纪 60 年代，毛泽东确实讲过"要打仗了"这种话。这该怎么理解呢？原先，毛泽东有过一个愿望，想骑马从黄河入海口沿黄河而上行，对整个黄河流域特别是黄河源头进行考察。为此，1964 年夏天，他还在北戴河练习过骑马。但是同年 8 月初，美国制造"东京湾事件"，悍然轰炸越南北方，走上扩大越南战争的危险道路。毛泽东感到，由于当时的中国面临着大规模侵华战争的现实威胁，这个考察计划没法实行了。于是他说，"要

① 《周恩来外交文选》，中央文献出版社 1990 年版，第 321 页。

② 《建国以来重要文献选编》第 17 册，中央文献出版社 1997 年版，第 465 页。

打仗了，我的行动得重新考虑。”①

毛泽东在这里所说的“要打仗了”，指的是要准备应对可能发生的大规模侵华战争，并非断言世界大战即将由此爆发。应当看到，他作出这种估计，不是没有根据的。当时的中国确实处在美、苏的包围之中，周边的国际形势相当紧张。后来揭秘的若干资料还表明，“1964 年美国确实制定了对中国进行突然袭击的计划，不仅仅是设想，而且有具体的实施方案”②，尽管这个计划最终并未付诸实施。

作为党和国家最高领导人、中国人民解放军最高统帅，毛泽东对党和国家的安全始终保持着高度警惕，密切注视着越南战争的发展，是理所当然的。他强调，在原子弹时期，没有后方不行。“三五”计划要考虑解决全国工业布局不平衡的问题，要搞一、二、三线的战略布局，加强三线建设，防备敌人的入侵③。不过，即使在这种时候，他也没有孤立地只抓国防建设，而忽略经济建设和其他方面的工作。他说：“两个拳头——农业、国防工业；一个屁股——基础工业；要摆好。要把基础工业适当搞上去，其他方面不能太多，要相适应。”④ 他后来在同外宾谈话时说过一个看法：准备没有坏处，可以促进国民经济发展⑤。

---

① 《毛泽东传（1949—1976）》（下），中央文献出版社 2003 年版，第 1349 页。

② 刘国光主编：《中国十个五年计划研究报告》，人民出版社 2006 年版，第 267 页。

③ 《周恩来传》第 4 卷，中央文献出版社 1998 年版，第 1768—1769 页。

④ 《党的文献》1996 年第 3 期。

⑤ 王泰平主编：《中华人民共和国外交史》第 3 卷，中央文献出版社 2003 年版，第 251 页。

毛泽东强调要准备应对可能发生的大规模侵华战争，这并不意味着他认为这种战争绝对不可避免。1965 年 1 月，当美国记者斯诺表示“我不认为中美之间会发生大战”时，他就曾说，“这也可能你是对的”。中国这个地方，美国军队“来了没有什么很大的搞头，我们不会让美国军队得好处。因为这点，也许他们就不来了”①。同年 4 月，他进一步说：“世界上的事情总是那样，你准备不好，敌人就来了；准备好了，敌人反而不敢来。”② 同年 10 月，他再次说：“天天讲战争，他又不来打，那不变成周幽王起烽火。你不叫，打来了怎么办？”③

这就是说，提出加强战备，是为了让人民提高警惕，为了加紧建设战略大后方，为了做到有备无患！

二、论述对战争与和平问题应当采取的基本态度

毛泽东不仅对战争与和平问题作出了科学的估计，而且还阐明了对待这个问题应当采取的正确态度。主要是：

1. 要高举保卫世界和平的旗帜，反对帝国主义的侵略政策和战争政策

1949 年 9 月，中国人民政协制定的、在新中国成立

① 《毛泽东外交文选》，中央文献出版社、世界知识出版社 1994 年版，第 557—558 页。

② 《毛泽东传（1949—1976）》（下），中央文献出版社 2003 年版，第 1347 页。

③ 《毛泽东传（1949—1976）》（下），中央文献出版社 2003 年版，第 1394 页。

初期起临时宪法作用的《共同纲领》总纲规定，新中国要与世界人民一道，“共同反对帝国主义侵略，以保障世界的持久和平”[①]。1954年9月全国人大一次会议制定的《中华人民共和国宪法》在序言中规定：“在国际事务中，我国坚定不移的方针是为世界和平和人类进步的崇高目的而努力。”毛泽东在大会的开幕词中，更把“为了保卫国际和平和发展人类进步事业而奋斗”，作为“我们的总任务”的重要组成部分[②]。

新中国之所以要高举保卫世界和平的旗帜，是因为：

第一，世界大战给世界人民带来了巨大的灾难。“世界人民是反对用原子弹杀人的，反对发生第三次世界大战”，也反对外国军队为干涉别国内政而打“特种战争”的[③]。社会主义的新中国应当反映世界人民的这种要求，站在保卫世界和平的前列。

第二，进行保卫世界和平的斗争，是为了争取有利于新中国进行建设的和平国际环境。“中国是农业国，要变为工业国需要几十年，需要各方面帮助，首先需要和平环境。经常打仗不好办事，养许多兵是会妨碍经济建设的。”所以“我们要继续创造一个和平的国际环境”[④]。

第三，高举保卫世界和平的旗帜，有利于孤立帝国主

① 《建国以来重要文献选编》第1册，中央文献出版社1992年版，第3—4页。

② 《建国以来重要文献选编》第5册，中央文献出版社1993年版，第521、第461页。

③ 《毛泽东外交文选》，中央文献出版社、世界知识出版社1994年版，第541页。

④ 《毛泽东传（1949—1976）》（上），中央文献出版社2003年版，第567页。

义的侵略政策和战争政策。我们抓住了和平这个口号，有利于跟一切愿意和平的人来合作，来孤立好战分子[①]。“我们要跟一切愿意和平的人合作，来孤立那些好战分子，就是孤立美国当局，主要还是那里头急于要打仗的那一派。”[②]

2. 对帝国主义的战争政策，应当是“一反对，二不怕”

尽管有可能制止新的世界战争，但是我们毕竟不是帝国主义的参谋长，我们不能保证那里绝对不会出现疯子，所以，我们不能认为在帝国主义存在的条件下，爆发战争的可能性已经在根本上不存在了。

毛泽东说：“如果帝国主义一定要发动战争”，那该怎么办呢？“我们对待这个问题的态度，同对待一切‘乱子’的态度一样，第一条，反对；第二条，不怕。”[③]

天要下雨，娘要嫁人，怕是没有用的。“既然是怕也打，不怕也打，二者选哪一个呢？还是怕好，还是不怕好？每天总是怕，在干部和人民里头不鼓起一点劲，这是很危险的。”“我们有了精神准备，就会更好些。”

实际上，只有这样，我们才能始终立于主动地位，才有可能制止战争。毛泽东说过：“准备好对付帝国主义要打好一些。就是说做坏的方面的准备，这么做了准备，也

---

① 《毛泽东传（1949—1976）》（上），中央文献出版社2003年版，第559页。
② 《毛泽东文集》第六卷，人民出版社1999年版，第332页。
③ 《毛泽东文集》第七卷，人民出版社1999年版，第238页。

许可以不打。”①

3. 倡导和平共处五项原则，以之作为国与国之间关系的准则

处理国与国之间的关系，包括社会主义国家和资本主义国家的关系，应遵循何种准则？

毛泽东认为，“事物的多样性是世界的实况。马克思主义也是承认事物的多样性的，这是同形而上学不同的地方。”据此，他提出：“不同的制度是可以和平共处的”。“只是需要一个条件，就是双方愿意共处”②。

1953 年 12 月，周恩来总理在同印度政府代表团商谈时首次提出：“新中国成立后确立了处理中印两国关系的原则，那就是互相尊重领土主权、互不侵犯、互不干涉内政、平等互利和和平共处的原则。”1954 年 6 月，中印两国总理在联合声明中，确认以和平共处五项原则指导两国关系，并且认为“在他们与亚洲以及世界其他国家的关系中也应该适用这些原则”。

当年 10 月，毛泽东在同外宾谈话时即指出：“五项原则是一个长期方针”。“我们的外交政策是以和平共处五项原则为基础的。”我们“应当把五项原则推广到所有国家的关系中去”③。

---

① 《毛泽东外交文选》，中央文献出版社、世界知识出版社 1994 年版，第 347 页。

② 《毛泽东外交文选》，中央文献出版社、世界知识出版社 1994 年版，第 347 页。

③ 《毛泽东外交文选》，中央文献出版社、世界知识出版社 1994 年版，第 186、第 246、第 165 页。

他还说："就是西方国家，只要它们愿意，我们也愿同它们合作。我们愿意用和平的方法来解决存在的问题。"他并且表示"希望美国也采取和平共处的政策。美国这样的大国如果不要和平，我们就不得安宁，大家也不得安宁。"1955 年 5 月，他还提出，"如果美国愿意签订一个和平条约，多长的时期都可以，五十年不够就一百年，不知道美国干不干"。现在主要的问题就是美国[①]。中美两国的社会制度根本不同，在中美两国政府之间存在着巨大的分歧，但这不应当妨碍两国在和平共处五项原则的基础上建立正常的国家关系，更不应该导致战争。"中国政府早在一九五五年就公开声明，中国人民不要同美国打仗，中国政府愿意坐下来同美国政府谈判，这是我们一贯奉行的方针。"[②]

和平共处五项原则，是同帝国主义、霸权主义的侵略政策和战争政策，同它们以大压小、以强凌弱、任意侵犯别国主权、干涉别国内政的方针，同它们动辄诉诸武力或以武力相威胁的行径，是根本对立的。倡导和平共处五项原则，本身就是对帝国主义、霸权主义的一种批判和抵制。毛泽东说过，我们也要争取同那些国家和平共处，"但是决不可以对他们怀抱一些不切实际的想法"[③]。不能设想，不经过必要的斗争，它们就会自动地实行这些原则。

① 《毛泽东外交文选》，中央文献出版社、世界知识出版社 1994 年版，第 210、第 161、第 213 页。

② 《周恩来外交文选》，中央文献出版社 1990 年版，第 493 页。

③ 《毛泽东文集》第七卷，人民出版社 1999 年版，第 243 页。

实行和平共处五项原则，也并不意味着为了同西方发达国家发展关系，就应当放弃中国自己的国际主义义务。在讲到应当争取与西方国家和平共处的同时，毛泽东明确地指出：“亚洲、非洲和拉丁美洲各国的民族独立解放运动，以及世界上一切国家的和平运动和正义斗争，我们都必须给以积极的支持。”① 1972 年 2 月 28 日发表的中美联合公报（上海公报）中，中国方面就严肃地声明，“反对任何霸权主义和强权政治”，重申“坚决支持一切被压迫人民和被压迫民族争取自由、解放的斗争；各国人民有权按照自己的意愿，选择本国的社会制度，有权维护本国独立、主权和领土完整，反对外来侵略、干涉、控制和颠覆”等的原则立场。这样的外交文件，在世界外交史上即使不是绝无仅有的，至少也是极为罕见的。

三、阐明保卫世界和平应当遵循的道路

在对战争与和平问题作出科学分析和阐明对待这个问题应当采取的正确态度的基础上，毛泽东进一步论述了保卫世界和平应当遵循的道路。主要是：

1. 保卫世界和平、制止新的世界战争，主要应当依靠人民斗争

世界和平只能是各国人民争取得来的，而不能是向帝国主义乞求得来的。只有依靠人民群众，同帝国主义的侵

① 《建国以来毛泽东文稿》第 6 册，中央文献出版社 1992 年版，第 203 页。

略政策和战争政策进行针锋相对的斗争，才能有效地保卫和平[①]。毛泽东说：“我们无论国内、国外，主要靠人民，不靠大国领袖。靠人民靠得住。”[②] 在保卫世界和平的问题上，也是这样。

主要依靠人民，是什么意思呢？毛泽东在审定的一篇文章中是这样说的：“马克思列宁主义者主张依靠社会主义国家力量的团结和发展，依靠被压迫民族和被压迫人民的斗争，依靠国际无产阶级的斗争，依靠全世界一切爱好和平的国家和人民的斗争，来保卫世界和平，防止新的世界战争。”[③]

主要依靠人民斗争，是不是否定在处理国际关系和国际争端方面国际协商、国家领导人对话以至大国会议等的作用呢？不是。

1959 年 11 月，在同周恩来等讨论美国总统艾森豪威尔的对外策略和苏联领导人赫鲁晓夫的相关态度问题时，毛泽东指出，“艾森豪威尔这种人物，他不只是有讲和平的一面，还有战争的一面”。所以我们“要有两手。一手是跟艾森豪威尔讲和平，开大国会议，国际问题用和平方法解决好。另外一手就是美国共产党、美国人民，他们还是应该斗争的，各国共产党、各国人民还是应该斗争的”[④]。1960 年 5 月，他再次指出：“我们支持首脑会议的

---

① 《建国以来重要文献选编》第 17 册，中央文献出版社 1997 年版，第 474 页。
② 《毛泽东传（1949—1976）》（下），中央文献出版社 2003 年版，第 1289 页。
③ 《再论陶里亚蒂同志同我们的分歧》，1963 年 3 月。
④ 《毛泽东传（1949—1976）》（下），中央文献出版社 2003 年版，第 1023 页。

召开，不管这种会议有无成就和成就的大小，但是世界和平的取得，主要应当依靠各国人民的斗争。”[①] 实际上，以人民力量、人民斗争作后盾、作依靠，才有助于我们在国际协商、国家领导人对话以至大国会议中取得积极成效。

所以，毛泽东强调：“我看还是两条腿走路。各国人民起来对压迫者进行反抗，这是一条腿，而且是一条重要的腿，也许是第一条腿；跟他们在桌面上大开大国会议，讲什么裁军、解决德国问题，这也是一条腿。两条腿走路，世界大战就难于打了。”[②]

2. 支持亚洲、非洲、拉丁美洲人民的反侵略斗争，支持欧洲等国家的反控制斗争

20 世纪 50 年代初，毛泽东提出过一种看法：“帝国主义对社会主义阵营是防御还是进攻呢？在一定意义上说，是防御不是进攻。”它想以反共的名义去控制中间地带，“这是因为它把中间地带看做是自己的防线”。“美国的这种做法，是想把我们社会主义阵营‘钙化’起来”。就是说，使其影响不能在中间地带扩散[③]。

1954 年 8 月，他在与外宾谈话时再次指出，美国反共是把它当作题目来做文章，以达到他们另外的目的。他说，在美国和苏联、中国之间，是一个广大的中间地带。

① 1960 年 5 月 15 日《人民日报》。

② 《毛泽东外交文选》，中央文献出版社、世界知识出版社 1994 年版，第 408—409 页。

③ 《周恩来外交文选》，中央文献出版社 1990 年版，第 318 页。1961 年 9 月周恩来转述。

“美国的目标是占领处在这个广大中间地带的国家，欺负它们，控制它们的经济，在它们的领土上建立军事基地，最好使这些国家都弱下去，这包括日本、德国在内。”[①] 1958 年 9 月，他进一步解释说：美国人不能不明白，“所谓真正反共，就是拿军队来打我们，打苏联”。但是它就“这么几个兵，分得这么散，我不晓得它这个仗怎么打法。所以，我总是觉得，它是霸中间地带为主”[②]。

1963 年，毛泽东提出了关于两个中间地带的理论。他说：“我们现在提出这么一个看法，就是两个中间地带：亚洲、非洲、拉丁美洲是第一个中间地带；欧洲、北美加拿大、大洋洲是第二个中间地带。日本也属于第二个中间地带。”[③] 这两个中间地带的国家都反对美国的控制[④]。

毛泽东提出的中间地带理论，为我们制定保卫世界和平的路线和策略方针提供了重要的依据。因为事情很明显：既然美国一些人进行反共叫嚣、制造紧张局势、制造战争威胁，其在当前的现实目的，主要是为了去占领、控制中间地带，而在做到这一点之前，它是难于发动世界战争的，那么，做好中间地带的工作，支持那里的反占领、反控制斗争，对于制止新的世界战争、保卫世界和平，就是特别重要的事情了。

---

① 《毛泽东文集》第六卷，人民出版社 1999 年版，第 339 页。
② 《毛泽东文集》第七卷，人民出版社 1999 年版，第 415 页。
③ 《毛泽东文集》第八卷，人民出版社 1999 年版，第 345 页。
④ 《毛泽东外交文选》，中央文献出版社、世界知识出版社 1994 年版，第 508 页。

第一个中间地带的国家即亚洲、非洲、拉丁美洲的国家，它们“曾经是或者仍然是帝国主义的后方和仓库”。它们的民族解放运动对于削弱帝国主义、牵制和束缚帝国主义的手脚、增强制止世界战争的力量，具有极其重要的意义。那些摆脱了帝国主义统治的民族主义国家采取的中立立场，其实“也就是一种独立自主、不受控制的立场”，这“是有利于和平事业，不利于帝国主义的侵略计划和战争计划”的[①]。

所以，毛泽东说：“谁来支持我们？还不是亚洲、非洲、拉丁美洲的民族解放运动，这是支持我们的最主要的力量。”[②] 我们做工作，交朋友，重点应该放在三大洲，那就是亚洲、非洲和拉丁美洲[③]。

第二个中间地带国家“是指以西欧为主的一批资本主义高度发展的、有些还是帝国主义的国家，这些国家一方面压迫别人，另一方面又受美国压迫，同美国有矛盾”[④]。“美国现在往往就是利用反对共产主义这个旗帜来把它那些朋友的地方占领起来。”[⑤] 像英国、法国这样的国家，与美国是有矛盾的，它们也“可以作为人民的间接

---

① 《毛泽东外交文选》，中央文献出版社、世界知识出版社 1994 年版，第 337 页。

② 《毛泽东文集》第八卷，人民出版社 1999 年版，第 8 页。

③ 《毛泽东外交文选》，中央文献出版社、世界知识出版社 1994 年版，第 269 页。

④ 《毛泽东外交文选》，中央文献出版社、世界知识出版社 1994 年版，第 514 页。

⑤ 《毛泽东文集》第六卷，人民出版社 1999 年版，第 334 页。

同盟者”①。

所以，毛泽东主张，“要把整个欧洲团结起来”。他说，“欧洲是欧洲人的欧洲，美国人去干什么?”他对一位英国前首相表示过：“你们欧洲强大起来，我们高兴啊!”② 因为欧洲团结、欧洲强大，用现在的话来讲，有利于世界的多极化，这可以使得帝国主义的整体力量趋向分散和削弱，而这对于反对美国推行霸权主义、强权政治，防止世界战争、维护世界和平，是有积极意义的。

3. 要把中国自己的事情办好

为了反对帝国主义的侵略政策和战争政策、维护世界和平，重要的是要把中国自己的事情办好。因为我们既不会输出革命，也不会“自己打出去”。我们所说的准备打仗，指的仅仅“是当别国打进来的时候，我们要消灭它”③。所以，“一切问题的中心在于我们自己的团结和自己的工作都要做得好”④。

1957 年 11 月在莫斯科会议上发言时，毛泽东就说：“中国从政治上、人口上说是个大国，从经济上说现在还是个小国。他们想努力，他们非常热爱工作，要把中国变成一个真正的大国。”他认为，经过一个相当长的时间之

---

① 《毛泽东外交文选》，中央文献出版社、世界知识出版社 1994 年版，第 487 页。

② 《毛泽东外交文选》，中央文献出版社、世界知识出版社 1994 年版，第 522、第 525、第 603 页。

③ 《毛泽东外交文选》，中央文献出版社、世界知识出版社 1994 年版，第 589 页。

④ 《建国以来毛泽东文稿》第 9 册，中央文献出版社 1996 年版，第 95—96 页。

后，社会主义国家的力量将会超过帝国主义国家的力量。“到那个时候，我们就无敌于天下了，没有人敢同我们打了，世界也就可以得到持久和平了。”[①]

1960年3月，毛泽东在《关于反华问题》（手稿）中进一步说，“看我们工作做得怎么样”，主要看两条：一是“我们全党全民真正团结一致”；二是使“我们的主要生产项目的总产量和按人口平均的产量接近或超过他们”[②]。在这种情况下，帝国主义的反华活动就会受到更有力的遏制，而中国在世界上的发言权就会更大，在维护世界和平的事业中就能作出更大的贡献了。

很明显，毛泽东在战争与和平问题上制定的方针，不是要求我们为了战备而放慢建设的速度，而是要求我们更加集中力量搞好建设事业。因此，这个方针不仅没有妨碍经济建设的发展，而且直接成了激励中国人民建设热情、推进中国建设事业的动力。

毛泽东在战争与和平问题上阐明的思想和制定的方针，是他的国际战略思想和对外工作方针的重要组成部分。

1981年中共中央通过的《关于建国以来党的若干历史问题的决议》指出：中华人民共和国成立32年来，我们取得的主要成就之一，就是“在国际上，始终不渝地奉行独立自主的外交政策，倡导和坚持了和平共处五项原

① 《毛泽东外交文选》，中央文献出版社、世界知识出版社1994年版，第296页。

② 《建国以来毛泽东文稿》第9册，中央文献出版社1996年版，第95页。

则，同全世界一百二十四个国家建立了外交关系，同更多的国家和地区发展经济、贸易和文化往来。我国在联合国和安理会的席位得到恢复。我们坚持无产阶级国际主义，发展同各国人民的友谊，支持和援助被压迫民族的解放事业、新独立国家的建设事业和各国人民的正义斗争，坚决反对帝国主义、霸权主义、殖民主义和种族主义，维护世界和平，在国际事务中发挥着越来越重大的积极作用。这一切为我国的社会主义建设创造了有利的国际条件，促进了国际形势朝着有利于世界人民的方向发展”。这里所说的中华人民共和国成立以后的 32 年中，毛泽东领导的时期占了 27 年。这些成就，主要是在这个时期取得的。

正因为如此，在中国进入改革开放和社会主义现代化建设的新时期时，邓小平指出：“我们能在今天的国际环境中着手进行四个现代化建设，不能不铭记毛泽东同志的功绩。”①

实践是检验真理的唯一标准。上述基本的历史事实，证明了毛泽东关于战争与和平问题的基本观点的正确性。

① 《邓小平文选》第二卷，人民出版社 1994 年版，第 172 页。

毛泽东读中国文史古籍散论*

一

毛泽东是伟大的革命家、不屈不挠的战士，也是深刻的思想家、广博的学者。战士和学者这两种品格，在他的身上是自然地融合在一起的。与马克思一样，他把科学看作是一种在历史上起推动作用的、革命的力量。他通过深入的实践和广泛的阅读，致力于科学地认识中国，认识中国的人民和中国的革命，以便胜利地对中国进行革命的改造。

勤奋好学，酷爱读书，是毛泽东的一个显著特征。正如在他身边工作过的逄先知所说，“孜孜不息的读书生活伴随着毛泽东的一生，和他的革命生涯紧紧地联系在一起”。他“读书的范围十分广泛，从社会科学到自然科学，

* 本文发表于《文艺理论与批评》1996年第4期。

从马列主义著作到西方资产阶级著作，从古代的到近代的，从中国的到外国的，包括哲学、经济学、政治、军事、文学、历史、地理、自然科学、技术科学等方面的书籍以及多种杂书”。而阅读中国古代的文史典籍，则是他读书生活的一个重要方面。“中国古书，从经史子集到稗官小说”，他“几乎无所不读”[①]。

《二十四史》是我国史书中的鸿篇巨制，它以纪传体的形式记载了从传说中的黄帝时代到明崇祯十七年长达4000多年的历史，是研究中国历史、了解中国文化的代表性典籍。毛泽东早在学生时代就读过《二十四史》。20世纪50年代初，他收藏了一套大字本的武英殿版《二十四史》，并在日理万机之余通读了全书，有些史册和篇章研读了几遍，还写下了大量的批注[②]。

司马光的《资治通鉴》这部编年体的史书，也是毛泽东反复阅读过的。他认为：《资治通鉴》这部书写得好，尽管立场观点是封建统治阶级的，但叙事有法，历史兴衰治乱本末毕具，我们可以批判地读这部书，借以熟悉历史事件，从中吸取经验教训。据说，这部书他先后读了17遍。

除正史外，对于古代各种思想流派的经典、历代思想家的文集、稗官野史、小说随笔、诗、词、歌、赋，乃至楹联、碑帖等等，毛泽东也都曾怀着浓厚的兴趣广泛涉猎。

---

① 《毛泽东的读书生活》，三联书店1986年版，第3—4、第196页。

② 1996年6月14日《人民日报》。

他一生中究竟阅读了多少中国的文史古籍，这是无法作出精确统计的；但下面的几个例子，还是可以帮助我们想见这方面的一般情况。

华东师范大学的黄丽镛先生在其编著的《毛泽东读古书实录》[①] 中作过两则统计：

其一，毛泽东在 1917 年（时年 24 岁）所写的《体育之研究》一文，引述成语、典故及诗文20 条，来源于《中庸》、《论语》、《孟子》、《老子》、《淮南子》、《庄子》、《战国策》、《史记》、《韩昌黎全集》及王昌龄诗、颜元文，涉及古代人物夏禹、周文王、伯夷、叔齐、陈仲子、孔子、庄周、李耳、颜渊、养由基、项羽、傅介子、王勃、卢照邻、朱熹、陆九渊、颜元、李塨、顾炎武。

其二，在收入《毛泽东选集》的文章中，毛泽东的引文及所用成语、典故来源于古籍的，10 条以上的有：《左传》、《史记》、《孟子》、《论语》、《战国策》、《后汉书》、《礼记》、《尚书》、《诗经》；3 至 9 条的有：《三国志》、《红楼梦》、《老子》、《晋书》、《三国演义》、《易经》、《荀子》、《韩非子》、《宋史》、《孙子兵法》、《水浒》、《国语》、《昭明文选》、《列子》、《淮南子》、《吕氏春秋》、《世说新语》、《说苑》、《北史》、《南史》、《传灯录》、《古今小说》；此外还有：《十三经注疏》、《大学》、《山堂肆考》、《千里独行》、《元史》、《元曲选》、《元典章》、《五灯会元》、《太平广记》、《太平御览》、《历代名

① 《毛泽东读古书实录》，上海人民出版社 1995 年版。

画记》、《中庸》、《中庸或问》、《文心雕龙》、《水经注》、《正法念经》、《东堂老剧》、《旧唐书》、《北齐书》、《四书集注》、《冬余》、《白兔记》、《乐府诗集》、《弘明集》、《西游记》、《西湖二集》、《百喻经》、《论衡》、《朱子全书》、《朱子语录》、《伊洛渊源录》、《吴越春秋》、《武王伐纣平话》、《英烈传》、《抱朴子》、《明儒学案》、《周子通书》、《法华经》、《治家格言》、《诗品》、《参同契》、《春秋穀梁传》、《春秋繁露》、《南齐书》、《宣和画谱》、《盐铁论》、《晏子春秋》、《唐宋诗醇》、《资治通鉴》、《谈薮》、《通典》、《通俗编》、《聊斋志异》、《敦煌变文集》、《商君书》、《琵琶记》、《韩诗外传》、《辍耕录》、《楚辞》、《楞严经》、《蜀籁》、《新序》、《新唐书》、《新论崇学》、《碧岩录》、《管子》、《鹖冠子》、《蕙风词话》、《醒世姻缘》、《儒林外史》、《魏书》等；此外，还引用了下列古代人物的诗文：贾谊、扬雄、郑玄、蔡邕、曹操、诸葛亮、曹植、李密、陶潜、骆宾王、李峤、孟郊、韩愈、柳宗元、杜甫、李翱、白居易、李德裕、李贺、陆龟蒙、杜牧、周敦颐、王安石、苏轼、陆游、朱熹、真德秀、文天祥、陈振孙、萨都剌、刘基、于谦、张居正、史可法、李渔、姜宸英、龚自珍等。

毛泽东阅读过的中国文史古籍，自然远不止上面所列的这些。但仅仅从这两个材料，我们也足以看到他对中国旧学的广博的知识和深厚的功底了。

事实上，凡是与毛泽东有过较为深入的接触的人，无不对他在这方面的精深造诣表示叹服。彭德怀在庐山会议前期与张闻天谈话时说过，“在党内真正懂得中国历史的还只有毛主席一人”。周恩来在《学习毛泽东》一文中也说过，“毛主席常说，他也是读古书的人。读古书看你会读不会读”。“读古书使他的知识更广更博，更增加了他的伟大”①。的确，“对于中国古代文化，像他那样熟悉的，不仅在中国共产党领导人中，就是在近代的革命家中，都是不多见的”（逄先知语）。许多外国人对此也有深刻的印象。他们认为，毛泽东不仅是一个伟大的政治家，而且“是一个精通中国旧学的有成就的学者”（斯诺语），“是一个通晓古今的学者”（韩素音语），他的理论是同中国的历史和战争的经验分不开的（史沫特莱语）。尼克松通过与毛泽东的直接接触，也认定“他不仅是一位完全献身的和重实际的共产党人，而且他也是一位对中国人民的历史造诣很深的富有想象力的诗人”。

毛泽东不仅自己勤奋好学，而且他希望全党的同志都能致力于学习。他曾经严厉地批评过一些人言必称希腊，但对中国的历史知之甚少、不以为耻反以为荣的现象，强调中国的革命者一定要真切地了解中国的历史，批判地继承中国古代文化的优秀遗产。为此，全国解放后，他要求组织史学家从事《资治通鉴》和《二十四史》的标点。他还讲到读历史不能没有一部历史地图放在手边，以便随时检查历史地名的方位。他赞成吴晗的建议，由谭其骧教授负责，将杨守敬编绘的历史舆地图加以改造，绘制《中国

① 《周恩来选集》上卷，人民出版社1980年版，第333页。

历史地图集》。研读文史古籍的必备工具书《辞海》、《辞源》，也是根据他的提议进行修订的。他对于运用马克思主义观点清理中国古代文化、编纂中国历史一事尤其重视。早在1940年，他在读了范文澜的中国经学简史的讲演提纲之后，就感到“十分高兴”，因为“用马克思主义清算经学这是第一次”①。次年，范文澜的《中国通史简编》上册出版，他非常赞许，特意请范吃了一顿饭。他认为，我们对于几千年的中国历史，不仅有发言权，而且能在延安出版一部有头有尾、有科学体系的著作，这是做了一件大好事。直到1968年，他还派人给范传话，说中国需要一部通史，在没有新的写法以前，还是照你那种写法写下去，通史不光是古代近代，还要包括现代。这些情况表明，他对于中国历史文化的学习、研究和宣传工作，确曾给予过强有力的、多方面的推动。

二

对于毛泽东来说，研读中国的文史古籍，并不是为了发思古之幽情，也不单纯是出于个人的爱好。作为一个革命家，他了解过去，是为了更好地认识现在和预见将来。他说过，“今天的中国是历史的中国的一个发展；我们是马克思主义的历史主义者，我们不应当割断历史”。他之所以强调“从孔夫子到孙中山，我们应当给以总结，承继

① 《毛泽东书信选集》，人民出版社1983年版，第163页。

这一份珍贵的遗产”，正是由于这对于指导中国的现实斗争“是有重要的帮助的”。

毛泽东一生的最伟大的历史性的贡献，在于他把马克思主义的基本原理同中国的国情、中国的实际正确地结合起来，形成了中国化的马克思主义即毛泽东思想这个科学的理论体系，从而为中国人民进行革命和建设事业提供了锐利的思想武器。而这里所说的中国国情、中国实际，首先是指中国社会的现状，中国革命和建设的具体实践，同时也是指中国的历史、文化。

李大钊早就说过，“言国情者，必与历史并举”。因为“昔日之国情，即今日之历史；来日之历史，犹今日之国情”①。这也正是毛泽东在青年时代就具有的明确思想。1920 年 3 月，他曾说过：“吾人如果要在现今的世界稍为尽一点力，当然脱不开‘中国’这个地盘。关于这地盘内的情形，似不可不加以实地的调查，及研究。”他也赞成出国考察，但认为“吾人似应先研究过吾国古今学术制度的大要，再到西洋留学才有可资比较的东西”②。在成为马克思主义者以后，他更自觉地把了解中国的历史、文化视为实现马克思主义中国化这项崇高任务的不可或缺的工作。他强调，我们不但要懂得外国，还要懂得中国；“不但要懂得中国的今天，还要懂得中国的昨天和前天”。他借用韩愈所说的“人不通今古，马牛而裾衿”这

---

① 《李大钊文集》上卷，人民出版社 1984 年版，第 113 页。

② 毛泽东致周世钊，1920 年 3 月 14 日。

句话，指出只要是人而不是牛马，就要学习。他认为，“我们决不可拒绝借鉴古人和外国人，那怕是封建阶级和资产阶级的东西”。以他为首的中共中央明确指出，必须把马克思列宁主义这一革命科学“和中国革命实践、中国历史、中国文化相结合起来”；指出“中国共产党人是我们民族一切文化、思想、道德的最优秀传统的继承者，把这一切优秀传统看成和自己血肉相连的东西，而且将继续加以发扬光大”①。理解了上面所说的这些道理，我们也就不难明白，毛泽东为什么会愿意耗费那么多的精力，用于研读中国的文史古籍了。

通过研读文史古籍，毛泽东具体想要达到什么目的、解决哪些问题呢？根据有关的材料，我以为，至少可以指出以下几点：

1. 借此进一步了解中国社会、中国人民

他在读《三国志·张鲁传》时所作的批语中指出，“大约有一千七百年的时间了，贫农、下中农的生产、消费和人们的心情还是大体相同的”。秦汉以来，“历代都有大小规模不同的众多的农民革命斗争，其性质当然与现在马克思主义革命运动根本不相同。但有相同的一点，就是极端贫苦农民广大阶层梦想平等、自由，摆脱贫困，丰衣足食”。长期以来，他们曾为此而不断奋斗。“同全世界一样，中国的历史就是一部阶级斗争史”②。由此，他也

① 《中共中央文件选集》第14册，中共中央党校出版社1992年版，第41页。

② 《毛泽东读文史古籍批语集》，中央文献出版社1993年版，第143、第145、第151页。

就对于中国人民所具有的伟大的革命潜力和变革现状的强烈愿望增进了了解。

《红楼梦》是他最爱读的古典小说之一。他认为，这部书写的是很精细的社会历史。他说过，你要不读一点《红楼梦》，你怎么知道什么叫封建社会？他根据这部小说的有关描写，指出中国很早就有土地买卖，中国家长制度的不能巩固也是早已开始了。他很注意对贾府里的人员作阶级的分析，以便具体了解封建社会中人与人的关系；他还从贾府的衰败，看到了封建阶级必然走向灭亡的历史命运。他指出，曹雪芹写《红楼梦》还是想补天，想补封建制度的天，但是《红楼梦》里写的却是封建家族的没落。可以说曹雪芹的世界观和他的创作发生了矛盾。

对于宗教问题，他也是比较重视的。他读过代表中国几个佛教宗派的经典，如《金刚经》、《六祖坛经》、《华严经》以及研究这些经典的著述。他认为，应当有一些共产主义者去研究各种宗教的经典。因为这是个群众问题，群众有那么多人信教，我们要做群众工作，我们却不懂得宗教，只红不专。他说过，“对世界三大宗教（耶稣教、回教、佛教），至今影响着广大人口，我们却没有知识”，这是不行的。事实上，“不批判神学就不能写好哲学史，也不能写好文学史或世界史”①。

① 1977年6月22日《光明日报》。

2. 通过“研究历代兴亡史”，总结中国古代社会阶级斗争的历史经验，研究治国安民的艺术

还在建党时期，他就说过，“读历史是智慧的事”。研究历史，可以增进政治智慧。依据对于历史的具体考察，他在当时即曾指出，“历史上凡专制主义者，或帝国主义者，或军国主义者，非等到人家来推倒，决没有自己肯收场的”。基于对敌对阶级之间利益的不可调和性以及反动统治者历来对反叛者无情镇压这个基本历史事实的深切认识，他认为革命者决不能害怕反动派的威吓和相信他们的欺骗，而必须与之进行针锋相对的斗争。他让人们要牢记朱熹说过的一句话：“即以其人之道还治其人之身。”他还提出过一个任务，即从中国过去的笔记中，选编一本《不怕鬼的故事》，以此教育人民，帮助他们进一步树立在战略上藐视敌人、在战术上重视敌人的思想。

有人认为，搞政治离不开阴谋权术，而在中国的历史典籍中是不乏这方面的记录的。对此，毛泽东说过，我想送这些人一句话，不过不是我说的，我是借花献佛。那是鲁迅先生说的：“捣鬼有术，也有效，然而有限，所以以此成大事者，古来无有。”他认为，搞革命的政治，尤其是不允许搞阴谋权术的。不过，通过研读历史典籍，他确实对剥削阶级的一些政治代表所玩弄的阴谋权术有了真切的了解，这不仅使他具备了对这类人的此种伎俩的洞察力，而且使他得以找出战而胜之的办法。在近代中国，蒋介石可以说是玩弄阴谋权术的高手了，其政敌没有一个不是败在蒋手下的；但是蒋始终无法对付毛，反而一次又一次的败在毛手下。从根本上说，这固然是由于毛代表进步而蒋代表反动；同时也是由于毛具有洞察和应付蒋的阴谋权术的高超能力。这样，蒋在毛的面前才无所施其伎俩了。

历代的统治者都是剥削阶级的政治代表。毛泽东要求革命者以他们为借鉴，不要沾染上他们那种脱离人民、压迫人民的旧思想、旧作风，而应树立依靠人民、联系群众的新思想、新作风。比如，在延安时期，他说过，皇帝出朝，要乘龙车凤辇；官僚出阁，要坐八抬大轿，前簇后拥，浩浩荡荡，摆威风。我们是共产党人，是讲革命的，要革皇帝官僚的命，把旧世界打个落花流水。我们既要革命，既要和旧制度决裂，就万万不能沾染官僚习气。又如，在20世纪60年代后期，他推荐人们读一读《战国策·赵策》的《触詟说赵太后》一文，并说：这篇文章反映了封建制代替奴隶制的初期，地主阶级内部，财产和权力的再分配。这种分配是不断地进行的，所谓"君子之泽，五世而斩"就是这个意思。他由此引发了对于现实生活的联想，指出：我们不是代表剥削阶级，而是代表无产阶级和劳动人民，但如果我们不注意要求我们的子女，他们也会变质，可能搞资本主义复辟，无产阶级的财产和权力就会被资产阶级夺回去。显然，他在这里所发挥的，是一个极为深刻的思想，这个思想具有深远的战略性的意义。

对于中国古代历史文化中的民主性的精华，毛泽东认为，我们应当努力加以发掘。他指出，中国历史上也有它的民主传统。“共和”一词，就来源于3000年前的周朝。孟子说，民为贵，社稷次之，君为轻。中国农民富有民主传统。千百次大大小小的农民战争有着民主的含义。历史上的一些例子，在小说《水浒》中就有所描绘。他在修改和审定陆定一写的《教育必须与生产劳动相结合》这篇文章时，曾亲自加写了下面的一段话：“中国教育史有人民性的一面。孔子的有教无类，孟子的民贵君轻，荀子的人定胜天，屈原的批判君恶，司马迁的颂扬反抗，王充、范缜、柳宗元、张载、王夫之的古代唯物论，关汉卿、施耐庵、曹雪芹的民主文学，孙中山的民主革命，不能不影响对人民的教育，谈中国教育史，应当提到他们。”这里所说的人民性，也就是民主性。对于古代社会的这种人民性的思想、民主的传统，他认为是应当加以继承，并结合新的历史条件加以发展的。

3. 借此帮助人民建立对于自身创造力的信心，增强人们对于中国未来的乐观主义的信念

他说过：读历史的人不一定是守旧的人。事实上，历史的发展虽然有曲折，整个说来，毕竟是一个前进的过程。他指出，“人类的历史，就是一个不断地从必然王国向自由王国发展的历史。这个历史永远不会完结”。“因此人类总得不断地总结经验，有所发现，有所发明，有所创造，有所前进。停止的论点，悲观的论点，无所作为和骄傲自满的论点，都是错误的”。

他认为，中国的历史是一部激发中国人民的自信力和中华民族的自豪感的生动的教科书。他在安徽省博物馆视察时就说过：一个省的主要城市都应该有这样的博物馆，人民认识自己的历史和创造力量是一件很要紧的事。

当然，“历史久有好处也有坏处”。“美国历史短，也许有它的好处，负担轻，不要记那么多东西。我们历史久，也有它的好处，把老传统丢掉，人家会说你卖国，要砍也砍不断，没有办法。但是要回顾那么久的历史，是有些麻烦的”[①]。所以，既要从中国悠久的历史文化中汲取好东西，又不要把它变成沉重的负担，使自己受它的压迫，让旧东西把自己捆住。

三

中国的文史古籍，卷帙浩繁，内容丰富而又庞杂。读古书，确如周恩来所说，有一个“会读不会读”的问题，有一个态度和方法的问题。

还在延安时期，毛泽东就对人说过，中国有那么悠久的历史和那么丰富的文化遗产。我们首先要对杂乱散落的资料进行整理和考证工作，弄清楚事实；然后，以辩证唯物论的观点，历史唯物论的观点，掌握资料来分析批判，看哪些是好的，有用的，哪些是坏的没有用的，坏的去掉，好的要留下，为新时代所用。这是文化工作的两重任务，要一道来做。他认为，以什么方法研究中国的历史文化，这一点有根本性的意义。他强调，“中国的历史学，若

① 《毛泽东著作选读》下册，人民出版社 1986 年版，第 747—748 页。

不用马克思主义的方法去研究，势将徒费精力，不能有良好结果”①。

应当用什么态度对待中国的历史文化遗产呢？对于这个问题，毛泽东在1960年12月的一次谈话中曾作过一个概括的说明。他指出：“所谓中国几千年的文化，是封建时代的文化，但并不全是封建主义的东西，有人民的东西，有反封建的东西。要把封建主义的东西与非封建主义的东西区别开来。封建主义的东西也不全是坏的，也有它发生、发展和灭亡的时期。当封建主义还在发生和发展的时候，它有很多东西还是不错的。反封建主义的文化也不是全部可以无批判地利用的，因为封建时代的民间作品，也多少都还带有若干封建统治阶级的影响。我们应当善于进行分析，应当把封建主义发生、发展和灭亡时期的文化区别开来，应当批判地利用封建主义的文化，我们不能无批判地加以利用。反封建主义的文化当然要比封建主义的好，但也要有批判、有区别地加以利用。”② 他认为，这就是我们应当采取的马克思主义的方针。他本人正是按照这个方针来对待中国的历史文化遗产的。正因为如此，他既同那些言必称希腊、对自己国家的历史一点不懂或懂得很少的人根本不同，也同那些信而好古、钻进故纸堆里出不来的人大相径庭。由于他从无产阶级的立场出发，站在当前时代的高度上回顾中国走过的历史道路，以马克思主

---

① 《毛泽东书信选集》，人民出版社1983年版，第386页。

② 《毛泽东的读书生活》，三联书店1986年版，第200—201页。

义为指导对中国的文化遗产进行批判的分析，他才能不囿于古人的眼界和认识，而见前人之所未见、发前人之所未发，在一系列问题上提出令人叹服的深刻、独到、精辟的新见解。

按照历史唯物论的观点，人民群众是历史的创造者，但是在许多古书中，农民起义的领袖往往被称作“盗”、“贼”、“草寇”，而受到诬蔑；在一切离开人民的旧文学旧艺术上人民都成了渣滓。毛泽东认为，为了恢复历史的面目，应当把这种历史的颠倒再颠倒过来。他曾经指示，要研究中国农民战争史。他本人在读中国史书时，就“比较喜欢看人物传记，包括农民起义领袖的传记。陈涉、吴广、张角、张鲁、王仙芝、黄巢直到李自成的传记，他是常要看的”。对于反映农民斗争的作品，他总是怀着浓厚的兴趣去阅读。比如在延安时，他读了李健侯所著反映李自成活动的《永昌演义》一书后，认为“获益良多”，并曾“抄存一份，以为将来之用”。但他同时又指出，“此书赞美李自成个人品德，但贬抑其整个运动。实则吾国自秦以来二千余年推动社会向前进步者主要的是农民战争，大顺帝李自成将军所领导的伟大的农民战争，就是二千年来几十次这类战争中的极著名的一次”。“此书如按上述历史观点加以改造，极有教育人民的作用”。为此，他曾致函李鼎铭，请他代向作者“致深切之敬意”，并转达上述意见①。新中国成立前夕，他曾对历史学

① 《毛泽东书信选集》，人民出版社1983年版，第230、第310页。

家吴晗写作《朱元璋传》一事给予关心。吴在该书原稿中说，西系红巾军领导人彭和尚（即彭莹玉）可以说是典型的职业革命家，但他在起义成功后，“就烟一样消失了，回到人民中间去了”。毛在读了原稿后对吴说，彭和尚这样坚强有毅力的革命者，不应有逃避行为，不是他自己犯了错误，就是史料有问题。他在致吴的信中，在肯定此书“用力甚勤，发掘甚广”的同时，指出在方法问题上，作者“似尚未完全接受历史唯物主义作为观察历史的方法论”。为此，他勉励作者“于这方面用一番功夫”[①]。新中国成立后，吴晗细查《明实录》及其他文献，果然发现了彭和尚在杭州被元朝军队擒杀的史料。

在强调人民是历史的创造者、尊重农民起义领袖的历史地位的同时，毛泽东也注意研究当时人民斗争的弱点，从这些斗争的挫败中汲取教训。比如，他在读《史记·陈涉世家》时，曾指出陈王有“二误”。在记述故人因言陈王故情被认为是“轻威”而遭斩，“诸陈王故人皆自引去。由是无亲陈王者”这几行旁边，他批上“一误”的字样。在记述陈王信用“以苛察为忠”的朱房，“诸人以其故不亲附”这几行旁边，他又批上“二误”的字样[②]。又如，他在读《三国志·张鲁传》的批语中，在肯定贫苦农民的革命要求的同时，也指出其性质“与现在马克思主义革命运动根本不相同”，指出其具有的弱点（如“带

① 《毛泽东书信选集》，人民出版社1983年版，第230、第310页。

② 《毛泽东读文史古籍批语集》，中央文献出版社1997年版，第122、第145页。

有封建性质，表现在小农的私有制、上层建筑的封建制”）等等[①]。再如，在延安整风时，他曾指示印发郭沫若总结李自成起义的经验教训的文章《甲申三百年祭》，“叫同志引为鉴戒，不要重犯胜利时骄傲的错误”。在进北京的前夕，他还曾说过，这是进京赶考，表示一定要考个好成绩，决不当李自成。

对于中国文史古籍中的糟粕，前面已经说过，毛泽东是采取明确的批判态度的。但他认为，即使对于封建主义的东西，也还是要进行具体的分析。他指出，“历史上奴隶主阶级、封建地主阶级和资产阶级，在它们取得权力以前和取得统治权力以后的一段时间内，它们是生气勃勃的，是革命者，是先进者，是真老虎”。1943年，针对认为“一切剥削阶级的学者关于人性、是非、善恶、好恶联系起来所构成的学说，没有一个不是错误百出的”这种观点，他就说过：剥削阶级当着还能代表群众的时候，能够说出若干真理，如孔子、苏格拉底、资产阶级，这种看法才是历史的看法。针对那种认为“孔孟之道乃是中国文化的不良传统”的观点，他指出：“孔孟有一部分真理，全部否定是非历史的看法。”[②] 对于秦始皇，他也认为应当进行一分为二的分析。他认为，秦始皇是第一个把中国统一起来的人物，不但政治上统一中国，而且统一了中国的文字、中国各种制度如

① 《毛泽东读文史古籍批语集》，中央文献出版社1997年版，第122、第145页。

② 《毛泽东的读书生活》，三联书店1986年版，第200页。

度量衡，有些制度一直沿用下来。中国过去的封建君主还没有第二个人超过他的。但秦始皇在统一六国后，丧失了进取的方面，志得意满，耽于佚乐，求神仙，修宫室，残酷压迫人民，到处游走，消磨岁月，无聊得很。陈胜、吴广揭竿而起，反抗秦的暴政，其中包括对秦始皇，完全是正义的。他也赞成郭沫若、翦伯赞等史学家为曹操翻案，认为曹操结束汉末豪族混战的局面，恢复了黄河两岸的广大平原，为后来的西晋统一铺平了道路。说曹操是白脸奸臣，那是封建正统观念所制造的冤案。这个案要翻。

四

逄先知在《记毛泽东读中国文史书》一文中说："根据我长期接触毛泽东读古书的情况，根据大量的文献资料的记载，我认为毛泽东读古书有两个显著特点：一是用历史唯物主义的观点阅读和解释中国古书的内容，我在这里把它称作'古籍新解'；一是汲取古籍中的精华，有的还赋予新的含义，为现实斗争服务，这就是我们常说的'古为今用'。"① 这是说得很对的。

运用中国的成语、典故等来对党的路线、方针、政策作出生动、形象和有说服力的阐释，就是这种"古籍新解"和"古为今用"的一个重要的体现。比如：

---

① 《毛泽东的读书生活》，三联书店 1986 年版，第 201 页。

“实事求是”一词，出自《汉书·河间献王刘德传》，原注为：“务得事实，每求真是也。”对此，毛泽东引申说：“实事”就是客观存在着的一切事物，“是”就是客观事物的内部联系，即规律性，“求”就是我们去研究。这样，他就用实事求是这个成语，对党的唯物主义思想路线、对理论联系实际的马克思主义学风作出了生动的说明。

“惩前毖后”一词，源《诗·周颂·小毖》而出于《张文忠公集·书牍·答河道吴自湖计河漕》，毛泽东把它与“治病救人”一词联在一起，用来说明我们在党内斗争中应取的正确方针。

关于使用干部的问题，毛泽东说过，我们民族历史中从来就有两个对立的路线：一个是“任人唯贤”的路线，一个是“任人唯亲”的路线。前者是正派的路线，后者是不正派的路线。

抗日战争时期，毛泽东用古书上的三句话，作为三条原则，来说明党对蒋介石应如何进行有理、有利、有节的斗争这个问题。第一条出自《老子》，“不为天下先”，就是要后发制人，不先发制人；第二条出自《左传》，“退避三舍”，一舍三十里，你打边区，我们就退几十里再说；第三条出自《礼记》，“来而不往非礼也”，以其人之道还治其人之身。

“过犹不及”一语，本出自《论语·先进》，原意是过分与不及都不得其正，宣扬的是中庸之道。对此，毛泽东作出了创造性的解释，指出：“一定事物在时间与空间中运动，当其发展到一定状态时，应从量的关系上找出与确定其一定的质，这就是‘中’或‘中庸’，或‘时中’。”“‘过’的即是‘左’的东西，‘不及’的即是右的东西”[①]。这样，他就从认识论的高度揭示了“左”与右产生的根源，并借用这句话对“左”与右的实质作出了界定。

据《后汉书·朱浮传》的记载，东汉时刘秀的一位将军朱浮在给渔阳太守彭宠的一封信中曾提出：“凡举事无为亲厚者所痛，而为见仇者所快。”毛泽东认为，“朱浮这句话提出了一个明确的政治原则，我们千万不可忘记”。他曾以此批评蒋介石，说他与共产党搞摩擦，是做了违反政治原则的事，因为这只能使中国人民痛心，而使日本侵略者快慰。

为了促进文学艺术和科学的发展，毛泽东提出了“百花齐放，百家争鸣”的方针。他说，百家是指春秋战国时代的诸子百家，2000 年前那个时候有许多学说，大家自由争论，我们现在也需要这个。他很赞赏龚自珍的《己亥杂诗》，其中一首诗里有“九州生气恃风雷，万马齐喑究可哀”这样的句子。

这类例子，还可举出许多。

除了运用成语、典故等来说明党的路线、方针、政策以外，对于中国传统文化、传统道德中的一些有价值的成分、因素，毛泽东也曾努力予以发掘，并在马克思主义的

① 《毛泽东书信选集》，人民出版社 1983 年版，第 146 页。

基础上加以改造，以之用来教育人民、教育干部、教育党员。这也是上面所说的“古籍新解”、“古为今用”的一个重要方面。比如：

他引用孔子的“再思”和韩愈的“行成于思”的话，说明对于复杂的事情要做反复的思考。

他引用《吕氏春秋·季春纪·尽数》中的“流水不腐，户枢不蠹”的话，说明应当经常地清理我们同志的思想和党的工作。

他把苏洵、白居易、朱熹等讲过的相关意见连贯起来，提出在开展批评与自我批评的过程中，应当实行“知无不言，言无不尽”，“言者无罪，闻者足戒”，“有则改之，无则加勉”这些中国人民的有益的格言。

他发挥司马迁在《报任少卿书》中所说“人固有一死，或重于泰山，或轻于鸿毛”这个思想，指出“为人民利益而死，就比泰山还重，替法西斯卖力，替剥削人民和压迫人民的人去死，就比鸿毛还轻”。

他引用《论语·子路》中“欲速则不达”这句话，指出“这不是说不要速，而是说不要犯盲动主义，盲动主义是必然要失败的”。

他引用《列子·汤问》中所述愚公移山的故事，教导人们要发扬愚公那种挖山不止的精神，下决心挖掉压在中国人民头上的帝国主义、封建主义这两座大山。

他引用《老子》中所说“鸡犬之声相闻，民至老死不相往来”的话，批评有的党委的一些委员之间不互通情报、不交流思想的现象。

他引用《论语·公冶长》中“不耻下问”这句话，强调上级机关、领导干部先要善于倾听下面干部的意见，然后再下命令。

他推荐党内的高级干部阅读《三国志·郭嘉传》，希望大家做事要多谋。在总结“大跃进”的教训时，他引用过《大唐新语·隐逸》中孙思邈所说的“智欲圆而行欲方，胆欲大而心欲小”的话。

他还引用过宋玉的《风赋》，告诉人们，做一个领导者，要善于辨别方向，在“风起于青萍之末”的时候就引起注意。

这类的例子，同样是不胜枚举的。

有一位学者发表过这样的评论，他认为：毛泽东“确确实实把古书读活了，能够慧眼识宝，点石成金，发掘出传统文化中真正有价值的东西，使之受到马克思主义光辉的照射，抹尽尘埃，熠熠生辉”①。这个评论是完全符合实际的。上面的材料，从一个侧面对上述论断提供了证明。

毛泽东反复地讲过，为了把马克思主义中国化，我们必须认真学习马克思主义的理论；学习我们的历史遗产，用马克思主义的方法给予批判的总结；以马克思主义为指导，研究当前运动的特点及其规律性，研究指导当前运动的实际问题。他还讲过，为了做好宣传工作，我们要向人民群众学习语言；要从外国语言中吸收我们所需要的成分；

① 艾农：《关于“文化热”的几点思考》，《文艺理论与批评》1996 年第 1 期。

还要学习古人语言中有生命的东西。他要求别人做的，他自己率先做了，而且做得极为深入，极富成效。正是经过以毛泽东为代表的中国共产党人卓有成效的工作，马克思主义不仅与中国革命的实践密切结合了起来，而且获得了为中国老百姓所喜闻乐见的中国作风和中国气派。正因为如此，它也就在中国的大地上、在中国的人民群众中，深深地扎下了根来。

为了推进中国的社会主义事业，我们今天仍然需要进一步认真学习马克思主义的基本理论，认真把握中国现实的国情；同时也需要继续用马克思主义的方法批判地总结中国的历史文化遗产。而在这些方面，毛泽东将永远是我们学习的崇高榜样。

第三辑
马克思主义指导与理论创新

DI－SAN JI
MAKESIZHUYI ZHIDAO
YU LILUNCHUANGXIN

马克思主义史学理论与历史研究*

一、唯物主义历史观的创立

什么是历史？历史是已经过去了的客观存在。马克思、恩格斯说："历史可以从两方面来考察，可以把它划分为自然史和人类史。但这两方面是不可分割的；只要有人存在，自然史和人类史就彼此相互制约。"① 我们这里所说的历史，是指的人类史，即人类社会发展的过程。

历史作为人类社会已经过去了的客观存在，是不可能照原样重复出现的，那么，人们又怎样认识历史，从历史中汲取智慧呢？为此，首先是要收集史料和考证史实，正确和准确地描绘现实的历史过程。因为这是认识历史的前提。不过，这样做，还不就是对历史有了认识。研究历史，

---

* 本文发表于《高校理论战线》2011 年第 1、第 2 期。

① 《马克思恩格斯文集》第 1 卷，人民出版社 2009 年版，第 516 页。

主要是为了在此基础上，理清历史的脉络，总结历史的经验，揭示历史发展的规律性，考察历史发展的趋势，以此作为今人和后人思想上的借鉴和行动上的向导。而要做到这一点，仅仅依靠收集史料和考证史实就远远不够了，人们还必须在科学的社会历史观和方法论的指导下，对史料进行分析和综合，进行理论的思考。如果没有理论思维，即使要把两个简单的历史事实联系起来都是不可能的，更不用说对历史作出科学的阐释和总结了。

人类进入文明时代即阶级社会以后，随着社会分工及其发展，一些思想家对人类社会的发展进行了独立的思考，一些历史学家写出了若干有价值的历史著作，他们为人类认识社会及其发展积累了有益的思想材料，包括对历史辩证法的揭示和运用唯物主义观点观察历史的萌芽；但是从总体上来说，在社会历史观的领域，唯心主义始终占据着统治地位。正因为如此，以往的历史理论存在着两个主要缺点。“第一，以往的历史理论至多只是考察了人们历史活动的思想动机，而没有研究产生这些动机的原因，没有探索社会关系体系发展的客观规律性，没有把物质生产的发展程度看做这些关系的根源”。它既忽视经济对社会发展的最终决定作用，也讲不清政治、思想等的形成、发展及其对经济的反作用，因而就不可能把社会作为一个有机的整体进行研究。“第二，以往的历史理论从来忽视居民群众的活动”。在它的视野里，历史活动的主体是帝王将相、英雄豪杰等少数人，而从事物质生活资料生产的广大劳动群众则被边缘化，在历史上没有自己应有的地位。它不可能以自然科学的精确性去研究群众生活的社会条件以及这些条件的变更。所以，列宁认为，马克思以前的“社会学”和历史学，至多是积累了零星收集来的未加分析的事实，描述了历史过程的个别方面。他们没有也不可能指出对各种社会经济形态的产生、发展和衰落过程进行全面而周密的研究的途径①。

社会历史领域中之所以存在上述问题，不是偶然的。“在很长的历史时期内，大家对于社会的历史只能限于片面的了解，这一方面是由于剥削阶级的偏见经常歪曲社会的历史，另一方面，则由于生产规模的狭小，限制了人们的眼界。人们能够对社会历史的发展作全面的历史的了解，把对于社会的认识变成了科学，只是到了伴随巨大生产力——大工业而出现近代无产阶级的时候，这就是马克思主义的科学。”②

科学的社会历史观，就是唯物主义历史观或者历史唯物主义。它是由马克思、恩格斯在19世纪40年代创立的。唯物主义历史观“是历史发展的产物；在较早的时代，它是不会被任何最有天才的头脑凭空想出来的。只有达到一定高度时，人类历史才能揭开它自己的秘密”③。这些条件主要是：资本主义的发展和近代无产阶级的成长壮大；同时，以往的思想家（如法国复辟时期的资产阶级

① 《列宁专题文集·论辩证唯物主义和历史唯物主义》，人民出版社2009年版，第336页。

② 《毛泽东选集》第一卷，人民出版社1991年版，第283—284页。

③ 梅林：《保卫马克思主义》，人民出版社1982年版，第3页。

历史学家梯叶里、基佐、米涅，英国古典经济学家大卫·李嘉图等）在历史领域中所进行的探索，也为达到这个高度提供了有益的思想材料。

唯物主义历史观是“关于现实的人及其历史发展的科学”①，“现代唯物主义把历史看做人类的发展过程，而它的任务就在于发现这个过程的运动规律”。它找到了“用人们的存在说明他们的意识，而不是像以往那样用人们的意识说明他们的存在”② 这样一条道路。这样，马克思主义史学理论就形成和发展起来了。

二、马克思主义史学理论的基本内容

马克思主义史学理论有着极其丰富的内容。首先，是指历史唯物主义的基本原理。这是它的核心、基础，也是它的主体部分。其次，是指历史研究的方法论方面的论述。再次，是指马克思主义经典作家在研究历史问题、历史事件和历史人物时提出的重要思想和论断。这里着重对前两个方面的内容做一个概要的叙述。

1. 历史唯物主义的基本原理

社会历史观的基本问题。哲学的基本问题是思维与存在的关系问题，社会历史观的基本问题是社会意识与社会存在的关系问题。

---

① 《马克思恩格斯文集》第4卷，人民出版社2009年版，第295页。
② 《马克思恩格斯文集》第9卷，人民出版社2009年版，第28—29页。

社会存在是不以社会意识为转移的社会生活的物质方面。同自然界的存在相区别的社会存在，它的最本质的东西就是社会的生产方式。社会意识是社会的精神生活现象的总称，包括人们的政治、法律观点，哲学、道德、艺术、科学、宗教等意识，以及风俗习惯、社会心理，等等①。

唯物主义历史观确认："不是人们的意识决定人们的存在，相反，是人们的社会存在决定人们的意识。"② "意识［das BewuBtsein］在任何时候都只能是被意识到了的存在［das bewuBteSein］，而人们的存在就是他们的现实生活过程。"③

这种历史观和唯心主义历史观不同，它不是在每个时代中寻找某种范畴，而是始终站在现实历史的基础上，不是从观念出发来解释实践，而是从物质实践出发解释各种观念形态。而只有站在这个现实历史的基础上，对历史的研究才可能成为"关于现实的人及其历史发展的科学"。

*物质生活的生产方式：生产力和生产关系。*人类社会的历史是人类自己创造的。

我们首先应当确定一切人类生存的第一个前提，也就是一切历史的第一个前提，这就是：人们为了能够"创造历史"，必须能够生活。但是为了生活，"首先就需要吃喝住穿以及其他一些东西。因此第一个历史活动就是生

① 《历史唯物主义原理》，人民出版社2009年版，第18—19页。
② 《马克思恩格斯文集》第2卷，人民出版社2009年版，第591页。
③ 《马克思恩格斯文集》第1卷，人民出版社2009年版，第525页。

产满足这些需要的资料，即生产物质生活本身”。这是人们为了维持生活必须每日每时从事的历史活动，是一切历史的基本条件。“任何历史观的第一件事情就是必须注意上述基本事实的全部意义和全部范围，并给予应有的重视”[①]。

人类社会和动物界的本质区别在于，动物最多是采集，而人则从事生产。所以，物质生产的发展，是整个社会生活以及整个现实历史的基础。物质生活的生产方式制约着整个社会生活、政治生活和精神生活的过程。

物质生活的生产方式是生产力和生产关系的统一。

生产力，是指人们改造自然，使之适应人的需要的物质力量，标志着人类改造自然的实际能力和水平。一个社会的生产力包括三个要素，即劳动者、劳动资料和劳动对象。生产力中也包括科学[②]。

生产关系，是指各个人借以进行生产的社会关系。因为生产并不是、也不可能是由单个人孤立地进行的。生产关系由生产资料所有制关系、生产中人与人的关系和产品分配关系构成。其中，生产资料所有制决定着生产关系的其他方面。

生产力是生产中最活跃、最革命的因素。生产关系依赖于生产力的发展而发展，同时又反过来影响生产力，加速或者延缓它的发展。“社会的物质生产力发展到一定阶

① 《马克思恩格斯文集》第1卷，人民出版社2009年版，第531页。
② 《马克思主义哲学》，高等教育出版社2009年版，第169—170页。

段，便同它们一直在其中运动的现存生产关系或财产关系（这只是生产关系的法律用语）发生矛盾。于是这些关系便由生产力的发展形式变成生产力的桎梏。那时社会革命的时代就到来了。"①

社会的经济基础和上层建筑。人类社会是一个整体结构。正如一座大厦有它的基础和上层建筑一样，人类社会也是如此。马克思指出："人们在自己生活的社会生产中发生一定的、必然的、不以他们的意志为转移的关系，即同他们的物质生产力的一定发展阶段相适应的生产关系。这些生产关系的总和构成社会的经济结构，即有法律的和政治的上层建筑竖立其上并有一定的社会意识形式与之相适应的现实基础。"②

历史表明："迄今为止在历史著作中根本不起作用或者只起极小作用的经济事实，至少在现代世界中是一个决定性的历史力量"③。由于生产关系的总和即社会的经济结构是社会的现实基础，因此，只有从这一基础出发，每一历史时代政治的和精神的历史才能得到说明。

社会的上层建筑，是每一个历史时期的由法的设施和政治设施以及宗教的、哲学的和其他的观念形式所构成的。由于经济事实在历史上的决定性作用，国家是在经济上占统治地位的阶级的国家；而统治阶级的思想在每一时代都是占统治地位的思想。

---

① 《马克思恩格斯文集》第2卷，人民出版社2009年版，第593页。

② 《马克思恩格斯文集》第2卷，人民出版社2009年版，第591页。

③ 《马克思恩格斯文集》第4卷，人民出版社2009年版，第232页。

上层建筑的各种因素一经形成，就具有相对独立性，它们能够对历史斗争的进程发生影响并且在许多情况下主要是决定着这一斗争的形式；能够反作用于经济，加速或延缓经济的发展；甚至意识形态也“能在某种限度内改变经济基础”①。

人类社会的发展过程表现出经济、政治、思想等一切因素间的相互作用。但是“相互作用的力量很不相等：其中经济运动是最强有力的、最本原的、最有决定性的”②。而在这种相互作用中归根到底是经济运动作为必然的东西通过无穷无尽的偶然事件向前发展。随着经济基础的变更，全部庞大的上层建筑也或慢或快地发生变革。

诚然，在经济基础和上层建筑的矛盾运动中，经济基础“一般地表现为主要的决定的作用，谁不承认这一点，谁就不是唯物论者”。然而，上层建筑“在一定条件之下，又转过来表现其为主要的决定的作用，这也是必须承认的”。“当着政治文化等等上层建筑阻碍着经济基础的发展的时候，对于政治上和文化上的革新就成为主要的决定的东西了”。“这不是违反唯物论，正是避免了机械唯物论，坚持了辩证唯物论”③。

*社会的基本矛盾和发展动力。*与生产力的状况相适应，经济基础与上层建筑以一定的形式结合构成社会形态。

---

① 《马克思恩格斯文集》第10卷，人民出版社2009年版，第598页。

② 《马克思恩格斯文集》第10卷，人民出版社2009年版，第601页。

③ 《毛泽东选集》第一卷，人民出版社1991年版，第325—326页。

构成社会的各个部分不是彼此孤立、互不相干的。生产力和生产关系，经济基础和上层建筑，它们是社会的有机组成部分，彼此依存、相互作用。所以，唯物主义历史观“要我们把社会看做活动着和发展着的活的机体”①。科学地研究历史的途径，就是要把社会历史当作一个极其复杂、充满矛盾而又是有规律的统一过程来进行研究。

马克思说：“我的观点是把经济的社会形态的发展理解为一种自然史的过程。”② 只有把社会关系归结于生产关系，把生产关系归结于生产力的水平，才能看出各个国家和地区的历史过程的重复性和常规性，才能有可靠的根据把社会形态的发展看作自然历史过程，才有可能从中发现历史发展的规律。如果没有这种观点，也就不会有社会科学。

生产力和生产关系的矛盾，经济基础和上层建筑的矛盾，是人类社会的基本矛盾。正是这个基本矛盾的运动，推动着人类社会的发展。唯物主义历史观确认：“一切重要历史事件的终极原因和伟大动力是社会的经济发展，是生产方式和交换方式的改变，是由此产生的社会之划分为不同的阶级，是这些阶级彼此之间的斗争。”③ “历史的动力以及宗教、哲学和任何其他理论的动力是革命”④。

人类的社会形态是一个逐步演进的过程。在漫长的远

① 《马克思恩格斯文集》第1卷，人民出版社2009年版，第604页。

② 《马克思恩格斯文集》第5卷，人民出版社2009年版，第10页。

③ 《马克思恩格斯文集》第3卷，人民出版社2009年版，第509页。

④ 《马克思恩格斯文集》第1卷，人民出版社2009年版，第544页。

古时代，存在过“共产制共同体”的原始社会。它占据了人类社会历史的绝大部分时间。在进入文明时代即阶级社会以后，人类经历了奴隶占有制、封建制和资本主义这样三个社会经济形态的演进。资产阶级的生产关系是社会生产过程的最后一个对抗形式。人类在推翻这种对抗形式之后，将次第进入社会主义、共产主义社会，并由此宣告人类社会的史前时期的终结。

阶级、国家和革命。生产力和生产关系的矛盾，经济基础和上层建筑的矛盾，在阶级社会中，反映到人与人的关系上，主要表现为阶级矛盾和阶级斗争。

在原始社会，并不存在阶级的划分。社会分裂为剥削阶级和被剥削阶级、统治阶级和被压迫阶级，是同生产发展的一定历史阶段相联系的。在社会总劳动所提供的产品除了满足社会全体成员最起码的生活需要以外已经有少量剩余，但劳动还占去社会大多数成员的全部或几乎全部时间的情况下，“这个社会就必然划分为阶级。在这被迫专门从事劳动的大多数人之旁，形成了一个脱离直接生产劳动的阶级，它掌管社会的共同事务：劳动管理、国家事务、司法、科学、艺术等等。因此，分工的规律就是阶级划分的基础。”①

从根本上说，剥削阶级和被剥削阶级、统治阶级和被压迫阶级的利益是互相对立的。对一些人是好事，对另一些人必然是坏事，一个阶级的任何新的解放，必然是对另

① 《马克思恩格斯文集》第3卷，人民出版社2009年版，第562页。

一个阶级的新的压迫。所以，“以往的全部历史，除原始状态外，都是阶级斗争的历史”①。

随着社会分裂为阶级，作为阶级压迫工具的国家的产生，就成为必要的了。因为要强迫社会上的绝大多数人经常替另一部分人做工，就非有一种经常的强迫机构不可。而“国家的本质特征”，就在于它“是和人民大众分离的公共权力”。构成这种权力的，不仅有武装的人，而且还有物质的附属物，如监狱和各种强制设施②。

诚然，政治统治到处是以执行某种社会职能为基础的。但是这并没有改变国家作为阶级压迫工具的实质。因为历史上那些执行社会职能的人形成了自己的特殊利益，逐步和人民大众分离，其结果就使得起先社会的公仆变成了社会的主人。

总之，“由于国家是从控制阶级对立的需要中产生的，由于它同时又是在这些阶级的冲突中产生的，所以，它照例是最强大的、在经济上占统治地位的阶级的国家，这个阶级借助于国家而在政治上也成为占统治地位的阶级，因而获得了镇压和剥削被压迫阶级的新手段。”③

阶级和阶级斗争的存在，是阶级社会历史发展中的基本事实。“自从原始公社解体以来，组成为每个社会的各阶级之间的斗争，总是历史发展的伟大动力。”④ 当旧的

① 《马克思恩格斯文集》第3卷，人民出版社2009年版，第544页。
② 《马克思恩格斯文集》第4卷，人民出版社2009年版，第135、第190页。
③ 《马克思恩格斯文集》第4卷，人民出版社2009年版，第191页。
④ 《马克思恩格斯全集》第22卷，人民出版社2009年版，第505页。

生产关系成为生产力发展的桎梏、革命被提上历史日程时，革命的阶级斗争更成为推动生产方式根本变革的决定性的力量。

革命的目的是为了解放生产力。由于束缚生产力发展的陈旧的生产关系是受到反动的国家政权保护的，所以必须首先摧毁反动的国家政权，才能改变陈旧的生产关系，使生产力得到解放。正因为如此，“一切革命的根本问题是国家政权问题。”①

进化和革命是历史运动的两种形式。“革命是历史的火车头。”② 革命是社会进步和政治进步的强大推动力。在阶级社会中，革命和革命战争是不可避免的，舍此不能完成社会发展的飞跃。因此，革命是必要的、正义的、进步的。

马克思说过：“阶级斗争必然导致无产阶级专政”。与以往的国家政权不同，无产阶级专政不是少数剥削者压迫广大劳动者的工具，而是多数人对少数人的统治。“这个专政不过是达到消灭一切阶级和进入无阶级社会的过渡”③。而随着阶级的消灭，国家将自然消亡。人类将进入“生产者自由平等的联合体的基础上按新方式来组织生产的社会”，即共产主义社会。

人民群众与个人在历史上的作用。与唯心主义的英雄史观不同，唯物主义历史观确认“历史活动是群众的活动”。

---

① 《列宁选集》第3卷，人民出版社1995年版，第19页。
② 《马克思恩格斯文集》第2卷，人民出版社2009年版，第161页。
③ 《马克思恩格斯文集》第10卷，人民出版社2009年版，第106页。

在历史活动中，重要的是行动着的群众，是经验的活动，是这一活动的经验的利益①。

人类的生产活动是最基本的实践活动。无论不从事生产的社会上层发生什么变化，没有一个生产者阶级，社会就不能生存。人类的历史，首先是物质资料生产者的历史，社会物质财富创造者的历史，劳动群众的历史。

人类的精神财富的创造，也离不开劳动群众。因为归根到底，一切精神财富得以产生的最终源泉，是人民群众的实践。而且，没有人民群众的劳动，精神财富的创造也是不可能的。毛泽东说过："中国历来只是地主有文化，农民没有文化。可是地主的文化是由农民造成的，因为造成地主文化的东西，不是别的，正是从农民身上掠取的血汗。"②

在社会的变革和发展中，人民群众更是表现了历史创造者的伟大作用。恩格斯说过：造成历史的真正的最后动力的动力，"是使广大群众、使整个整个的民族，并且在每民族中间又是使整个阶级行动起来的动机；而且也不是短暂爆发和转瞬即逝的火光，而是持久的、引起重大历史变迁的行动"③。

怎样看待剥削阶级在历史上的作用呢？"马克思了解古代奴隶主，中世纪封建主等等的历史必然性，因而了解他们的历史正当性，承认他们在一定限度的历史时期内是

① 《马克思恩格斯文集》第1卷，人民出版社2009年版，第287页。

② 《毛泽东选集》第一卷，人民出版社2009年版，第39页。

③ 《马克思恩格斯文集》第4卷，人民出版社2009年版，第304页。

人类发展的杠杆。”[①] 他并且肯定资产阶级曾经起过非常革命的作用。毛泽东也说过：历史上奴隶主阶级、封建地主阶级和资产阶级，在它们取得统治权力以前和取得统治权力以后的一段时间内，它们是生气勃勃的，是革命者，是先进者，是真老虎。只是在随后的一段时间，它们逐步走向反面，成了反动派、纸老虎。需要指出的是，剥削阶级在起历史的进步作用时，也往往是利用了劳动阶级的力量的。比如，欧洲资产阶级反对封建制度的三次起义，就都是由农民提供了主要的战斗部队。

诚然，人民群众创造历史活动，既是由一定的社会历史条件确定的，也是受到这些条件制约的。人类始终只提出自己能够解决的任务，因为任务本身，只有在解决它的物质条件已经存在或者至少是在生成过程中的时候才会产生。而且，在阶级压迫和剥削制度下，人民群众创造历史的主动性和积极性也是不能不受到限制的。但是，“随着历史活动的深入，必将是群众队伍的扩大”[②]。

承认“历史活动是群众的活动”，丝毫不意味着否定个人在历史上的作用。因为“全部历史正是由那些无疑是活动家的个人的行动构成的。在评价个人的社会活动时会发生的真正问题是：在什么条件下可以保证这种活动得到成功?”唯物主义历史观认为，任何个人都不能改变历史发展的总趋势，但是能够对历史的发展起加速或延缓、

① 《马克思恩格斯全集》第21卷，人民出版社1965年版，第557—558页。
② 《马克思恩格斯文集》第1卷，人民出版社2009年版，第287页。

促进和阻碍的作用。“其中也包括一开始就站在运动最前面的那些人物的性格这样一种‘偶然情况’”[①]。它所强调的是：英雄和杰出人物，只有当他们能够在一定程度上理解社会发展条件，理解应当如何改善这些条件的时候，才能在社会生活中起重大的积极作用。

2. 历史研究的重要方法

历史唯物主义既是科学的历史观，也是科学的方法论，二者是统一的。上面论述的这些基本原理所提供的，并不是历史学的现成教条，而是进行历史研究的向导和供这种研究使用的方法。这是首先要讲清楚的。

与此同时，马克思主义经典作家在阐明有关理论和历史问题时，还提出了一系列重要思想，对于以科学的方法进行历史研究也具有重要的指导意义。下面对此择要作一些阐述。

*从历史实际出发，采取实事求是的态度。*唯物主义历史观既然是“关于现实的人及其历史发展的科学”，它就要求人们研究历史必须从“现实的人及其历史发展”的实际出发。

马克思在《资本论》第二版跋中说：“研究必须充分地占有材料，分析它的各种发展形式，探寻这些形式的内在联系。只有这项工作完成以后，现实的运动才能适当地叙述出来。”[②] 研究资本主义社会形态应当如此，研究其他

---

① 《马克思恩格斯文集》第10卷，人民出版社2009年版，第354页。

② 《马克思恩格斯文集》第5卷，人民出版社2009年版，第21—22页。

社会形态也应当如此。

这里所说的充分占有材料，指的是要掌握全部事实的总和而不只是个别的事例。“因为在具体的历史情况下：一切事情都有它个别的情况。如果从事实的全部总和、从事实的联系去掌握事实，那末，事实不仅是‘胜于雄辩的东西’，而且是证据确凿的东西。”如果事实是片断和任意挑出来的，那末它就只能是一种儿戏，甚至连儿戏都不如[①]。

充分占有材料，是为了据此去探求历史的内部联系即规律性。所以，研究历史与研究现实一样，必须具有实事求是的态度。毛泽东说过：“实事”就是客观存在着的一切事物，“是”就是客观事物的内部联系，即规律性，“求”就是我们去研究[②]。在历史研究中坚持实事求是的态度，就是要求我们从历史实际出发，科学分析研究历史材料，从中找出历史固有的规律性，以此作为我们走向未来的向导。这也是我们进行历史研究所要达到的根本目的。

坚持历史观点和历史主义原则。“在分析任何一个社会问题时，马克思主义理论的绝对要求，就是要把问题提到一定的历史范围之内”[③]。分析历史问题，更是如此。历史上的一切制度、阶级及其代表人物、事件和运动，都是一定的社会历史条件的产物，不了解这些条件及其变化，

① 《列宁全集》第28卷，人民出版社1990年版，第364页。
② 《毛泽东选集》第三卷，人民出版社1991年版，第801页。
③ 《列宁选集》第二卷，人民出版社1995年版，第375页。

就不可能对历史问题有真切的认识。没有这种观察社会现象的历史观点，历史科学就会无法存在和发展。

列宁指出：对于用科学眼光分析问题来说最重要的，“那就是不要忘记基本的历史联系，考察每个问题都要看某种现象在历史上怎样产生、在发展中经过了哪些主要阶段，并根据它的这种发展去考察这一事物现在是怎样的”。研究国家问题是这样，研究其他历史问题也是这样。这是社会科学问题上的“一种最可靠的方法”[①]。毛泽东在论述“如何研究中共党史”时也说过：研究历史，根本的方法“就是全面的历史的方法”。通俗地讲，叫做“古今中外法”。“就是弄清楚所研究的问题发生的一定的时间和一定的空间，把问题当作一定历史条件下的历史过程去研究。所谓‘古今’就是历史的发展，所谓‘中外’就是中国和外国，就是己方和彼方”[②]。

坚持历史观点，要求人们把人类的历史看做是生成灭亡的不断过程、无止境地由低级上升到高级的不断过程。一切依次更替的历史状态都只是人类社会由低级到高级的无穷发展进程中的暂时阶段。基于这种认识，马克思承认剥削在某个时期内的历史正当性；同时又证明了这个历史正当性的消失[③]。毛泽东也说过：“我们是马克思主义的历史主义者，我们不应当割断历史。从孔夫子到孙中山，

① 《列宁专题文集·论辩证唯物主义和历史唯物主义》，人民出版社2009年版，第283页。

② 《毛泽东文集》第二卷，人民出版社1999年版，第400页。

③ 《马克思恩格斯全集》第21卷，人民出版社1965年版，第558页。

我们应当给以总结，承继这一份珍贵的遗产。”同时他又指出：我们必须尊重自己的历史。“但是这种尊重，是给历史以一定的科学的地位，是尊重历史的辩证法的发展，而不是颂古非今，不是赞扬任何封建的毒素。”①

判断历史的功绩，也必须坚持历史主义的原则。列宁指出：“判断历史的功绩，不是根据历史动活家没有提供现代所要求的东西，而是根据他们比他们的前辈提供了新的东西。”② 毛泽东在《纪念孙中山先生》一文中也讲过类似的意见。他说：“像很多站在正面指导时代潮流的伟大历史人物大都有他们的缺点一样，孙先生也有他的缺点方面。这是要从历史条件加以说明，使人理解，不可以苛求于前人的。”③

运用阶级观点和阶级分析方法。既然“以往的全部历史，除原始状态外，都是阶级斗争的历史”，那么，我们在研究阶级社会的历史和与阶级斗争相关的历史问题时，就必须坚持马克思主义的阶级观点。列宁说过：“马克思主义提供了一条指导性的线索，使我们能在这种看来扑朔迷离、一团混乱的状态中发现规律性。这条线索就是阶级斗争的理论。”④

社会历史是十分复杂的。为了探求社会历史现象的根源，必须把这些现象归结到一定阶级的利益。列宁反复强

---

① 《毛泽东选集》第二卷，人民出版社 1991 年版，第 534、第 708 页。
② 《列宁全集》2 卷，人民出版社 1984 年版，第 154 页。
③ 《毛泽东文集》第七卷，人民出版社 1999 年版，第 157 页。
④ 《列宁专题文集・论马克思主义》，人民出版社 2009 年版，第 15 页。

调：必须牢牢把握住社会划分为阶级的事实，阶级统治形式改变的事实，并用这个观点去分析一切社会问题，即经济、政治、精神和宗教等等问题[①]。

坚持用马克思主义的阶级观点和阶级分析方法研究历史，要求我们：必须对每个历史关头的阶级对比关系和具体特点作出经得起客观检验的最确切的分析；必须分析每个阶级以至每个阶级内部各个集团或阶层所处的地位；必须弄清楚哪一个阶级是这个或那个时代的中心，决定着时代的主要内容、时代发展的主要方向，时代的历史背景的主要特点，等等。

在研究历史上的各种思想、理论等的实质和作用等问题时，也要注意“说明各种思潮的阶级根源”[②]。因为进入阶级社会以来，在占统治地位的剥削阶级中，有“一部分人是作为该阶级的思想家出现的，他们是这一阶级的积极的、有概括能力的意识形态家，他们把编造这一阶级关于自身的幻想当作主要的谋生之道”。为了掩饰自己思想的阶级本质，他们越来越赋予这些思想以普遍性的形式[③]。针对这种情况，列宁告诫人们：要是一下子看不出是哪些政治集团或者社会集团、势力和人在为某种提议、措施等等辩护时，那就应该提出“对谁有利”的问题。[④]

坚持阶级观点和客观地研究历史，是一致的。因为在

---

① 《列宁专题文集·论马克思主义》，人民出版社2009年版，第287页。
② 《列宁全集》第25卷，人民出版社1988年版，第213页。
③ 《马克思恩格斯文集》第1卷，人民出版社2009年版，第350—351页。
④ 《列宁全集》第23卷，人民出版社1990年版，第61页。

实际上，任何“知识分子”都和一定社会阶级的物质利益相联系。“没有一个活着的人能够不站到这个或那个阶级方面来”。[①] 真正的问题只是在于，究竟是站在先进的、革命的阶级一边，还是站在落后的、反动的阶级一边。列宁明确地讲过：“唯物主义本身包含有所谓党性，要求对事变做任何估计时都必须直率而公开地站到一定社会集团的立场上”。同时，唯物主义者又深信，自己运用客观主义“比客观主义更彻底，更深刻，更全面”。因为与“客观主义者证明现有一系列事实的必然性时，总是会站到为这些事实做辩护的立场上”不同，唯物主义者“不仅指出过程的必然性，而且阐明正是什么样的社会经济形态提供这一过程的内容，正是什么样的阶级决定这种必然性”[②]。这才是真正符合实际的、对于历史的科学认识和深刻见解。

掌握和运用历史的辩证法。要精确地描绘人类的发展，就只有用辩证的方法，只有不断地注意生成和消逝之间、前进的变化和后退的变化之间的普遍相互作用才能做到。“辩证方法要我们把社会看做活动着和发展着的活的机体”[③]。而考察任何一个社会现象的发展过程，总会在这个现象中发现过去的遗迹、现在的基础和将来的萌芽。这也是在历史研究中要注意去识别的。

---

① 《列宁选集》第1卷，人民出版社1995年版，第125、第135页。

② 《列宁全集》第1卷，人民出版社1984年版，第363页。

③ 《列宁专题文集·论辩证唯物主义和历史唯物主义》，人民出版社2009年版，第309页。

按照辩证逻辑的要求，“要真正地认识事物，就必须把握住、研究清楚它的一切方面、一切联系和‘中介’。我们永远也不会完全做到这一点，但是，全面性这一要求可以使我们防止犯错误和防止僵化”①。在历史研究中，要坚持用全面的、普遍联系的观点看问题，忌带主观性、片面性和表面性。

对立统一的规律是辩证法的根本规律。辩证法要求，研究历史必须着力去考察人类社会自身的矛盾运动。而在这样做的时候，既要注意全面性，又不能把过程中所有的矛盾平均看待，必须把它们区别为主要的和次要的两类，着重于捉住主要的矛盾。马克思说过：“一切社会形式中都有一种一定的生产决定其他一切生产的地位和影响，因而它的关系也决定其他一切关系的地位和影响。这是一种普照的光，它掩盖了一切其他色彩，改变着它们的特点。”② 抓住了主要矛盾，其他问题就可以迎刃而解了。

历史的发展是人类社会内部的必然的自己的运动。外因是变化的条件，内因是变化的根据，外因通过内因而起作用。所以，“辩证法要求从发展中去全面研究某个社会现象，要把外部的、表面的东西归结于基本的动力，归结于生产力的发展和阶级斗争。”③

历史常常是跳跃式地和曲折地前进的。“设想世界历史会一帆风顺、按部就班地向前发展，不会有时出现大幅

① 《列宁选集》第4卷，人民出版社1995年版，第419页。
② 《马克思恩格斯选集》第2卷，人民出版社1995年版，第24页。
③ 《列宁选集》第2卷，人民出版社1995年版，第465页。

度的跃退，那是不辩证的，不科学的，在理论上是不正确的。”① 但是，从总体上看，人类总是不断发展的。人类总得不断地总结经验，有所发现，有所发明，有所创造，有所前进。对人类的历史发展抱悲观态度，是没有理由的。

把对历史的整体研究和部门研究结合起来。人类社会是一个有机的整体。世界是集合体，但它不是既成事物的集合体，而是“过程的集合体”②。以往的历史事变本身，多半是“一个作为整体的、不自觉地和不自主地起着作用的力量的产物”③。只有从各种历史因素的普遍联系和相互作用中，人们才有可能正确地把握各种社会现象的总画面的一般性质，从而获得对历史的完整了解。所以，在历史研究中坚持整体研究的原则，是重要的。

但是，整体是由局部构成的。如果不了解“足以说明构成这幅总画面的各个细节”，我们还是不可能看清总画面。而“为了认识这些细节”，我们不得不把它们从“历史的联系中抽取出来，从它们的特性、它们的特殊的原因和结果等等方面来分别加以研究”④。所以，把对历史的整体研究和局部研究（如部门史、专题史等）结合起来，更是重要的。

对于中国近代史的研究，毛泽东曾经主张，应先作经

---

① 《列宁选集》第2卷，人民出版社2009年版，第694页。
② 《马克思恩格斯文集》第4卷，人民出版社2009年版，第298页。
③ 《马克思恩格斯选集》第4卷，人民出版社1995年版，第697页。
④ 《马克思恩格斯文集》第3卷，人民出版社2009年版，第539页。

济史、政治史、军事史、文化史几个部门的分析的研究，然后才有可能作综合的研究。应当说，对于中国古代史乃至外国史的研究，这个原则也是适用的。没有部门史、专题史等的研究作基础，综合性的断代史、通史的研究不可能取得重大的实质性的进展。当然，没有宏观的视野，没有对历史的整体把握，也无法确定部门史、专题史等在整个历史中的地位和作用，这方面的研究也是不可能搞好的。

要有世界历史的眼光，要注意进行比较研究。人类社会历史的发展，是统一性与多样性的结合。人类社会历史发展的一般规律，对于各个国家都是适用的。但是，由于各国的历史环境和基本国情不尽相同，它们所经历的具体发展阶段和所走的具体发展道路，也就各有其特殊性。“世界历史发展的一般规律，不仅丝毫不排斥个别发展阶段在发展的形式或顺序上表现出特殊性，反而是以此为前提的。”①

近代以来，随着资本主义的发展和世界市场的开拓，“历史向世界历史的转变”成为“完全物质的、可以通过经验证明的行动”。“各个相互影响的活动范围在这个发展进程中越是扩大，各民族原始封闭状态由于日益完善的生产方式、交往以及因交往而自然形成的不同民族之间的分工消灭得越是彻底，历史也就越是成为世界历史。”②

① 《列宁选集》第4卷，人民出版社1995年版，第776页。
② 《马克思恩格斯文集》第1卷，人民出版社2009年版，第540—541页。

“历史向世界历史的转变”，一方面使得各个国家、民族、地区之间的联系日趋紧密、交流日益扩大；另一方面也使得“未开化和半开化的国家从属于文明的国家，使农民的民族从属于资产阶级的民族，使东方从属于西方”①。这种情况，不仅使得研究世界历史成为历史学的重大课题，而且也使得人们在研究各个国家、民族、地域的历史时必须具有世界历史的开阔视野。

由于人们的地域性的存在日益成为世界历史性的存在，我们在研究各个国家、民族、地域的历史时，必须联系考察各个时期的时代条件、国际格局及其影响。同时，为了揭示资本主义社会的发展规律、世界历史的发展规律，我们不仅要研究资本主义国家自身的历史发展，而且要研究它们的殖民地、附属国的境况和命运，研究这两者之间的相互关联及其发展、变化和前景，研究社会主义国家的产生、发展和兴衰成败的历史经验及其对世界历史的影响。

用世界历史的眼光研究历史，重要的方法之一，是进行各国历史的比较研究。马克思在回答西欧道路与俄国公社命运和社会发展前景这个问题时说过：极为相似的事变发生在不同的历史环境中会引起完全不同的结果。正确的研究方法应当是，“把这些演变中的每一个都分别加以研究”，弄清楚这些演变的历史背景、具体情况、发生原因，然后再把它们加以比较，这样，“我们就会很容易地

① 《马克思恩格斯文集》第2卷，人民出版社2009年版，第36页。

找到理解这种现象的钥匙”①。列宁在论述民族问题时也说过：“如果谈到某一国家（如谈到这个国家的民族纲领），那就要估计到在同一历史时代这个国家不同于其他各国的具体特点。”“各个国家在民族的发展速度、居民的民族成分、居民的分布等等方面仍各不相同。如果不估计到所有这些一般历史条件和具体国家条件，就根本无法着手考察某个国家的马克思主义者的民族纲领。”②

有比较，才能有鉴别。在考察历史问题时，运用比较研究法，是很有必要的。通过比较，既可以发现各国历史在一定阶段上所具有的共同性，也有助于了解它们各自所具有的特殊性，从而获得对有关历史和历史问题的比较切实的理解。当然，“这里有一个起码的条件，就是要弄清所比较的各个国家的历史发展时期是否可比。”③

三、马克思主义史学理论对历史研究的指导作用

唯物主义历史观的创立，是人类认识史上伟大的革命。

马克思加深和发展了哲学唯物主义，而且把它贯彻到底，把它对自然界的认识推广到对人类社会的认识。这样，“唯心主义从它的最后的避难所即历史观中被驱逐出

① 《马克思恩格斯文集》第3卷，人民出版社2009年版，第466—467页。
② 《列宁选集》第2卷，人民出版社1995年版，第275—276页。
③ 《列宁选集》第2卷，人民出版社1995年版，第379页。

去了”[①]。

把唯物主义应用于历史，为人们开辟了一条研究历史的崭新的道路。用人们的存在说明他们的意识，而不是像以往那样用人们的意识说明他们的存在这样一条道路已经找到了。这就为人们“指出了科学地研究历史这一极其复杂、充满矛盾而又是有规律的统一过程的途径”[②]。

列宁认为，唯物主义历史观是“唯一的科学的历史观”。在我们还没有看见另一种科学地解释某种社会形态的活动和发展的尝试以前，它“始终是社会科学的同义词”[③]。学习和运用这个科学的历史观，是科学地研究历史的必由之路。

唯物主义历史观对中国的历史研究产生了巨大的影响。

唯物主义历史观在中国的传播，是从20世纪20年代开始的。它促使中国的历史研究进入了全新的境界，发生了革命性的变革。

中华人民共和国成立以后，马克思主义史学理论为越来越多的史学工作者所接受。正如中国历史学家林甘泉所概括的：“（20世纪）50年代初期，史学界掀起了一个学习马克思主义的热潮。通过学习，大多数史学工作者对以下一些基本历史观点取得了共识。

---

① 《马克思恩格斯文集》第4卷，人民出版社2009年版，第544—545页。

② 《列宁专题文集·论马克思主义》，人民出版社2009年版，第15页。

③ 《列宁专题文集·论辩证唯物主义和历史唯物主义》，人民出版社2009年版，第163页。

第一，历史不再被看作是一些偶然事件的堆积，而是有规律可循的自然历史过程。历史的必然性通过偶然性表现出来。

第二，历史变动的原因不应单纯用人们的思想动机来解释，而应着重考察这种变动背后的物质生活条件。生产方式的变革是一切社会制度和思想观念变动的基础。

第三，人民群众是历史的真正主人。杰出人物可以在历史上起重要作用，甚至可以在一定时期内改变一个国家或民族历史发展的方向。但从历史发展的长河来看，最终决定一个国家或民族历史命运的力量是人民群众。

第四，中国封建社会的主要矛盾是地主阶级和农民阶级的矛盾。封建国家和地主阶级对农民残酷的经济剥削和政治压迫，是导致农民起义史不绝书的根本原因。农民的阶级斗争和农民战争是推动封建社会历史发展的动力。

第五，中国自古以来是一个多民族的国家，各民族的历史都是中国历史的组成部分。历史上的民族关系，既有民族矛盾和民族战争的一面，又有民族友好、民族融合和民族同化的一面。必须把中国历史上的民族冲突和民族压迫，与近代帝国主义列强对中国的侵略和压迫严格区别开来。

第六，鸦片战争以后，中国逐步沦为半殖民地半封建社会。帝国主义和中华民族的矛盾，封建主义和人民大众的矛盾，是近代中国社会的主要矛盾。

正是在上述这些基本观点获得共识的基础上，马克思主义史学在新中国成立之后很快确立了它的主导地位。”①中国马克思主义的史学研究由此广泛而深入地开展起来。尽管经历过一个时期的严重曲折，马克思主义史学还是经过严肃的自我批判，重新走上了繁荣发展的道路。总起来说，中国史学在中国和世界的通史、断代史、部门史、专题史和史学理论的研究方面，以及在历史资料的收集、整理、编纂等方面，都取得了丰硕的成果。没有马克思主义史学理论的引导，这些成就的取得，是不可想象的。

马克思主义史学理论问世以来，还以其深刻的思想和科学的论证，影响着全世界越来越多的历史学家。英国历史学家杰弗里·巴勒克拉夫在受联合国教科文组织委托主持撰写的《当代史学主要趋势》（1980 年出版）一书中就说：“1930 年以后，马克思主义的影响广泛扩展，即使那些否定马克思主义历史解释的历史学家们（他们在苏联以外仍占大多数），也不得不用马克思主义的观点来考虑自己的观点。”

杰弗里·巴勒克拉夫指出：“马克思主义作为哲学和总的观念，从五个主要方面对历史学家的思想产生了影响。

第一，它既反映又促进了历史学研究方向的转变，从描述孤立的——主要是政治的——事件转向对社会和经济的复杂而长期的过程的研究。

第二，马克思主义使历史学家认识到需要研究人们生

① 林甘泉：《二十世纪中国历史学》，《历史研究》1996 年第 2 期。

活的物质条件，把工业关系当作整体的而不是孤立的现象，并且在这个背景下研究技术和经济发展的历史。

第三，马克思主义促进了对人民群众历史作用的研究，尤其是他们在社会和政治动荡时期的作用。

第四，马克思的社会阶级结构观念以及他对阶级斗争的研究不仅对历史研究产生了广泛影响，而且特别引起了对研究西方早期资产阶级社会中阶级形成过程的注意，也引起了对研究其他社会制度——尤其是奴隶制社会、农奴制社会和封建制社会——中出现类似过程的注意。

第五，马克思主义的重要在于它重新唤起了对历史研究的理论前提的兴趣以及对整个历史学理论的兴趣。”

正因为如此，他认为：“马克思主义在包括美国在内的绝大多数国家的历史学家当中是产生了最大影响的解释历史的理论。”“到（二十世纪）五十年代，任何历史学家（甚至包括那些反马克思主义者），不能否认睿智的马克思主义的方法和态度对历史学产生的积极影响，并且必须正视这场挑战。”①

发人深省的事实在于：“先前有些无意接受唯物史观的历史学家，在功成名就之后恍然大悟，原来自己受益于唯物史观，因而尊重和推崇起发现唯物史观的马克思来。法国‘年鉴派’创始人之一马克·布洛赫在《奇怪的崩溃》中写道：‘如果有一天，革新派的历史学家们决定为

① 杰弗里·巴勒克拉夫：《当代史学主要趋势》，上海译文出版社1987年版，第32、第27、第1、第3页。

自己建造先贤祠的话，那末，那位来自莱茵河畔的先哲的银髯飘然的半身塑像一定会端坐在殿堂之首。’”①（转引自《八十年代的西方史学》，中国社会科学出版社1990年版，第78页）

马克思、恩格斯在发现唯物主义历史观的同时，就提出了“深入研究”人类史的任务。

坚持以唯物主义历史观作指导研究历史，从根本上说，就是坚持从历史实际出发，以严格的科学态度进行历史研究。

唯物主义历史观的创始人反复讲过：“我们的历史观首先是进行研究工作的指南，并不是按照黑格尔学派的方式构造体系的杠杆。”“如果不把唯物主义方法当作研究历史的指南，而把它当作现成的公式，按照它来剪裁各种历史事实，那它就会转变为自己的对立物。”所以，恩格斯在1890年致康拉德·施米特的信中强调：“必须重新研究全部历史，必须详细研究各种社会形态的存在条件，然后设法从这些条件中找出相应的政治、私法、美学、哲学、宗教等的观点。在这方面，到现在为止只做了很少的一点工作，因为只有很少的人认真地这样做过。在这方面，我们需要人们出大力，这个领域无限广阔，谁肯认真地工作，谁就能做许多成绩，就能超群出众。”②

坚持唯物主义历史观的指导，与继承中国史学传统中

① 田居俭：《唯物史观与历史研究》，2000年8月25日《光明日报》。

② 《马克思恩格斯文集》第10卷，人民出版社2009年版，第583、第587页。

的优秀遗产和有分析地吸取外国史学理论与方法中的有益成分，是不矛盾的。唯物主义历史观并不是由什么人发明出来，而后从外部强加给历史的僵化的原则；它本身正是从无数的历史现象中抽象出来的对于历史发展的规律性的认识。它在发展中可以融合、吸纳一切对于历史的科学的观察方法和研究成果。而一切对于历史的科学的观察方法和研究成果，也是可以而且一定会与它相通的。正因为如此，坚持唯物主义历史观的指导，不仅并不妨碍、而且可以为我们正确地继承、吸纳、融化中外史学理论与方法中的有益成分，指明方向，开辟道路。

为了掌握和运用唯物主义历史观来指导历史研究，一个重要的前提，就是必须认真学习马克思主义史学经典著作，即钻研经典作家的原著。因为只有这样，才能了解经典作家的思想形成的根据，才能完整、准确地理解这些思想，才能领略这些思想的深刻性；才能在正确地理解经典作家的有关思想的同时，有效地学习他们观察和处理问题的立场和方法；才"不会让一些简述读物和别的第二手资料引入迷途"①。

马克思、恩格斯创立唯物主义历史观以来，已经有150多年的时间了。在这期间，世界历史经历了许多新的变化和发展。资本主义发展到它的最高阶段即帝国主义阶段。资本主义的世界体系被突破，社会主义首先在一国而后在多国取得胜利，尽管经历过曲折，仍有新的发展。亚

① 《马克思恩格斯全集》第36卷，人民出版社1974年版，第200页。

洲、非洲、拉丁美洲等广大地区的民族解放运动逐步兴起并不断取得胜利，广大发展中国家应对面临的挑战，在前进中展现出许多新的特点。与此同时，适应历史发展的巨大变化，历史学界对世界史、地区史（包括以往很少有研究的非洲史、拉丁美洲史等）、国别史、国际关系史等的研究，都有许多新的进展。这就为进一步检验、丰富和发展唯物主义历史观提供了重要的基础。

唯物主义历史观是一个发展的、开放的体系，不是一种僵化的、封闭的学说。学习马克思主义史学理论，归根到底是为了以此为指导，去进一步学习、研究中国和世界的历史，努力探索中国社会发展的规律和人类社会发展的规律。我们要在推进历史研究的过程中，进一步使这个理论得到检验、丰富和发展。

当然，发展这个理论，是一项艰苦的科学工作。恩格斯早就讲过："即使只是在一个单独的历史事例上发展唯物主义的观点，也是一项要求多年冷静钻研的科学工作，因为很明显，在这里只说空话是无济于事的，只有靠大量、批判地审查过的、充分地掌握了的历史资料，才能解决这样的任务。"①

学习唯物主义历史观，坚持唯物主义历史观，发展唯物主义历史观，这就是我们对待这个科学的历史观所应当采取的科学态度。

---

① 《马克思恩格斯文集》第2卷，人民出版社2009年版，第599页。

坚持马克思主义的指导地位 正确对待西方思想理论*

陈奎元同志在《繁荣发展中国特色的哲学社会科学》① 一文中提出："当前，在意识形态领域要反对两种迷信、两种教条主义。"具体地说，就是要反对对马克思主义采取教条主义的态度，同时也要反对对"西方发达国家反映资产阶级主流意识形态的思想理论"采取教条主义的态度。他认为，由于经过多年的斗争，前一种教条主义"在党内和社会变革中的影响日渐式微"；而由于没有引起普遍的警觉，后一种教条主义"在意识形态领域以及经济社会变革中的影响力正在上升"。他强调：如果任凭这种"迷信西方发达国家反映资产阶级主流意识形态的思想理论，把西方某些资产阶级学派的理论甚至把发达资本主义国家的政策主张奉作教条"的倾向蔓延滋长，

* 本文发表于《马克思主义研究》2004 年第 8 期。主要内容刊载于 2005 年 4 月 27 日《光明日报》。

① 2004 年 4 月 20 日《人民日报》。

“自然的结果就是脱离几代共产党人选择的正确道路，滑进西方敌对势力的陷阱，使我们的国家陷入动乱、停滞和倒退，使中华民族重新沦为西方的附庸”。这些意见，符合当前意识形态领域的实际情况，具有强烈的针对性和现实的指导意义，应当引起我们从事党的思想宣传工作的同志乃至所有关心我们党和国家的命运的人们的高度重视。

毫无疑问，对于马克思主义采取教条主义的态度是完全错误的，无论过去、现在或将来，我们都必须坚决加以反对。对此，已经有许多文章作过很好的分析了。在这里，我想着重谈一谈反对后一种教条主义即西式教条主义的问题。

一

马克思主义是工人阶级的世界观和社会革命论，是工人阶级改造资本主义的旧世界和建设社会主义、共产主义的新世界的学说。作为工人阶级的科学的理论体系，马克思主义在本质上是同资产阶级的理论体系相对立的。它的产生，是人类认识史上的伟大的革命。但是，任何一个社会的特定的意识形态，无论就其内容和形式来说，都有两个来源：内容上，主要是反映现实的社会存在、社会经济形态，同时也保留着历史上形成的对过去社会的某些意识或材料；形式上，主要是从过去继承下来的方式、方法和手段，同时又根据新的内容和条件对它们加以改造、补充和发展[1]。马克思主义也不例外。

列宁明确指出：马克思主义同“宗派主义”毫无相似之处，它绝不是离开世界文明大道而产生的一种故步自封、僵化不变的学说。马克思的学说是人类在19世纪所创造的优秀成果——德国的哲学、英国的政治经济学和法国的社会主义的当然继承者[2]。在俄国十月革命前后，以波格丹诺夫等为代表的“无产阶级文化派”否定以往文化遗产的意义，企图通过脱离实际生活的“实验室的道路”来创造“纯粹无产阶级”的文化。列宁对这种主张提出了严肃的批评，指出无产阶级文化不能是天上掉下来的，也不是那些自命为无产阶级文化专家的人杜撰出来的，它“应当是人类在资本主义社会、地主社会和官僚社会压迫下创造出来的全部知识合乎规律的发展”[3]。批判地汲取人类文明的优秀遗产、批判地汲取资本主义文明的积极成果，这正是发展马克思主义的一个重要的条件。毛泽东也说过：“我们信奉马克思主义是正确的思想方法，这并不意味着我们忽视中国文化遗产和非马克思主义的外国思想的价值。”[4]

西方发达资本主义国家的思想理论并不是一个统一的整体。在这里，有维护资产阶级的统治、维护资本主义的社会制度的资产阶级主流意识形态，也还有对这种统治和

① 《历史唯物主义原理》修订版，人民出版社1991年版，第296页。

② 《列宁选集》第2卷，人民出版社1995年版，第309—310页。

③ 《列宁选集》第4卷，人民出版社1995年版，第285页。

④ 《毛泽东文集》第三卷，人民出版社1996年版，第191页。

这种制度持批评乃至否定态度的思想理论，包括那里的马克思主义者的思想理论在内。即使是资产阶级的思想理论，在资本主义处于上升的时期和趋向没落的时期，其中包含真理成分的多少和所起作用的好坏、大小也是不同的。就是在今天，对于发达资本主义国家的主流意识形态，也并不是简单地全盘加以否定就可以解决问题。对于这些思想理论，我们需要进行科学的分析，在此基础上再确定对它们的态度：是完全否定，还是基本否定局部借鉴，还是汲取其某一些部分同时否定其另一些部分等。不过，有一个根本的事实是不能忽略的：统治阶级的思想是统治的思想。西方发达资本主义国家的主流意识形态，是资本主义国家的经济、政治的反映，从本质上说，它是为维护资产阶级的政治统治和巩固资本主义的经济制度服务的，社会主义国家绝不能照搬照抄这种思想理论。

以对西方经济学的态度为例。

早在改革开放的初期，1983 年，我国研究西方经济学的权威学者、北京大学的陈岱孙教授在他所写的《现代西方经济学研究和我国社会主义经济现代化》一文中，即对西方经济学及其作用进行过具体的分析，并就其“对于我们经济现代化的作用上”，着重地阐明了以下几个观点：第一，我们“要认识到，这些国家的经济制度和我们的社会经济制度根本不同，从而，西方经济学作为一个整个体系，不能成为我们国民经济发展的指导理论”。第二，“我们又要认识到，在若干具体的经济问题的分析方面，它确有可供我们参考、借鉴之处”。第三，

“由于制度上的根本差异，甚至在一些具体的、技术的政策问题上，我们也不能搬套西方的某些经济政策和措施”。第四，“对外国经济学‘内容’的取舍，既涉及本质问题，又涉及技术问题”。“根本的原则应该是，以我为主，以符合国情为主”。他特别提醒人们：“不应该忽略的是，我们这里所说的现代化经济建设，不是资本主义社会的现代化经济建设，而是社会主义社会的现代化经济建设。这区别就不只是由于（西方）经济学中某些概念和理论与中国经济现实有不相契合的地方，而是在若干基本前提上，存在着不可调和的枘凿”。所以，“我们既要承认外国经济学，在其近年的发展中，在其推理分析、测算技术、管理手段等方面有若干值得参考借鉴之处，又不要盲目推崇，全盘搬套”。他当时即预言，由于多年的隔绝，一些人对西方经济学十分陌生，一旦接触，不免引起目眩，以致对其“不加审别的推崇”。他说：这“也许是一个不可避免的过渡现象，但有必要尽快地排除这种现象”①。

陈岱孙先生确实不愧为西方经济学研究方面的一代宗师，他的分析是十分深刻的，他的预言更是极其准确的。这些分析，对于我们采取科学的态度对待西方的思想理论，富于启发性。在时隔21年之后重读他的宏文，我们仍然感到无比的亲切，仿佛他是针对着今天意识形态领域里存在的问题，在恳切地对人们发出警示，并进行着耐心的劝导。

---

① 《北京大学学报》1983年第3期。

中国人民大学的吴易风教授也是一位对西方经济学造诣很深的专家，他的见解同陈岱孙先生是一致的。他指出：第一，“马克思主义经济理论和西方经济理论是两种迥然不同的经济理论，是两种对立的思想体系”。第二，“西方经济学具有二重性：一是阶级性，一是在一定条件下的实用性。西方经济学的阶级性主要表现为维护资产阶级利益、维护资本主义制度、维护有利于西方发达国家的国际经济秩序和宣传资本主义意识形态。西方经济学在特定条件下的实用性主要表现为对资本主义市场经济的病症进行病理分析，作出诊断，并开出处方”。“资产阶级经济学虽然在某一特定历史时期还能在一定程度上实现阶级性和科学性的统一，然而一般说来，这种经济学的阶级性和科学性的矛盾是主要的”。第三，“应该用唯物辩证法的一分为二的观点，对它进行科学的全面的分析，分清哪些是意识形态成分，哪些是在特定条件下的有实用性的成分。对于前者，要进行必要的批判和揭露；对于后者，要考虑借鉴和吸收”。第四，“必须注意，西方经济学中某些可资借鉴的成分并不是在纯粹的形式上存在着，而是常常和庸俗的辩护性的东西共生，并紧紧结合在一起。这就决定了不能像器官移植那样把西方经济学的这个或那个部分直接移植到马克思主义经济学中来”。“只有通过认真的艰苦的研究，把可资借鉴的成分同庸俗的辩护性的东西分离开来，并经过改造，才能为我所用”①。

① 吴易风：《西方经济学》，中国人民大学出版社 1999 年版。

吴易风教授的见解也是很深刻的，对于我们以科学的态度对待西方经济学同样具有启发性。

应当看到，社会科学的多数学科是具有意识形态的性质的。对于西方国家的那些具有意识形态性同时又具有某种实用性的资产阶级的思想理论，我们应当像陈岱孙、吴易风教授对待西方经济学那样，既不是简单化地一概排斥，更不是无条件地照抄照搬，而是采取分析的态度。

二

在中国进行社会主义现代化建设，主要依靠发扬中国人民的积极性、主动性、创造性，依靠发挥中国社会主义制度的优越性。这是不应当有疑问的。但是，由于中国近代以来遭受外国帝国主义的压迫，自身没有经历发达的资本主义阶段，经济、文化比较落后，因此，在现代化建设的过程中，我们必须注意利用资本主义文明的积极成果。这也是不应当被忽略的。

需要指出的是，注意利用资本主义文明的积极成果，绝不意味着提倡西式教条主义，主张全盘西化。这在根本上是两回事。因为第一，我们利用资本主义的目的是为了建设社会主义，而不是为了西化，即走向资本主义；第二，我们是根据中国自身的需要，从中国的实际出发，对资本主义的文明成果批判地加以汲取，而不是无批判地兼收并蓄，更不是全部照搬。1956 年 4 月，毛泽东提出了“向外国学习的口号”。他说：“我们的方针是，一切民族、一切国家的长处都要学，政治、经济、科学、技术、文学、艺术的一切真正好的东西都要学。但是，必须有分析地有批判地学，不能盲目地学，不能一切照抄，机械搬用。他们的短处、缺点，当然不要学。”我们要“学习资本主义国家的先进的科学技术和企业管理方法中合乎科学的方面”。同时，对于“外国资产阶级的一切腐败制度和思想作风，我们要坚决抵制和批判”①。

邓小平是对外开放的积极倡导者，同时他又是全盘西化论的坚决反对者。他说：“中国要搞现代化，绝不能搞自由化，绝不能走西方资本主义道路。”“我们要向资本主义发达国家学习先进的科学、技术、经营管理方法以及其他一切对我们有益的知识和文化，闭关自守、故步自封是愚蠢的。但是，属于文化领域的东西，一定要用马克思主义对它们的思想内容和表现方法进行分析、鉴别和批判。”“现在有些同志对于西方各种哲学的、经济学的、社会政治的和文学艺术的思潮，不分析、不鉴别、不批判，而是一窝蜂地盲目推崇。”“这种用西方资产阶级没落文化来腐蚀青年的状况，再也不能容忍了。”②

主张对西方发达资本主义国家的主流意识形态采取迷信和盲目崇拜的教条主义态度，这是新的历史条件下思想文化领域中的全盘西化论的典型表现。这种全盘西化论的特点在于：把西方发达国家的资本主义制度视为人类社会

---

① 《毛泽东文集》第七卷，人民出版社1999年版，第43页。

② 《邓小平文选》第三卷，人民出版社1993年版，第123、第44页。

的理想的制度，视为历史的终结和永恒的归宿；认为资本主义的理论和方法是包医百病的灵丹妙药，各国不需顾及自身的特殊国情，只要照此办理，就万事大吉了。必须指出，这种西式教条主义在理论上是完全站不住脚的。因为它不承认不同性质的矛盾应当用不同的方法加以解决，以为抄袭资本主义的老套子就可以解决社会主义建设中遇到的新问题；因为它不懂得矛盾的普遍性和特殊性的辩证关系，以为可以离开中国的特殊的国情，把西方发达资本主义国家的做法机械地搬用过来。事情很明显，如果按照西式教条主义者的主张去做，那中国就既不会有社会主义，也谈不上有什么自己的个性和特色，一句话，就根本不会有中国特色的社会主义了。

这种西式教条主义，或者说全盘西化论，并不是什么新发明。早在几十年乃至一百年以前，就已经有人说过这种话了。比如，1898 年就有人在湖南《湘报》上发表文章，提出“唯泰西是效”和“一切制度，悉从泰西”的主张。1932 年，陈序经在《中国文化的出路》一书中说，“中国的一切都不如西方”，应当“把西方的一切都接受过来，好的坏的都要”。1935 年，胡适在《独立评论》第 142 期的《编辑后记》中声明，“完全赞成陈序经先生的全盘西化论”。这种论调，在当时就受到许多有识之士的批评。由于不符合中国的实际需要，它早已在实践中遭到了破产。把这种破了产的主张当作新发明加以鼓吹，这不是历史的进步，而是在开历史的倒车。

西式教条主义不仅在理论上是错误的，在实践上更是十分有害的。这是因为：

第一，对西方资产阶级的思想理论的迷信盲从，意味着对马克思主义的疏离和对马克思主义的指导地位的否定。

历史的经验和现实的生活都告诉我们，思想文化阵地，社会主义不去占领，资本主义必定会去占领。如果听任西式教条主义自由泛滥，马克思主义就会被边缘化，那么坚持马克思主义在思想文化领域中的指导地位也就会成为一句空话。

比如，新自由主义的某狂热鼓吹者就公开攻击马克思和马克思主义的基本原理。他诬蔑马克思“愚蠢”，说“马克思由头错到尾”，“在中国，马克思的理论是奄奄一息了”。他以反对马克思主义为己任，说“我不过是在马克思的棺材上再打上钉子而已”。就是这样一个反共分子，居然在中国的理论讲坛上以权威的面目出现，他的反动言论居然在我们的多种刊物上、在多所著名的高校乃至培养党的干部和高级干部的党校中畅行无阻，甚至受到热烈的欢迎。这个事实，表明我们的思想文化领域的混乱已经发展到了何种严重的程度。

陈奎元同志的文章严肃地指出：“如果听凭西方资产阶级的理论替代马克思主义或把马克思主义边缘化，中国共产党将丧失维系自身团结统一的思想纽带，同时必将失去号召群众、引导群众的精神力量”。这种危险是现实地存在着的。

第二，对西方资产阶级的思想理论的迷信盲从，将误导我们的改革。

我们的改革是社会主义制度的自我完善和发展，它是以坚持社会主义的基本制度为前提的。西式教条主义的基本思想，就是认定西方发达资本主义国家的模式乃是人类社会发展的极限。要是轻信了这种说教，改革就不会再是社会主义的前进运动，而不可避免地蜕变为以资本主义来改造社会主义、以资本主义制度来代替社会主义制度的历史的大倒退了。

比如，多年来，美国和其他一些西方国家政府拼命向社会主义国家和发展中国家推销新自由主义，要求它们实行“政府角色的最小化”、“快速的私有化”和“快速的自由化”。其结果又是什么呢？吴易风教授指出：“一些国家和地区在推行新自由主义之初，有的也出现过短暂的经济较快增长，但是，好景不长，从最终结果来看，可以说，新自由主义推行到哪个国家和地区，哪个国家或地区就会遭到巨大的风险和灾难，甚至成为重灾区。”他说，在最近的10年中，有三类新自由主义的重灾区具有典型意义。其中“第一类重灾区是苏联和东欧国家”。美国新自由主义经济学家萨克斯出任俄罗斯政府顾问，他为俄罗斯制定的被称为“休克疗法”的改革方案，实际上就是“华盛顿共识”所体现的新自由主义原则的具体运用。北欧新自由主义经济学家伊萨克森等将“华盛顿共识”中的快速私有化原则应用到俄罗斯和其他东欧国家，具体提出：“从计划向市场转变必须实行生产资料私有制”，“私有化是向市场经济转变的核心内容”；制定保护私有财产的法律，颁布私有化法；最重要的改革是国有企业私有化；国有大企业私有化方式是“先把国有企业转变为国家拥有全部股票的股份公司，然后再将它们私有化”，方法是不断降低国家持股比重，直至全部卖光；多给党政官员股票，“过去那些市场经济最凶猛的反对者就会成为新制度下改革进程的急先锋”。“推行新自由主义的后果是导致苏东剧变，使原社会主义国家全面资本主义化”。“第二类重灾区是发生金融危机的亚洲国家”。“第三类重灾区是拉美国家”①。

在这里，听一听有的俄罗斯经济学家对俄罗斯搞西式教条主义造成严重后果所作的反省会是有益的。俄罗斯经济学家亚列明科说：“把弗里德曼的经济自由主义、萨克斯的休克疗法从西方国家搬到俄罗斯来，照着办，这必然要失败，事实也正是这样。”另一俄罗斯经济学家克洛茨沃格说：“现在，俄罗斯有不少人喜欢西方的特别是美国的自由主义经济学，他们不研究本国的实际，只研究弗里德曼和萨克斯的书，就说应该怎样怎样，其结果，给俄罗斯带来了一场大灾难。”②

在这里，听一听菲律宾总统阿罗约最近讲的一番话也会是有益的。她说：“不是自由市场，而是爱国主义才能使国家强大。”对此，有人指出：“阿罗约在此时强调爱国主义并非偶然。菲律宾于 1946 年独立以来一直是美国

---

① 《中华魂》2004 年第 1 期，《思想理论导刊》2004 年第 5 期。
② 《高校理论战线》1995 年第 12 期。

式的自由市场经济和‘民主制度’在亚洲的‘橱窗’。但是在实行自由市场经济60年后的今天，菲律宾的经济和社会状况却明显落后于许多亚洲国家。按照联合国制定的标准，菲律宾全国8400万人口中目前有34%的人口仍生活在贫困线以下，首都马尼拉等大城市的社会问题十分严重，贫富差距也非常明显。阿罗约在国情咨文中形象地说，菲律宾人像是生活在‘两个国家’——一个‘富人的国家’和一个‘穷人的国家’。”①

前车之覆，后车之鉴。苏联、东欧国家以及某些发展中国家提供的教训是值得人们深思的。“应当引起我们注意的是，10多年来，（中国的）某些经济学家一直企图用新自由主义误导我国改革开放的方向。”“如果失去警惕，听任新自由主义泛滥下去，误导我国的改革开放，公有制在国民经济中的主体地位就会丧失，那样，社会主义市场经济就会蜕变为资本主义市场经济，这是多么危险的情景啊！”②

第三，对西方资产阶级思想理论的迷信盲从，将破坏安定团结的局面，导致政治上的不稳定。

我们要集中力量进行现代化建设，就必须在中国共产党的领导下，保持一个安定团结的局面。正是在这个意义上，邓小平说，稳定是压倒一切的。而若干主张西式教条主义的人们假借进行政治体制改革的名义，鼓吹超阶级的

① 吴强：《自由市场经济并非万能》，2004年7月28日《光明日报》。
② 吴易风：《和青年朋友谈谈新自由主义》，《中华魂》2004年第1期。

"宪政民主"，宣称"宪政主义正是现代政治文明的精华"，并据此要求取消宪法序言中关于中国共产党的领导作用的表述，在中国实行西方式的多党制、两院制、三权鼎立那一套。如果听任这种关于西方民主的说教自由泛滥，中国就会成为一个动乱的社会，而集中力量搞好社会主义现代化建设等，就都无从谈起了。

针对一个时期中将资产阶级自由化分子掀起的鼓吹西方民主的思潮，邓小平明确指出："资本主义社会讲的民主是资产阶级的民主，实际上是垄断资本的民主。"我们"不能搞西方那一套"。他对美国前总统卡特说："中国如果照搬你们的多党竞选、三权鼎立那一套，肯定是动乱局面。如果今天这部分人上街，明天那部分人上街，中国十亿人口，一年三百六十五天，天天都会有事，日子还能过吗？还有什么精力搞建设？"他强调，中国由共产党领导，这个原则是不能动摇的，动摇了中国就要倒退到分裂和混乱，就不可能实现现代化[①]。

值得注意的是，1989—1990 年苏联解体过程中，戈尔巴乔夫就赞成搞西方式的多党制、同意修改苏联宪法第六条即关于共产党领导作用的条款等等，而这样做的结果，就势必会使反对共产党、反对社会主义的活动合法化。正是在这种情况下，一些人掀起了诬蔑苏共、诬蔑苏联社会主义建设历史等的狂潮。人们的思想被搞乱，反社

---

① 《邓小平文选》第三卷，人民出版社 1993 年版，第 240、第 196 页；第二卷，人民出版社 1994 年版，第 268 页。

会主义势力也就在乱中夺了权。社会主义的苏联不再存在了。这个国际共产主义运动历史上的最大的悲剧所提供的惨痛教训，是值得我们深省的。

第四，对西方资产阶级思想理论的迷信盲从，将把年青一代引入歧途。

历史的经验表明，谁拥有青年，谁就拥有将来。中国共产党历来同青年保持密切的联系，把造就年青一代的社会主义事业接班人当作自己的一项历史责任。我们知道，西方敌对势力是把促使社会主义的中国向资本主义方向“和平演变”的希望寄托在中国年青一代身上的。他们正不遗余力地在同我们争夺青年。为了使西方敌对势力的这种图谋彻底遭到破产，我们必须用爱国主义、集体主义、社会主义的思想教育年青一代，必须在青年中造就一批坚定的马克思主义者。我们必须把坚持马克思主义的指导地位、反对西式教条主义，看作是争夺年青一代的一项战略性的任务，给予高度重视。很明显，如果听任西式教条主义蔓延滋长，如果听任鼓吹西方发达国家的资产阶级主流意识形态的言论充斥我们的讲坛、书刊乃至宣传媒体，如果听任马克思主义的阵地由于受西式教条主义者的挤压而被边缘化，我们的年青一代又怎么可能顺利地成长为社会主义事业的合格的接班人？我们又依靠什么来粉碎西方敌对势力“和平演变”中国的罪恶图谋呢？

由此可见，事情确实像陈奎元同志所说的那样：“假如我们忽视（迷信西方）这种教条主义的危害，‘全盘西化’的威胁就会向我们逼近，改革的方向、共产党的执政地位、劳动人民的切身利益都将受到挑战，我们党难免步他人的后尘，犯下历史性的错误。”

三

迷信西方发达国家反映资产阶级主流意识形态的思想理论，甚至把西方发达资本主义的政策主张奉为教条，这种倾向的产生，不是偶然的。这有着深刻的时代的和社会历史的背景。

由于经历了半个世纪以上的和平时期，特别是由于率先利用了科学技术革命提供的成果，发达资本主义国家的经济有了明显的发展；由于中国等社会主义国家是在经济文化比较落后的基地上开始建立起来的，它们在经济、科技等方面与西方发达国家存在着相当大的差距，而且这种差距又不可能在短时间内被消除；由于西方敌对势力利用其在世界范围内占优势的传媒及其他一切可能利用的渠道对社会主义国家进行思想文化的渗透；在这种情况下，社会主义国家中有一些人受到迷惑，对西方发达国家的资产阶级思想理论产生迷信和盲目崇拜的现象，即产生西式教条主义的倾向，是不奇怪的。

问题并不在于我们这里是不是会有人受到这种西式教条主义即西化思潮的影响。这种人总是会有的；如果我们具有足够的警觉性，并采取切实的防范措施，这种现象就可以受到遏制，而不致造成致命的危害。真正的问题在于，如果我们对此缺少必要的警觉，容许这种西式教条主义的思想自由泛滥，听凭西方资产阶级的理论替代马克思主义或把马克思主义边缘化，以致使越来越多的人成为西式教条主义的思想俘虏，那么，事情就确实极其严重而且十分危险了。

应当毫不含糊地揭露，少数人鼓吹对西方发达国家的资产阶级理论的迷信盲从，完全是出于明确的反对马克思主义、反对社会主义的政治动机，实际上是为西方敌对势力推销“和平演变”的战略效力的。我们应当让中国的年轻人了解他们的本来面目和真实动机，因而对这种人保持应有的警惕。

当然，有着明确的反对马克思主义、反对社会主义的政治动机的人，只是极少数。一些人之所以受到西式教条主义思想的影响，是由于缺乏马克思主义的分析批判的能力，如同陈岱孙先生所说，开放以后，一旦接触西方的那些五光十色的理论，自然不免感到目眩，以致对其“不加审别的崇拜”。一些人之所以受到西式教条主义思想的影响，是由于害怕艰苦的思想劳动，不愿意花大力气去深入钻研马克思主义的理论和调查研究中国的历史与现状，以为只要抄袭西方国家学者的著作及其政要们的言论和词句，就可以解决中国面临的种种问题，以为只要把几本外国书抄成一本中国书，就算做成了大学问，就甚至可以以某学科的奠基人自诩。一些人之所以受到西式教条主义思想的影响，则是由于没有真正懂得我们正在进行的改革乃是社会主义的自我完善和发展，以为对资本主义的东西不需采取批判的分析的态度，只要敢于大胆地吸收资本主义的东西，就算是思想解放并具有改革的精神了……所有这些想法，正如当年毛泽东批评党内的教条主义倾向的时候所说的那样，表现了“一种幼稚者的蒙昧”，“我们对这些人应该作启蒙运动”①。

在中国进行社会主义现代化的建设，这是一项极其伟大而又艰巨的事业。1956 年 4 月，当中国即将开始全面建设社会主义的时候，毛泽东就指出：“我认为最重要的教训是独立自主，调查研究，摸清本国国情，把马克思列宁主义的基本原理同我国革命和建设的具体实际结合起来，制定我们的路线、方针、政策。”“现在是社会主义革命和建设时期，我们要进行第二次结合，找出在中国进行社会主义革命和建设的正确道路。”② 改革开放以来，在党的十二大上，邓小平再次强调：照抄照搬别国经验、别国模式，从来不能得到成功。“把马克思主义的普遍真理同我国的具体实际结合起来，走自己的路，建设有中国特色的社会主义，这就是我们总结长期历史经验得出的基本结论。”③

毫无疑问，我们在思考中国问题的时候，应当具有世界历史的眼光，应当学习运用外国包括西方发达国家的那些对我们有用的东西，但是从根本上说，要解决中国在前进中面临的问题，我们必须以马克思主义为指导，调查研究中国的国情，总结中国人民自己的经验教训，作出合乎

① 《毛泽东选集》第三卷，人民出版社 1991 年版，第 820 页。
② 吴冷西：《十年论战》（上），中央文献出版社 1999 年版，第 23—24 页。
③ 《邓小平文选》第三卷，人民出版社 1993 年版，第 3 页。

中国实际的创造。即使就学习外国来说，我们也必须破除教条主义的思想束缚，坚持从中国实际出发，按照中国自身的需要作出选择并进行必要的加工制作，才有可能真正收到成效。

总之，坚持马克思主义的指导地位，反对西式教条主义，这是我们在思想文化战线上的一项不容忽视的、十分重要的和长期的任务。

关于理论创新问题的若干思考*

一

人类总是不断发展的，自然界也总是不断发展的。人的认识来源于实践，而实践也总是不断发展的。因此，人的认识不应当、也不可能永远停留在一个固定的点和不变的水平上。无论是对自然界或人类社会的认识，还是对宏观世界或微观世界的认识，都是如此。

马克思主义的产生，是人类认识史上的伟大革命。它把科学地认识世界、改造世界的锐利的思想武器给予了工人阶级和人民群众。但是，马克思主义并不是已经具有完成形态的终极真理，而是一个开放的体系和发展的学说。它没有结束真理，而只是在实践中不断地为人们认识真理开辟道路。当中国的第一个马克思主义者李大钊率先在中

---

* 本文发表于《马克思主义研究》2005 年第 3 期。

国大地上举起马克思主义旗帜的时候，他一方面明确指出：马克思的学说“为世界改造原动的学说”，是“拯救世界的导星”，从而肯定了它所具有的普遍意义；另一方面他又说过：“马氏的学说，实在是一个时代的产物”，我们不可“就那样整个拿来，应用于我们生存的时代”。“一个社会主义者，为使他的主义在世界上发生一些影响，必须要研究怎样把他的理想尽量应用于环绕着他的实境”。而当人们拿主义为工具“用以为实际的运动”时，它“会因时、因所、因事的性质情形生一种适应环境的变化”，即在运用中得到发展。正因为如此，中国化的马克思主义——毛泽东思想的创立者毛泽东强调：“马克思这些老祖宗的书，必须读，他们的基本原理必须遵守，这是第一。但是，任何国家的共产党，任何国家的思想界，都要创造新的理论，写出新的著作，产生自己的理论家，来为当前的政治服务，单靠老祖宗是不行的。”①

二

从根本上说，人们的社会意识是随着社会存在的发展而发展的。不过，这种发展并不是对人们以往的意识成果的无条件的否定，相反，它具有历史的继承性。任何科学理论，都是在继承以往的真理性认识的基础上，通过研究新情况，总结新经验，而后才得以向前发展的。正如一位

① 《毛泽东文集》第八卷，人民出版社1999年版，第109页。

哲人所说：只有站在巨人的肩膀上，才能比巨人看得更远。如果绝对地抛开原有的认识基础，把新的思想和旧的思想无条件地对立起来，那么，他就会否定不应当否定的东西即原有的具有真理性的认识，就会丧失认识进步的基地和出发点，而如果这样的话，认识的进步本身，也就在很大程度上成为难以实现的事情了。

在这里，我想讲一个中共中央怎样处理这个问题的历史情况。

1948 年，中共中央东北局在所拟的《建党工作发言大纲》中，原本有这样几句话：我们的党员和干部要"在思想上迅速地掌握新情况、新任务，迅速地改变许多不适合新情况、新任务的旧思想、旧作风，学习新思想与新作风"。对此，中共中央在《对东北局"建党工作发言大纲"的修改意见》（1948 年 12 月 16 日）中指出："这几句话如果是说：由于情况改变了，提出了新的任务，因而工作方法、工作制度、斗争形式必须随着有若干改变，这是对的。但它也有可能被下边的干部解释为，党的思想作风有新有旧，旧的就是错误的，新的就是正确的，要去掉旧的换上新的，因而对原有的思想作风不加分析地采取否定一切的态度，那样就会发生很大毛病。"

那么，应当怎样看待"过去的思想作风"呢？中共中央指出，"应明确指出要以正确不正确、适合情况不适合情况为标准，来区别过去的思想作风"。"不要拿新旧作为标准"。"要防止拿新旧的范畴来混淆或代替正确与错误的范畴"。因为真理和谬误的区别，本质上在于思想能否正确地反映客观实际，而不在于它的新和旧。对于“旧的思想作风”，要运用马克思主义的而不是形而上学的方法去“加以正确的分析”。中共中央指出，所谓“旧的思想作风”，具体地说来，可以区别为三种情况：“其中有过去是对的，今天还是对的，应加以保存和发扬”，这是第一种；“另有一部分则过去是对的，但今天则需加以改变”，这是第二种；“还有一部分则过去就是不对的，今天也是不对的”，当然不应加以保存和发扬，这是第三种。“总之，必须有这种分析，必须具体地指出哪些想法和作法，今天必须改变，而不要笼统说旧思想旧作风不好，以免否定过去的一切。”①

具体地分析具体情况，这是马克思主义的最本质的东西，是它的活的灵魂。中共中央在上述文件中就如何对待传统、如何对待以往的思想和作风所作的具体分析，其中所体现的科学的方法论，至今对于我们正确地对待继承和创新的关系问题，仍然具有极大的启示作用和现实的指导意义。

三

正确地对待传统、对待以往的意识成果，不是为了阻碍人们迈开创新的脚步，而是为了沿着科学的轨道，使人

---

① 《中共中央文件选集》第17册，中共中央党校出版社1992年版，第583—584页。

们的认识得以更好地与时俱进。

人们的认识，如何才能正确地做到与时俱进呢？在这里，重要的是应当对“时”的含义作出具体的分析。对于这个“时”，我认为至少可以从三种意义去理解：

第一，是指我们所处的时代。我们曾经说过，从19世纪末开始，资本主义世界开始进入帝国主义时代；十月革命以后，世界开始进入从资本主义向社会主义过渡的时代；等等。这种时代的本质及其主要特征是不是已经改变，马克思主义关于反映这种时代的本质及其主要特征的理论是不是需要随之从根本上加以改变？这是首先需要弄清楚的。

有人说，第二次世界大战以来，资本主义世界发生了很大的变化，列宁关于帝国主义的理论已经过时了。对此，1989年9月陈云在同中央负责同志谈话时曾经明确指出：“列宁论帝国主义的五大特点和侵略别人、互相争霸的本质，是不是已经过时了？我看没有过时。”“那种认为列宁的帝国主义论已经过时的观点，是完全错误的，非常有害的”，“这个问题，到了大呼特呼的时候了”①。当然，战后的帝国主义确有许多新的情况、新的特点需要我们去进行研究并在理论上作出新的概括，但是必须在坚持列宁关于帝国主义的基本理论的前提下去从事这项工作，否则就可能迷失方向，导致认识上的退步，而无法真正做到与时俱进了。

---

① 《陈云文选》第三卷，人民出版社1995年版，第370页。

有人说，苏联解体、东欧剧变这个事实，表明社会主义已经遭到历史性的失败，而资本主义则被证明是人类发展的极致和历史潮流的终结。他们借口时代的变化，宣称马克思主义在根本上已经失灵。应当指出，这种说法是完全站不住脚的。因为资本主义社会的生产社会化和生产资料私有制这对基本矛盾及由此产生的无产阶级和资产阶级的矛盾仍然存在，帝国主义的基本特征仍然存在，帝国主义国家同社会主义力量、同发展中国家以及帝国主义国家彼此之间的矛盾仍然存在，随着这些矛盾的发展及其激化，社会主义运动的复兴仍然是不可避免的，资本主义永世长存的说法不过是资产阶级的辩护士所编造的神话，由于违背历史的辩证法，它的破产也将是不可避免的。正因为时代的本质没有改变，作为我们时代的真理的马克思主义，其基本理论就仍然必须坚持。当然，我们需要认真研究苏东演变之后世界形势的新变化及其发展趋势，研究苏东演变所提供的历史教训，并由此形成切合新的实际的理论观点和战略策略，但是如果从根本上怀疑马克思主义，那就同与时俱进的要求背道而驰，而落入西方敌对势力设下的思想陷阱中去了。

第二，是指我们所处的社会发展阶段。我们正处于社会主义社会的初级阶段，或者说，我们的社会是初级阶段的社会主义社会。这就是说，一方面，我们已经进入社会主义社会。我们必须坚持而不能离开社会主义，否则就要犯右的错误；另一方面我们的社会主义社会仍然处于初级阶段，我们必须从这个实际出发而不能离开这个实际，否则就要犯“左”的错误。这是中国在当前和今后一个相当长的历史阶段内的基本国情。正因为如此，我们党基于对这种基本国情的科学分析而形成的中国特色社会主义的基本理论以及在这个理论指导下制定的党在社会主义初级阶段的基本路线，就必须长期坚持而不允许加以动摇。当然，社会主义初级阶段并不是一成不变的，而是在不断地变化着的，它本身也有一个从低到高的发展过程，因此，我们需要不断地去努力把握不同时期的具体情势及其特点，使党的具体政策和我们自己的认识同发展着的社会实际相适应；需要对初级阶段社会主义的发展趋向有一个前瞻性的把握，使我们的认识和采取的方针与它的发展趋向相适应。但是，只要社会主义初级阶段本身并没有终结，它的基本特征将仍然会得到保持，而以“一个中心、两个基本点”为主要内容的党在社会主义初级阶段的基本路线就应当是仍然有效的，是必须全面地加以贯彻实施的。

第三，是指各个时期面临的形势和具体情况。我们时代的本质没有改变，我们的社会将长期处于社会主义的初级阶段，因此，马克思主义的基本原理和中国特色社会主义的理论、党的基本路线必须坚持；但是，随着时间的推移，我们的时代和我们的社会仍然会发生若干新的局部的变化并由此形成若干新的特征，而我们面对的具体的国际国内的形势和具体的任务更是千变万化的，绝不会长久地凝固起来，因此，我们的认识必须与这种变动的实际相适应而得到不断的发展，马克思主义必须在坚持其基本原理的基础上做到不断创新。

总之，只有对与时俱进的“时”进行具体的分析，我们才能真正弄清楚应当如何正确地认识和处理继承和创新、坚持和发展的关系，从而使马克思主义理论的研究和建设乃至创新的工作能够沿着科学的轨道向前推进。

四

理论是对事物的本质即其内在的规律性的认识。毛泽东说：“什么是理论？就是有系统的知识。马列主义的理论，就是以马克思主义为基础的有系统的知识。”[①] 所以，马克思主义的理论创新，是十分重要同时又是极其艰难的工作，是严肃的科学的事业。恩格斯讲过：“即使只是在一个单独的历史事例上发展唯物主义的观点，也是一项要求多年冷静钻研的科学工作，因为很明显，在这里只说空话是无济于事的，只有靠大量的、批判地审查过的、充分地掌握了的历史资料，才能解决这样的任务。”[②]

我们应当遵循什么方向去进行这项工作呢？毛泽东在1938年10月召开的党的六届六中全会上指出：“马克思列宁主义的伟大力量，就在于它是和各个国家具体的革命实践相联系的。”他强调，应当使马克思主义中国化。为了实现这个任务，我们必须学习马克思主义的理论，学习

① 《毛泽东文集》第三卷，人民出版社1996年版，第342页。
② 《马克思恩格斯选集》第2卷，人民出版社1995年版，第39页。

我们的历史遗产并给予批判的总结，研究当前的实际即认识当前运动的特点及其规律性，并且把这三者结合起来。坚持理论联系实际的原则，这就是我们在从事理论的研究、建设和创新的工作时所必须坚持的唯一正确的方向。

为了坚持这个方向，有两件事情是我们必须切实做好的：

1. 要系统掌握和自觉运用马克思主义的基本理论

我们所说的理论创新，指的是马克思主义理论的创造性发展，不是离开马克思主义的基本理论去另搞一套别的什么东西。因此，必须首先弄懂什么是马克思主义，什么是马克思主义的理论体系、基本观点及其科学的世界观、方法论，我们才有可能在它的指导下，通过研究历史和现状、总结历史的经验和新的实践经验，给马克思主义的理论宝库增加新的成分、新的因素。如果连马克思主义的基本著作都没有读过，就在那里侈谈发展马克思主义，侈谈理论创新，甚至以极不严肃的态度对自己并没有弄懂的马克思主义观点进行批判，是很荒唐可笑的。可惜的是，这种现象确实在实际生活中发生了。有的人不是以理论创新的名义对马克思主义的基本常识提出挑战了吗？有的人不是把自己抄袭的西方资产阶级的理论，甚至机械地复述的旧中国某些御用学者的陈腐观点，当作理论创新的成果在兜售吗？我们应当牢记列宁的告诫："沿着马克思的理论的道路前进，我们将愈来愈接近客观真理（但决不会穷尽它），而沿着任何其他的道路前进，除了混乱和谬误以外，我们什么也得不到。”①

马克思主义是科学。科学不是不经过学习就能掌握的。因此，有志于宣传、运用乃至推进马克思主义的人，有责任下决心认真研究马克思主义的原著并领会其精神实质，研究马克思主义发展的历史及其基本经验。在革命战争年代，毛泽东就说过：“我们的任务，是领导一个几万万人口的大民族，进行空前的伟大的斗争。所以，普遍地深入地研究马克思列宁主义的理论的任务，对于我们，是一个亟待解决并须着重地致力才能解决的大问题。”② 在社会主义建设时期，他进一步指出：“我们党内要有相当多的干部，每人读一二十本、三四十本马恩列斯的书。我们有这样丰富的经验，有这样长斗争历史，如果读通了这些马恩列斯的著作，我们党就武装起来了，我们党的水平就大大提高了。”③ 这些意见，在今天，对于我们的干部和理论工作者也仍然是适用的。因为掌握马克思主义的基本原理，这正是我们从事理论的研究、建设乃至创新工作所必须具备的基础性条件。

2. 开展系统的、周密的调查研究

只有忠于事实才能忠于真理。只有弄清了与我们面临的问题有关的真实情况，我们才能运用马克思主义的理论与方法对它们展开分析和进行综合，从中引出有关事物的固有的而不是臆造的规律性，由此得到合乎实际的理性认

① 《列宁选集》第3卷，人民出版社1995年版，第103—104页。

② 《毛泽东选集》第二卷，人民出版社1991年版，第533页。

③ 《毛泽东的读书生活》，三联书店1986年版，第32页。

识。而为了弄清情况，就必须进行调查研究。在延安整风期间，为了克服党内的主观主义尤其是教条主义的错误倾向，中共中央专门作出了关于加强调查研究工作的决定和关于实施调查研究工作的决定。毛泽东特别“向全党提出系统地周密地研究周围环境的任务”。为此，他还引用了马克思在《资本论》第1卷第二版跋中所说的意思，即：“研究必须搜集丰富的材料，分析材料的种种发展形态，并探究这种种形态的内部关系，不先完成这种工作，则对于现实的运动，必不能有适当的叙述。”他指出：“在全党推行调查研究的计划，是转变党的作风的基础一环。”这些意见，在今天，对于我们仍然具有指导意义。因为调查研究是把马克思主义的理论与中国的实际联系起来的不可或缺的中间环节，是做好一切工作包括理论的研究、建设乃至创新工作的极其重要的基础性的条件。不去详细地占有有关问题的历史的和现实的材料，并且运用马克思主义的理论与方法去对这些材料进行分析，以期从中引出正确的结论，而是关在屋子里“闭门造车”，侃大山、拍脑袋，以轻率的态度去任意地制造各种新的名词、概念，搞所谓的理论上的发明创造，或者脱离中国的实际，照抄照搬西方资产阶级的一些理论，以之冒充马克思主义“理论创新”的成果，是非常要不得的，是极端有害的。

总之，我们应当遵循马克思主义与中国实际相结合的原则，以科学的态度从事理论的研究、建设乃至创新的工作。为此，我们一定要克服主观主义的和刻意求“新”、轻率浮躁的学风。科学是老老实实的学问，它容不得丝毫的虚伪、浮夸和矫饰。无实事求是之意，有哗众取宠之心，绝做不成真学问、大学问。正因为如此，为了有效地推进理论的研究、建设乃至创新的工作，我们应当把端正学风作为一个至关重要的和相当紧迫的问题提出来，并且切实地加以解决。

“革命是历史的火车头”*

20 世纪是一个伟大的世纪。这 100 年，无论对于世界还是对于中国，都是一个充满剧烈震荡、经历深刻变革，同时又取得巨大历史进步的不平凡的年代。

在 20 世纪的前半叶，即从 1900 年八国联军侵略中国的战争到 1949 年中华人民共和国成立的 50 年间，中国人民在屈辱和苦难中奋起，经过前赴后继的英勇斗争，其中包括农民的自发反抗，资产阶级的革命运动，尤其是无产阶级领导的新民主主义革命，终于赢得了民族独立和人民解放。在此基础上，在 20 世纪的后半叶，即从 1949 年中华人民共和国成立以来的近 50 年间，中国人民选择了社会主义的发展道路，积极从事经济、文化等方面的建设，使一个极度贫弱的半殖民地半封建的旧中国逐步变成了一个初步繁荣昌盛的社会主义的新中国。

怎样评价历史上的革命和革命的历史，这是一个原则

* 本文发表于《求是》1996 年第 13 期。收入本书时有删节。

问题。

我们知道，近代中国面临的历史任务基本上是两个：一个是争取民族独立和人民解放，一个是实现国家的繁荣富强。这两个任务是互相关联着的。不争得民族的独立和人民的解放，就不可能集中力量开展大规模的建设，国家的繁荣富强这个目标也就无从实现。而为了争得民族的独立和人民的解放，就必须革命。舍此而外，别无他途。

本来，任何事物的发展都是一个由量变到质变的过程。人类社会的发展也总是交替采取渐变和突变这两种形式，或者说表现为和平进化和革命变革这两种状态的交替。在通常的情况下，人类社会是以渐变的方式演进的。改良、改革属于渐变，在一定的条件下，它们对历史发展起着推动作用；当着社会矛盾空前尖锐，不推翻现存的反动政权就不能改变陈腐的生产关系、解放和发展生产力，而推动这种变革的社会力量也相应地成长起来了，这时革命就会被提上议事日程，并成为历史发展的主要动力。

不懂得不同质的矛盾需要用不同的方法去解决，不具体去考察各个时期社会矛盾的特殊情况和历史特点，无条件地排斥一切革命，而把改良绝对化、神圣化，这种“改良崇拜”本身就是十足的主观主义、教条主义，它把复杂的社会历史问题极度地简单化了。

还在100年前，恩格斯就说过：“把革命的发生归咎于少数煽动者的恶意那种迷信的时代，是早已过去了。现在每个人都知道，任何地方发生革命动荡，其背后必然有某种社会要求，而腐朽的制度阻碍这种要求得到满足。”① 列宁也说过：“革命是不能‘制造出来’的，革命是从客观上（即不以政党和阶级的意志为转移）已经成熟了的危机和历史转折中发展起来的。”② 如果具体地考察一下，中国的先进分子是怎样举起革命的旗帜，而广大的人民群众又是如何投身于革命的，我们就会发现，那是因为当时的社会矛盾已经尖锐到如此的程度，以致不奋起革命，国家就不能生存，社会将不能前进，群众也再没有出路了。难道当着外国侵略者和本国反动派把人民推向了饥饿和死亡线上的时候，他们仍然应当束手待毙，甚至面对高高举起的反革命屠刀也没有挺身战斗的权力，反而应当引颈受戮？

是不是有可能不经过革命，就实现中国的民族独立、人民解放和国家富强，完成近代中国面临的历史任务呢？答复是否定的。原因很简单：旧中国的统治者，无论是清王朝、北洋政府还是国民党政府，都是以外国帝国主义作为靠山、以本国封建势力作为社会支柱的，它们不愿意、也没有能力去废除帝国主义在中国享有的特权，解除封建主义对于中国人民尤其是广大农民的束缚，从而赢得民族独立和人民解放，并由此为中国的政治民主化和经济现代化扫清道路。

从根本上说，近现代中国的革命是被外国侵略者和本

① 《马克思恩格斯选集》第1卷，人民出版社1995年版，第483页。
② 《列宁选集》第2卷，人民出版社1995年版，第487页。

国反动派逼迫出来的。中国革命的许多先驱者早年并非没有想过采取温和的方法来推进中国的变革。比如，民主革命的伟大先行者孙中山曾上书李鸿章，建议厉行变法，以筹自强。中国共产主义运动的开拓者李大钊曾经一度认为，共和政治的实现是一个渐进过程，人们对于北洋政府统治下的“民国”应取补台的态度。中国共产党创始人之一的毛泽东也曾主张过实行“呼声革命”、“无血革命”，期望以渐进的、非暴力的方式来推动中国的发展。只是当他们看清了反动统治者的冥顽不灵，痛感不革命社会就不能进步、人民就无法生存时，他们才毅然决然地举起了革命的旗帜。

事实上，正是由于不革命中国便无由进步，许多原本抱着善良的愿望，希望通过改良来救国的人，也在实践中逐渐认清这一点，从而使自己逐渐变成革命的同情者、拥护者的。比如，原著名的民族工商业者荣毅仁在回顾自己的经历时说过：从美国留学归来之后，“我怀着家传的‘实业救国’的理想，回到家乡无锡，致力于发展民族面粉加工工业。但由于外国的侵略，国民党政权的腐败，经济的凋敝混乱等，所拟计划，大抵成为泡影”。他由此认识到，“在那样的年代，纵有一颗爱国心，也势必一筹莫展，一事无成。政通方能人和，人和才能事兴，现实给我以深刻的教育”。他成了中国革命领导者——中国共产党的忠诚的朋友，后来更成了中国共产党的成员。著名的科学家严济慈在回顾自己的经历时也说过：“我曾怀有科学救国的志愿”，“但是旧社会的现实使我不能实现自己的志愿”；中国的繁荣富强固然“离不开科学，而科学的发展离不开社会主义，社会主义离不开共产党的领导”。他终于在耄耋之年加入了中国共产党的战斗行列。原民主建国会的负责人施复亮是抗战胜利后主张中间路线最有力的一个。他说过，他反对国民党的独裁统治，但主张走“和平的改良的道路”。可是到了后来，他也明确地宣告：“自由主义者虽多半希望采取渐进的改良的方法，但当他发现了统治者顽固反动，绝无改良希望时，他们也会毅然决然走上革命道路。”严酷的政治实践使人们懂得，必须首先用革命手段推翻反动统治，建立人民政权，“实业救国”、“教育救国”、“科学救国”以及政治民主化等等，才不再仅仅是一种美好的愿望和幻想，而成为可以付诸实行的兴国利民的方案。

诚然，革命会有牺牲。那些宣布要“告别革命”的人们正是以此来攻击革命、否定历史上的革命和革命的历史的。为了答复这种责难，有必要指出以下两个基本的事实：

第一，如果不进行革命，而容忍帝国主义和封建主义在中国的联合统治，中国人民是不是就可能免除痛苦和牺牲呢？不是。这样做，恰恰意味着他们将长期地遭受难堪的痛苦和巨大的牺牲。我们看到，在旧时代，亿万中国劳苦大众在饥饿和死亡线上挣扎；几十万、几百万乃至几千万中国的无辜平民被外国侵略者的屠刀所杀害；难以计数的中国人的生命财产毁于旧军阀、新军阀的混战；几百万、几千万的灾民流离失所，许多人冻饿而死；由于营养不良和缺少起码的医疗条件，许多人过早地夭亡，全国人口的平均寿命不过35岁……试问：当时中国人民遭受的痛苦和付出的牺牲还少吗？为了解除这些痛苦和牺牲，他们为什么不能像战士那样站起来为自己的权利而奋斗，却必须充当驯顺的奴隶，俯首帖耳地去忍受悲惨的命运？

第二，“革命是历史的火车头”①。“革命是被压迫者和被剥削者的盛大节日”。在革命时期，人民群众“能够作出从市侩的渐进主义的狭小尺度看来是不可思议的奇迹”②。人们在革命中付出的牺牲，是以换得历史的进步作为补偿的。中国近现代的历史证明了这一点。在20世纪的前半叶，中国主要在进行革命。正是这个时期的革命斗争，尤其是1919年五四运动以来30年的新民主主义革命，从根本上改变了中国的面貌，改变了中国人民的命运。它不仅挽救了中国的危亡，打碎了套在中国人民身上的枷锁，荡涤了旧社会的污泥浊水；而且打开了中国建设高度文明、高度民主的社会主义现代化强国之路。如果说，革命胜利前的50年，我们的民族蒙受过深重的屈辱，我们的人民经历了无穷的灾难；那么，革命胜利后的近50年，虽然也还遇到过许多的困难，甚至发生过暂时的、严重的挫折，但是从根本上说，我们的民族是真正站起来了，我们的人民终于过上了安居乐业的生活，我们这个文明古国重又焕发了青春的光彩。这种历史性的变化，离开

---

① 《马克思恩格斯选集》第1卷，人民出版社1995年版，第456页。
② 《列宁选集》第1卷，人民出版社1995年版，第616页。

革命和革命的胜利，是完全不可想象的。正因为如此，任何不怀政治偏见的中国人，都把革命的事业当作伟大的事业，都把革命的旗帜视为光荣的旗帜。他们对于那些在黑暗的年代里高举革命火炬的无畏战士，对于那些在战斗中倒下的英烈们，怀有深深的敬仰之情。

正确理解马克思主义的生产力观点*

——访中国社会科学院马克思主义研究院顾问沙健孙

▲（采访者简称▲，下同）：沙教授，想同您探讨一个理论问题。我们常说，改革是社会主义制度的自我完善和发展。在改革中坚持社会主义的方向，是一个重要的问题。我们又常说，判断改革的是非得失，应当以“三个有利于”作为标准来加以衡量。对于这两个重要论断，我们究竟应当怎样统一起来理解呢？

●（被采访者简称●，下同）：为了弄清楚这个问题，我们不妨先研究一下毛泽东的一个论点。

1945 年 4 月，毛泽东在党的七大上所作的《论联合政府》的报告中说：“中国一切政党的政策及其实践在中国人民中所表现的作用的好坏、大小，归根到底，看它对于中国人民的生产力的发展是否有帮助及其帮助之大小，

* 本文发表于《马克思主义研究》2006 年第 6 期。

看它是束缚生产力的，还是解放生产力的。”[①] 这是对唯物史观的一个基本观点的运用和发挥，具有重要的理论意义和现实意义。

怎么科学地阐释毛泽东的这个论断呢？对此，中央文献研究室的冯蕙研究员作出过深刻的论述。她指出：“值得注意的是，毛泽东在《论联合政府》中使用了‘中国人民的生产力’这一概念。这不是偶然的。这个概念包含两层含义：其一，生产力是属于中国人民的；其二，解放和发展生产力是为了中国人民的利益。毛泽东使用‘中国人民的生产力’这个概念，如同马克思在《资本论》中使用‘资本的生产力’概念一样，说明了生产力的社会属性。马克思指出，在资本主义生产方式下，‘发展起来的生产力表现为资本的生产力’。恩格斯也指出，在资本主义生产方式下，生产力本身以日益增长的威力，‘要求摆脱它作为资本的那种属性’。生产力是人们征服自然、改造自然的能力，表示人们在生产过程中对自然界的关系，生产力具有它本身的自然属性。人类的生产又都是在一定的生产关系下进行的，是在一定的社会形式中发展的。生产力也就有为谁占有、怎样占有和为谁的利益而生产的问题，这就是生产力的社会属性。毛泽东提出的‘中国人民的生产力’这个概念，是生产力的自然属性和社会属性的统一。”[②] 这就是说，作为一个马克思主义者，

① 《毛泽东选集》第三卷，人民出版社1991年版，第1079页。

② 冯蕙：《抗战后期中国共产党政策中的几个理论问题》，1995年9月13日《人民日报》。

毛泽东充分肯定生产力的发展在社会发展中的最终的决定作用，因而指明判断一个政党的政策及实践的好坏，要看它是否有利于生产力的发展；同时，他又是联系着一定的生产关系来考察生产力的，并据此作为评价一个政党作用好坏、大小的标准的。他强调，我们要解放和发展的，是中国人民的生产力；而我们解放和发展生产力的目的，是为了中国人民的利益。

▲：毛泽东的这个思想，可以从马克思那里找到源头。1853 年6 月和 7 月，马克思写了《不列颠在印度的统治》和《不列颠在印度统治的未来结果》这两篇文章。正是在上述文章中，马克思提出了不仅要看生产力的发展，而且要看生产力是否归人民所有的观点。

●：是的。马克思在上述文章中指出，不列颠人是第一批文明程度高于印度因而不受印度文明影响的征服者。他们的蒸汽机和科学在印度斯坦全境彻底摧毁了农业和制造业的结合，造成了一场社会革命，从而“充当了历史的不自觉的工具”。但是，马克思并没有据此去歌颂英国对印度的征服，去歌颂殖民主义。相反，他尖锐地指出，“不列颠人给印度斯坦带来的灾难，与印度斯坦过去所遭受的灾难比较起来，毫无疑问在本质上属于另一种，在程度上要深重得多”。“印度人失掉了他们的旧世界而没有获得一个新世界，这就使他们现在所遭受的灾难具有一种特殊的悲惨色彩”。他明确强调，“英国资产阶级将被迫在印度实行的一切（按：指兴建铁路、发展现代工业等），既不会使人民群众得到解放，也不会根本改善他们的社会状况，因为这两者不仅仅决定于生产力的发展，而且还决定于生产力是否归人民所有”①。

在这里，我们可以清楚地看到，作为伟大的无产阶级思想家，马克思所关心的，不仅是生产力的发展本身，还关心生产力是否归人民所有。而我们知道，生产力是否归人民所有，这并不是由生产力本身的状况决定的，而是由特定的生产关系决定的。正因为如此，按照马克思的上述观点，我们在关心生产力发展（这当然是十分重要的）的同时，还必须关心与生产力相关联的生产关系和社会制度。马克思指出：“在大不列颠本国现在的统治阶级还没有被工业无产阶级取代以前，或者印度人自己还没有强大到能够摆脱英国的枷锁以前，印度人是不会收获到不列颠资产阶级在他们中间播下的社会因素所结的果实的。”正是从生产力是否归人民所有这个观点看问题，马克思寄希望于未来的社会革命，以期建立起能使生产力归人民所有的社会制度。他是这样说的：“只有在伟大的社会革命支配了资产阶级时代的成果，支配了世界市场和现代生产力，并且使这一切都服从于最先进的民族的共同监督的时候，人类的进步才会不再像可怕的异教神怪那样，只有用被杀害者的头颅做酒杯才能喝下甜美的酒浆。”②

由此可见，认为只要生产力发展了，其他的一切都无关紧要的观点，并不是马克思主义，而是对于马克思主义

① 《马克思恩格斯选集》第1卷，人民出版社1995年版，第771页。
② 《马克思恩格斯选集》第1卷，人民出版社1995年版，第773页。

的歪曲和庸俗化。

▲：邓小平1992年的南方谈话中说："改革开放迈不开步子，不敢闯，说来说去就是怕资本主义的东西多了，走了资本主义道路。要害是姓'社'还是姓'资'的问题。判断的标准，应该主要看是否有利于发展社会主义社会的生产力，是否有利于增强社会主义国家的综合国力，是否有利于提高人民的生活水平。"为什么不能由此得出结论：只要生产力能得到提高，别的问题就不必多问了呢？

●：不能得出这种结论。因为邓小平在这里讲的生产力，是"社会主义社会的生产力"；讲的综合国力，是"社会主义国家的综合国力"；讲的生活水平，是"人民的生活水平"。这就是说，邓小平是在坚持社会主义的社会制度、坚持社会主义的国家制度、着眼于人民利益的前提下，来讲发展生产力、增强综合国力和提高生活水平的，绝不意味着只要生产力发展了，其他的一切就都可以不必管了，中国到底该不该坚持社会主义的问题也就不存在了。值得注意的是，在这次谈话中，邓小平自己就明确地提出了应当坚持中国社会的社会主义性质这个问题。他说："特区姓'社'不姓'资'。从深圳的情况看，公有制是主体，外商投资只占四分之一，就是外资部分，我们还可以从税收、劳务等方面得到益处嘛！"①

为了完整、准确地理解邓小平的上述思想，我们有必

① 《邓小平文选》第三卷，人民出版社1993年版，第372页。

要全面地考察一下他提出的有关论断。值得注意的是，除了上面所引述的“三个有利于”以外，邓小平还以另一种形式表述过“三个有利于”的思想。他说：“我们的改革要达到一个什么目的呢？总的目的是要有利于巩固社会主义制度，有利于巩固党的领导，有利于在党的领导和社会主义制度下发展生产力。”这就是说，他认为，改革的目的，必须有利于巩固社会主义制度、党的领导和发展生产力，他是在坚持党的领导和社会主义制度的前提下来讲生产力的发展的。他说过：“我们搞四个现代化建设，人们常常忘记是什么样的四个现代化，是社会主义的四个现代化。这就是我们今天做的事。”因此，他强调：“在改革中坚持社会主义方向，这是一个很重要的问题。”他明确讲过，“经济建设这一手我们搞得相当有成绩，形势喜人，这是我们国家的成功。但风气如果坏下去，经济搞成功又有什么意义？会在另一方面变质，反过来影响整个经济变质，发展下去会形成贪污、盗窃、贿赂横行的世界。所以，不能不讲四个坚持，不能不讲专政”“坚持社会主义，是中国一个很重要的问题。如果十亿人的中国走资本主义道路，对世界是个灾难，是把历史拉向后退，要倒退好多年。”①

由此可见，那种从邓小平 1992 年的南方谈话中关于“三个有利于”的论断推论出似乎可以不必再关心中国是

① 《邓小平文选》第三卷，人民出版社 1993 年版，第 241、第 173、第 138、第 154、第 158 页。

否还要坚持社会主义等类的结论，这是不符合邓小平的原意的，是对邓小平有关论述的歪曲。

▲：有的论者提出，人的本性是自私的，所以，只有搞私有化，才能调动人的积极性，促进生产力的发展，从而真正做到“三个有利于”。这种说法能够成立吗？

●：实践是检验真理的唯一标准。所谓为了发展生产力就必须实行私有化这种说法，是某些人刻意制造的神话，经不住近代以来中国历史的检验。

中国共产党人从来就是把解放和发展生产力作为自己的历史使命的。我们进行反帝反封建的民主革命，从根本上说，是为了推翻半殖民地半封建的腐朽的社会制度，争得民族独立和人民解放，从而为集中力量进行经济文化等方面的建设创造前提、开辟道路。我们进行社会主义改造，全面确立社会主义的基本制度，从根本上说，也正是为了推进现代化的建设，从而在社会主义道路上去实现中华民族的伟大复兴。

私有化果真无条件地有利于生产力的快速发展吗？旧中国搞的是私有化，那时的中国还不是积贫积弱，经济凋敝，民不聊生？旧中国留给新中国的，不过是一副烂摊子而已。中国的经济不仅远远落后于欧美发达国家，就是与许多亚洲国家相比也有一定的差距。当时，中国人均国民收入只有 27 美元，只相当于亚洲国家平均值的 2/3。我们知道，从 19 世纪 60 年代末到 70 年代初，中国的民族资本主义经济就开始产生了。经过七八十年的发展，到 1949 年，中国的民族工业资本不过折合 20 亿零 800 万人民币（1952年币值）。民族资本主义工业主要是轻纺工业和食品工业，缺少重工业的基础。这些工业企业，大多规模小，技术设备落后，劳动生产率很低。如果不具体考察中国的社会历史条件，认为私有化无条件地有利于生产力的快速发展，那么，私有化的旧中国的经济会是这个样子吗？

新中国经过社会主义改造确立了公有制的主体地位，中国的经济才以旧时代所不能设想的速度发展起来了。从1953—1978年，尽管中间发生过“大跃进”和“文化大革命”时期的严重挫折，整个说来，我国经济发展的速度还是比较快的。工农业总产值的平均年增长率是8.2%，其中工业总产值的平均年增长率是11.4%。这个增幅，大大高于实行私有制的发达资本主义国家和发展中国家的增幅。中国的历史经验，生动地证明了社会主义基本制度是可以对生产力的发展起巨大的促进作用的。

▲：在社会主义中国搞私有化，到底能不能起到“三个有利于”的作用呢？

●：在社会主义中国搞私有化，仅仅从它对经济发展所起的作用来说，也绝不能带来“三个有利于”，而是必然会造成“三个不利于”的结果的。因为：

第一，私有化不利于调动广大劳动者的积极性，反而会压制这种积极性。在社会主义的初级阶段搞私有化，意味着无条件地把公有制企业变成私有制企业，意味着否定巩固和发展公有制经济的任务，从而让广大的职工从企业的主人变成私营企业主的雇佣劳动者。试问，这对于调动广大职工的积极性、促进生产的发展有什么好处？

第二，私有化不利于社会有效需求的增长，反而会相对地限制它的增长。生产发展的重要条件之一，是市场容量的相应扩大。为此，就必须在生产发展的基础上着力提高广大人民主要是工人、农民和知识分子的收入，因为他们占了全国人口的最大多数。正是他们，为中国的市场提供了主要的购买力。但是，私有化必然使社会发生两极分化，使社会财富的分配向极少数人无度地倾斜，使工人、农民和知识分子在收益分配中所占的份额相对减少。其结果，就是随着生产的发展，难免发生社会有效需求即有购买力的需求相对不足的局面。因为对处于富有这一极的少数人来说，他们总的消费能力是很有限的，他们几乎是什么都已经有了，他们不必要也不可能去购买大部分的社会产品来满足自身的需要；而对于处于贫困这一极的多数人来说，他们的购买力却很有限，他们有必要但没有可能去购买大部分的社会产品来满足自身的需要。社会有效需求的不足，将使得国内市场的容量变得狭窄，这种情况如果发展起来，就不能不反过来限制生产本身的发展，导致生产的萎缩，甚至引发经济危机。这种现象，在资本主义世界已经不止一次地发生过了。中国如果搞私有化，落入这个陷阱是不可避免的。要知道，发达资本主义国家还可以通过占领国外市场来缓解国内有效需求不足引发的矛盾，甚至向国外转嫁自身的危机；经济落后的中国由于在国际市场上的竞争力较弱，如果搞私有化，甚至连采取这种办法来缓解矛盾以至转嫁危机的可能性都没有。它的后果只能由中国自身来承受，而如何走出这种困境，将成为很少有希望解开的难题了。

第三，私有化不利于社会政治局面的稳定，反而会导致它的动荡和混乱。社会政治局面的稳定是经济发展的前提。而社会政治局面的稳定往往是同社会贫富分化的程度成反比的。私有化的结果，必然是社会的两极分化，由此将不可避免地导致社会政治局面的不稳定。晚清思想家龚自珍总结中国历史上治乱兴衰的教训，曾经深刻地指出："大略计之，浮、不足之数相去愈远，则亡愈速；去稍近，治亦稍速。千载治乱兴亡之数以是券矣。""贫者日愈倾，富者日愈壅。或以羡慕，或以怨愤。""以至不祥之气，郁于天地之间，有之久，必为发，为兵灾，为疫病。""其始不过贫富不相齐为之尔。"这个历史经验，是发人深省的。正是由于看清了这个历史教训，邓小平反复强调，必须坚持公有制的主体地位和共同富裕这两条社会主义的根本原则。实际上，这两条原则如果被动摇了，两极分化必定会迅速发展，从而破坏社会政治局面稳定的基础，这样一来，集中力量搞好现代化建设也就在根本上成为不可能的了。

这就是说，私有化不仅不可能有效地促进我国生产力的迅速发展，而且会从根本上对它的发展起严重的阻碍作用。正因为如此，我们党反复强调，必须坚持社会主义的基本制度，绝不能搞私有化。

▲：邓小平说，发展是硬道理。是不是只要发展了，其他问题也就可以解决了呢？

●：邓小平对于发展的问题，历来是给予高度重视的。他反复告诫全党，发展是硬道理。我们面临的许多问题，必须通过发展才能加以解决，或者只有通过发展才能为它们的解决创造必要的条件。所以，我们必须紧紧抓住发展这个问题不放，对此绝不能有丝毫的动摇、疏忽和懈怠。但是，他从来没有认为，发展就是一切，只要发展了，什么问题就都可以自然而然地迎刃而解了。他指出，过去我们讲先发展起来。现在看，发展起来以后的问题不比不发展时少。他这里说的问题，突出的是指贫富分化的问题。他说，少部分人获得那么多财富，大多数人没有，这样发展下去总有一天会出问题。他认为，分配问题大得很。12 亿人口怎样实现富裕，富裕起来以后财富怎样分配，这都是大问题。题目已经出来了，解决这个问题比解决发展起来的问题更困难。

邓小平强调，“分配不公”“这个问题要解决”。“中国发展到一定的程度后，一定要考虑分配问题。”“如果仅仅是少数人富有，那就会落到资本主义去了。”如果听任两极分化，势必造成严重的消极后果。他说：“中国有十一亿人口，如果十分之一富裕，就是一亿多人富裕，相应地有九亿多人摆脱不了贫困，就不能不革命啊！九亿多人就要革命。”他还说：“中国情况是非常特殊的，即使百分之五十一的人先富裕起来了，还有百分之四十九，也就是六亿多人仍处于贫困之中，也不会有稳定。”而没有稳定，是不可能发展的。[①]

---

① 《邓小平年谱（1975—1997）》（下），中央文献出版社 2004 年版，第 1356—1357、第 1317、第 1312 页。

分配问题怎样才能得到妥善的解决呢？首先应当看到，生产发展的水平，决定着有多少数量的产品可供分配，所以，我们必须抓好发展这件大事；同时又要看到，既定数量的产品如何分配，主要取决于所有制的状况，所以，我们又必须理顺生产关系，尤其是坚持公有制的主体地位。邓小平讲得很清楚："中国搞资本主义行不通，只有搞社会主义，实现共同富裕，社会才能稳定，才能发展。"什么叫搞社会主义？他反复说明："一个公有制占主体，一个共同富裕，这是我们所必须坚持的社会主义的根本原则。"① 因为如果搞私有化，从根本上说，分配不公等等的问题就不可能得到解决了。

▲：对于私有化可能造成什么后果这个问题，应当联系苏东演变的历史教训来进行思考。

●：你说得很对。在一个社会主义国家搞私有化，将造成怎样的后果？只要看一看苏联解体以后俄罗斯等国家的情况就明白了。在俄罗斯，私有化使极少数人在一夜之间靠盗窃国库成了亿万富翁，却并没有使那里的广大人民得到任何好处。"俄罗斯仅用四年时间就把约三分之二的国民财富转移到私人手里"，近1.5亿的俄罗斯人则变得"一无所有"。"俄罗斯最大的500家国有企业的实际价值不低于2000亿美元，只卖了75亿美元。""俄罗斯国民经济的40%、400家银行、50家大公司均被与国际团伙有联系的俄罗斯犯罪组织控制。"俄罗斯科学院院士德米特

① 《邓小平文选》第三卷，人民出版社1993年版，第111页。

里·里沃夫在《经济周刊》上发表文章指出：1991—1996年，俄罗斯的国内生产总值减少了45%，工业总产值减少了54%，消费品生产减少了58%。

私有化不仅没有促进生产力的发展，而且造成了生产的下降，经济的萎缩，人民的贫困。这个严酷的现实，对于那种离开生产关系去孤立地谈论生产力问题，并据此推断出来的所谓应当不问姓“社”姓“资”等的主张，难道不是一个有力的批判；而对于一切关心中国人民的根本利益、关心社会主义中国的命运和前途的人们，难道不是一个值得深思的警示吗？

▲：有一个问题还需要讲清楚，那就是：反对私有化，同坚持党关于鼓励、支持和引导非公有制经济的发展的方针是不是会发生矛盾？

●：不会。从社会主义初级阶段的实际出发，我们必须坚持以公有制经济为主体、多种所有制经济共同发展的方针。党的十六大提出了必须坚持两个“毫不动摇”的思想，即“毫不动摇地巩固和发展公有制经济”，“毫不动摇地鼓励、支持和引导非公有制经济的发展”。这是完全正确的。反对私有化，并不是否定私有经济在当下的积极作用。由于它在供应社会产品、扩大商品流转、增加就业机会、提供税收等方面具有积极作用，所以“鼓励、支持和引导非公有制经济的发展”是必要的。与此同时，我们必须坚持公有制在国民经济中的主体地位，“巩固和发展公有制经济”。因为否定了公有制的主体地位，就会动摇了社会主义基本制度的基础；如果那样，我们也就没有力量去“鼓励、支持和引导非公有制经济的发展”了。所以，我们应当全面落实十六大的这个方针，不能只讲一个“毫不动摇”而不讲另一个“毫不动摇”，也不能在实际上只抓一个“毫不动摇”而不抓另一个“毫不动摇”。

▲：为什么有人会受到私有化思潮的影响？

●：苏联解体、东欧剧变以后，国际共产主义运动进入了低潮时期。一些人宣称，共产主义已经被送进历史博物馆了；资本主义才是人类社会发展的极致，标志着人类历史的终结。在这种情况下，有的人受到私有化思潮的影响，是不奇怪的。

之所以受到私有化思潮的影响，一个重要的原因，是由于他们相信了所谓人的本性是自私的，只有私有制才能调动人的积极性这种说法。但是，我们不应当忘记，《共产党宣言》中有一个名言：在一定的意义上说，“共产党人可以把自己的理论概括为一句话：消灭私有制”①；尽管消灭私有制将要经历一个长期的历史过程。如果认定自私是人的不可改变的本性，这岂不是意味着共产主义主张最终要消灭私有制是违反人的本性的，因而在根本上是永远都行不通的了吗？所以，接受私有化思潮的影响，实际上是表现了对于共产主义理想的动摇。我认为，这个意见，值得人们深思。

▲：有的论者表示，自己并不是从原则上反对社会主义的公有制，只是认为中国经济文化太落后，至少在现阶

---

① 《马克思恩格斯选集》第1卷，人民出版社1995年版，第286页。

段是搞不得公有制的。应当如何看待这种说法?

●：这种说法是不能成立的。邓小平在 1977 年 10 月同加拿大林达光教授夫妇谈话时就明确指出："列宁在批判考茨基的庸俗生产力论时讲，落后的国家也可以搞社会主义革命。我们也是反对庸俗的生产力论……当时中国有了先进的无产阶级的政党，有了初步的资本主义经济，加上国际条件，所以在一个很不发达的中国能搞社会主义。这和列宁讲的反对庸俗的生产力论一样。"[①] 庸俗生产力论并不是马克思主义，而是对于马克思主义的教条主义的歪曲。

历史的经验和现实的生活都告诉我们，只有社会主义能够救中国，只有社会主义能够发展中国。主张私有化，就是主张中国走资本主义的道路，不走中国特色社会主义的道路，这是根本违反中国社会发展的规律和中国人民的根本利益的。事实上，中国如果走资本主义的道路，绝不能成为发达的资本主义国家，只能成为西方发达资本主义国家的经济和政治的附庸。对于这一点，毛泽东、邓小平是一而再、再而三地讲清楚了的。所以，我们必须坚持社会主义的基本制度，并通过改革使之不断地得到完善和发展。

① 《邓小平年谱（1975—1997）》（上），中央文献出版社 2004 年版，第 223 页。

第四辑

人生感言、思想杂谈、读史随笔

DI－SI JI

RENSHENGGANYAN、SIXIANG－ZATAN、DUSHISUIBI

信念，战士的灵魂*

革命战士的信念是单纯的。斗争的风雨会使他的头脑变得复杂、思虑趋向深沉，然而他对既定目标的追求，却坚定执著，义无反顾。

历史，走着曲折的路；信念，在生活中经受着锤炼。

由于革命有来潮和退潮，斗争有胜利和失败，因此先辈曾告诫人们："要做失败时的英雄。"陈毅同志说过，"在胜利发展的情况下，做英雄是容易的，在失败退却的局面下，做英雄就困难多了。"但是，"只有经过失败考验的英雄，才是真正的英雄"。他的这番话，是在南昌起义失败之后讲的。当时，3 万余人的起义队伍只剩下七八百人了。为了坚定人们的信念，他协助朱德同志在信丰的一个山坳里召开了军人大会。也就是在这个会上，朱德同志讲了俄国革命的历史。他说："一九〇五年的俄国革命失败了，留下来的'渣渣'，就是十月革命的骨干。我们

* 本文发表于 1980 年 2 月 24 日《光明日报·东风》。

这一次就等于俄国的一九〇五年，我们也会有自己的十月革命的。”他大声地呼唤：“愿意继续革命的，跟我走！”

就这样，面对着笼罩全国的严重的白色恐怖，这支小小的队伍重又迈开坚定的脚步向前行进了。有如一股不可遏止的激流，奔腾呼啸，流向海洋。

这正是我们整个党的形象！这正是我们伟大的中国革命的缩影！难道我们党、我们的革命力量不就是这样地从小到大，从弱到强，从失败走向胜利的吗？

那些在革命潮流高涨时期跑到革命队伍里来的同路人，一到革命遭遇困难和挫折，就动摇起来，纷纷离开党了；更坏的，则公然嘲弄自己崇奉过的信念，甚至到敌人的报刊上去作自我忏悔，攻击马克思主义不合中国国情。他们并且还以自己的“清醒”、“明达”而自鸣得意。

是那些在选定的道路上一往无前的“固执”的战士，还是那些落荒而逃的“聪明人”更接近真理呢？当第一面五星红旗在天安门广场升起的时候，历史已经对这个问题作出答复了。这是一个终审判决，不容更改的。

这当然不是说，人们不需要从挫折和迷误中学习。恰恰相反，实践是革命者的严峻的学校。在战争年代，我们党不正是从挫折和迷误中总结了教训，才真正懂得了必须摒除对于马克思主义的机会主义和教条主义的歪曲，学会了从实际出发来运用这个科学的世界观和方法论的吗？也正因为这样，经过这种总结，人们固有的信念不是动摇以至丧失了，而是变得更加纯净、更加坚实了。

信念，这是战士的灵魂，是他永远坚守着的思想阵地。因为动摇以至丧失了这种信念，战士也就不成其为战士了。正是这一点，突出地显示着庸人和战士的分明界限。

难忘的启蒙*

我时常怀着深深的感激之情，纪念着我的启蒙老师们。是他们，在我童稚的心灵里播下美好的种子，教导我：要爱祖国，要勤勉，要做一个正直、诚实的人。几十年过去了，老师们的话仿佛还在我的耳边回响。

我的启蒙学堂叫竺西小学，它坐落在江南小镇——宜兴周铁桥的北街外。我还依稀记得那狭窄的天井，晦暗的教室和没有座位、只有一个石砌的小“舞台”的礼堂……记得在这个礼堂里我们有过的永生难忘的集会。

那大概是1942年，沦陷时期的艰难岁月，我上小学三年级的时候。老师们曾组织全校的学生在这里举行过多次的抗日讲演比赛。我也登过台。讲演稿是级任老师冯瑶琴先生写的，记得里面有“人为刀俎，我为鱼肉”这样的话。

---

* 本文发表于1998年3月26日《光明日报·文荟》。从当年秋季开始，收入人民教育出版社历年出版的《小学语文》第12册。

学校离北街外营桥边的日本兵炮楼很近，只200来米。比赛时，专门有人在校门口放哨，见到日本兵或翻译官经过，就跑进来报告，讲演随即暂时停止，大家一起唱歌。

那时我还小，不大懂得这件事可能带来的后果。后来，当我知道日本侵略者是怎样残忍地虐杀中国的爱国者的时候，我对于老师们的勇敢，不能不从心底里感到无限的敬佩。

冯先生教国语，也教音乐。她爱穿青竹布的旗袍，有时套一件黑色的马甲，挺精神。小学的校歌就是她教的。校歌的词和调都很美。开头的几句是："竺山屏于东，湖水环流永无穷。莘莘学子乐融融。求学不尚虚荣，为的是经世致用……"

大概是为了让学生真正学得"经世致用"的本事吧，老师们对我们的要求是很严格的，严格到有点近乎严厉。那时还没有废止体罚，弄不好，老师会用戒尺打你的手心。

我虚岁6岁就上学了，年纪小，上课时总很规矩地坐在前排，老师们都是蛮喜欢我的。他们无疑说过不少表扬我的话，只是这些我已经无从记忆了；可我还是免不了受到批评乃至惩戒，这方面的情景我倒是至今未曾忘却。

在班上，作文和写大字算是我的"强项"了，然而就是在这两门课上，我也受到过申斥。有一次作文，题目是"记秋游"。在文章的开头，我说：星期天的早晨，我和几个同学在西街外的草场上玩，忽然闻得一阵桂花香，我们就一起到棠下村摘桂花去了。陈顺乾先生阅后在末尾批了“嗅觉特长”四个字。我不明白这批语的含义，就去问。先生板着面孔对我说：棠下离这儿有 3 里路，那里的桂花香你们也闻得见，难道是长着狗鼻子吗？这话有点刺伤我，不过我还是感到羞愧，因为我确实没有闻到桂花香，开头那几句是凭想象编造出来的。有一次上大字课，老师在发本子时把我叫到讲台前，严肃地对我说：你这次的成绩是丙，丙就是及格了，可对你来说，这是不及格，因为你本该得甲的。以后再这样，就要打手心了。当着全班的面这样说我，我感到有点难堪，不过我在心里还是服气的，因为那节大字课的前半堂我尽和邻座的同学说悄悄话了，字确实写得很不尽心。

在我的印象里，只有对一门课，老师们的态度特别宽容，那就是翻译官上的日语。即使逃课，老师们也是不管的。而从这种宽严之间，我们这些小学生似乎也领悟到了老师们没有明说的某种道理。

抗战胜利那年，我小学毕业。祖父母相继去世了，父亲还在大后方，我于是随姑母去上海就读。上海的私立中学英文程度很高，初一就读开明书局的《活用英语》第五册。家乡的小学不上英语课，我自然跟不上班了。本来，一个乡下孩子在当时的上海，就是容易被人看不起的，更何况有的功课还不行！第二年父亲从大后方归来，我就转学到了宜兴和桥的彭城中学，并在那里做了住校生。父亲是个诗人，生活在自己的天地里，很少关心孩子。是彭城中学的薛顺乾先生给了我从未享有过的父爱。

记得先生是江阴人，瘦高的个子，爱穿一件灰色长褂，还戴着一副黑边眼镜。上夜自习时，他喜欢看我写作业；监考时，他总长时间地站在身后看我答卷子；他还经常把我带回他自己的宿舍，关心我的冷暖，请我吃他煮的青蚕豆之类。他那慈祥、亲切、信任的目光，温暖了我孤独的心，激发了我上进的勇气和力量。这一年，在全年级近100名学生中，我竟然出乎意料地得了第一名。从此以后，我就重新建立起了对于自己的信心，并且把在上海时一度有过的自卑感永远地扫除了。

从初三到高二，我是回到家乡周铁桥，在竺西中学就读的。这里的老师，多数原是著名的江苏省立苏州高级中学的教学骨干和行政领导。他们因为开罪于国民党当局而被解聘，上告法院又遭败诉，于是才决定集体回乡重建竺西中学的。他们的教学，不仅水平很高，而且极富特色。比如，程西民先生在公民课上就不讲国民党的党义，却告诉我们，世界是物质的，剥削制度是终归要被消灭的。冯凤璋先生把数学课也讲得十分吸引人。他爱写板书，总是从左上角写起，把所讲的内容全部用板书加以演示，使学生们一目了然。一堂课下来，正好满满堂堂、整整齐齐一黑板。毕馥真先生教英文，他采用原文版的《英文典大全》做语法教科书，引导我们照书本的要求把英文的句子进行图解，不允许我们对句子里任何一个词的含义、作用在理解上有一点误差。他们一身正气，两袖清风，富于正义感；同时学力深厚，责任心极强。能够在他们的门下受业，实在是我们这些乡下年轻人的莫大幸运。他们既是为我们授业、解惑的师长，也成了我们为人处世的楷模。

解放后的第二年，我离开学校，到北京参加了革命工作。从那以后，漫长的岁月过去了，经历的事情许多也已淡忘；只是少年时代小学、中学生活的场景，启蒙老师们的音容笑貌，还不时地在我的记忆中浮现，引发我的思念和遐想。1993 年秋天去无锡参加学术讨论会，我终于有机会回到阔别多年的家乡。遗憾的是，小学时代的老师多已作古，我甚至无法找到他们的墓地，去向他们献上一个学生的敬礼。中学时代的老师健在的也不多了，感到欣慰的是，我还是在县城见到了在家中颐养天年的毕馥真先生和冯凤璋先生。他们高兴地回忆起我们班的情况，并且还是像当年一样，夸奖我的悟性，取笑我的调皮。毕先生年过 90，身体还硬朗。冯先生小毕先生 5 岁，可已经卧床多年了。我发现，冯先生枕头边放着两样东西：一本《无锡名人词典》和一叠信件。词典里一些夹着纸条的页面上，记载着他的一些成了名的学生们的简历；信件也多是学生们寄来的，其中的几封就寄自现在厦门某大企业任总工程师、当年我们班的一位学业最优秀的学生。翻阅这部词典和这些信件，大概是他晚年生活的一大乐趣了。

人们常说，教师是一支蜡烛，燃烧了自己，照亮了别人。不过，我以为，他们其实也并不只是付出，而没有收获的。看着自己养育的幼苗长成大树，这难道不是一种巨大的享受和崇高的欢乐吗？就拿我们班来说吧，同学里确是出了不少人才的。他们中有诚实的普通劳动者、乡村干部、中小学教师，也有大学教授、研究员、高级工程师和高级军官、高级干部。要不是启蒙老师为我们打下了坚实的思想和学业基础，我们这些乡村少年是很难想象会有后来那种发展的。诚然，老师们本人一生过的是默默无闻的清贫生活，连在县志上大概也只有很少几位能够留下自己的名字。但是，他们播下的知识和真理的种子却在我们这些学生身上发芽、生长、开花、结果，他们昭示的生活信条和显现的高洁人品也已经被我们这些学生印在了脑际、融化到血液中去了。所以，老师不朽，这句话是确实的。因为他们匆促的生命，正是在他们的学生那里得到了无限的延长。

50年代后期以来，我也走上了我的启蒙老师们走过的路，成了一名教师。我是自愿地愉快地作出这种选择的。我热爱教师这个职业。即使在担负学校行政工作的那几年，我也仍然完成着一名普通教师应当完成的全部教学工作量；即使在调离学校、外出做“官”的那几年，我也仍然作为一名兼职教师坚守着自己的教学岗位。当我站在讲坛上向年轻人宣讲自己所崇奉的信念的时候，我会想起我的启蒙老师们。我由此想到，人们在平凡的教学岗位上所付出的辛劳不会是徒然的。既然我们的老师播下的种子在他们学生的身上开花结果了，为什么我们播下的种子不会在自己学生的身上开花结果呢？

“人比月光更美丽”*

——读胡乔木的自选新诗

作为马克思主义的理论家、政论家、史学家，胡乔木在党内外久负盛名；作为诗人，他还只是被为数不多的人所了解。他的诗作不丰，却多属精品。如果仔细品味他的自选诗集《人比月光更美丽》，人们将不难论定，他在现代中国诗坛上也应当占有一席之地。

诗言志。诗就是诗人自己。作为争取民族独立、人民解放的战斗行列中的一名老战士，胡乔木在诗作中抒发的，是一个革命家的情怀，推动他进行诗创作的，如他自己所说，乃是一种“不能自已的公民激情”。他歌唱自然的壮丽，他尤其歌唱人性的优美，歌唱人的征服自然、改造社会的伟大创造力。诗选的开篇是以这样两句作结束的：“月光美丽谁能比？人比月光更美丽。”这也正是他在诗作中反复吟咏的主题。

---

* 本文发表于1994年7月28日《人民日报》。

人们记得，为了赞美战士的英勇和坚毅，高尔基写过《海燕之歌》，郭沫若写过《雷电颂》。诗人胡乔木则通过讴歌仙鹤的风貌和气度来塑造自己理想中的革命者。他写道：“你娴静，又欣然起舞翩跹/你沉默，又俄然飞鸣震天/除了避敌，你行止常闲/除了孵卵，你直立不蜷/不猛不怯，你温良而庄严/不骄不媚，你入世而超然……”如果了解诗人历来认为，一个革命者应当兼具平和、飘逸的学者气度和执著、坚定的战士品格，而他自己，就既是广博的学者，又是热情的战士，那就不难懂得，他为什么如此赞美仙鹤，把它的仪态视为“羽化的人性的模范”了。《仙鹤》没有《海燕之歌》那种磅礴的气势，基调也不如《雷电颂》那么高亢激越，但它所赞美的“羽化的人性”却具有一种特殊的魅力，更加使人感到亲近。至于松树的风格，那是被古往今来多少人赞美过的，而在《松林》中，诗人把它作为“豪放与恬淡”的“正直者”的象征，仍然赋予了它一种新的意境。他写道：“你的强劲的躯干，宣示着勇士的高贵/树脂是你的泪水吗/不，它不簌簌下坠/它比人的血还浓；正是血，造就人的美。”“也许你招来的顽童/把你的弱枝伤害/你还是慈母般相待/直到他懂得悲哀。”在这里，我们看到了一个战士的不屈的性格和博大的胸襟，而它的基调，也仍然是刚烈和柔韧、勇武与平和的和谐的共鸣。

胡乔木的青年时代是在硝烟弥漫的战争中度过的。作为这种战斗生活的反映，在他的早期诗作中，我们常常可以听到威武、雄壮的英雄进行曲的旋律：“提起枪我们跨上快马/迎着暴风雨急奔前线/我们的呐喊震撼山谷/我们战斗着不知道疲倦”……“可爱的青春发着亮光/我们的生命像大船在海上前航。”“让暴风更激烈吧/浪涌得更高/战斗的青春才更可骄傲!”晚年，他虽然生活在和平的环境中，人们还是能够从他的诗作中听到同一个旋律的回响。就像在《中国女排之歌》中所写的：“前面是对手，后面是祖国。人生啊，能有几回拼搏。”“拼搏者会输，斗志不消磨。会老，生命仍然是烈火。”不过，与早期诗作相比，这时充盈在他的诗作里的，更多的已经不是进军的号角、战斗的鼓点，而是对于新生活建设的哲理的思考和对于奉献精神的抒情的礼赞了。比如，在《秋叶》这首优美的抒情诗中，诗人歌唱绿叶。绿叶装点着世界，净化着空气；而当秋风起时，它们变出了红黄，落下来，四散飞扬。它们“在乡间人迹稀疏的去处，随雨雪消融，化成了沃土”。在城市的公园和人行道上，它们被清洁工燃成残灰，终于“也投入慈母大地的胸怀，去酿造新绿”。他们就是这样地把自己的所有，都无保留地献出了。这不就是在祖国广袤的土地上用自己的心血和汗水营造着新生活的那些无名的建设者们的形象吗?

从外表看，胡乔木似乎显得有一点冷峻。其实，作为一个真正的人民诗人，他有着激越的感情和热烈的心肠：“我心跳，当我是在铁道旁的野地，看到个衣衫褴褛的老翁/躬身钻进个破烂的茅棚/我算计，要我们年轻人不改变这世界，白活着能成?”这种对劳动人民命运的真切同情和关怀，是激发他走上斗争道路的原动力，也是构成他全部生活的主要出发点和支撑点。即使进入暮年，即使身居高位，他也是没有改变这最初的信念的：“时间过去了半个世纪/大地的面貌终究改变/但少年的印象常常再现，还使我心跳：此时此地，是否就没有世道像从前?”他的心，仍然不时地为“还有三代人在斗室同居，还有危房禁不住风雨”而“受着煎熬”。也正因为如此，他的诗作，并不是对盛世的装饰，更不是对自我的赞颂。他着力歌唱的，是他挚爱的人民，是那些无名英雄的诚实劳动。他以哲人的眼光，从普通人的平凡生活中看出它们非凡的意义。他怀着深情，向“为所有休息者需要的一切”而“把自己献给了黑夜”的夜班工人、编辑、医务人员、清道夫们表示感谢，向说出并践行了“小车不倒只管推”这个誓言的农村基层党务工作者致以敬礼。他与朝气蓬勃的纺织女工们分享着青春的欢乐。他为失足者的觉醒而兴奋，祝愿他们告别“黑暗的一切招引”。他满心欢喜地意识到，自己就属于那新生活的创造者群，是融合在这个富于生机和活力的群体中的活跃的一员。他写道：“天安门前的人行大道/我曾多少次边走边瞧/投入东来西往的人流/迷入左右前后的说笑”。“我们在一同创造/呼吸爱抚这沸腾的生活/这血汗的收成，这心中的珍宝”。

收入自选集的新诗，大多是80年代的作品。这时的胡乔木，已是70以上的高龄了。与一般的老年人一样，他也常常有一种怀旧的情绪，喜欢回顾“过往的生涯”。不过，在他的怀旧诗里，没有那种去日苦多的感伤情调，更没有那种感叹人生无常的出世思想。他是以一种自豪的、欣慰的心情，来回首往事的。他感到："少年的美梦够多么开怀/壮年的战斗够多么痛快/历史的洄流多叫人感慨/我们多羡慕将来的一代！"他大声地呼喊："当头的明月给我们作证/我们的精力还多么旺盛/天哪，让我们再一次年轻/把人生的道路再走一程！"固然，岁月无情地流逝了，但我们在人世已经播下希望的种子，"这宝贝，如今正愈长愈壮"；逝去的青春也不可能重新追回，但"桃花谢了，美没有消亡/多迷人，熟果的色，形，味，香/母亲的春天的明媚，依旧在/孩子的欢笑蹦跳里回荡。"为革命而献出青春和生命，是值得的。革命者的青春和生命，将会在不朽的事业中得到无限延长。《虹的传说》所吟咏的，也是同一个主题：为了"到处是四季常青的芳草地"，不怕死的勇士一个接一个地在那座神秘而危险的奈何桥上倒下了，倒下的勇士幻作大朵斑斓的鲜花，把桥面铺得宽阔而又牢固，于是更多的人"来到桥头，踏着鲜花，成队地向前走去"，"而鲜花，前驱者的精灵，铺成的桥面，就成了今天连接地和天的虹"。这首美丽的寓言诗，确实是对于革命者的人生哲学所作的一个很好的诠释。

为真理而斗争，这是革命者的使命，而真理必须旗帜鲜明。他们鄙薄乡愿作风和市侩习气，是很自然的。也正因为如此，他们不仅受到人们的尊敬，也难免招致某些人的嫉恨。就像诗人在《歌者》中所说："羡慕我的，赠给我鲜花/厌恶我的，扔给我青蛙。"不过，赞誉并没有使他们陶醉，谤议也无法使他们沉默。他们还是"要上高山，看人寰的万象/要畅饮清风，畅沐阳光/要尽情地歌唱，唱生活的情歌/直到呕出心，像临末的天鹅"。而这歌者，不也就是诗人自己吗？他确实是不论毁誉，直到临末，仍然在呕心沥血，尽情地歌唱的。

记得罗曼·罗兰曾经说过，只有在译成散文之后仍有诗味的，才称得上是诗。胡乔木的新诗不是浅薄的吟风弄月的作品，它们不落俗套，不过事雕饰，蕴含着丰富而深刻的思想，即使译成散文，也还是富于诗意的。不过，诗又毕竟是诗，不是散文，它不仅要高度地凝练，而且应当有自己独特的格式，鲜明的韵律和节奏。在这方面，胡乔木也是作过一些尝试和探索的。"贞洁的月亮/吸引着海洋/热烈的希望/吸引着心房/月下了又上/潮消了又涨/我的心一样/收缩又舒张……"像这样的作品，读起来，音调很优美，节奏感也很强烈，确实具有浓郁的诗的韵味。他自己说过，他试图运用和提倡一种新格律，其要点是以汉语口语的每两三个字自然地形成一顿，以若干顿为一行，每节按每行顿数的同异形成不同的节奏，加上适当的韵式，形成全诗的格律。这种努力，得到了一些诗人的认同。老诗人罗念生曾给他写信说："第一辑新诗，情感浓郁，思想深邃，音调铿锵，形式完美。60年来，我一直在思考新诗的形式问题，结论见于信中寄上的《格律诗》一文。您的诗作完全合乎我所理解的理论。"毫无疑问，这是一位名家所作的严肃的评价，不是流俗的溢美之词。

“独断之学”与“考索之功”*

在《邓广铭治史丛稿》的自序中，邓先生在开篇曾引证清人章学诚《文史通义》中的话：“高明者多独断之学，沉潜者尚考索之功，天下之学术，不能不具此二途。”一个学者如果“不能抒一独得之见，标一法外之意，而奄然媚世为乡愿”，那就不足取了。他说自己在治史时，一直是以章氏所定的几条标准作为追求的目标的。

邓先生是治宋辽金史的权威学者。他的《王安石传》、《岳飞传》、《辛弃疾传》等著作以及有关这个时期历史的一系列专题论文，无不是在广泛搜集比较原始的资料并对其进行认真考订的基础上，经过潜心研究写成的。因此，它们也就比较可读、可信，有说服力，并且大多具有传世的价值。（20 世纪）50 年代中期，我在北京大学历史系学习时，听先生系统讲授宋辽金史，就感到先生确有许多“独得之见”，叹服先生考索方面功力之深。先生

---

* 本文发表于 1998 年 4 月 10 日《光明日报·史学》。

当年神采飞扬地讲述自己的研究心得，如岳飞大破金兀术的拐子马等的情景，至今仍历历在目。

在治史的过程中，邓先生几乎阅遍了能够搜集到的所有宋辽金史的文献资料，而且十分注意利用考古发掘提供的新资料。他与李培浩合写的《历史上的宋江不是投降派》[①] 一文，主要的立论根据，就是1939年在陕西府谷县出土的由范圭所撰的《宋故武功大夫河东第二将折（可存）墓志铭》。折可存是与宋江、方腊同时代的一位将军，他曾奉命镇压方腊起义。墓志铭记载，征方腊战事结束，“班师过国门，奉御笔：‘捕草寇宋江’，不逾月，继获”。邓先生认为，这“是关系到宋江起义军最终结局的一份最原始、最确实的材料，为抗日战争前研究宋江史实者所未曾见”。据此，他们推断：既然宋江在方腊失败后仍然被当作草寇追捕，可见他并没有受招安，更没有在受招安后去征方腊。文章的发表，在史学界乃至社会上引起了广泛的注意，并且引发了一场热烈的争论。这场争论，有力地推动了宋江问题研究的深入。

争论中，对邓先生等的文章，赞成者有之，部分赞成、部分反对者有之，反对者亦有之，而且为数较多。邓先生曾著文参与争论、进行答辩。1982年，他在当年第四期《中华文史论丛》上发表《关于宋江的投降与征方腊问题》一文，对这场争论进行了回顾，对自己以往的论断重新进行了审视。由于看到马泰来的《从李若水的

① 《社会科学战线》1978年第2期。

〈捕盗偶成〉讨论历史上的宋江》一文揭出李诗中有“去年宋江起山东，白昼横戈犯城郭”，“大书黄纸飞敕来，三十六人同拜爵”等的记述，邓先生认定，宋江等人曾经投降，是确有其事的，我们断言其为南宋人捏造，是完全错误的。他在对《捕盗偶成》一诗进行详细的考释后，得出的结论是：宋江等36人确曾一度接受过北宋王朝的招安，然而确实是不曾参加过北宋王朝镇压方腊的战役。在接受招安至少过了一年以上的时光之后，宋江再度反叛，所以宋廷才在折可存等人镇压了方腊的起义而班师经开封时，颁布了“捕草寇宋江”的命令，而在不出一月的时间内就把他擒获了。

我无意在这里对有关宋江的争论以及邓先生所作的上述判断本身发表意见。我对宋史并未作过研究，在这个问题上实在没有什么发言权。我之所以提及这桩史坛往事，只是因为邓先生在争论中所表现出来的实事求是的科学态度，确实感人至深，值得后人学习。

周恩来同志说过，只有忠于事实，才能忠于真理。邓先生是服膺这句格言的。他认为，一个从事历史著述的人，要具备独到的见解，要有考索的功力，就“必须先以大量的历史资料为凭借”。由于信守这条原则，他的著述不仅言之成理，而且首先持之有故。他从来不发空洞的议论，不作无根据的推断，更深恶痛绝“奄然媚世为乡愿”的那种学风。尽管是宋史研究的巨擘，而且秉性刚烈、富于自信，一旦发现自己的某个论点与史实不符，他还是毫不犹豫地予以修正。他在读了马泰来的文章以后，即公开承认：“过去只翻阅过一卷本的《忠愍集》，竟没有注意到它是个不全的本子。”“一卷本的《忠愍集》是只有文、没有诗的，所以，我只是在读过马先生的文章之后，才知道李若水有《捕盗偶成》一诗，才知道诗中谈到了宋江等三十六人一同受招安的事。”为此，“深感自己弇陋太甚，惭愧无似”。自我批评竟作得如此深刻，真是让人感佩！

我国的古代史籍浩如烟海，而且许多记述互相牴牾，史学家在叙史论事时发生这样那样的疏漏，从来是难免的。在邓先生众多的著述中，像宋江是否一度受招安的问题这种疏漏本属罕见；而从他对这种疏漏所作的坦率而诚恳的自我批评中，我们却感受到了一位长辈学者对研究工作的严肃态度和负责精神。由于纠正了否认宋江一度投降这个疏漏，坚持了宋江没有征方腊的判断，肯定了宋江降而复叛、终于被擒的看法，邓先生还是在这个问题上形成了自己的“独得之见”。这种见解虽未必就是历史的定论，至少是可供讨论的，也有助于启发人们的思考。

《肖像》的启示*

果戈理在他的中篇小说《肖像》中，讲述了青年画家恰尔特柯夫耐人寻味的故事。

年轻的恰尔特柯夫是一位有才能的、前途远大的画家。他的教授曾告诫他，要珍惜自己的才能，不要随波逐流，不要画那些时髦的画，不要只知设法去吸引人的注意。但是，长期在贫困生活中挣扎的恰尔特柯夫经不住金钱和虚荣的诱惑，当他偶然地获得一笔钱财，租下一所华美的住宅、有了一个富丽的画室之后，他开始为人们画肖像，并赋予自己的画以挥笔即来的俗气的色彩。他迎合上流社会仕女们的心理，违反生活的真实，尽力把肖像画成她们自己希望的那个样子。于是，他声名大噪。似乎全城的人都想请他作画，求画者一个个都称他是稀世奇才。他在各方面都成了一位时髦画家了。他变得富有和阔绰起来。而与此同时，他的画笔却冷淡了、迟钝了。正当盛年，

* 本文发表于1985年6月2日《光明日报·东风》。

他的才华就已经凋谢。有一次，美术学院请他去评判一件新作品。这幅博得人们高度赞赏的肖像，是真正的杰作。“显然，画家是先把从外部世界吸取到的一切蕴藏在自己的灵魂里，然后再从灵魂深处，把这些东西谱成一支和谐的庄严的歌。”而它的作者，正是他从前的朋友。他战栗了。他重又想起自己的经历，想起自己在破陋的小屋里默默地做过的工作，想起自己也曾经拥有过的才能。他的心中充满了恼恨和嫉妒。他以自己的万贯家财去高价收买艺苑中的精品，然后把它们一一扯成碎片。在一次这样的发作中，他结束了自己匆促的一生。

恰尔特柯夫这个故事的寓意是明显的：一个艺术家如果不忠实于艺术自身的法则和使命，而是曲意迎合流俗的趣味，他的才能就会被毁灭，他的艺术也就失去生命了。

当然，这并不是果戈理个人的独特见解。歌德就说过：一个有才能的青年作家想收到效果，博得公众承认，而又不够伟大，不能走自己的路，就只得迎合当时流行的文艺趣味。而在这种追求表面效果的竞赛中，一切深入研究，一切循序渐进的才能发展和内心修养，都被抛到九霄云外去了。对一个有才能的作家来说，这是最大的祸害。

不待说，在我们这里，欣赏艺术的公众已经不是果戈理时代的那些上流社会的仕女，而是千百万新生活的建设者了。因此，任何人都是没有权力用傲慢的态度来对待他们的艺术趣味的。在我们这里，正如列宁所说的那样，“艺术是属于人民的。它必须在广大劳动群众的底层有其最深厚的基础。它必须为这些群众所了解和爱好”。虽然如此，果戈理讲述的这个故事，对于我们来说，也仍然富于启发性。因为艺术是对世界的审美认识，它的目的是按照一定的社会审美理想来改变生活。因此在我们这里，正如列宁所说的那样，艺术“必须把这些群众的思想和意志结合起来并提高他们”。如果不加分析地投合某些人的趣味，那么这种艺术又怎能给人们以审美享受，从而帮助人们更深入地认识生活并在精神上升高自己？这种艺术又怎么会有坚强的生命力呢？

鲁迅在1926年所写的《写在“坟”后面》中说过这样一段话：“记得三四年前，有一个学生来买我的书，从衣袋里掏出钱来放在我手里，那钱上还带着体温。这体温便烙印了我的心，至今要写文字时，还常使我怕毒害了这类的青年，迟疑不敢下笔。”我的译著的印本“每一增加，我自然是愿意的，因为能赚钱，但也伴着哀愁，怕于读者有害，因此作文时就更谨慎，更踌躇。”我想，这就是一个伟大的思想家、艺术家的深沉的责任感。正是这种责任感，使得他奉献给人民的是以自己的心血浇铸的精品，使得他吃的是草挤出来的却是牛奶和血！

关于“辞主乎达”及其他*

诗大多讲究对仗、韵律，是一种比较注重形式的文学体裁。不过，讲究对仗、韵律的文字，并不就是诗。记得罗曼·罗兰说过，只有译成散文以后仍然有诗味的文字，才是诗。可见，诗之所以是诗，也还主要在它的内容而不只是在形式的。

写作，除了自娱、备忘以外，主要是为了给人看，也就是说，为了交流。所以，“辞主乎达”，成了人们公认的一个原则。自然，形式也还是要讲究的，只是它的目的仍然在更好地达意，在使读者一目了然，甚至感到赏心悦目。正因为如此，鲁迅在谈及自己的创作体会时说过：“写完后至少看两遍，竭力将可有可无的字，句，段删去，毫无可惜。”“不生造除自己之外，谁也看不懂的形容词之类。”

不过，一个时期以来，在一些文章中，使用生造的除

* 本文发表于1999年3月4日《光明日报·文荟》。

自己之外谁也看不懂的文字，似乎成了一种时髦。记得我在北京大学的一位学长曾经告诉过我关于他自己的一个故事：他在阅读一位研究生的论文时，突然感到了一种强烈的落伍感，因为他居然读不懂自己指导的学生写的文章了。可他又实在有点不愿相信自己已经落伍到这步田地。于是他下决心对这篇文章逐字逐句地进行推敲、琢磨。当终于把文章读通之后，他生气了。他质问那位学生：你为什么要用大家听不懂的话来讲述人们早已明白的浅近道理？学生的答复是：要是按老师的要求去写，这篇文章就没有多大意思了。

这里涉及的问题在于，文章的分量主要在它的思想内容呢，还是取决于它的装束？实际上，正像东施在浓妆艳抹之后并不能变成纯美的西子一样，晦涩的文字也不会使浅薄的思想变得深刻。诚然，如果读者并不都像我的那位学长那样认真，又由于害怕别人说自己无知，也有可能对自己看不懂的文字表示赞赏。不过，无论有多少人赞美"皇帝的新衣"是如何的华贵，华贵的新衣并没有穿在这位皇帝身上终究是一个事实，而这个事实早晚是会被人说穿的。

既然"辞主乎达"，使用生造的让人看不懂的文字，就是一件毫无意义的事。这不仅无助于达意，还可能造成相反的效果。比如，"反思"这个概念，在如今的一些文章中是常见的了。可是，它究竟具有何种含义，却未必是人人都弄清楚了的。《辞海》上的解说是："反思，德文 Nachdenken 和英文 reflection 的意译。在旧哲学中，反思一词是从唯心主义的角度来说明人的认识活动。洛克把对意识的内在活动的观察称为内省经验，就是一种对反思的理解。黑格尔专用此词指对思想本身进行反复的思索，即指思想的自我运动。”（见哲学分册）可见，在外国哲学史上，这个“新鲜”名词不过是一个唯心主义的陈旧概念而已。它与一些人想借此表达的意思，并不是一回事。

有人会说：难道不可以赋予旧的概念以新的含义吗？我以为是可以的，如果确有必要的话。只是不应当忘记：为了使思维具有确定性，我们必须遵守同一律，即在同一思维过程中，每个概念都必须具有确定的同一内容。如果某个概念容易引发歧义，导致自己想要阐明的某个命题同与之相悖的命题的混淆，我们又何必对这种概念加以偏爱呢？

无疑地，我们不应当拒绝引进新名词、创造新概念。概念既然是反映对象的本质属性的思维方式，那么，随着人们对不同对象或同一对象的多方面属性的认识的拓宽和加深，新名词的引进、新概念的创造也就成为完全必要的和不可避免的事情了。然而，创新的见解来源于对事物所作的深入观察和切实分析，来源于对新情况、新经验的科学概括。用一些自己还没有弄明白、别人更难听得懂的语言，来表达某种本来不难明白的道理，这既不能加强思想的深度，更不意味着理论上的创新。

诚然，也应当承认，对于有的论者来说，使用晦涩的文字，还是经过了一番思索的。他想要表达某种思想，可又缺少足够的爽直，不愿把自己的意向明白地说出，于是才借助于一大堆引进的含糊的名词和生造的令人费解的概念，来使读者如堕云里雾中，从而被导入他们所指点的某种境界里去。这种做法，已经不是表现幼稚者的蒙昧，而是属于老成者的谋略了。有的论者鼓吹的“消解主流意识形态”等等，就是这方面的显著例证。对于这类文字，且不说我们并不赞同，而且对于它的特殊功用，也是需要深长思之的。

也谈名人与名言[*]

“博识家的话多浅，专门家的话多悖。”这是鲁迅在《名人与名言》一文中所发的议论。博识家的话多浅，意义自明；专门家的话多悖，他加了一句申说：这个悖，“未必悖在讲述他们的专门，是悖在倚专家之名，来论他专门以外的事”。

类似的话，在鲁迅之前也有人讲过。记得卢梭就曾说：一个人如果离开自己专业的领域大发议论，就难免使自己出丑。话说得要比鲁迅尖刻，只是他没有就此展开论述。

自然，专门家的话多悖，并不等于专门家的话必悖。因为有的专门家对于自己的长处和短处，对于自己在何种领域具有多大的发言权，还是有清醒的估计的。张政烺先生是治中国上古史的权威学者。当年他在北京大学历史系任教时，据说毛泽东曾就历史问题向他求教过。凡属先秦

---

* 本文发表于2002年6月19日《光明日报·文荟》。

史的问题，张先生是有问必答的；而对于先秦以下的历史问题，他只说一句话：“兄弟负责古代史部分”，就不置一词了。他的这句话一度被传为笑谈；但它确实表现了一位严肃的学者对待学问的一种严肃的态度。

丁石孙教授担任过北京大学数学系主任。他本人是专攻代数的。他说过，对于代数以外的数学学科的其他分支，他其实并不懂。正因为他了解自己的强项和弱项，他也就懂得自己在什么问题上有发言权，在什么问题上则没有。这也许是他当年在系主任的岗位上颇得师生好评的原因之一吧。

不过，一个人要有自知之明，并不是很容易的。正像鲁迅所说，“名家被崇奉所诱惑”，往往容易“忘记了他之所以得名是那一种学问和事业，渐以为一切无不胜人，无所不谈，于是就悖起来了”。这方面的例子是不胜枚举的。

比如，有一位杰出的语言文字学家近年来爱谈中西哲学的比较问题。他认为，中国古代的“天人合一”说是很美妙的，而西方的“改造和征服自然”说则大成问题。他从维护生态平衡、保护环境的角度生发出上述议论，其用意确实很好。不过我还是对他的这番议论是否有悖，有点疑问。因为我到底还是弄不明白，遵循自然规律，按照可持续发展战略，去改造自然、征服自然，为什么必定会破坏生态、恶化环境呢？

承认专门家的话多悖，并不是要求专门家除自己的专门领域之外就什么也不要说。这是没有道理的，也是做不到的。只是作为专门家，最好要知道自己的学问或事业的界限，不要一成名人，便以为真理尽在掌握之中，说的必是名言，“便有满天飞之概”。在文化相对落后的中国，名人崇拜的风气是较为厉害的。所以成了名的人，说话时多一些思索，也可算作是对崇拜自己的人的一种尊重吧。

而对于并非名人的人们来说，我们倒是确有必要把“名人”和“名言”区分开来的。不要以为，既是名人，也就无所不通，无所不晓。比如，现在大部头的著作、丛书出得很多，不仅装帧精美，而且多由名人任主编。如果你由此论定，这书既由名人主编，想必就是名著，那就恐怕要吃亏了。固然，名人编的名著并不少见；但有的名人确也胆子大得可以，他是什么主编都敢当的，不管这著作、丛书所论述的事情是否属于自己熟悉的领域。

“名人的话并不都是名言；许多名言倒出自田夫野老之口。”这才是至理名言。认同这个道理，也算得是一种思想解放。而如果大家都这样看问题的话，名人说起话来，顾虑就可以少一些、自由度也会更宽阔一些了。

有感于名家赶会*

不久前，我去某校讲课，问起该校一位知名学者的近况。我的朋友多少带着一点无奈的心情对我说：他很忙，一年至少要有半年的时间花在会议上。因为有各种各样的会议，比如学术报告会、理论研讨会、专题座谈会、论文评审会、学科点检查会、优秀论著颁奖会等等，得要他出席，所以常常是有家归不得。我想，这位学者年事已高，常年奔走在旅途之上，往来于宾馆与会场之间，这对他来说该是怎样一种不堪的重负，是不难想象的。

名家很忙，自然不是坏事。这至少从一个角度说明社会有关方面对于名家的看重。在会议的组织者看来，是否有名家出席、有多少名家出席，似乎是关乎会议自身规格的高下以及是否具有足够的分量和权威性的一种标志。所以，一位学者的知名度越大，受到各种会议邀请的频率也就越高，需要出席的会议也就越多。而名家赶会也就成为

* 本文发表于《中华魂》2005 年第 6 期。

一种相当普遍的现象了。

其实，一个会议质量的高下并不总是取决于与会名家的多少的。因为名家本来就有各式各样，并不是凡名人说出来的必是名言，也不见得名气越大的人学问就一定越高。当然，如果一个人是靠真学问出的名，想必他至少是在一定的时期内、对某个特定的领域下过真功夫的。不过，一个人因为某个方面有所建树而成名之后，也未必由此在其他自己不熟悉的领域就拥有了发言权。“如果一个人想要在自己的专业领域之外大发议论，难免会使自己出丑”。这确实是一个有益的告诫。

记得当年陈毅为了勉励知识分子专心致志地读书、做学问，曾经提倡过董仲舒“三年不窥园”的精神。这意思是很好的。他这个话的着重点是在“不窥园”而不是在“三年”。因为董仲舒生活在汉代，那时的典籍大概不算太多，三年不窥园也许可以为某种学问打好必要的基础了。在今天，要做成某种学问，三年不窥园是远远不够的。更不用说，学问没有边际。即使曾经由于多年不窥园而做成过真学问的人，如果不随着实践的发展、科学的进步以及材料的发掘和积累，而不断地充实和提高自己，他也是难免会落伍的。到那个时候，名家就有可能变成空壳子。如果本人比较诚实，他在赶会时就会尽说些老话、套话；要是修养上有点欠缺，他也许就会在会场上装腔作势乃至信口乱说了。

十七八年前，我从高校调中央某研究单位时，负责指导该单位工作的胡乔木曾当面告诫我：多看点书，多了解点学术动态，尽量少参加点会议，少搞点应酬。乔木同志是一位大学问家。他对我讲的，应当是他自己的经验。因为他自己就是这样做的，所以他要求自己领导的研究部门的人员也这样做。对于学术工作，他是按照学术工作自身的规律来进行领导的。他的主张，在今天也仍然值得我们注意。

据我的观察，多数名家对于自己承担的那种繁重的赶会任务，是有一种难言的苦衷的，真正对赶会怀有浓烈兴趣的人也有，但不会很多。科学是一种老老实实的学问。不付出艰苦的持久的努力，是不可能在学术上有所建树的，更不用说长久地保持自己的学术青春了。正因为如此，一个严肃的学者，是没有不懂得珍惜自己的时间的。我认为，为了促进学术的繁荣和发展，从事学术组织工作和领导工作的人，应当像胡乔木同志那样，了解学术工作的规律，少搞一点形式主义的东西（如过多的评比、检查之类），少开一点不必要的会议，更多地为名家做好自己的学问、真正发挥自己的优势，创造良好的工作环境和学术环境，这才是真正对名家的爱护和尊重。

向陈寅恪先生学习什么？*

前些时候，在一些书刊中，讲堂上，以至大学生宿舍里，关于陈寅恪先生的思想、风骨、行止，一时似乎成了议论的热点。

无疑地，作为一位有多方面重大成就的前辈史学大师，陈寅恪（1890—1969 年）是值得人们纪念的。他在魏晋南北朝史、隋唐史、宗教史，特别是佛教史、西域各民族史、蒙古史、敦煌学、中国古典文学等方面都有重要的建树。他“力求通过考证去发掘历史事实及其内在联系，从而展示出事物发展的全过程，其成就较乾嘉诸学者更上一层。为了提高史料的可靠程度和开拓史料来源，他倡导诗文证史，为史学研究另辟新途径。尤其是从两种不同观察的记载进行比较、分析的方法，是治史方法上的一大突破”①。他所留下的这些思想、学术遗产，至今仍然需

---

* 本文发表于 1998 年 6 月 20 日《人民日报》。

① 《中国大百科全书·中国历史》第 1 卷，中国大百科全书出版社 2004 年版。

要我们很好地去发掘、研究、继承和发扬。

不过，对于有的论者来说，陈寅恪之所以值得推崇，不仅在于他的学术成就，更加在于他的学人风骨、独立人格和自由精神。而作为这种风骨、人格、精神的突出体现并被反复强调的，则是1953年中国科学院聘请他出任中古史研究所所长时，他答复郭沫若、李四光所提出的两个条件。这就是："允许研究所不宗奉马克思主义，并不学习政治"，"请毛公（毛泽东）、刘公（刘少奇）给一允许证明书以作挡箭牌。"有的论者以为，当63岁的陈寅恪说出这句话时，他在那一刻正是表现了中国传统史学家那种秉笔直书的"壮烈情怀"！

陈寅恪曾自称"思想囿于咸丰、同治之世，议论近乎曾湘乡（曾国藩）、张南皮（张之洞）之间"。对于一位有着这样思想经历的老知识分子来说，主张不学习政治，不宗奉马列主义，是可以理解的。这里的问题在于：陈寅恪之所以在学术上取得重大成就，是不是因为他不宗奉马列而争得了独立思想、自由精神？不了解马克思主义，究竟是他的强点还是弱点？主张不以马克思主义指导史学研究，是表现了他的一种思想局限还是一种需要大力歌颂的英雄行为乃至壮烈情怀？

为了回答这个问题，我想引证一下周一良先生对陈先生的一些看法。

周先生也是一位在魏晋南北朝史等的研究方面有重要成就的老一辈史学家。他早年曾师从陈寅恪，并在历史语言研究所由陈先生任组长的历史组从事研究工作，深受陈的影响。他对陈寅恪的了解是很深的。正因为如此，他对陈先生的思想、学术的评价，也就有着特别的分量。

在《纪念陈寅恪先生》（1989 年）一文中，周一良先生提出了“陈先生何以能不断发前人未发之覆”这个问题。为此，他讲述了陈寅恪具备的四个条件：非凡的天资；古今中外，博极群书；良好的训练；勤奋刻苦。他说，在解放前卓然成一家的史学大师中，像陈寅恪那样，“完全地而不是部分地，充分地而不是稍稍地具备这四方面条件者，恐怕不多”。不过，他认为，这些还不是陈寅恪取得突出成就的主要原因。他写道：“解放以后，我粗学马列，感到陈先生虽不承认自己是马克思主义者，但他治史之道却充满朴素的辩证法，善于一分为二和合二而一，这也许是陈先生在解放前的史学界能够冠绝群伦的主要原因吧？”他指出，陈先生论述历史现象时，经常注意区别共性与个性，研究二者之间的区别与联系；看历史问题，很重视纵向观察，看渊流和演变，能以几百年历史的背景来观察。“正由于如此，陈先生的论著大都视野广阔而辨析精深，符合于辩证法”。

以为“宗奉”马克思主义就会束缚研究者的思想，这是对于马克思主义的一种误解。诚然，“教条的马克思主义”是束缚思想的，但正如恩格斯所说，马克思的整个世界观所“提供的不是现成的教条，而是进一步研究的出发点和供这种研究使用的方法。”马克思主义的历史观并不是由什么人发明出来，而后从外部强加给历史的僵化的原则；它本身正是从无数的历史现象中抽象出来的对于历史发展的规律性的认识。而且，它是一个开放的体系，不是一种封闭的学说。它在发展中可以融合、吸纳一切对于历史的科学的观察方法和研究成果。正因为如此，以它作为指导去观察历史，将有助于人们透过历史的现象，挖掘历史的本质即内在的规律性。而一切对于历史的科学的观察方法，也是可以而且一定会与它相通的。周一良先生对于陈寅恪学术成就所作的上述评析，不正好说明了这一点吗？

几年前，在北京史学界的一次座谈会上，记得当金冲及教授称赞田余庆教授所著《东晋门阀政治》一书写得深刻、读来引人入胜时，周一良先生曾说：田先生这部书超过了陈寅恪。因为陈先生的方法，田先生都掌握了；而田先生掌握的方法，陈先生并不都掌握（大意如此）。周先生的这番话，给我留下了十分深刻的印象。因为我在北大历史系上学时也读过陈著《隋唐制度渊源略论稿》等书，从中受到过启发，而且听得人们议论，陈先生的学术成就几乎是无法超越的。后来，在1997年第三期的《北京大学学报》上，我读到了周先生对此所作的进一步的说明。他指出，田余庆教授的“此书以马克思主义为指导，结合微观的历史考订与宏观的大势鸟瞰，对东晋一百年的政治、社会史作出不少富有创造性的解释，是魏晋南北朝史研究上的一大突破。书中论点之新鲜，分析之透辟，不亚于陈寅恪先生之著作，而有些方面过之，其原因当归功于解放后不断学习唯物辩证法之赐”。自觉地运用马克思主义不仅不会限制，而且有助于推进历史科学的发展，这该是一个有说服力的例证吧。

显然，周一良先生对陈寅恪、田余庆有关著作所作的上述评论是富于启发性的。事实很清楚：如果说陈寅恪的治学之道充满着朴素的唯物论、辩证法，是他在老史学家中冠绝群伦的主要原因：那么，不“宗奉”马列，就恰恰不是他的强点而是他的弱点，不是他的优胜处而是他的局限性了。既然为此，为什么要把陈先生的这种弱点和局限，抬到至高无上的地位，把它神圣化为崇高的风骨和壮烈的情怀呢？这究竟是对这位史学大师的尊崇还是讥讽？是对社会科学的促进还是阻滞？这些问题，难道不值得人们深思吗？

漫谈“兼容并包”的思想*

——五四感言之一

讲到五四，人们很自然地会想起它的发祥地北大，想起当时北大的校长蔡元培，想起蔡元培提出的“兼容并包”的办学思想。

蔡元培在《自写年谱》中回忆自己在教育界的经历时说：“我对于各家学说，依各国大学的通例，循思想自由原则，兼容并包。无论何种学派，苟其言之成理，持之有故，尚未达自然淘汰之命运，即使彼此相反，也听他们自由发展。例如陈君介石、陈君汉章一派的文史，与沈君尹默一派不同，黄君季刚一派的文学，又与胡君适之的一派不同：那时候各行其是并不相妨。”在他执掌北大的校政时，确是这么做的。至于把思想自由、兼容并包作为办学的原则，则是后来所作的概括。

本来，学术问题上的是非就是不能依靠行政手段加以

* 本文发表于《文艺理论与批评》1999 年第 3 期。

裁决的，应当允许不同学派相互争鸣，而不应当用行政命令的办法扶植一种学派而压制另一种学派。王昆仑在《蔡元培先生二三事》一文中说：“蔡先生长北大时，主张百家争鸣，所以会有两位名师唱对台戏的情况，这不仅充分体现了学术民主，而且能启发学生的思路，培养独立思考、探索真理的兴趣与能力。我那时在文科学习，选修文字学。教文字学的有两位老师，一位是新派钱玄同，一位是老派黄侃。我选的是钱玄同的课。一天，我正在课堂听钱老师的讲课，不料对面的教室里正在讲课的黄侃大声骂起钱玄同来，钱听了也满不在乎，照样讲课。后来，我就既听钱玄同的课，也听听黄侃的课，以便两相对照。”

在论及蔡元培的兼容并包思想时，人们爱举辜鸿铭的例子。辜鸿铭是个极端守旧的人物，总是拖着一条长辫子，穿着紫红色大马褂，辛亥革命后仍然表示效忠清室，可蔡元培对这么一个人，还是予以任用。由此可见，蔡元培实在是有一种“海纳百川，有容乃大”的恢宏气度了。不过，在我看来，这样说，其实并不确切。蔡元培之所以任用辜鸿铭，并不是因为他思想守旧，更不是为了专门让他在北大开设论述帝制复辟的课程，而是因为此公精通英、法、德及希腊语文，对英国文学造诣尤深，才让他在文科讲授西洋文学，后又主讲《英诗》的。在这个问题上，蔡元培的开明，并不表现为他勇于给旧思想提供保护，而在于他并不因为某个人思想守旧就不用其专长。如果把蔡元培的“兼容并包”的方针，看做是不分政治是非、无条件地为旧思想提供保护伞，这对他就不只是一种误解，而且简直是一种歪曲事实真相的贬损了。因为正如王昆仑所说，蔡先生“主张兼容并包”，是“要从长期的暮气沉沉中看到朝气蓬勃，从矛盾重重中认识光明的真理。蔡先生是赞助革命，保护民主的”。

其实，汉代以来，中国的封建社会就是一个罢黜百家、独尊儒术的局面。北洋政府也仍然是主张尊孔读经的。北大虽曾是为了造就革新人才而创办的，但在维新运动失败以后，也成为腐朽的“官僚养成所”了。在蔡元培提出“兼容并包”的方针以前，封建主义的思想文化，无论在中国，在北大，早就是一统天下。在这种情况下，蔡元培主张思想自由、兼容并包，其主要的意义正是为了打破封建主义思想文化的统制，给新思潮的涌流打开闸门，开辟道路。在实际工作中，他也是这样做的。担任过蔡元培秘书的高平叔在《蔡元培与北京大学》一文中就说：“由于北大文科顽固守旧的教师较多，因此（他对北大的）整顿工作，先从文科入手。”为此，他聘请《新青年》杂志的主编、新文化运动的思想领袖陈独秀出任北大文科学长，聘请李大钊、胡适、鲁迅、刘半农等来北大任职、任教，他们与原在北大文科任教的钱玄同、沈尹默等一起，构成了一个革新的营垒。陈独秀到北大任职后，《新青年》编辑部也迁到北京来了。北大的一些革新派人物参加了编辑部的工作。这样，北大就成了新文化运动的主要阵地。在随后发生的五四爱国运动中，北大之所以能够成为它的发祥地，这与蔡元培入主校政以来对新思潮的这种扶持、保护、推动是分不开的。尤其难能可贵的是，五四以后，当马克思主义在北大传播开来的时候，他对此也采取了支持的态度。正是在他担任校长期间，李大钊在北大开设了《唯物史观》、《社会主义与社会运动》等马克思主义课程。这在中国教育史上是一个创举。1921 年 11 月北京大学马克思学说研究会公开活动时，他同意在《北京大学日刊》上刊登研究会的启事和会员的名单。他还拨出两间房子作为研究会的活动场所，一间当办公室，一间当图书室。这个地方当年被称作“亢慕义斋”（共产主义小屋）。至今北大图书馆还保存着盖有“亢慕义斋藏书”印章的八本德文原版的共产主义文献。所有这些事实都有力地表明，他提出这个方针，是为了推广进步思潮，不是为了保护腐朽的、落后的思想。

五四运动发生以来，90 年的时间过去了。在今天中国的思想文化领域中，反对封建主义的斗争任务虽仍然存在，占主导地位的却已经不再是封建主义而是马克思主义了。在这种情况下，我们是否仍然有必要原封不动地重复蔡元培提出的“兼容并包”的方针、口号呢？我认为，是没有必要的。须知任何方针、口号都是历史的、具体的、有着现实的针对性的。历史环境变了，面临的任务变了，方针、口号也应当相应地发生改变。但这并不是意味着，这个方针、口号所体现的积极内容和合理成分无条件地统统失去了时效。比如，蔡先生提倡的学术民主，就不仅在今天，而且在今后也都是要加以发扬的。毛泽东倡导的“百家争鸣”的方针，就体现了这种发扬学术民主的精神。不过，发扬学术民主，其目的是为了探索真理、认识真理、发展真理。因此，这个过程就应当包含着各学派之间的批评、切磋乃至斗争，并不只是简单地对各种不同倾向的思想、观点加以无批判的兼收并蓄。因此，即使从表达发扬学术民主这个思想来说，提“百家争鸣”，较之提“兼容并包”，也还是要更为确切一些的。

观“劣政碑”有感*

人们通常以为，树碑立传就是为了歌功颂德。其实也不尽然。比如，《史记》上就有《佞臣传》。这传名告诉人们，司马迁立此传的用意是不在褒而在贬的。在这之后，此类传记在中国史书中可谓屡见不鲜，只是寓有贬义的碑文还是少见。去年春天有机会去广西兴安，在灵渠附近的四贤祠里，我倒确实见识了一块被称作“劣政碑”的石碑。这块石碑宽近 1 米，高约 2 米，竖立在铭记着为维修、疏浚灵渠作出过贡献的马援等四位历史名人事迹的石碑旁边，两者形成强烈的对照。上面刻着：“浮加赋税，冒功累民。兴安知事吕德慎之纪念碑。中华民国五年立。”当地的一位干部告诉我，这样贬斥劣政的碑文，在近代中国大概是独一无二的了。她很有点为兴安人民的这种斗争精神而自豪。

不久前重新翻阅五四运动的史料，发现兴安这位干部

---

* 本文发表于 1995 年 4 月 15 日《光明日报·东风》。

所谓劣政碑只兴安有的说法其实不确。据北洋政府内务部档案《内务部查办浙江海宁人民竖立“卖国贼陆宗舆”石碑咨文（1919 年 7 月 23 日）》记载：陆宗舆被罢免后，他的家乡海宁县曾召开公民大会，“议决为其竖立石碑，使之遗臭万年。当场由众踊跃输金、饬匠赶办，已于前日制造就，竖立邑庙前及北门海塘镇、海塔下等处。碑约五尺余长，直书‘卖国贼陆宗舆’六大字，左右两边并刊民国八年六月海宁公团立，一时观者人山人海，途为之塞云”。我没有到过海宁，不知这几块石碑如今是否还在。说不定，由于北洋政府“查办”的结果，这些石碑早就被砸得粉碎了。

在旧时代，官吏大多是骑在人民头上的老爷，能够关心人民疾苦、得到人民拥护的，本属凤毛麟角。“三年清知府，十万雪花银”。清官尚且如此，佞臣、贪官自不待说。如果真要认起真来，劣政碑、耻辱柱怕是立不胜立的。看来，兴安、海宁人民也是到了实在忍无可忍的地步，才想出这么一种招数，来寄托自己的愤懑心情。

人民是公正的。尽管从戏曲舞台上，人们可以看到旧衙门的公堂之上常常挂着“明镜高悬”的匾额，但我们也知道，真正的明镜并没有挂在这些公堂里，而是悬在人民心中的。即使在人民无权的时代，他们也还是以独特的方式，表达着自己的爱憎，执行着自己的赏罚。他们所营造的，并不总是那些有形的牌坊或耻辱柱；更多的，倒是那种无形的心碑或口碑。也正因如此，包拯、海瑞之属才得以被尊为“青天”而流芳百世，而那些佞臣、贪官也终于留下了千古骂名。可见，人民的意旨是轻侮不得的。语曰：千夫所指，无疾而死。众怒难犯这个道理，我们的古人就已经懂得了。就算北洋政府可以“查办”海宁人民，移走乃至砸碎贬斥陆宗舆的石碑吧，陆宗舆作为卖国贼，还是被中国人民永久地钉在历史的耻辱柱上了。

今天，我们正生活在人民当家做主的时代。我们的公职人员是人民的公仆，而不是高踞于群众之上的老爷。他们同人民群众的关系，在本质上应当不同于旧社会的官民关系。公正廉洁，勤政为民，这是每个公职人员的行为准则，也是人民群众对政府工作人员的基本要求。因为我们的权力是人民给的，只能用来为人民谋利益，绝不能为个人或小团体谋私利。人们常说，人民是我们真正的“上帝”。我想，正因为如此，对于一个公职人员来说，受到人民的拥戴和支持，无疑是他可能得到的最高荣誉和最高奖赏；而为人民所憎恶乃至唾弃，则应当被视为他所遭受的最大的耻辱和最严厉的惩罚。民犹水也。水能载舟，亦能覆舟。这个千年古训包含着深刻的历史性的真理。身为新时代的公职人员，我们怎能不警策自己，以恭敬、勤劳的态度来对待人民、对待人民的事业！

听“都市交响曲”有感*

我的住处，有一面临街。白天，街上车水马龙，人流不竭。汽车的马达声、喇叭声、排气声、轮胎与地面的摩擦声，人们的脚步声、喧哗声，偶尔还伴着风声、雨声……所有这些不同的音响，时高时低，时长时短，时断时续，构成了一部颇具现代派韵味的嘈杂的“都市交响曲”。

噪声对神经的长久袭扰，实在弄得我有点心烦意乱。在大部分的时间里，我不得不把窗户紧闭起来。后来还接受一位邻居的建议，给窗户安上了双层玻璃。由此，音量确乎大为减轻，各种音响的特色随之变得模糊起来，而整个“乐曲”的音调也显得舒缓、低沉多了。用专业性的语言来说，连续噪声逐渐成了不太引人注意的背景噪声，时间一久，就习以为常了。只是“乐曲”的两个高频部分，时而还清晰地传入我的耳鼓，唤起我的注意，甚至引

---

* 本文发表于1998年9月10日《光明日报·文荟》。

发我的思索。那就是公共汽车的间歇性的播音和警笛的突发性的呼啸。

公共汽车的播音大体雷同，主要是下面两句话的不断反复：“乘客您好！某某车站到了，请先下后上。”“车辆出站了，请注意安全。”我窗外马路的两侧是3条线路公共汽车的车站，而我又多半在家里读书和写作，我一天该听多少遍这类播音，是不难想象的了。不过，我倒从来不曾对这类播音感到过厌烦。有时候，我甚至还有意识地去谛听这通常由清脆的女高音所作的告白，仿佛从中可以领略到生活中的某种优美旋律一样。真的，这几句简单、实在的话语，不正是很自然地在表达着公交战线上那些普通劳动者们对于自己服务对象的关爱吗？

警笛的呼啸不像公交车的播音那样频繁，只是由于它突然、尖锐、急促、紧张，还是给人以一种异样的感受。当警笛声在我窗前掠过时，我会想到一些不寻常的事情：也许是医务人员在把危重病人送往急救中心，公安干警在追捕作案的盗贼、逃逸的罪犯，也许是某位国宾在前往参加某项隆重的庆典，某位重要人物在赶赴某个紧要的会议……而那些按动警笛的人们也正担负着某种比公交职工更加艰难、沉重的责任。正因为如此，无论警笛发出的声响是多么的富于刺激性，我还是勉力说服自己：要学会容忍。因为这个高频部分在整个“乐曲”中毕竟是不可或缺的。要知道，都市的节奏本身并不总是那样从容，都市的环境也并不总是那样宁静啊！

尽管如此，我有时还是不免会放下手中的书本或笔，怀着一种复杂的心情，回忆起有关的某些不愉快的经历，并且下意识地走向窗前，用目光去搜索那些发出呼啸声的方向。

记得有一次，我乘车去给一个研讨班授课。后面警笛响了。由于路口亮起红灯，司机未及变线让路，就把车子停了下来。带警灯的车上居然有人下来，对我们的司机进行厉声的斥责。我们这位年轻的司机倒是很有涵养、很有风度，他只是平静地问了一问：你不懂得行车要遵守交通规则吗？说得那位盛气凌人的人物一时语塞了。邻座的朋友带着一种不屑的神情对我说：看来他们也并不是真有急事要办的，否则，怎么会有时间专门下车来训人呢！而我，不禁想起京剧舞台上官老爷出巡时那种开锣喝道的场面，从内心深处，感到了一种莫名的惶恐与不安。

我自然明白，人们之所以使用警笛，往往是出于实际生活中的某种特殊需要。不过，为了使我们的“都市交响曲”演奏得更加悦耳、更加亲切一些，我以为，这种警笛还是尽量少用一些为好。这不仅因为高频噪声对环境是一种污染，会引起显著的听力疲劳、皮质激素分泌量改变乃至胃肠蠕动等症状，无益于人们的身体健康；尤其因为不适当地频繁使用这种高音喇叭，无助于增强社会的亲和力。

还在延安时期，毛泽东就说过：皇帝出朝，要乘龙车凤辇；官僚出阁，要坐八抬大轿，前簇后拥，浩浩荡荡，摆威风。我们是共产党人，是讲革命的，要革皇帝官僚的命，把旧世界打个落花流水。我们既要革命，既要和旧制度决裂，就万万不能沾染官僚习气。1956 年 11 月，刘少奇在中共八届二中全会上甚至还专门讲过领导人员汽车上的喇叭问题。他明确地说：“一些特殊待遇，也可以叫特权，应该取消。例如，我们坐的汽车上面有一个喇叭，可以不听交通指挥，这也算作特权嘛，最近把这个喇叭取消了。”他是从密切领导人员与人民群众的联系、防止产生新的贵族阶层这样一个高度，在庄严的中央全会上来谈论像汽车喇叭一类的“小事情”的。但愿我们能重温这些教诲，并且把它看做真正具有伟大警示作用的警笛，使之在自己的心中长鸣！

居安思危　警钟长鸣*

——重读郭沫若《甲申三百年祭》

50 年前，郭沫若的《甲申三百年祭》在重庆《新华日报》上发表。文章记述了 1644 年李自成领导的农民起义军进入北京、推翻明王朝以后，一些首领因为胜利而骄傲起来，生活腐化，进行宗派斗争，终于遭到失败的历史，阐明了这次起义的意义和教训。文章刚一发表，就在当时的政坛和文坛上引起了巨大的震动，它遭到了反动派及其御用文人的有组织的攻击，更受到了革命营垒里的人们以及进步思想界的热烈的赞誉。半个世纪过去了，而它所提出的问题仍然在启发着人们的思考。

毛泽东曾经高度评价郭沫若的《甲申三百祭》，认为它“有大益于中国人民”。1944 年 4 月，即这篇文章发表后不过 20 天，他就在延安党的高级干部会议上所作的重要报告《学习和时局》中，要求党的干部加以学习。同

* 本文发表于 1994 年 6 月 13 日《人民日报》。

年 11 月，他亲自写信告诉郭沫若，说：“你的《甲申三百年祭》，我们把它当作整风文件看待。”他所以如此推重这篇文章，不仅因为它一反贬斥人民反抗斗争的旧史学的陈腐观念，以“新历史观点”从正面反映了李自成领导的伟大的明末农民战争，尤其因为它从这场斗争的失败所引出的历史教训，对于中国人民解放事业的发展和革命队伍的自身建设，都具有鉴戒的意义。

在郭沫若的笔下，李自成是来自被压迫者的真正的英雄。他反映备受苦难的人民的要求，揭起“剿兵安民”、“均田免粮”的旗帜，并且“与其下共甘苦”，因而得到了人民的拥护，成就了扫荡腐朽的明王朝的宏伟事业。但是，作者也如实地指出，“在过短的时期之内获得了过大的成功，这却使自成以下牛金星、刘宗敏之流，似乎都沉沦进了过分的陶醉里面去了”。“纷纷然，昏昏然，大家都像以为天下就已经太平了的一样”。这样，这支一度所向披靡的队伍，就由于骄傲自满，由于不再具有忧患意识和进取精神，由于不再体恤民情和维护内部团结，终于变得不堪一击而归于溃灭，而他们所从事的事业也成了一出英雄的悲剧。毛泽东认为，郭沫若所阐述的李自成起义失败的教训是富于教育意义的。他当时要求重印并在解放区传布这篇文章，目的就是“叫同志们引为鉴戒，不要重犯胜利时骄傲的错误”。他说：“小胜即骄傲，大胜更骄傲，一次又一次吃亏，如何避免此种毛病，实在值得注意。”

农民不是先进的生产方式的代表者。他们具有伟大的革命潜力，却提不出高远的社会理想，不能够以自己的名义代表自己的利益。所以，正如列宁说过的那样，在历史上，有过暂时的劳动者专政，却不曾有过巩固的劳动者的政权。古代单纯的农民战争，如果不是像李自成领导的斗争那样，被封建统治者所镇压，就是如刘邦、朱元璋领导的斗争那样，走上蜕化变质的道路。郭沫若也讲到，李自成的大顺朝即使成功了，“他的代表农民利益的运动早迟也会变质”的。农民斗争以英雄史诗开篇，以悲剧形式终结，这可以说是一种历史的必然性。

上升时期的资产阶级也并不能长久地保持住自己的革命精神，他们常常是以取得政权来结束革命的。而中国的“不成熟的资产阶级革命”甚至连这一点都不可能做到。辛亥革命之后，政权旁落，原先的许多革命者，如鲁迅所说，或者高升，或者退隐，或者落荒而逃了。虽然国共合作以来，国民党又一度重新焕发了生机和活力，但它的领导集团在利用人民力量取代北洋军阀的统治地位之后，随即便走向了自己的反面。曾任美国驻华大使的司徒雷登也认为：“这个党从其执政伊始就容忍了各级官员的贪污受贿、懒散无能、裙带关系和派系斗争——一句话，那个被它推翻的腐朽官僚制度的一切弊病全都有了。”正因为如此，它执掌的政权终于为人民革命所推翻，自然也就是情理中的事情。

共产党领导的革命队伍，能不能和怎样才能避免重蹈这种历史的覆辙？这是毛泽东在革命战争年代，尤其是在革命迅速发展、胜利已经在望的时候反复考虑的一个问题。事实上，为解决这个问题而不懈地进行艰苦的探索，可以说占据了毛泽东一生的很大一部分精力。

从根本上讲，共产党人是为实现共产主义的崇高目标而奋斗的。对于他们，取得政权只是走向这个目标的一个新的起点。他们应当能够经得住胜利的考验、执政的考验，应当具有自我净化、自我发展的能力，应当能够永远保持住自己的旺盛的革命意志和同人民群众的血肉联系。不过，为了真正做到这一点，还必须在党的队伍中进行深入而持久的教育，必须采取坚决而有效的措施，必须经历严重的反复的斗争。

正因为如此，我们在改革开放和现代化建设事业中取得举世瞩目成就的时候，党仍然告诫大家，一定要保持清醒的头脑，一定要坚决、深入、持久地开展反腐倡廉的教育和斗争。记取以往的革命者一到胜利和成功少有不腐化、不堕落的历史教训，增强拒腐防变的自觉性，这是我们今天重读《甲申三百年年祭》时应当得到的一个根本性的启示。中国的事情是要靠中国共产党领导中国人民来办的。只要我们的党能够保持住自身肌体的健康和强壮，那就没有一种力量能够阻挡中国人民在建设中国特色的社会主义的道路上胜利地向前迈进。

恽代英在1924年提出“帝国主义是纸老虎”的论点*

——读史随笔

推翻国际帝国主义的压迫，是中国近代革命史上的两大主题之一，是中国共产党成立伊始就必须面对的一项艰巨的历史任务。

与近代以来积贫积弱的半殖民地中国相比，帝国主义列强在经济力、军力等方面拥有极大的优势。而帝国主义者也总是喜欢以自己的强大来吓唬人的。被压迫人民如果真的被吓住了，也就是说在精神上被征服了，那么他们就很难像战士那样站立起来，去为自己的权利进行战斗，而只能安于自己被奴役的命运，去俯首帖耳地充当驯顺的奴隶。

毛泽东说过：“帝国主义者就会吓人的那一套，殖民地有许多人也就是怕吓。他们以为所有的殖民地人都怕吓，

---

* 本文发表于《中华魂》2004年第6期，2004年6月22日《光明日报·史学》。

但是不知道中国有这么一些人是不怕那一套的。”这就是以马克思主义武装头脑的中国共产党人和在他们周围团结起来的革命人民。

在应当怎样对待帝国主义这个问题上，早在1919年，中国共产主义运动的先驱李大钊就曾经在《再论亚细亚主义》一文中，提出了两个互相关联的重要思想。即：一方面，要认清帝国主义的凶恶的本质，对它不应抱有不切实际的幻想。他说：“挟国际猜忌、利权竞争的私心的资本主义、帝国主义，不论它是东方的、欧美的，绝讲不出公道话来。”“我们应该信赖民族自决的力量，去解决一切纠纷，不可再蹈以前‘以夷制夷’的覆辙。”另一方面，要认清帝国主义外强中干的本质，敢于同它进行斗争。他说：“世界上的军国主义、资本主义，都像唐山煤矿坑上的建筑物一样，他的外表尽管华美崇闳，他的基础，已经被下面的工人掘空了，一旦陷落，轰然一声，归于乌有。我们应该在他那威势煊赫的中间，看出真理的威权，因而发生一种勇气与确信，敢与他搏战，信他必可摧拉。”

1924年11月22日，恽代英在《怎样进行革命运动》一文中，明白无误地提出了“帝国主义是一戳便穿的纸老虎”这个论点。他是在答复“怎样抵御得过压迫我们的外国势力？”这问题时讲这个话的。他认为，外国势力并非不可战胜。因为“他们朝野间，他们国际间，意见还十分分歧，他们不但不易与各国联合起来以压迫我们，便是任何一国亦不能拿全力来压迫我们”。“我们只要团结国民，与外人抵御”，“外国劳动阶级会不愿意担负战争的损失，国际间利害冲突的国家会发生各种纷议，东洋被压迫民族的革命潮流也会激动起来”。“所以中国的革命一定在世界革命中间完全可以成功”①。这就是说，只要坚决地依靠人民群众，并积极争取世界人民的支持，注意利用帝国主义国家间的矛盾，我们的反帝斗争是能够赢得胜利的。

我们知道，1946 年 8 月 6 日，毛泽东在同美国记者安娜·路易斯·斯特朗谈话时，曾经全面地、深刻地阐明了“一切反动派都是纸老虎”的论点。他说：“看起来，反动派的样子是可怕的，但是实际上并没有什么了不起的力量。从长远的观点看问题，真正强大的力量不是属于反动派，而是属于人民。”这个思想有力地鼓舞了、坚定了中国人民同美蒋反动派斗争的勇气和必胜的信念。事实上，如果中国人民没有这种从战略上藐视敌人的英雄气概，而是被反动派的其势汹汹所吓倒，那就不会敢于以革命战争去反对反革命战争，这样一来，中国革命的胜利和新中国的成立就都将成为不可能的了。

值得注意的是，恽代英提出“帝国主义是一戳就穿的纸老虎”这个论点，是在毛泽东同斯特朗谈话的 22 年之前。尽管比起毛泽东来，恽代英对这个问题的论证还不够充分，但他们的基本看法是完全一致的。

我们无法考证，毛泽东 1946 年同斯特朗谈话之前，

---

① 《中国青年》第 54 期。

是否读过恽代英在 1924 年所写的有关文章。我也不能断定，在恽代英之前，中国就不曾有人讲过这样的话。不过有一点是确定无疑的：毛泽东阐明的帝国主义和“一切反动派都是纸老虎”的观点，绝不是他个人的奇想异说，而是概括了从李大钊、恽代英等革命先驱和广大的革命战士对帝国主义的认识，总结了中国人民反帝斗争的历史经验。恽代英先于毛泽东论述了这个观点，这个事实从一个侧面进一步表明，毛泽东思想并不是毛泽东个人苦思冥想的产物，而是中国共产党人集体智慧的结晶。

中国共产党创始人对社会民主主义思潮的批判*

坚持马克思列宁主义的革命原则，明确而坚决地同社会民主主义划清界限，这是中国共产党、中国共产主义运动一开始就具有的重要特点。

对于这个问题，刘少奇 1941 年 7 月在中共中央华中局党校所作的题为《论党内斗争》的著名讲演中，作出过深刻的论述。他指出，中国党的建设，一开始在主观上就是按照马克思列宁主义的原则和道路进行的，“而社会民主党的那些传统与习惯，在我们党内是没有的”。“因此，就这方面说，我们走了直路”。

中国共产党、中国共产主义运动之所以具有这个特点，是同这个党、这个运动所处的特定的时代条件和社会历史条件分不开的。对此，刘少奇指出了三个重要情况：

“第一，中国党的建设是在十月革命以后，是在俄国

* 本文发表于《高校理论战线》2007 年第 8 期。

布尔什维克已经取得胜利，有了活的榜样以后，所以一开始就是在共产国际的指导之下，按照列宁的原则去进行建设。

第二，中国党从开始到现在，在思想上和组织上都没有受到欧洲社会民主党第二国际的影响。

第三，中国没有欧洲那样的资本主义‘和平’发展的时期，容许工人阶级和平的议会斗争，也没有欧洲那样的工人贵族阶层。”

正因为如此，中国共产党的创始人、中国共产主义运动的早期参加者，大多是拥护马克思列宁主义的革命原则，反对社会民主主义思潮的。

历史的情况正是这样。比如：

陈独秀在1920年9月发表的《谈政治》一文中明确表示：马克思修正派学说，“是我大不赞成的”。他们不主张直接行动，不主张革那资产阶级据以造作罪恶的国家、政治、法律的命，反而想利用这些来施行社会主义政策。“结果不但主义不能施行，而且和资产阶级同化了，还要施行压迫劳动阶级反对社会主义的政策。”“像这样与虎谋皮，为虎所噬，还要来替虎噬人的方法，我们应当当做前车之鉴。”他还认为，“中国此时还够不上说真有这派人，不过颇有这种倾向，将来这种人必很有势力，要做我们唯一的敌人”。他并且明确表示，“吾党……也决不屑学德国社会民主党”。

李大钊在回答陈独秀关于筹建中的工人阶级政党应当采用什么名称这个问题时，明确指出：应当“叫共产党，这才是第三国际的意思”。

蔡和森在1920年9月致毛泽东的信中，也揭露了伯恩斯坦、考茨基等修正派改良派的主张实际上“真是为资本家说法”，指出他们以唯物史观启发阶级战争的动机为卑下为薄弱，而别寻所谓高尚的动机，及寻一劳资调和的办法，“故他们最终的结果，主张改良而不主张革命。中产阶级的德谟克拉西和威尔逊的十四条，是他们叹（为）观止的地方”。在1921年2月致陈独秀的信中，他明确表示，“和森为极端马克思派”，对于修正派的社会主义等等“一律排斥批评，不留余地”。

李达在1920年12月所写的《马克思还原》一文中对社会民主主义进行了尖锐的揭露，指出“马克思社会主义，经过德国社会民主党的蹂躏，精彩完全消失，由国际主义堕落到国家主义，由社会主义堕落到自由主义，由革命主义堕落到改良主义，由阶级斗争堕落到阶级调和，由直接行动堕落到议会主义”，马克思的真面目“被湮灭殆尽了”。他认为，被修正派“弄堕落了马克思社会主义，到今日却能因列宁等的发扬光大，恢复了马克思的真面目了”，这是一件很重要的事。所以我要大声疾呼地说：“马克思还原！”在《社会革命底商榷》一文中，他对第二国际社会民主党鼓吹的议会道路进行了有力的批判，指出采取议会政策作为手段，是“难以达到社会革命的目的”的，因为“在现社会组织之下，资产阶级的势力最大，议会中的议员属于资产阶级的必然占多数，议会中通过法案是用多数表决的；劳动阶级没有金钱运动，得几名议员已不容易了”，“要想在议会中成立一种除去自己阶级痛苦的法案，是断然办不到的”。“这时候就是不唱高调只求贯彻自己阶级的几分之一的主张，非与资产阶级妥协不可，非得资产阶级的同意不可。照这样成立出来的法案，无非哀求资产阶级政府行非驴非马的社会政策”。要“真实的解放劳动阶级”，必须“采用阶级斗争的手段，改造现制度，创立劳动者本位的社会”。

毛泽东在 1921 年 1 月召开的长沙新民学会的年会上发言时，也明确指出：“社会民主主义，借议会为改造工具，但事实上议会的立法总是保护有产阶级的。”而“激烈方法的共产主义，即所谓劳农主义，用阶级专政的方法，是可以预计效果的，故最宜采用”。

中国共产党的创始人、中国的共产主义运动一开始就坚持了马克思列宁主义的革命原则，这个事实具有极为重要的意义。因为对于这个党、这个运动来说，理论准备不足可以通过学习加以弥补，经验缺乏可以在斗争的实践中进行积累，只要坚持正确的方向，这个年轻的党、年轻的运动的弱点是不难克服的；但如果不能同机会主义、社会民主主义划清界限，在政治上迷失了方向，这个党、这个运动就只能成为资产阶级的思想附庸，就不会有真正的生命力了。

我们必须牢记并坚守中国共产党、中国共产主义运动的这个优良的历史传统。

美国“自由价值观”外交在道义上的破产*

——读报札记

“该是采取更加现实主义的外交政策的时候了：收起美国在全球的野心，看到美国力量和意志的局限性，认识并接受国际体系的约束。”这是美国《政策评论》杂志2008年1月号刊登的题为《美国外交政策的道义核心》的文章提出的看法。文章的作者是美国新安全研究中心高级研究员德里克·乔列特和斯坦福大学胡佛研究所研究员托德·林德伯格。

长期以来，美国决策者打着“促进自由、民主、人权和法制”的旗号，假借“在国际上促进自由价值观”的名义，肆意干涉别国内政，推行霸权主义和强权政治。结果怎样呢？文章认为，“如今人们越来越怀疑”这种政策是否适当，甚至连美国的一部分自由派人士也提出，它

* 本文发表于《中华魂》2008年第4期。

“是否根本就不符合美国的真正利益”。

美国的所谓“自由价值观”外交之所以受到美国一部分自由派的质疑，“最根本的一点是在9·11事件之后，美国政府实施这一政策的方式（如伊拉克战争）代价惨重。在很多自由派人士看来，推行主要以价值观（尤其是民主）为基础的外交政策，如今已经变得不可信而且越来越不受欢迎”。而且这种不满也并不局限于一些自由派人士，在一直以来都更强烈地认同以价值观为重点的外交方针的保守派内部，也日益出现不同看法。

事实上，把“在国际上促进自由价值观”说成“美国外交政策的道义核心”，这本身就是绝顶虚伪的。对于这种政策的实质，深受其害的世界各国人民看得最清楚。文章承认，“对于美国人声称要推广自己的原则，全世界有很多人并不相信，在他们眼里，有关原则的花言巧语不过是美国给赤裸裸的展示实力加上了一件外衣而已”。他们认为，问题在于：“美国的所作所为是否真的符合美国倡导的价值观”。事实上，“从关塔那摩和阿布格里卜的监狱，到美国与巴基斯坦和沙特王室的关系，很多人都能发现美国的行为并不符合其倡导的精神”。

这两位作者，是美国著名的智库学者。他们是以“维护国家利益”为己任的，而在他们要维护的这个国家中占支配地位的正是垄断资产阶级。即使如此，他们还是从现实出发，得出了如下的结论：“不管是左翼还是右翼，越来越多的美国人认为，美国要降低批评其他国家的声音，先解决自己的问题，也就是说，推广美式价值观首先应该从国内开始。”为此，他们呼吁美国当局：“该是采取更加现实主义的外交政策的时候了”！

不过，“江山易改，禀性难移”。对于美国决策者来说，要他们“采取更加现实主义的外交政策”，谈何容易！俗话说：“不见棺材不落泪”，“不到黄河心不死”。不碰够钉子，他们恐怕是很难面对现实，真正接受教训的。不过，这种政策既然连美国著名的智库学者也感到难以为继了，那么，美国决策者如若坚持这么做，会不会有什么好果子吃，是可以想见的。

图书在版编目（CIP）数据

沙健孙自选集/沙健孙著.（“学习”理论文库）
-北京：学习出版社，2012.11
ISBN 978-7-5147-0259-0

Ⅰ.①沙… Ⅱ.①沙… Ⅲ.①社会科学-文集
Ⅳ.①C53

中国版本图书馆CIP数据核字（2012）第191257号

沙健孙自选集

SHA JIANSUN ZIXUANJI

沙健孙　著

责任编辑：于子晶　夏　静
技术编辑：周媛卿　刘　硕

出版发行：学习出版社
北京市崇文门外大街11号新成文化大厦B座11层（100062）
010-66063020　010-66061634
网　　址：http://www.wenming.cn/xxph/
经　　销：新华书店
印　　刷：北京联兴盛业印刷股份有限公司

开　　本：880毫米×1230毫米　1/32
印　　张：17.875
字　　数：358千字
版次印次：2012年月11第1版　2012年11月第1次印刷

书　　号：ISBN 978-7-5147-0259-0
定　　价：80.00元

如有印装错误请与本社联系调换